Dr. med. Maurice S. Rawlings

Zur Hölle und zurück

cmf

Verlag C.M. Fliß
Lütt Kollau 17, 22453 Hamburg

4. Auflage 2001

Titel der amerikanischen Ausgabe: To Hell and Back

Übersetzung: D. Ewert
Umschlag: image design, Landsberg
Satz: Convertex, Aachen
Druck: Printed in Germany

ISBN 3-931188-06-X

INHALT

WIDMUNG

Dieses Buch ist Mary Schum Cosby gewidmet, deren Tapferkeit ich sehr bewundere. Sie hat sich geweigert, einer von den Ärzten empfohlenen Abtreibung zuzustimmen, obwohl sie genau wußte, daß der bei ihr diagnostizierte Brustkrebs sich rapide ausbreiten konnte, wenn sie ihr Kind bis zur Geburt austragen würde.

DANK

Ich fühle mich vielen Einzelpersonen mit ihren diversen Büchersammlungen zu Dank verpflichtet. Als besonders wertvoll erwies sich für mich das kleine, mit Büchern vollgestopfte Arbeitszimmer des Schriftstellers John Weldon, der mir, zusammen mit John Ankerberg, bekannt aus dem Fernsehen, sowie den Autoren Dave Hunt und Tal Brooke sehr viel Hintergrundinformation vermittelte. An ihren theologischen Fachkenntnissen ließen mich die Herren Geistlichen Ed Byrd, Matthew McGowan und Ben Haden teilhaben. Auch die Gedankenanstöße von Spencer McCallie jr. und Kay Arthur von Precepts Ministries waren für mich äußerst hilfreich.

Ansporn und unermüdliche Ermutigung wurden mir durch den Autor und Herausgeber David Manuel zuteil, während wir bei Ebbe barfuß weit, weit ins Meer hinauswanderten, den Sonnenuntergang von Cape Cod genossen und dabei über meine literarischen Defizite nachdachten. Jim Cole nahm sich unterdessen meines besonderen Talents an, Computer zu blockieren, und von Tat Anderson, dem Herausgeber unserer Lokalzeitung, erhielt ich den guten Rat, »nie allzu trocken zu werden, sondern immer eine Geschichte auf Lager zu haben«.

Mein besonderer Dank gilt Demetria Kalodimos vom Sender WSMV in Nashville, die als erste die Fernsehsendung »A Glimpse of Glory« herausbrachte. Das vorliegende Buch ist die Fortsetzung jener Geschichte wie auch des vor etlichen Jahren erschienenen Buches *Beyond Death's Door* (»Jenseits der Todeslinie«). Begeisterte Unterstützung kam von David Mainse von den großartigen Crossroads TV Productions in Burlington/Kanada. Dankbar bin ich auch für die Ermutigung von seiten des Verlages Thomas Nelson, der die Botschaft in meinem Manuskript erkannte.

Meine Tippfehler wurden freundlicherweise von zwei Enkeltöchtern, Evie Rawlings und Joy Rawlings, korrigiert, während meine Frau viel Nachsicht mit mir hatte und geduldig hinter den Kulissen auf mich wartete.

VORWORT

»Alle wissen, daß er in die Hölle gekommen ist«, sagte er.

»Aber der Pfarrer sagt, er ist auf dem Weg zum Himmel!« erwiderte ich.

Es ist manchmal schon merkwürdig mit den Beerdigungen, aber der Tod ist noch merkwürdiger. Wäre es nicht eine Ehre, einmal wenigstens einen ganz kurzen Blick in das mysteriöse Leben nach dem Tod werfen zu können? Was auf den ersten Blick unmöglich erscheint, stellt sich in unserer modernen Zeit mit ihren Möglichkeiten, klinisch Tote wieder ins Leben zurückzuholen, als vielleicht gar nicht so unmöglich heraus. Inzwischen berichten nämlich acht bis elf Millionen Amerikaner von »Todeserlebnissen«, wobei die Mehrzahl allen Ernstes einen Blick in die Herrlichkeit getan haben will.[1]

Die typische Schilderung schließt ein wundervolles Licht am Ende eines sehr dunklen Tunnels ein. Viele Christen waren und sind der Überzeugung, daß die Lichtgestalt, die ihnen begegnete, Jesus selbst war, denn sie sahen ihn an einem Kreuz, und diese gewaltige Erfahrung veränderte ihr Leben nachhaltig. Andere sahen einen etwaigen Himmel, ihrem individuellen Glauben entsprechend. Merkwürdigerweise verwandelte sich der gleiche Tunnel und das besagte Licht bei anderen in einen furchterregenden Feuerring, und das Licht wurde so unerklärlich böse, daß sie überzeugt waren, einen Abstecher in die Hölle gemacht zu haben – der Beweis für ihren unausweichlichen Bankrott, das endgültige Verderben.

Von den zahlreichen Autoren, die sich mit Todeserlebnissen befaßt haben, spricht so gut wie keiner über negative oder unangenehme Fälle. Vielmehr wird behauptet, die Erlebnisse seien ausnahmslos positiv und wunderbar. Dadurch wird die selbstsichere Vermutung gefördert, die Tore des Himmels stünden weit offen für jeden, der stirbt, ungeachtet seiner Religion oder Glaubensüberzeugung.

Die Schlußfolgerungen, zu denen diese Autoren kommen, liegen klar auf der Hand. Der Tod wird von ihnen nicht länger als ein Ausgelöschtwerden betrachtet, ein Nichts, mit dem »alles aus ist«. Es scheint aber auch niemand an einen Ort zu glauben, der sich »Hölle« nennt. Aus der Tatsache heraus, daß man nur die »guten« Erlebnisse im zukünftigen Leben sieht – indem bei allen Todeserlebnissen übereinstimmend von einem Blick in die Herrlichkeit die Rede ist –, hat sich eine ganz neue Religion und Philosophie entwickelt. Manche nennen sie den »Omega-Punkt«, da die Beobachtungen bei den von ihnen untersuchten Fällen darauf hinzuweisen scheinen, daß jeder Mensch bei seinem Tod automatisch in den Himmel kommen werde. Diese wunderbare Botschaft wird deshalb heute vielen kranken Patienten in ihrer Sterbestunde mit auf den Weg gegeben.

Manche schließen daraus, daß der weitverbreitete Glaube an die Reinkarnation, wie er von Shirley MacLaine und vielen anderen aus der New-Age-Bewegung vertreten wird, sich nicht mehr halten lasse. Wenn immer wieder beharrlich darauf hingewiesen wird, daß die Herrlichkeit dort drüben auf jeden einzelnen Menschen wartet, gibt es in der Tat keinen Grund mehr für ein Karma oder das Rad der Wiedergeburten (bei dem es im wesentlichen darum geht, daß man eine Chance nach der anderen erhält, bis man es schließlich richtig gemacht hat), denn alles deutet ja darauf hin, daß es schon beim ersten Mal »geklappt« hat.

Der Zweck dieses Buches ist einfach, die negativen Fälle aufzuzeigen – jene unbequemen, meistens verschwiegenen Fälle, die man in erster Linie beim Prozeß der Wiederbelebung selbst antrifft, wenn der Kampf ums Überleben heiß ist, wenn es nichts zu verbergen gibt und wenn die Psychologen und Psychiater, die die meisten Bücher zum Thema schreiben, »weit vom Schuß« sind.

Wenn sich also ohne weiteres negative Fälle nachweisen lassen, die so beunruhigend sind, daß sie das Leben der Betroffenen dauerhaft verändert haben, ist es durchaus logisch, an eine tatsächliche Hölle zu glauben. Und wenn es wirklich eine Hölle gibt, ist es vielleicht doch nicht so ganz ungefährlich, zu sterben. Wenn das Sterben aber nicht ungefährlich ist, sollten wir uns vielleicht etwas intensiver mit den negativen Berichten jener Menschen auseinandersetzen, die das Gegenteil von Herrlichkeit erlebt haben, als sie die Todeslinie überschritten, ehe wir unsere eigenen Schlüsse ziehen.

Um dies zu bewerkstelligen, werden wir uns durch die bekannten »Erlebnisse außerhalb des Körpers« und die zahlreichen »Erlebnisse an der Schwelle des Todes« hindurcharbeiten. Wir werden uns dabei in erster Linie auf Menschen konzentrieren, die mit medizinischen Mitteln aus einem Stadium des klinischen Todes zurückgeholt worden sind und von ihren Erfahrungen bei längerem Ausbleiben von Herzschlag, Atmung und anderen lebenswichtigen Funktionen berichten. Es sind Menschen, die mehr als nur einen flüchtigen Blick ins Jenseits getan haben. In der Regel handelt es sich um eine Abfolge einzelner Begebenheiten, die oft in einer sehr unangenehmen Umgebung erlebt wurden.

Wir werden auch die »Bell Curve«-Konstante typischer Bevölkerungsstudien hervorheben, bei der durchweg auf der einen Seite positive Ereignisse und auf der anderen negative Begebenheiten vorgestellt werden, ohne daß eins das andere ausschließt. Wir werden schrittweise sowohl die positiven als auch die negativen Ereignisse bei Traumzuständen untersuchen (die meisten von uns kennen beispielsweise Alpträume) und die gleiche zweipolige Einteilung bei Rauschzuständen aufzeigen, des weiteren bei veränderten Bewußtseinszuständen, bei Erlebnissen auf dem Sterbebett und, wie könnte es anders sein, bei sogenannten »Todeserlebnissen«. Hier geht es uns besonders um die Erfahrungen wiederbelebter Patienten, deren Berührung mit dem Tod einer biologischen Permanenz nahekommt.

Wenn bei allen obenerwähnten Situationen immer wieder negative Begebenheiten vorkommen, stellt sich natürlich die Frage, weshalb darüber so gut wie nie berichtet wird. Ich bin sicher, daß die verschiedenen, von mir aufgezeigten Gründe Sie interessieren werden.

Siehe, ich habe dir eine Tür geöffnet,
die niemand verschließen kann.

Offenbarung 3,8 (Hoffnung für alle)

1

EIN BLICK INS JENSEITS

Das Gesicht des Toten, der soeben eingeliefert wurde, war aufgedunsen und blau angelaufen. Die Augen waren weit aufgerissen, und zwischen den geschwollenen Lippen trat die Zunge hervor. Viel zu spät für den »Heimlich-Handgriff« oder sonstige Wiederbelebungsmaßnahmen! In der Luftröhre entdeckte ich ein unzerkautes Stück Fleisch. Der Mann schien daran erstickt zu sein, aber wenn einer mit 34 plötzlich und ohne Zeugen stirbt, ist immer eine Autopsie erforderlich. So riefen wir den Pathologen dazu und öffneten den Leichnam.

Was hat es mit dem Tod, den wir tagtäglich sehen, eigentlich auf sich? Das alte Klischee trifft vermutlich zu – nämlich daß der Körper stirbt, wenn der Geist ihn verläßt. Aber was geschieht wirklich, wenn ein Mensch stirbt? In einem Augenblick ist er noch lebendig und läuft herum, im nächsten Augenblick ist das Leben entflohen – aber wohin? Ich habe noch nie einen Geist um einen toten Körper herumschweben sehen, Sie etwa? Trotzdem hört man bei jeder Beerdigung neben den bekannten Worten »Erde zu Erde, Asche zu Asche, Staub zu Staub« den Pfarrer davon reden, daß der Geist des Verstorbenen in die Herrlichkeit des Himmels eingegangen sei. Von der Hölle spricht nie jemand. Oder haben Sie jemals von einer »Höllen-Beerdigung« gehört?

Jahrelang hatte ich als Mediziner den Tod von Menschen festgestellt, ohne ernsthaft an die Sache mit dem Geist und dem Weiterleben zu glauben. Doch eines Tages, nachdem es durch die Entwicklung moderner Methoden möglich geworden war, einige Patienten vom klinischen Tod zu retten, tauchten plötzlich diese sonderbaren Berichte von »Zurückgekehrten« auf, die voller Begeisterung verkündeten, sie hätten »einen Blick in die Herrlichkeit« getan. In keinem Fall wurde von einem Blick in die Hölle gesprochen – es sei denn, jemand war im Augenblick des Todes dabeigewesen und hatte die Sache festgehalten.

Gerade noch mal davongekommen

Ob ich persönlich Angst vor dem Sterben hatte? Diese Frage muß ich klipp und klar mit »ja« beantworten.

Einmal hätte es mich fast erwischt, als ich zusammen mit einem Kollegen bei bitterkaltem Wetter von einer Tagung zurückflog, ohne etwas von der versteckten Gefahr zu ahnen. Während ich den Kreiselkompaß regulierte und Gas wegnahm, um die Motoren in Gleichklang zu bringen, blickte ich zu Charlie hinüber und rief laut, um den Lärm zu übertönen: »In ein paar Minuten weiß keiner mehr, was oben und was unten ist! Man sieht weder Mond noch Sterne – nur diese scheußliche, dichte Wolkendecke, die nach unserem Start von Indianapolis aufgezogen ist!«

Ich hielt Ausschau nach irgendwelchen Lichtern am Boden. »Halt dich mal einen Augenblick fest, ich will sehen, wie's da unten aussieht!«

Der rechte Flügel der schnittigen zweimotorigen Maschine »Azteke« neigte sich augenblicklich senkrecht nach unten, parallel zu den Lichtern auf der Autobahn, die auf die riesige Stadt unter uns zulief. Es war ein außergewöhnlich schöner Anblick in dem schwindenden Dämmerlicht. Die Scheinwerfer der Autos schimmerten wie Bahnen von auf dem Kopf stehenden Sternen, die sich in einem riesigen Bogen dahinwanden – gefolgt von einer eisigen Leere, als der Flügel der Maschine sich wieder aufrichtete.

Heftige Schläge auf das Armaturenbrett ließen endlich den alten Benzinheizer anspringen – was wir seit einer Stunde erfolglos versucht hatten, nachdem die Sonne im fernen Wolkenmeer versunken war. Zum Glück gab es diesmal keine Explosion bei der Zündung. Im Hintergrund war nur das gleichmäßige Rattern der alten Landeklappen zu vernehmen.

Wie eine frosterstarrte Hölle hatte sich die bittere Kälte klammheimlich in den blaßroten Dunst des Cockpits eingeschlichen, während draußen die schwarze Leere hockte wie die Umrisse eines bösen Feindes.

»Siehst du die Lichter dort unten, Charlie?« fragte ich, nachdem ich die Maschine abgefangen hatte. »Also, genau da müßtest du landen, wenn ich wirklich den von dir prophezeiten Herzinfarkt bekommen sollte.« Ich grinste und streckte meine langen Beine bequem neben den Pedalen der Seitensteuerung aus. »Aber ich glaube, du solltest dir lieber doch den nächsten Flughafen dafür aussuchen!«

»Und was genau sollte ich deiner Meinung nach tun, falls wirklich so etwas passiert?« wollte Charlie McDonald wissen. Sein Gesicht hob sich im Widerschein der roten Lichter auf der Armaturentafel deutlich von der umgebenden Dunkelheit ab. Charlie sah aus wie etwa 40. Der dunkle Anzug und die Krawatte waren unter dem Sicherheitsgurt ganz zerknittert. Sein Profil trat klar hervor, das weiche Kinn, die schwarzen Haare, während die restliche Gestalt sich im Dunkel verlor. Charlie war einer von drei Herzspezialisten in unserem Team von neun Ärzten, die am Diagnosezentrum von Chattanooga/Tennessee beschäftigt waren. Wir beide kamen gerade von einer Tagung in Indianapolis zurück.

Ich drosselte die Motoren, um den Lärmpegel zu senken. »Das ist doch ganz einfach«, erwiderte ich. »Die Flugkontrolle leitet dich über Kompaß zum nächsten Flughafen. Ungefähr 50 km vorher mußt du beide Gashebel drücken und das Flugzeug mit der Nase nach oben ziehen, um die Geschwindigkeit auf etwa 160 km/h zu reduzieren. Dann stellst du den Hebel ein, der die Höhe und Landung reguliert, und benutzt deine Füße auf den Pedalen der Seitenruder dazu, daß die Nase auf die Landebahn gerichtet bleibt.«

Charlie rang in komischer Verzweiflung die Hände. »Aber angenommen, du verlierst das Bewußtsein? Oder bist klinisch tot? Soll ich etwa all das mit einer Hand am Steuer erledigen und gleichzeitig mit der anderen Wiederbelebungsversuche machen?«

»Ach«, sagte ich und spähte durch die Windschutzscheibe, »lande doch einfach mit einer Hand unten auf der Autobahn, während du mit der anderen auf meinen Brustkorb schlägst, damit das Herz weiterarbeitet. Die CPR (Cardio-Pulmonale Reanimation = Wiederbelebung durch Beatmung plus Herzmassage) kannst du dann am Boden machen.« Ich setzte ein zuversichtliches Lächeln auf und überlegte, ob er mein Gesicht in dem trüben Licht überhaupt sehen konnte.

Charlie schien sich langsam zu beruhigen, und ich fuhr fort: »Mund-zu-Mund-Beatmung ist in der Luft vielleicht ein bißchen zuviel verlangt – du weißt ja, übler Mundgeruch kann sogar die besten Freunde entzweien!« Charlie stützte entrüstet seinen Kopf in beide Hände und blieb lange Zeit regungslos sitzen, während ich noch einmal überdachte, was sich am Morgen zugetragen hatte.

Noch vor Tagesanbruch waren wir joggen gewesen, und ich hatte große Mühe gehabt, mit Charlie Schritt zu halten. Bereits an den beiden vorangehenden Tagen war ich leicht außer Atem geraten und sehr schnell müde geworden. Das hätte mir eigentlich zur Warnung dienen müssen, denn diese Symptome gehen gewöhnlich einem Herzinfarkt voraus. Zwei Tage später kam dann der große »Knall«.

Obwohl ich genau wußte, daß mehr Menschen an einem Herzinfarkt oder verhärteten Arterien sterben als an allen anderen Krankheiten zusammengenommen, war ich einfach davon ausgegangen, daß mir so etwas nie passieren könne. Charlie sollte indessen mit seiner Prophezeiung recht behalten – und wie schrecklich wäre es gewesen, hätte ich tatsächlich im Flugzeug einen Herzinfarkt erlitten.

Aber, wie wir noch sehen werden, durch die Wiederbelebung wird einem sozusagen ein neues Leben geschenkt. Häufig darf man auch einen Blick in die persönliche Zukunft tun – sei es in die Herrlichkeit des Himmels oder aber in die Hölle –, oder man sieht gar nichts. Dadurch, daß sie den Prozeß des Sterbens umkehrt, kann die Wiederbelebung zu einem Fenster der Seele werden; man sieht wie im Spiegel sein zukünftiges Geschick und erhält manchmal sogar die Gelegenheit, es zu verändern. (Nähere Informationen zur Cardio-Pulmonalen Reanimation finden Sie im Anhang.)

Wie es bei mir zu dem Blick ins Jenseits kam

Zwei Tage später, am Abend des 18. Oktober 1980, verspürte ich eine merkwürdige Schwere in meiner Brust, einen unerklärlichen Druck, der mich eher an Verdauungsstörungen erinnerte. Der Schmerz drückte mir das Brustbein zusammen und strahlte hin und wieder bis in die Kiefer und die Oberarme aus, zuerst in größeren Intervallen, später mit unbarmherziger Permanenz.

In meiner Dummheit nahm ich etwas doppelt-kohlensaures Natrium gegen »Blähungen« und setzte mich ans Steuer meines Wagens, um ins Krankenhaus zu fahren. Ich hatte ganz vergessen, daß 50% aller Herzinfarktpatienten das Krankenhaus nicht einmal mehr lebend erreichen.

Im Hospital angekommen, ging mein Herz in Sprüngen, und ich war in kalten Schweiß gebadet von den schrecklichen, unbarmherzigen Schmerzen. Die diensthabende Schwester bugsierte mich schleunigst auf eine fahrbare Krankentrage, schob mir eine Nitroglyzerinkapsel unter die Zunge und brachte mich im Laufschritt auf die Herzstation. Ich wurde an ein EKG-Gerät angeschlossen, erhielt Sauerstoff und eine Infusion einer Lidocain-Lösung zur Pulsberuhigung.

Gegen 23 Uhr waren die Schmerzen so stark, daß sie auch mit Morphium nicht mehr zu kontrollieren waren. Wie jeder andere Patient in einer derartigen Lage, schrie ich inzwischen zu Gott um Hilfe. Es machte mir auch gar nichts aus, dabei laut zu werden – schließlich hatte ich Schmerzen!

Um Mitternacht hatten die Schmerzen immer noch nicht nachgelassen. Ein Elefant schien auf meiner Brust zu stehen. Sowohl Morphium als Demerol waren wie Wasser in dem schwachen Versuch, mir Erleichterung zu verschaffen.

»Heile mich oder töte mich!« betete ich laut, während mir die Tränen über die Wangen strömten. »Bitte, Gott, laß die Schmerzen aufhören. Du allein bist es, der mir helfen kann!«

Und das war vielleicht die tiefgründigste Aussage, die ich je gemacht hatte.

Ich warf einen argwöhnischen Blick auf den Monitor, auf dem plötzlich wie aus dem Nichts eine Blockade in der normalen Übertragung des Herzschlags aufgetaucht war, begleitet von verrückten Zickzackkurven. Aus meiner 40jährigen Erfahrung als Kardiologe wußte ich, daß dies die typischen Vorzeichen für einen plötzlichen Exitus waren. In einem Moment noch hier, im nächsten bereits fort! Ich versuchte, mich an wiederbelebte Patienten zu erinnern, die steif und fest behauptet hatten, der Augenblick des Todes sei schmerzlos gewesen. Manche hatten sich sogar darüber aufgeregt, daß wir sie in diese Welt voller Schmerzen zurückgeholt hatten – ausgenommen diejenigen, die im Jenseits durch ein Stück Hölle gegangen waren. Ich fing jetzt langsam an, auf diesen himmlischen Augenblick zu warten.

Als ich wieder zu mir kam, war es bereits hell, und ich stellte dankbar fest, daß die furchtbaren Schmerzen nachgelassen hatten und mehr einem dumpfen Gefühl gewichen waren. Durch meine Benommenheit hindurch nahm ich wahr, daß ich mich im zweiten Stockwerk des Krankenhauses befand. Ich erkannte einen Toilettenstuhl neben dem Fenster, einen piepsenden Monitor über meinem Kopf, eine Sauerstoffmaske auf meiner Nase und Gitterstäbe wie im Gefängnis rund um mich her. Eine Blutdruckmanschette lag um meinen rechten Arm, der linke hing an einer Infusion, und zu allem Überfluß hatte man mir einen Katheter geschoben, der wie ein heißer Schürhaken brannte. Als ich um mich blickte, war ich gefangen. So also fühlte es sich an, am falschen Ende des Stethoskops zu sein!

Ich war immer noch halb im Tran, als die Schwester hereinkam. »Ist es mit dem unregelmäßigen Herzschlag wieder besser geworden?« wollte ich wissen.

In ihrem Blick konnte ich lesen, daß mich das überhaupt nichts anging. »Sie brauchen keinen Schrittmacher, wenn Sie das meinen, Doktor!« fuhr sie mich an. Schroff stellte sie das Tablett auf dem Nachttisch ab, drehte sich um und schlug die Tür hinter sich zu. Was für ein Benehmen am Krankenbett!

Ich kann nicht behaupten, ein geduldiger Patient gewesen zu sein. Das war ich wirklich nicht. Ich mußte feststellen, daß meine

Meinung absolut nichts galt, meine logischen Argumente einfach ignoriert wurden und meine Identität sich in einer Nummer auf einem Armband erschöpfte. Die Kontakte mit der Familie wurden auf fünf Minuten pro Stunde begrenzt. Telefonieren war verboten. Keine Bücher. Kein Fernsehen. Überhaupt nichts. Nur die Wände anstarren und warten. Schließlich schlummerte ich ein.

Ich wurde wach, als die Schicht wechselte, und bat darum, zur Toilette zu dürfen. Da man anscheinend keine Lust hatte, das Bett frisch zu beziehen, erhielt ich die Erlaubnis. Ich machte fünf Schritte bis zu dem Toilettenstuhl, der eine wilde Spülung besaß und schmerzlich aufstöhnte, wenn man sein Hinterteil nicht etwas anhob, um ein luftdichtes Kleben am Sitz zu vermeiden.

Es gab noch ein weiteres Wunder der Technik: die Rolle mit dem Toilettenpapier war im Sitzen nicht zu erreichen. Und als ich aufstand, um mir das Papier zu holen, sah ich, wie nackt ich in Wirklichkeit dort unten unterhalb des Minihemdchens war – so nackt, daß jeder, der auf dem Flur draußen vorbeiging, es durch die Glasscheibe sehen konnte.

Ich machte einen Satz, um wieder in die Geborgenheit meines Bettes zu gelangen, aber der Katheterschlauch kam mir in die Quere, und ich hielt an, um mein Spiegelbild zu betrachten. In diesem Spiegel sah ich einen Schimpansen mit Bettsocken an den Füßen, der sich in dem langen Schwanz eines Katheterschlauchs verheddert hatte. Langsam wurde mir klar, warum manche Patienten sagen, sie wollten lieber sterben als noch einmal ins Krankenhaus zu kommen! Es wurde mir auch klar, warum die Patienten in den Arztpraxen so oft sagen, sie sähen ohne Kleider nicht besonders gut aus.

Obwohl ich diese Dinge also nun am eigenen Leibe erfuhr, fing ich trotzdem ernsthaft an zu überlegen. Vielleicht hatten die Humanisten ja doch recht. Weshalb jedesmal zu Gott beten, wenn man krank ist? Vielleicht hätte ich mir auch selber helfen können, indem ich meine geistigen Kräfte anzapfte. Eine stärkere positive geistige Einstellung war nötig. Verstand über Materie. Die volkstümlichen Humanisten sprachen von Selbstvertrauen, Selbstbewußtsein, Selbsterkenntnis und Selbstachtung; davon, daß man es lernen müsse, das innere Potential der »göttlichen Energie« anzuzapfen. Wenn Gott alles ist und alles Gott ist und ich ein Teil des Ganzen bin, dann muß ich auch in der Lage sein, mich zu *zwingen*, daß es mir besser geht. Darauf läuft das »positive Denken« im Grunde hinaus.

Aber das alles funktionierte bei mir einfach nicht. Ich hatte es bereits versucht, aber ohne Erfolg. Selbsthilfe entpuppt sich als ein böser Scherz, wenn es wirklich ernst wird. Ich brauchte eine Kraft, die größer war als ich selbst. Was mir fehlte, war nicht Selbstachtung, sondern die Gewißheit, daß Gott auf mich achtgab.

Ich schlug meine Bibel auf und las Jesaja 66,2, wo der Herr sagt: »Aber auf den will ich (gnädig) blicken: auf den Elenden (oder: Demütigen) und den, der zerschlagenen Geistes ist ...« Dann sah ich in der Konkordanz nach, konnte aber nirgends die Worte »positives Denken« oder »Selbstachtung« entdecken. Sie schienen also nicht in der Bibel vorzukommen. Wenn sie aber nicht aus der Bibel stammten, mußten sie von Menschen stammen – und die hatten mir bis jetzt wahrhaftig nicht allzuviel helfen können!

Ein Blick in die Herrlichkeit

Tatsache ist, daß zwei oder drei Tage später, auf dem Höhepunkt alles versuchten Selbstvertrauens, die ganze Hölle losbrach und die Schmerzen mit voller Wucht zurückkehrten.

Der Elefant war wieder da. Die Schweißausbrüche, das Erbrechen, die Beinahe-Ohnmachten. Die ganze Zeit, in der ich versucht hatte, innerlich über den Dingen zu stehen, war vergeudet. Ich hatte, bildlich gesprochen, in den Wind gespuckt, und die Spucke war mir ins Gesicht zurückgeweht.

Auf einmal ein dumpfer Schlag, gefolgt von einem Wirbel von Herzsprüngen und heftigen Zuckungen, darauf eine widerliche Stille. Dann gar nichts mehr.

Plötzlich und unerwartet dann ein Strom von Sternen, die an mir vorbeirasten. Sie sprangen quasi wie aus schwarzem Samt hervor und zischten an mir vorüber wie leuchtende Meteore mit langen weißen Schweifen. Ich konnte keinerlei Sinn darin finden. Dann merkte ich, daß nicht die Sterne in Bewegung waren, sondern *ich*. Ich bewegte mich mit enormer Geschwindigkeit vorwärts, auf ein fernes Licht von ehrfurchtgebietender Schönheit zu, das von hell klingendem Geläut und einem phantastischen metallenen Widerhall erfüllt war. Keine Stimmen, keine Tunnel, keine Wesen, keine Zeit – und, seltsamerweise, auch keine Schmerzen! Eine herrliche Verzückung ringsum. Unwillkürlich drängte sich mir die Frage auf: »So ist das also, wenn man stirbt?« Und dann folgte die feierliche und doch so beunruhigende Erkenntnis: Was ich hier sah, war ein Schimmer der Herrlichkeit.

Plötzlich war ich wieder der 5jährige Junge, und mein Vater weinte bitterlich. Ich war gegen einen Eimer kochendheißen Wassers gerannt, den er in die Badewanne schütten wollte, und hatte meinen kleinen Körper ganz fürchterlich verbrüht. Man wickelte mich in eine Decke. Der Krankenwagen hatte Verspätung. Ich sollte anscheinend nicht überleben.

Im nächsten Augenblick war ich 7 Jahre alt, und wir befanden uns am Strand. Ich konnte noch nicht schwimmen. Irgendwie verlor ich den Halt und kam nicht mehr auf den Boden. Ich geriet in Panik und rang krampfhaft nach Luft. Dann senkte sich ein sonderbarer Frieden über mich. Hände streckten sich aus, um mich aus dem Wasser zu ziehen. Als ich keuchend aufblickte, sah ich wieder in das Gesicht meines Vaters.

Ich wurde geschüttelt und spürte einen Schlag auf den Brustkorb. Eine undeutliche Stimme rief: »Doktor Rawlings! Doktor Rawlings! Geht es Ihnen gut?« Erneutes Schütteln. »Los, aufwachen! Sie sind nicht am Ertrinken, Sie phantasieren bloß!« Das Gesicht war verschwommen, aber die Stimme kannte ich. Sie gehörte der Oberschwester.

Sie erklärte mir, daß ich in einer längeren Herzpause wie wild um mich geschlagen hätte. Eine Null-Linie auf dem Monitor und der dadurch ausgelöste Alarm ließen sie ins Zimmer stürzen, wo sie meinen Körper in unregelmäßigen Zuckungen sah und entdeckte, daß sich die Anschlüsse des EKG-Geräts an den Handgelenken gelöst hatten, was möglicherweise zur Null-Linie geführt hatte.

»Wie lange war ich weg?«

»Weniger als zwei Minuten«, erwiderte sie und erneuerte die Elektrodenpolster. »Ich wollte schon einen Notruf starten, aber als ich auf Ihren Brustkorb schlug, kamen Sie zu sich.«

Rückblickend stelle ich mir die Sache so vor, daß ich in eine Art »Zeitverschiebung« hineingekommen sein muß, mit einem Fuß noch in dieser Welt, mit dem anderen bereits in der nächsten. Es erinnert mich an Leute, die einen Frontalzusammenstoß mit dem Auto überlebt haben und davon berichten, daß sie unmittelbar vor dem Aufprall ihr ganzes Leben wie im Film vor sich ablaufen sahen – und das im Bruchteil einer Sekunde. In solchen Augenblicken hat die Zeit anscheinend keine Bedeutung mehr.

Bei einem Herzstillstand kann sich das Herz u. U. so rasch erholen, daß man sich fragt, ob Schlagen auf den Brustkorb überhaupt notwendig gewesen wäre. Vielleicht war das bei mir der Fall. Aber bei der anderen Art des Herztodes, dem Herzflimmern, muß das Herz so lange durch Beatmung und Massage unterstützt werden, bis es mittels Elektroschock wieder anspringt, damit der zitternde Herzmuskel zur Ruhe kommt und in gleichmäßige Kontraktionen übergeht. Herzflimmern ist eine der häufigsten Todesursachen, und ich erinnere mich besonders gut an einen solchen Fall, der sich im Erlanger-Krankenhaus in Chattanooga ereignete.

»Ich habe ihn schon dreimal geschockt«, beschwerte sich der Medizinstudent bei mir. Wir waren mit einem Patienten beschäftigt, der an septischer Lungenentzündung litt und zu dem wir über den Krankenhaus-Notruf gerufen worden waren.

»Na und?« erwiderte ich. »Geben Sie ihm noch eine große Pille Lidocain und Bikarbonat und schocken Sie ihn noch mal.« Der Medizinstudent fuhr mit seinen schrecklichen, das ganze Bett erschütternden Wiederbelebungsmaßnahmen fort, und ich hatte Angst, er könnte dabei dem Patienten etliche Rippen brechen. Natürlich wäre das immer noch besser als ein toter Patient!

Schließlich fing das Herz jedoch wieder an, langsam zu schlagen, und damit war ein weiterer Patient dem Leben zurückgegeben. Leider berichtete aber gerade dieser Patient von einer äußerst negativen Erfahrung, die er während der Wiederbelebungsversuche gemacht hatte – einer Erfahrung, die schrecklich genug war, um sie für ein späteres Kapitel aufzuheben, wo sie unter anderen schrecklichen Erlebnissen ihren Platz finden wird.

Es gibt einen gravierenden Unterschied zwischen dem Frühstadium und dem Endstadium des Todes. Der klinische Tod tritt ein, wenn sowohl Herzschlag als Atmung aufgehört haben; der Betreffende kann dann aber immer noch durch CPR oder andere Wiederbelebungsmaßnahmen ins Leben zurückgeholt werden. Der klinische Tod verkörpert somit ein frühes und umkehrbares Todesstadium – etwas, was der Mensch tun kann. Wenn das Leben jedoch nicht innerhalb von wenigen Minuten zurückgekehrt ist, sterben die empfindlichen Gehirnzellen ab, worauf nach und nach der Tod der Körperzellen einsetzt, bis es schließlich zur Leichenstarre beim biologischen Tod kommt. Dieser Tod ist unumkehrbar und erfordert keine Wiederbelebung, sondern eine Auferweckung – etwas, was der Mensch nicht tun kann.

Ein Herzinfarkt kann zum Tod führen

So wie bei vielen anderen Herzinfarktpatienten folgte auch in meinem Fall auf den Schimmer von Herrlichkeit ein Bild des Jammers. Während des Belastungs-EKGs einige Tage nach dem Anfall schnellte mein Blutdruck plötzlich in die Höhe, und das EKG sackte an den falschen Stellen ab. Das bedeutete, daß der koronare Blutfluß auch in einem anderen Blutgefäß nicht stimmte. Um festzustellen, ob noch mehr Herzanfälle zu erwarten wären, sollte eine Angiographie (Röntgenbild von Blutgefäßen nach Injektion eines Kontrastmittels) des Herzens gemacht werden.

Unter örtlicher Betäubung beobachtete ich den Fernsehschirm, während mein Partner Charlie den Herzkatheter in die Leistenarterie einführte und den Schlauch unter röntgenologischer Beobachtung durch die Adern zum Herzen führte. Dann wurde in den Eingang jedes Koronargefäßes, das das Herz versorgte, ein Kontrastmittel eingespritzt und anschließend Röntgenaufnahmen gemacht.

Während ich von meiner liegenden Position aus den Fernsehschirm über mir beobachtete, konnte ich den geschädigten

Teil des Herzmuskels, der sich nicht zusammenzog, sehen. Wenn man in diesem Moment meinen Brustkorb operativ geöffnet hätte, dann hätte, so könnte ich mir vorstellen, mein Herz in etwa so ausgesehen wie das bei einer Leichenöffnung, die ich vor längerer Zeit in einem örtlichen Krankenhaus miterlebt hatte. Diese Autopsie wurde von dem widerlichsten Arzt, der mir je begegnet ist, durchgeführt.

»Was ist los, Junge – Sie wollen sich doch nicht etwa übergeben?« sagte der ständig rülpsende Pathologe zu mir, indem er mit seinem Finger ein Loch in die breiige, schwarz-blaue Masse des Infarkts bohrte. Während er das Herz in seiner Hand hin und her drehte, war die geschädigte Stelle deutlich zu sehen, aber die verstopfte Herzschlagader, die den Infarkt verursacht hatte, verbarg sich unter einer dicken Fettschicht.

»Es sieht so aus, als hätte jemand mit dem Hammer draufgeschlagen«, witzelte der Arzt, während er die Fettschichten, unter denen sich steinharte Arterien verbargen, sezierte.

Schließlich fragte ich ihn, nachdem ich mich etwas an seine Grobheit gewöhnt hatte: »Wie oft findet man denn so viel Fett?«

Sich mit dem stumpfen Ende des Skalpells am Kopf kratzend, erwiderte er: »Mir ist noch kein Herzinfarkt begegnet, ohne daß eine Menge Fett mit im Spiel war.« Er griff sich eine Handvoll Fett, hob das Herz in Augenhöhe und meinte: »Früher gab es das längst nicht so oft, aber heute hat es fast jeder. Ein entschieden fettes Amerika frißt und säuft und stirbt schlußendlich an Herzverfettung. Die Leute sind innen genau so fett wie außen.«

Während er das sagte, fiel mir sein eigener fetter Bauch auf, der sich wie eine gewaltige Schürze über dem Autopsietisch in Falten legte. Seine winzigen Augen verschwanden fast völlig in seinen fetten Hängebacken.

Plötzlich schien ihm eine grandiose Idee zu kommen. »Machen Sie doch einfach eine Klinik für Fette auf, Mann! Damit sind Sie garantiert aus dem Schneider. Hören Sie auf meine Worte – dicke Leute zu behandeln, wird in Zukunft *die* Sache sein!«

Während er mir diesen Rat gab, zertrennte er geschickt und ohne jede Gefühlsregung den Schädel des Toten mit einer Kreissäge. »Was, meinen Sie, ist der Grund dafür, daß Leute so viel Fett haben?« wollte ich wissen.

»Die Dunlop-Krankheit«, lachte er und zeigte seine schlechten Zähne.

Ich hätte es eigentlich besser wissen müssen, hatte aber bereits angebissen. »Was ist das denn?« fragte ich.

»Die Dunlop-Krankheit? Das ist, wenn der Bauch über die Oberschenkel hängt!« Ich hätte mich ohrfeigen können! Zu dumm, daß ich den Köder samt Haken, Schnur und Senkgewicht geschluckt hatte!

Eigentlich hätte ich diesem fetten, ungehobelten Pathologen sagen müssen, er solle sich gefälligst seinen eigenen Bauch betrachten. Doch als ich in Gedanken so weit gekommen war, wurde ich von dem Schlauch in meiner Leiste unsanft in die Gegenwart zurückgeholt. Ich wußte, es würde vielleicht sechs bis acht Wochen dauern, bis die weiche Stelle in meinem Herzen zu festem Narbengewebe verheilt wäre, um wenigstens kleinere Tätigkeiten übernehmen zu können. Ich war fest entschlossen, Geduld zu üben und nicht so ungeduldig zu sein wie Raymond Boyce in der vergangenen Woche.

Raymond war drei Tage wegen einer »Magenverstimmung« zu Hause geblieben. Als er sich am vierten Tag besser fühlte, ging er wieder zur Arbeit. Während er zusammen mit einem Kollegen Kisten auflud, griff er sich plötzlich an die Brust, lief blau an und sank zu Boden. Einige Augenblicke später war er tot.

Bei der Autopsie kam eine große, weiche Ausbauchung zum Vorschein, die von einem Herzinfarkt, der ein paar Tage vorher stattgefunden hatte, herrührte. Raymond war zu früh wieder zur Arbeit gegangen, und die Ausbauchung war, ähnlich einer porösen Stelle in einem Fahrzeugschlauch, gerissen und hatte seinem Leben ein jähes Ende gesetzt. Nicht selten sterben Menschen, so wie Raymond, wenige Tage nach vermeintlichem »Sodbrennen« – und werfen dabei einen mehr als ausreichenden Blick ins Jenseits.

In meinem Fall war, wie die Untersuchung ergab, die rechte Herzkranzarterie vollständig verstopft, während die anderen Blutgefäße in Ordnung waren. Es war also weder eine Bypass-

Operation (bei der zusätzliche Blutgefäße eingesetzt werden), noch eine Gefäßerweiterung durch Aufblasen eines Ballons, noch ein Ausschaben mit Instrumenten, noch eine Eröffnung mit Laserstrahl notwendig.

Übrigens gab es damals, im Jahr 1980, die meisten dieser Behandlungsmethoden noch gar nicht. Was es bereits gab – und was heute noch als grundsätzliche Behandlungsmethode gilt –, war die Verabreichung von Medikamenten zur Auflösung eines Blutgerinnsels, um den Infarkt im Frühstadium rückgängig zu machen, ehe es zu einem permanenten Arterienverschluß kommt.

Vic Bond, mein Ausbilder im Blindflug, ist einer, der diesen speziellen Medikamenten sein Leben verdankt. Äußerlich völlig gesund, wäre er beinahe ganz plötzlich gestorben. Nachdem man ihm Streptokinase injiziert hatte, das erste fibrinlösende Medikament, das es gab, ließen sowohl die Schmerzen als auch die Schweißausbrüche ziemlich bald nach – ein für die Medizin relativ neues Verfahren.

Alle 30 Minuten erhielt er weiterhin Streptokinase, bis Blutdruck, Schmerzen und EKG-Veränderungen sich wieder normalisiert hatten. Dann wurde zusätzlich Heparin gespritzt, um das Wiederauftreten von Blutgerinnseln zu verhindern, bis anhand einer Angiographie festgestellt werden konnte, daß mehrere Blutgefäße betroffen waren, woraufhin eine Bypass-Operation vorgenommen wurde. Für Vic fiel also der Blick in die Herrlichkeit noch einmal aus!

Das könne Ihnen nicht passieren, meinen Sie? Bei Ihnen bestünde keinerlei Gefahr, weil Sie ja regelmäßig joggen, schwimmen, Tennis spielen und einem Fitnessclub angehören? Sie halten sich für immun, weil Sie sich gesund ernähren und Ihre Cholesterinwerte optimal sind? Das mag zwar alles ganz ideal sein, trotzdem tragen wir jeden Tag Infarktpatienten zu Grabe, deren Cholesterinwerte normal waren und die auch sonst kerngesund zu sein schienen. Einige trugen sogar ihren Mitgliedsausweis für den Gesundheitsclub in der Brieftasche!

Leider gibt es in 25 % aller Herzinfarktfälle keine vorherigen Warnungen. Die Leute fallen einfach tot um. Das ist der wesentliche Grund, weshalb jede Familie mit der Praxis der Cardio-

Pulmonalen Reanimation (Herz-Lungen-Wiederbelebung) vertraut sein sollte. Dadurch kann die Hälfte aller plötzlichen Herztodpatienten am Leben erhalten werden, bis qualifiziertes Hilfspersonal zur Stelle ist. Verschiedene Stellen, wie z. B. das Deutsche Rote Kreuz oder der Malteser-Hilfsdienst, bieten entsprechende Kurse an.

Wer neigt nun am meisten dazu, Koronarkrankheiten zu entwickeln? Besonders anfällig sind Menschen mit hohem Blutdruck, Diabetes, erhöhten Cholesterinwerten, ferner Raucher sowie Menschen mit Übergewicht und Bewegungsmangel; außerdem solche, bei denen diese Art Krankheit in der Familie liegt.

Falls Sie zu den Prädisponierten gehören, stellt sich natürlich die Frage, *wann* es am ehesten zu einem Herzinfarkt kommen kann. Merkwürdigerweise ist das im Schlaf am wahrscheinlichsten, wenn der Blutfluß träge, der Blutdruck niedrig und der Herzschlag verlangsamt ist. Dann können sich leicht Blutgerinnsel bilden und an den rauhen Wänden der verkalkten Arterien festsetzen. Prädisponierte Menschen sollten mehr Angst davor haben, schlafen zu gehen als zur Arbeit zu gehen, weil nur 15% der Koronarfälle durch Aktivität herbeigeführt werden. 85% ereignen sich dagegen im Stadium des Nichtstuns, z. B. im Schlaf oder vor dem Fernseher.

Aufgrund der herkömmlichen Ernährungsweise stehen die Vereinigten Staaten weltweit immer noch an zweiter Stelle der Länder, in denen die meisten Herzinfarkte und Fälle von Arterienverkalkung vorkommen. Die Amerikaner essen gern fetthaltige Speisen, weil diese gut schmecken. Vielleicht ist die Tradition der »Schmalzbrötchen« hier das größte Problem. Spricht man jemand auf diese Tradition an, bekommt man gewöhnlich zur Antwort: »Ich esse Schmalzbrötchen, weil ich das von meiner Mutter gelernt habe.« In den armen Ländern, wo die Leute sich keine fettreichen Nahrungsmittel leisten können, mögen zwar manche am Hunger sterben, aber nicht am Herzinfarkt. Ob das daran liegt, daß es dort keine Schmalzbrötchen zu essen gibt?

Sonstige Todesursachen: Wen soll man wiederbeleben?

Natürlich sind Menschen, die »wieder zurückgeholt« wurden, die verläßlichste Quelle, wenn es darum geht, empirische Untersuchungen über etwaige Trips zum Himmel oder zur Hölle und zurück anzustellen. Doch durch vermehrtes CPR-Training unter der Bevölkerung ist die Wiederbelebung verstärkt ins Bewußtsein der Allgemeinheit gedrungen, wobei die Überlebenschancen im großen ganzen oft ans Wunderbare grenzen, es aber auf der anderen Seite in einigen wenigen Fällen auch zu einer unliebsamen Verlängerung von tödlichen Krankheiten oder einer nur begrenzten Wiederherstellung, die zu einem permanenten vegetativen Koma führt, kommen kann. Die Entscheidung für oder gegen eine Wiederbelebung hängt von der Todesursache ab, weshalb ich im folgenden kurz auf die häufigsten Todesursachen zu sprechen kommen will.

Wen soll man beispielsweise draußen auf der Straße wiederbeleben? Das kann eine schwierige Entscheidung sein. Im Zweifelsfall jedoch gilt: unbedingt alles zur Wiederbelebung versuchen. Ich möchte ein Beispiel anführen: Frau Autrie Mullins, 28 Jahre alt und Mutter von zwei Kindern, wurde bewußtlos und blau angelaufen in die Notfallstation des Hutcheson-Memorial-Hospitals in Ft. Oglethorpe/Georgia eingeliefert. Puls und Atmung hatten bereits ausgesetzt. Obwohl die Pupillen der Frau stark erweitert waren, führte der junge Unfallarzt peinlich genau seine Wiederbelebungsmaßnahmen durch.

»Stark erweiterte Pupillen«, sagte ich und beugte mich von hinten über seine Schulter. »Das klassische Zeichen für einen Hirntod. Ist Ihnen das bewußt?«

Der junge Arzt nickte, ohne sich unterbrechen zu lassen. »Rufen Sie mich, wenn Sie fertig sind, damit ich den Totenschein ausstellen kann.« Achselzuckend verließ ich den Raum und ging den Korridor hinunter zu einem anderen Patienten.

15 Minuten später klingelte das Telefon. »Sie sitzt im Bett und ist hellwach«, hörte ich die aufgeregte Stimme des jungen Arztes. »Kommen Sie bitte sofort!«

Tatsächlich saß Frau Mullins im Bett und hatte bereits angefangen, zusammenhängend zu reden. Am nächsten Tag lief sie herum – immer noch mit diesen riesigen, erweiterten Pupillen. Sie stammten von dem Unkrautvernichtungsmittel, mit dem sie ihren Garten gespritzt hatte. Der springende Punkt ist der, daß erweiterte Pupillen nicht in jedem Fall das Indiz für einen Hirntod sind. Diese Frau lebt heute – ohne daß ich etwas dazu kann – und zieht ihre beiden Kinder groß. Übrigens sagte sie uns, und das in Übereinstimmung mit 50% oder mehr aller wiederbelebten Personen, daß sie keinerlei »jenseitige« Erfahrungen gemacht habe.

Wen soll man also wiederbeleben? Jeder Fall muß sehr schnell beurteilt werden, da das Gehirn ohne Blutzufuhr nicht länger als 4-8 Minuten überleben kann.

Unfallopfer, die laut Zeugenaussagen erstickt oder ertrunken sind, müssen auf jeden Fall wiederbelebt werden, während man bei einem zerschmetterten Schädel oder verstümmelten Körper lieber darauf verzichten sollte.

Wie steht es mit Schlaganfällen? Manche Schlaganfallpatienten werden wieder vollständig gesund, während andere sterben oder anschließend mit schweren Behinderungen leben müssen. Im Zweifelsfall sollte man trotzdem versuchen, wiederzubeleben; immerhin erleiden etwa 500000 Amerikaner jährlich einen Schlaganfall, wobei ein Drittel von ihnen zu Tode kommt, ein weiteres Drittel auf Dauer behindert bleibt und das restliche Drittel sich wieder gut erholt.

Und im Fall von Gehirnbluten? Bei Paul Hogan, alias »Crocodile Dundee«, platzte ein Blutgefäß im Gehirn, als er versuchte, ein 130-kg-Gewicht bei einem Turnwettbewerb in Sydney/Australien zu stemmen. Er bekam schreckliche Schmerzen, die Halle schien außer Form zu geraten und die Decke sich zu heben. Aber Hogan erholte sich, ohne wiederbelebt werden zu müssen. Heute sagt er: »Seitdem freue ich mich über jeden Tag, den ich erleben darf.«

Soll man einen Alzheimer-Patienten wiederbeleben? Nicht, wenn die Angehörigen schriftlich verfügt haben, auf Wiederbelebungsmaßnahmen zu verzichten. Wenn es aber keine Angehörigen gibt? Wenn keine derartige Verfügung vorliegt? Die Alzheimer-Krankheit raubt ihren Opfern das Gedächtnis und den Verstand. Vier Millionen Amerikaner sind davon betroffen und werden nach und nach zu Invaliden; 100000 dieser Patienten sterben pro Jahr.

Was macht man mit Aids-Patienten? Soll man sie wiederbeleben? Professionelle Lebensretter werden immer versuchen, eine Sauerstoffmaske zu benutzen, um orale Kontakte mit Unbekannten zu vermeiden. Während Herpeserkrankungen (Fieberbläschen) und Tuberkulose nachweislich durch direkte Mund-zu-Mund-Beatmung übertragen werden können, ist bisher kein Fall einer auf diesem Weg übertragenen HIV-Infektion bekannt geworden. Trotzdem ist zu bedenken, daß es nach amtlichen Schätzungen gegenwärtig 1,5 Millionen mit dem HIV-Virus infizierte Amerikaner gibt. In 165000 Fällen ist die Krankheit bereits aktiv ausgebrochen, bei annähernd 65% der Patienten verläuft sie tödlich. Man muß also in Betracht ziehen, daß solche Menschen selbst bei einer erfolgreichen Wiederbelebung dennoch dem Tod geweiht sind.

Woran erkennt man einen offensichtlich ansteckenden Aids-Kranken? Verdächtig ist immer ein unerklärlicher Gewichtsverlust, wie man es von Krebspatienten her kennt. Aids wurde korrekterweise als »Magerkrankheit« bezeichnet, als sie erstmalig im Jahr 1982 in Fischerdörfern entlang dem Viktoriasee in Uganda auftauchte. Weitere charakteristische Merkmale sind schwarze Flecken um den Mund herum bzw. weiße Flecken in der Mundhöhle – aber wer schaut schon einem Menschen in den Mund oder in irgendwelche anderen Körperöffnungen, um nach »weißen Flecken« zu suchen, ehe er mit der Wiederbelebung beginnt?

Wie soll man sich bei einem hoffnungslos Krebskranken verhalten? Woher weiß man, bei wem Heilungschancen bestehen und bei wem nicht, ohne die entsprechenden Unterlagen zur Hand zu haben? Ca. 76 Millionen aller heute lebenden Amerikaner werden irgendwann Krebs bekommen. Das heißt, jede dritte Person ist davon betroffen, was wiederum Dreiviertel der Familien einschließt. Allein in diesem Jahr wird die Sterberate durch Krebs in den Vereinigten Staaten bei 1400 pro Tag liegen. Dabei mögen manche nach außen hin völlig gesund erscheinen, während sie innerlich bereits voll Krebs sind. Es gibt Leute, die der Ansicht sind, man sollte solche Kranken ins Leben zurückholen, damit sie sich besser auf den Tod vorbereiten können. Um sie dann wieder sterben zu lassen?

Kurz zusammengefaßt, ist Lungenkrebs heute die am weitesten verbreitete Krebsart, und mehr Frauen sind davon betroffen als Männer, weil Frauen inzwischen mehr rauchen als Männer. Brustkrebs befällt jede neunte Frau, Prostatakrebs jeden elften Mann, in 80% der Fälle nach dem 55. Lebensjahr. Dickdarmkrebs ist in den letzten Jahren zahlenmäßig mehr oder weniger konstant geblieben, während Bauchspeicheldrüsenkrebs, der das Verdauungsorgan tief im Oberbauch betrifft, als »der Geräuschlose« bezeichnet werden könnte. Inzwischen an fünfter Stelle der zum Tode führenden Krebsarten stehend, gibt es für Bauchspeicheldrüsenkrebs medizinisch keine Heilung.

Beim Betrachten dieser simplen statistischen Übersicht bekommen Sie vielleicht bereits eine leise Ahnung davon, welches möglicherweise bei Ihnen selbst einmal die Todesursache sein könnte, und achten dadurch mehr auf einige der Probleme, die sich im Zusammenhang mit der Wiederbelebung ergeben.

Zum Schluß möchte ich noch auf die vier Fragen zu sprechen kommen, die man gewöhnlich bei Patienten, die im Sterben liegen, antrifft. Manchmal werden sie laut ausgesprochen, manchmal auch nicht. Die erste Frage lautet: »Woran werde ich sterben?« – obwohl das den meisten Kranken bereits klar ist, wenn sie ins Krankenhaus eingeliefert werden.

Die zweite Frage lautet: »Was für ein Gefühl ist es, zu sterben?« Das wird im nächsten Kapitel unser Thema sein.

Die dritte Frage heißt: »Gibt es ein Leben nach dem Tod?«

Und die letzte Frage: »Ist es ›gefahrlos‹, zu sterben?«

Was würden Sie einem Sterbenden auf diese Fragen antworten? Und welche Antwort haben Sie für sich selbst?

2

WIEDERBELEBTE ERINNERUNGEN

Aufgrund der schweren und oftmals hitzigen Diskussionen zu unserem Thema wollen wir uns nun für eine Weile mit den Methoden und der Geschichte des Sammelns von Wiederbelebungsfällen beschäftigen, ist doch den Erfahrungen von Wiederbelebten eine große Bedeutung beigemessen worden. Aus solchen Todeserlebnissen hat sich durch das Wegleugnen von negativen Erfahrungen eine völlig neue Religion entwickelt. Da es inzwischen aber sehr viele solcher Fälle gibt – vielleicht sogar in Ihrer eigenen Familie –, könnte es sein, daß Sie gerne selber Fallbeispiele zusammentragen und Ihre eigenen Schlüsse daraus ziehen möchten.

Die Fälle, die ich präsentieren möchte, wurden alle von medizinischen Fachkräften zusammengetragen, die die Patienten direkt während der Wiederbelebungsmaßnahmen interviewt haben: Ärzte, Krankenschwestern sowie Hilfspersonal, das in Krankenwagen, Ambulanzen und Intensivstationen beschäftigt war. Viele, die mich über Jahre hinweg bei meinem im Auftrag der »American Heart Association« in Krankenhäusern und medizinischen Ausbildungsstätten zahlreicher Länder durchgeführten Lehrauftrag über lebensrettende Sofortmaßnahmen begleitet haben, haben ebenfalls ihre Erfahrungen beigesteuert. In unseren Kursen ging es um Herz-Lungen-Wiederbelebung, um Atemgeräte, schockauslösende Medikamente, Infusionen, um die permanente Wiederherstellung des Herzschlags und der Atmung und um die Beendigung der Bewußtlosigkeit. Das gab uns eine gute Basis für Interviews mit Patienten, die über ihre Erlebnisse angesichts des Todes berichteten, denn gerade in diesem Stadium lassen sich negative und furchterregende Erfahrungen nur schwer verbergen.

Nachdem ich vor etlichen Jahren einige erste negative Fälle publiziert hatte, fand ich mich im offenen Widerspruch zu anderen Autoren wieder, denen meine Enthüllungen total gegen den Strich gingen. Ich wurde mitten in eine hitzige Kontroverse getrieben, sozusagen »den Haien zum Fraß vorgeworfen«.

Der Gipfel der Unverfrorenheit

An einen Horrorfilm erinnert die Geschichte eines Milliardärs aus Texas, der wie üblich seine geladenen Gäste angesichts seines von Haien wimmelnden Swimming-Pools herausforderte. »Sie alle wissen, daß es Mumm braucht, um auf dieser Welt vorwärtszukommen«, begann er seine Rede. »Nun, in diesem Pool befinden sich sechs menschenfressende Haifische. Wer von Ihnen es wagt, hineinzuspringen und sein Leben aufs Spiel zu setzen, dem helfe ich beim Aufbau eines neuen Geschäfts.«

Der Milliardär fuchtelte vielsagend mit der Hand. »Also, wenn jemand es fertigbringt, von hier nach dort zu schwimmen, und er lebendig auf der anderen Seite an Land steigt, dem stelle ich drei Dinge zur Wahl: Er kann entweder meine hübsche Tochter heiraten, oder er bekommt die Hälfte meines Firmeneigentums, oder er kann sich für meine gesamten Ölfelder entscheiden.«

Plötzlich war ein lautes Klatschen zu hören, und als der Milliardär sich umdrehte, sah er einen Mann in voller Kleidung wie verrückt das Wasser durchpflügen und buchstäblich um sein Leben schwimmen. Irgendwie gelang es ihm, tropfnaß, aber wie durch ein Wunder völlig unversehrt auf der gegenüberliegenden Seite an Land zu klettern.

»Mein lieber Freund«, sagte der Milliardär zu ihm, »Sie haben geschafft, was noch keinem vor Ihnen gelungen ist. Ich werde selbstverständlich zu meinem Wort stehen. Was für eine Belohnung möchten Sie haben – ich nehme an, meine Tochter?«

»Nein, Sir, nicht Ihre Tochter.«

»Die Hälfte meines Firmeneigentums?«

»Nein, Sir, auch nicht Ihr Firmeneigentum.«

»Dann also meine gesamten Ölfelder?«

»Nein, Sir, die auch nicht.«

»Ja, was wollen Sie denn dann?«

»Ich will wissen, wer die Frechheit besessen hat, mich ins Wasser zu schubsen!«

Um ehrlich zu sein – auch ich weiß bis heute nicht, wer *mich* hineingeschubst hat. Wahrscheinlich ist die Tatsache, daß ich als erster über »Höllenerlebnisse« berichtet und damit solchen Autoren, die nur über euphorische Herrlichkeitserlebnisse geschrieben hatten, widersprochen habe, der Auslöser gewesen, mich ins Wasser zu schubsen. Den ersten Stoß erhielt ich ohne Zweifel an dem Tag, als Charles McKaig während eines Belastungs-EKGs in meinem Untersuchungszimmer plötzlich tot umfiel. An diesem Tag geriet für mich die Welt aus den Fugen. Ich wurde buchstäblich »den Haien zum Fraß vorgeworfen«.

Bis zu jenem Zeitpunkt war ich ein Zyniker gewesen. Patienten, die mir von einem Erlebnis nach ihrem klinischen Tod erzählten, hielt ich für leicht verrückt. Als Herzspezialist war ich geistlichen Dingen gegenüber ausgesprochen skeptisch. Man hatte uns gelehrt, wie man den Körper behandelt, vielleicht auch noch die Seele ein bißchen – aber geistliche Dinge? Die überließen wir lieber den Psychologen und Psychiatern.

Der Gedanke, daß Wiederbelebungsmaßnahmen einmal zu geistlichen Auseinandersetzungen führen könnten, hätte bestimmt schon 1960 den »alten« Ärzten Kouwenhoven und Jude Angst eingejagt, als sie mit ihren Experimenten der unblutigen Herzmassage (Closed-chest-cardiac massage) am Johns Hopkins Medical Center begannen. Wieviel mehr heute, da jedes Jahr über 100000 Menschenleben aufgrund der von ihnen entdeckten und konsequent weiterentwickelten Technik gerettet werden.

Es mutet geradezu phantastisch an, wenn man bedenkt, daß die Erlebnisse beim klinischen Tod das einzige experimentelle Bindeglied zwischen uralten biblischen Prophetien und der modernen Wissenschaft geworden sind.

Wie es sich »anfühlt« zu sterben

Als man Woody Allen zu seinen Gedanken über den Tod befragte, erwiderte er: »Ich habe keine Angst vor dem Sterben – ich möchte ganz einfach nicht dabeisein!« Vielleicht ist diese allgemeine Todesfurcht in erster Linie eine Furcht vor dem Unbekannten. Doch wenn dieses Unbekannte uns irgendwie geoffenbart würde – wenn wir herausfinden könnten, was möglicherweise hinter der Todestür existiert, wie man sich dabei fühlt und wie man dorthin kommt –, würde uns wahrscheinlich auch die Angst vor dem Tod weitgehend genommen.

Vielleicht würde sich manch einer schon sicherer fühlen, wenn er wüßte, daß am Schluß des Beerdigungszuges ein großer Umzugswagen folgen und ihm sein Hab und Gut ins Jenseits bringen würde – ein Gedanke, der bereits im alten Ägypten verbreitet war. Eines steht jedenfalls fest: Falls die Entrückung nicht vorher stattfindet, wird keiner von uns diese Welt lebend verlassen. An jeden kommt einmal die Reihe zu sterben. Damit erweist sich der Tod als das demokratischste Ereignis in der gesamten Menschheitsgeschichte, egal, ob uns das paßt oder nicht.

Die Menschen haben schon immer versucht, Prognosen über das Leben nach dem Tod aufzustellen, aber erst in den letzten dreißig Jahren sind die Wiederbelebungsmaßnahmen so effektiv geworden, daß wir uns heute einer breiten Bevölkerungsschicht gegenübersehen, die auf Fragen bezüglich des Todes, der damit verbundenen Gefühle und seiner Bedeutung Antwort geben können. Für die meisten dieser Menschen kam der Tod plötzlich und unerwartet, und die Hälfte von ihnen wurde aufgrund einfacher externer Herzmassage und Mund-zu-Mund-Beatmung wieder ins Leben zurückgeholt, ohne daß irgendwelche medizinischen Geräte erforderlich waren. Es verwundert nicht, daß angesichts dieser neuen Techniken auch ein ganz neues Interesse am Prozeß des Sterbens unser Land erfaßt hat und es heute an vielen Schulen mehr Kurse über den Tod und das Sterben als beispielsweise über Sexualkunde gibt.

Wie »fühlt es sich an« zu sterben? Jedermann möchte es wissen, aber kaum einer wagt danach zu fragen (und noch weniger möchten es ausprobieren). Und doch ist die Antwort so überaus wichtig, eben weil sie uns alle betrifft. Erstaunlicherweise berichten wiederbelebte Menschen übereinstimmend, daß der Augenblick des Todes absolut schmerzlos sei. Schmerzlos! Man hat nicht das Gefühl, ersticken zu müssen oder ähnliches. »Es ist so, als würde man ohnmächtig«, sagt der eine, »als ob das Herz einfach aussetzt« oder »man vergißt, Luft zu holen«. »Längst nicht so schlimm wie eine Narkose vor der Operation«, meint der andere. Diese und ähnliche Antworten erhielten wir von etlichen hundert Patienten, wie in meinem ersten Buch, *Beyond Death's Door* (»Jenseits der Todeslinie«), beschrieben.

Die meisten Menschen haben eine tödliche Angst vor dem Tod. »Herr Doktor, ich fürchte mich vor dem Sterben«, sagen sie. Aber noch von keinem habe ich gehört: »Herr Doktor, ich fürchte mich vor dem Gericht.« Doch gerade dieses Gericht ist die Hauptsorge jener Patienten, die klinisch tot waren und wieder ins Leben zurückgekehrt sind, um davon zu berichten.

Für die etwa 20 bis 40 (manche sprechen von 60) Prozent der Wiederbelebten, die behaupten, eine geistliche Erfahrung gemacht zu haben, ist das Erleben von Himmel oder Hölle derart real, daß sie von jeder Einzelheit überwältigt sind und sich genau an alle Abläufe und Begebenheiten erinnern. Im Gegensatz zu der einschlägigen Literatur sind diese Erfahrungen jedoch – und das werde ich wieder und wieder betonen – längst nicht alle gut oder positiv. War sein Erlebnis positiv, sagt der Patient vielleicht: »Ich werde nie mehr Angst vor dem Tod haben, es war ja so schön dort drüben!« Im negativen Fall bekommt man dagegen zu hören: »Vor dem Sterben als solchem habe ich keine Angst mehr, nur davor, wieder an jenen schrecklichen Ort zurückkehren zu müssen!«

Was ist mit den 40 bis 80 Prozent, die über keinerlei Erfahrungen beim klinischen Tod berichten? Oft haben sie selbst keine schlüssige Erklärung dafür, vielleicht wollen sie auch einfach nicht darüber reden. Die Abwesenheit bewußter Erfahrungen könnte natürlich den Schluß nahelegen, mit dem Tod sei alles aus und vorbei. Aber aus irgendwelchen unerfindlichen Gründen kommen nur wenige Patienten zu dieser Schlußfolgerung.

Da inzwischen annähernd 11 Millionen Menschen Todeserlebnisse hatten, sind solche Fälle beinahe alltäglich geworden. Vielleicht kennen Sie selber so jemand in Ihrem Verwandten- oder Bekanntenkreis. In diesem Fall könnten Sie auch selber deren Erlebnisse aufschreiben. Dabei sollten Sie unbedingt darauf achten, daß die Befragung so vertraulich wie möglich geschieht, am besten unter vier Augen, so daß keine Gefahr des Mithörens oder der Lächerlichmachung besteht. Es handelt sich nämlich um ein äußerst sensibles Thema.

Leider hat das medizinische Personal im allgemeinen Angst davor, entsprechende Fragen zu stellen, und überläßt dies lieber den Pfarrern und Psychologen, die den Patienten erst geraume Zeit später, zumindest nach Abschluß der Wiederbelebung, zu sehen bekommen – und zu diesem Zeitpunkt sind die negativen Erlebnisse bereits längst ins Unterbewußtsein verdrängt worden. Aus unerklärlichen Gründen wollen sich Ärzte und Schwestern gewöhnlich nicht mit geistlichen Dingen auseinandersetzen. Vielleicht ist es ihr Stolz. Vielleicht fürchten sie sich vor Kritik. Oder die Sache ist ihnen ganz einfach zu persönlich, weil sie automatisch mit ihrem eigenen geistlichen Stand bzw. ihrer Sterblichkeit konfrontiert werden.

Vielen ist es jedenfalls unangenehm, über geistliche Erlebnisse zu sprechen. Eine Verlagsvertreterin, die das Manuskript dieses Buches begutachten sollte, weigerte sich weiterzulesen, weil sie »mit derart morbiden Themen überfordert« sei. Das Buch sei ihr »zu deprimierend und bedrückend«. Im weiteren Gespräch kamen dann, wie erwartet, persönliche Probleme ans Tageslicht. Etwas später meinte sie: »Eine Freundin von mir liegt im Sterben, und der Arzt behauptet, sie streite ihren Zustand ab. Ja, hat sie denn nicht das Recht dazu? Ist es nicht weniger schmerzhaft zu leugnen, daß man sterben muß, als es zuzugeben? Warum müssen die Ärzte bloß den Leuten ständig sagen, daß sie sterben werden, auch wenn diese das gar nicht wissen wollen?« In der Tat, eine gute Frage. Dennoch kommt einem bei derartigen Einwänden unwillkürlich die alte Redensart in den Sinn: »Was ich nicht weiß, macht mich nicht heiß!«

Andererseits wissen die meisten Schwerkranken ohnehin, wie es um sie steht, und viele Ärzte versuchen tatsächlich, dem

Sterbenden soviel wie möglich aus dem Weg zu gehen. Der Prozeß des Sterbens wird von manchen Ärzten als eine persönliche Niederlage empfunden, während andere auch dann mit ihrer Behandlung fortfahren, wenn es eigentlich keine Heilungschancen mehr gibt. Sie halten ihre Patienten hartnäckig am Leben, obwohl sie genau wissen, daß der Kampf längst verloren ist. So wird das Elend nur verlängert, während die Krankenhauskosten ins Unermeßliche steigen und der Ruf nach »passiver« Sterbehilfe wegen eines solchen Vorgehens immer lauter wird.

Warum über Höllenerfahrungen nicht berichtet wird

Läßt man sich mit der Befragung nur ein klein wenig Zeit – von Tagen, Wochen oder Monaten nach dem Ereignis ganz zu schweigen – , so wird man nur noch auf positive Berichte stoßen. Die negativen Erlebnisse sind von dem Betroffenen längst in die »schmerzfreien« Zonen der Erinnerung verbannt worden, da dieser offenbar nicht in der Lage ist, mit einer derart schmerzlichen Erinnerung zu leben. Es kann auch sein, daß solche unerträglichen Situationen zu anderen Lösungsversuchen – etwa einer persönlichen Bekehrung – führen. Das ist nicht immer leicht zu erkennen, es sei denn, der Patient spricht freiwillig darüber. Somit wird also über Begegnungen mit der Hölle gewöhnlich nicht berichtet.

Ein weiterer Grund dafür liegt wohl in der menschlichen Persönlichkeit und dem Umstand, daß das Ganze ohne Zweifel äußerst peinlich ist. Welcher Patient berichtet schon gern über eine Tatsache, die sein endgültiges Versagen im Leben beweist? Wer will zugeben, daß die Niederlage verheerend ist, ein Schlag ins Gesicht? Da das Erlebnis die Selbstachtung ruiniert, vertuscht der Stolz des Menschen lieber seinen Fehler. Das entspricht der menschlichen Natur. Im allgemeinen berichten auch wir Ärzte nur von den Fällen, wo uns eine besonders imposante Diagnose geglückt ist, während wir über Fälle, in denen wir uns geirrt haben, lieber schweigen. Können wir da von unseren Patienten erwarten, daß sie sich anders verhalten?

Die Psychologen und Psychiater (welche die meisten Bücher zu diesem Thema schreiben) scheinen nie mit negativen Fällen konfrontiert zu werden. Woran mag das liegen? An einer zu spät durchgeführten Befragung? Am Zeitfaktor? Daran, daß sie selbst nicht dabei waren? Oder daß sie nie einen ihrer Patienten ins Leben zurückgeholt haben? Daß es mit ihrem Tätigkeitsbereich direkt nichts zu tun hat? Spielen vielleicht alle diese Dinge eine Rolle?

Die wichtigste Ursache für die geringe Zahl negativer Berichte ist wahrscheinlich die mangelhafte Art der Datensammlung. Es werden Methoden angewandt, die die einfachsten Prinzipien hinsichtlich Statistik und wissenschaftlicher Information außer acht lassen. Jede Datenkurve hat bekanntlich zwei entgegengesetzte Pole, und wenn die Untersuchungen sich nur auf eine Seite beschränken, während die andere ignoriert oder gar absichtlich übergangen wird, gibt es ein schiefes Ergebnis.

Um die Veröffentlichungen jener Autoren, die ausschließlich von euphorischen Todeserlebnissen berichten, auf ein breiteres Fundament zu stellen, habe ich ihnen einige der von uns gesammelten negativen Erfahrungen für ihr persönliches Studium angeboten, aber alle lehnten dies ab. Einer der Schreiber verzichtete mit dem Argument, daß solche negativen Aussagen mit den bereits gesammelten positiven Ergebnissen kollidieren würden. Ein anderer machte geltend, diese Informationen würden die bereits veröffentlichten Ergebnisse verändern. Eine dritte Person, nämlich die legendäre und weithin geachtete Sterbeforscherin Dr. Elisabeth Kübler-Ross, wollte sich nicht näher dazu äußern, weshalb sie lieber auf mein Angebot verzichte. Es bekümmert mich, daß anscheinend so wenig Interesse an einer Sterbeforschung besteht, die den eigenen Horizont beträchtlich erweitern würde.

Wenn ich es recht bedenke, könnte es noch einen weiteren Grund dafür geben, weshalb keine negativen Fälle berichtet werden. Der klinische Tod, der bekanntlich umkehrbar ist, wenn Herzschlag und Atmung wiederhergestellt werden können, stellt eine einzigartige Kategorie von Erfahrungen dar, weil er dem biologischen Tod sehr nahe kommt. Leider hat man jedoch diese einzigartige Kategorie mit der viel größeren Gruppe allgemeiner »Erlebnisse in Todesnähe« vermischt und dadurch erheblich verwässert. Letztere schließen auch lebensbedrohliche Situationen ein, in denen es nicht unbedingt zur Bewußtlosigkeit und zum Herzstillstand kommen muß, weshalb in Wirklichkeit nicht von »Tod« in irgendeiner Form die Rede sein kann. Solche »Erlebnisse in Todesnähe« können beispielsweise Situationen sein, in denen keine Wiederbelebungsmaßnahmen notwendig werden. Vielleicht glaubt der Betroffene, an der Schwelle des Todes gestanden zu haben, vielleicht hat er während einer schweren Krankheit fest mit seinem unmittelbaren Ableben gerechnet, vielleicht war er auch in einen Unfall bzw. einen langen, jähen Absturz verwickelt. Manche haben »Todesängste« ausgestanden, besonders bei Einbrüchen oder Raubüberfällen. Aber meistens waren die lebenswichtigen Funktionen nicht unterbrochen, und sie haben das Todestor nicht wirklich durchschritten.

Menschen mit »Erlebnissen in Todesnähe«, die nicht klinisch tot sind, bilden die Gruppe, die gewöhnlich am wenigsten negative Erfahrungen macht. Die meisten negativen Erlebnisse werden von Menschen berichtet, die wiederbelebt wurden und bei denen man bereits während der Wiederbelebungsmaßnahmen mit der Befragung begonnen hat.

Wie bereits erwähnt, findet man zuweilen auch in scheinbar »guten« Berichten versteckt negative Elemente, vorausgesetzt, man liest sie sehr genau. Meistens geht es um eine persönliche Hinwendung zu Christus, ausgelöst durch ein »höllisches« Erlebnis, das dringend einer Lösung bedurfte.

Genau dies war bei Charlie McKaig der Fall. Seine Geschichte soll hier nochmals angeführt werden, weil das positive Erlebnis, das er hatte, das vorhergehende negative überschattete – mit dem Ergebnis, daß eine ganze Kettenreaktion dadurch ausgelöst wurde.

Natürlich gefallen manchen Autoren solche Geschichten überhaupt nicht, da negative Erlebnisse irgendwelcher Art für die aufstrebende »Omega«-Philosophie peinlich sind, bei der jeder angeblich automatisch in den Himmel kommt, ohne daß ihn das Gericht trifft. Befürworter dieser Philosophie sagen, daß Menschen, die auf die Erde zurückgeschickt wurden, »weil ihre Zeit noch nicht gekommen war«, mit Macht einem Himmel auf Erden zustreben – eine Utopie, die von dem unbekannten Licht während der von ihnen erlebten Herrlichkeit genährt wird. Das »Omega-Konzept« ist eine derart massiv sich ausbreitende, immer weitere Kreise ziehende Sache, daß ich später noch einmal näher darauf eingehen werde.

Rückschau auf einen besonderen Fall

Es passierte an einem Spätnachmittag im Jahre 1977, als die anderen Ärzte das Diagnose-Zentrum bereits verlassen hatten, um anderswo zur Abendvisite zu sein. Pam Charlesworth beendete gerade das EKG an einem Patienten, der über Schmerzen in der Brust geklagt hatte.

»Alles normal«, meinte sie.

Ich schüttelte den Kopf. »Schließen Sie ihn noch einmal an und verstärken Sie die Übungen so, daß die Schmerzen wiederkommen. Vielleicht ›schwelt‹ ja doch irgendwo ein Herzinfarkt.«

Das EKG-Gerät fing von neuem an zu rattern, während Charlie McKaig, ein 48 Jahre alter Landbriefträger aus LaFayette/Georgia, nur mit Mühe der immer schneller werdenden Übungsgeschwindigkeit zu folgen vermochte. Tatsächlich kamen die Schmerzen wieder, verbunden mit Schweißausbrüchen und akuter Atemnot. Ein ungewöhnliches, summendes Geräusch vom Monitor her ließ uns aufschauen. Unerwartet zeigte die Herzkurve eine ventrikuläre Tachykardie (gefährlich beschleunigte Herzfrequenz) an. Darauf folgte eine sehr lange Pause, dann extrem langsame, in großen Abständen kommende Herzschläge – und dann die Null-Linie.

Erstaunlicherweise redete Charlie zunächst noch weiter, ohne zu wissen, daß sein Herz nicht mehr schlug. Vier oder fünf Sekunden später sah er plötzlich ganz verblüfft drein, so als ob er etwas fragen wolle. Dann rollte er seine Augen nach oben und fiel vornüber, während das EKG-Gerät seinen Körper wie ein Häufchen Schutt zur Seite fegte.

Ich wurde an ähnliche Situationen im Herz-Labor erinnert, die ich miterlebt hatte. Aus irgendwelchen Gründen bleibt das Herz stehen, aber der Patient spricht seltsamerweise noch weiter. Schlägt man ihm auf die Brust oder bringt ihn wiederholt zum

Husten, so kommt er gewöhnlich wieder zu sich, und man kann mit der Prozedur fortfahren, als wäre nichts geschehen.

Die Wiederbelebungsmethode, die wir bei Charlie anwandten, hat sich in der Zwischenzeit dahingehend verändert, daß regelmäßige Druckbewegungen auf Brustkorb und Bauch, 80mal pro Minute, durchgeführt werden. Die künstliche Beatmungstechnik ist gleich geblieben. Über Einzelheiten informieren das Rote Kreuz, der Arbeiter-Samariter-Bund, die Johanniter-Unfallhilfe usw. Außerdem ist die Methode im Anhang dieses Buches genau beschrieben.

Charlies Kopf wurde überstreckt, das Kinn der Zimmerdecke zugewandt, und eine Krankenschwester begann mit der Mund-zu-Mund-Beatmung. Eine weitere Schwester hängte die Infusion zur medikamentösen Behandlung an. Doch dann zeigte der Monitor einen totalen Herzblock an. Das bedeutete, daß das Herz den Impuls nicht richtig weiterleitete und ein Herzschrittmacher notwendig war, damit das Herz überhaupt auf die Wiederbelebung reagieren konnte.

Unter Zuhilfenahme von einer großlumigen Kanüle schob ich den Draht des Herzschrittmachers in die Hauptvene unter dem Schlüsselbein, dann bis in die rechte Herzkammer vor und schloß das andere Ende an ein Pulsgebergerät an, das einen regelmäßigen Herzschlag vorgab.

Blut spritzte nach allen Seiten. Jedesmal, wenn ich aufhörte, auf Charlies Brustkorb zu drücken, um den Herzschrittmacher zu regulieren, hörte das Herz auf zu schlagen, Charlies Augen rollten zurück, und er fing von neuem an zu röcheln, lief blau an und verfiel in krampfartige Zuckungen.

Ich mußte schleunigst mit bloßen Händen hinüberlangen und von neuem drücken. Doch diesmal hörte ich ihn schreien: »Nicht aufhören! Ich bin in der Hölle! Ich bin in der Hölle!«

Er halluziniert, dachte ich. Gewöhnlich sagen die Patienten nämlich: »Nehmen Sie gefälligst Ihre Pranken von meinem Brustkorb, Sie brechen mir ja alle Rippen!« Doch dieser Mann rief genau das Gegenteil: »Um Gottes willen, nicht aufhören! Verstehen Sie denn nicht? Jedesmal, wenn Sie loslassen, bin ich wieder in der Hölle!«

Dann bat er mich, für ihn zu beten, was mir fast wie eine Beleidigung vorkam. Ich sagte ihm klipp und klar, er möge gefälligst den Mund halten. Ich sei Arzt und kein Pfarrer oder Psychiater. Als ich aber die erwartungsvollen Blicke der Schwestern sah, wußte ich, mir blieb keine andere Wahl. Ich mußte, wenn auch nur zum Schein, ein Gebet erfinden. Das sprach ich ihm vor, und er wiederholte Wort für Wort. Gleichzeitig führte ich mit einer Hand die Wiederbelebungsmaßnahmen durch und regulierte mit der anderen den Herzschrittmacher. »Sprechen Sie mir nach: Jesus Christus ist Gottes Sohn – los, sagen Sie es!« forderte ich ihn auf. »Bewahre mich vor der Hölle, und wenn du mich am Leben bleiben läßt, will ich für immer dir gehören. Los, sagen Sie es!«

Und dann geschah etwas Merkwürdiges, das unser beider Leben total veränderte. Charlie erlebte eine gründliche Bekehrung! So etwas hatte ich noch nie gesehen. Er war nicht mehr länger der schreiende, tobsüchtige Irre, der mit wildem Blick um sein Leben kämpfte. Er war jetzt ganz ruhig und friedlich und kooperativ. Das machte mir angst. Ich war bis ins Mark erschüttert. Das zum Schein gesprochene Gebet hatte nicht nur Charlies Seele getroffen, sondern der Schuß war nach hinten losgegangen und hatte mich ebenfalls erwischt. Es war ein Gefühl, eine Überzeugung, die ich bis zum heutigen Tag nicht richtig beschreiben kann.

Seitdem hat Charlie drei permanente Herzschrittmacher überlebt, und es fällt mir immer noch schwer zu glauben, daß mein armseliges Gebet den Weg zu meiner eigenen Bekehrung bereitet hat. Es kann sich nur um eine geistliche »Prämie« für einfältige Seelen handeln. Was lernen wir daraus? Daß man nie »zum Schein« ein Gebet sprechen sollte. Es könnte funktionieren! Und es könnte einem Mark und Bein durchtrennen wie das Skalpell eines Chirurgen.

Für mich war dieses Erlebnis der Auslöser, nun ganz gezielt nach »Höllenerlebnissen« Ausschau zu halten, die bislang unerklärlicherweise fehlten.

Damit war jedoch wiederum ein Problem verbunden. Warum erkundigten sich diese Menschen nie, wo sie waren bzw. weshalb sie dorthin gekommen waren? Warum fragten sich andererseits die Menschen mit einer »himmlischen« Erfahrung oft, ob diese tatsächlich echt gewesen sei? Das Forschen nach den entsprechenden Antworten wurde für mich zu einem unwiderstehlichen Drang – Menschen zu befragen, die an der Schwelle des Todes standen, und auch solche, die das Todestor bereits durchschritten hatten.

Viele »Bibeln« zum Thema

Charlies »Höllenerfahrung« veranlaßte mich, noch am gleichen Abend meine alte, verstaubte Bibel zur Hand zu nehmen und in der Folge auch die heiligen Bücher anderer Religionen zu befragen. Alle diese Glaubensüberzeugungen scheinen sich auf ein Leben im Jenseits zu gründen, aber die Vorstellungen darüber gehen weit auseinander. Ein »heiliges« Buch widerlegt das andere. Welches also ist die maßgebliche Lehre? Für mich war es ganz wichtig, das persönlich herauszufinden. Mein Leben war mir viel zu wertvoll, als daß ich es bedenkenlos irgendeiner Religion oder einem ihrer Vertreter anvertraut hätte. Welches Glaubensbuch verkörperte die Wahrheit? Um einen Vergleich mit der jüdisch-christlichen Bibel zu haben, wählte ich das *tibetanische* und das *ägyptische Totenbuch*, die *Weden*, die *Upanischaden*, die *Bhagawadgita*, das *Tripitaka*, die *Agamas*, das *Awesta*, das *Tao-te-king*, den *Kodschiki*, den *Talmud* und den *Koran* aus.

Überraschenderweise sprachen die meisten dieser Bücher sowohl vom Himmel als von der Hölle. Aber jedes behauptete auch, *sein* Gott oder seine Überlieferung sei der einzige Weg zum Himmel. Nur einige der östlichen Religionen zeigten sich hier etwas großzügiger, indem sie zugaben, daß alle Wege letztendlich in den Himmel führten.

Obwohl in verschiedenen heiligen Büchern auch von Wundern die Rede war, so reichte doch keines – weder nach Zahl noch nach Glaubwürdigkeit – an die jüdisch-christliche Bibel heran. Außer den Wundern fand ich in der Bibel aber noch einen weiteren Bereich, der in dieser Form einmalig war: den Bereich der Prophetie. Die Genauigkeit und Präzision hinsichtlich bereits erfüllter Prophezeiungen legten den Schluß nahe, daß die noch in der Zukunft liegenden sich ebenso präzise erfüllen werden. In diesem Zusammenhang fiel mir eine weitere erstaunliche Tatsache auf: Schon der kleinste Fehler beim Prophezeien wurde mit dem Tod bestraft. Die jüdisch-christlichen Propheten durften sich einfach nicht irren.[1]

Wie steht es mit den modernen Propheten unserer Tage – den Wahrsagern, Medien, Hellsehern oder Astrologen? Würden sie wohl für die Richtigkeit ihrer Prophezeiungen um ihr Leben wetten? Keine dieser für das Übersinnliche empfänglichen Personen trifft immer hundertprozentig ins Schwarze. Das ist der wesentliche Unterschied zwischen einem übersinnlich veranlagten Erdenbürger, der sich sehr wohl irren kann, und dem von Gott beauftragten Propheten, der sich *niemals* irrt. Meiner Ansicht nach ist das wesentliche Merkmal, der eindeutige Beweis des einen wahren Gottes die unfehlbare Richtigkeit jüdisch-christlicher Bibelprophetie.

Mit diesen Gedanken im Hinterkopf machte ich es mir zur Aufgabe, anläßlich meiner diversen Unterrichtsreisen die Gräber der meisten Religionsstifter in aller Welt zu besuchen. Dabei erlebte ich etwas Überraschendes: alle diese Gräber waren besetzt – bis auf eines. Und dieses eine leere Grab gehörte dem einzigen Religionsbegründer, der sich selbst als Gott bezeichnet hatte, nämlich Jesus Christus!

Weil die Christen nur einen Teil der Anhänger von Weltreligionen bilden, wollen wir sehen, wie der Einfluß anderer Religionen auf die Erfahrungen an der Schwelle des Todes in anderen Ländern aussieht, und dann versuchen, eine Wechselbeziehung zu den Erkenntnissen anderer Autoren herzustellen.

Ein typischer Ablauf

Bemerkenswert ist die Ähnlichkeit in der Form bei den Berichten von wiederbelebten Personen aus den verschiedenen Religionszugehörigkeiten. Viele von ihnen sind mit dem Licht am Ende des Tunnels in Berührung gekommen. Doch anschließend gehen die Erfahrungen auseinander. Weil die Identität des Lichtes in den meisten Fällen auf Vermutungen beruht, überrascht es nicht, Fälle von Täuschung zu entdecken. Diese Täuschung ist jedoch immer in den »guten« Erfahrungen enthalten, nicht in den schlechten. Das allein ist eine äußerst interessante Tatsache.

Gute wie auch schlechte Erfahrungen finden sich bei Wiederbelebten anderer Glaubensrichtungen, gelegentlich sogar bei Menschen, die überhaupt nichts glauben. Mit den Gruppen »in Todesnähe«, von denen die meisten im eigentlichen Sinne gar nicht »tot« waren, werden wir uns in einem speziellen Kapitel beschäftigen, weil ihre Erfahrungen so unterschiedlich sind (Träume, Drogenkonsum, Unfälle, lebensbedrohliche Situationen, Erscheinungen auf dem Sterbebett), daß selten ein vollständiger, analysierbarer Ablauf zu erkennen ist, wie das für die Gruppe wiederbelebter klinisch Toter typisch ist.

Wie sieht es mit den schlechten Erfahrungen aus? Manchmal fehlt ein Schritt hier und da, oder die Reihenfolge ist anders. Sie treten rascher auf, kommen ganz plötzlich und verschwinden häufig nach einem Kampf. Da also die negativen Erfahrungen stark variieren, wollen wir uns zunächst ansehen, was bei einer typischen »guten« Erfahrung eines klinisch Toten passiert.

1. Beim klinischen Tod verläßt der Mensch seinen Körper. Gewöhnlich ist seine Wahrnehmung intensiviert, und er verspürt ein Gefühl von Euphorie. Oft ist er ganz erstaunt, seine menschliche Hülle irgendwo liegen zu sehen.

2. Der aus seinem Körper Herausgetretene erkennt möglicherweise ganz detailliert Einzelheiten oder Begebenheiten im Zimmer; er bemerkt spezielle Kleidungsstücke und hört, was gesprochen wird, ist aber nicht in der Lage, mit den Lebenden zu kommunizieren.

3. Der Geist dieses Menschen wird dann bald in eine andere Welt versetzt, manchmal auf direktem Wege, häufig aber durch einen Tunnel.

4. Bei der Begegnung mit einem »Lichtwesen« kommt es bei dem Menschen u. U. zu einem wie im Film ablaufenden Rückblick auf sein Leben. Sprache wie auch Fortbewegung können durch Gedankenübertragung ersetzt werden.

5. Bei einem Treffen besonderer Art begegnet der Mensch vielleicht plötzlich seinen verstorbenen Verwandten oder Freunden. (Wichtig ist dabei, daß der Betreffende nicht von sich aus

Tote beschworen oder »heraufgeholt« hat, sondern selber in die Welt der Geister gegangen ist.)

6. Die von ihm geschilderte jenseitige Welt ist so schön, daß es sich nicht mit Worten beschreiben läßt. Bei den Einzelheiten hinsichtlich der Umgebung gibt es jedoch Unterschiede.

7. Als nächstes trifft der Mensch vielleicht auf eine Barriere (z. B. einen Zaun, eine Mauer oder einen Fluß), die ihm den Weg versperrt und das, was man als »Ort der Begegnung« bezeichnen könnte, von einem eventuellen »Ort des Gerichts« trennt.

8. Bei dem Versuch, diese Barriere zu überwinden, kehrt der Betreffende gewöhnlich wieder in seinen Körper zurück – häufig mit dem Hinweis, »seine Zeit sei noch nicht gekommen« –, indem er durch Herz-Lungen-Wiederbelebung oder Elektroschock in diese Welt voll Leid und Schmerz zurückgeholt wird.

Während die positiven »Fälle« sich oft wünschten, sie hätten im Jenseits bleiben können, zeigen die negativen bei ihrer Wiederbelebung ausnahmslos allergrößte Erleichterung. Bei beiden Gruppen sind Veränderungen in bezug auf Wertvorstellungen und Lebensziele festzustellen – besonders aber bei den Menschen mit einer Höllenerfahrung. Interessant ist, daß einige der Wiederbelebten behaupten, mit speziellen übersinnlichen Fähigkeiten ausgestattet worden zu sein. Es ist oft sehr schwierig, hier Gutes und Schlechtes voneinander zu trennen.

Wie man selbst Erfahrungsberichte sammelt

Da inzwischen acht bis elf Millionen Menschen von Erfahrungen an der Schwelle des Todes sprechen, sollten bei der Auswahl entsprechender Interviews die praktischen Gesichtspunkte Vorrang haben. Falls keine markanten Veränderungen im Lebensstil des Betreffenden zu erkennen sind, sollte man seine Zeit gar nicht erst mit einem Interview vergeuden. Es könnte sich nämlich auch um Alpträume, Tagträume oder bloße Wunschvorstellungen handeln. Doch selbst wenn sich das Leben des Betreffenden verändert hat, sollte man sich Gewißheit darüber verschaffen, daß seine Erfahrung nicht auf eventuellen Drogenmißbrauch zurückzuführen ist. Als nächstes sollte man die Krankenhausunterlagen dahingehend überprüfen, ob es sich tatsächlich um einen klinischen Tod oder lediglich um ein Erlebnis an der Schwelle des Todes handelt. Klinisch Tote, die irgendeine Erfahrung gemacht haben, werden eine permanente Veränderung ihres Lebensstils an den Tag legen.

Vergleichen Sie die von Ihnen gesammelten Fälle mit dem oben aufgeführten Mustererlebnis. Man muß daran denken, daß die meisten auf Drogenkonsum zurückzuführenden Erfahrungen sich nicht außerhalb dieser Welt abspielen. Es mag sein, daß jemand irgendwelche Insekten, Schlangen oder anderes Getier über den Boden seines Krankenzimmers kriechen sieht, aber alles findet, wie gesagt, in dieser Welt statt und nicht in einer jenseitigen.

Robert Louis Stevenson hatte seine Erlebnisse in dieser Welt, als er *Dr. Jekyll and Mr. Hyde* schrieb. Er erhielt seine Inspiration von dem Kokain, das er zur Erleichterung seiner durch Tuberkulose erzeugten Beschwerden nahm. So konnte er aus erster Hand über den Kampf zwischen Gut und Böse schreiben. Der Stimulus, den die Schwankungen zwischen Hochstimmung und tiefer Niedergeschlagenheit erzeugten, ließ ihn das gesamte Buch in nur drei Tagen vollenden. Edgar Allen Poe und andere Dichter, Komponisten und Künstler haben seit jeher die Inspiration von Drogen für ihre Arbeit genutzt, so wie viele Medien heute. Eine Hölle auf Erden, nirgends sonst.

Ein weiterer Unterschied zwischen dem klinischen Tod und irgendwelchen Traumzuständen liegt in der Tatsache des sich Erinnernkönnens. Ein wiederbelebter Patient kann womöglich genau wiedergeben, was während seines klinischen Todes in dem betreffenden Zimmer vorgegangen ist. Er kann die ganze Szene rekonstruieren, weiß, welche Personen sich in dem Raum befunden und wo sie gestanden haben, was sie gesagt haben und auch, wie sie angezogen waren. Es scheint, als wäre er hellwach gewesen – während er doch in einem Zustand tiefster Bewußtlosigkeit war und Herz und Atmung ausgesetzt hatten.

Schließlich und endlich sollten Sie die Erfahrung anhand des geschilderten Ablaufes selbst analysieren. Die einzelnen Schritte sind gewöhnlich bei allen ehemals klinisch Toten gleich, etwa so, als hätten alle in einer Nacht denselben Traum gehabt. Nichts läßt auf eine vorherige Absprache oder ein Vorherwissen schließen.

Wie ordnet man die Befunde ein?

Wenn es sich bei den Erlebnissen wiederbelebter Personen nicht um Alpträume, sondern um eine erstaunliche Kombination von nahezu identischen Folgeschritten handelt – eine visuelle Erinnerung trotz Bewußtlosigkeit, eine geistige Reise in eine andere Welt mit dem Resultat eines völlig veränderten Lebensstils –, könnte es möglich sein, daß diese charakteristischen Begebenheiten auf ein Leben nach dem Tod hinweisen?

Darüber gehen die Meinungen weit auseinander. Manche verneinen diese Frage und halten dagegen, es könne auch andere Gründe für die bildhaften Erlebnisse geben, wie z. B. Azidämie (Säureüberschuß im Blut), Hyperkapnie (erhöhter Kohlensäuregehalt im Blut) oder Hypoxämie (Sauerstoffmangel im Blut), die alle im Zusammenhang mit der verminderten Blutzufuhr zum Gehirn vorkommen können, die eintritt, wenn das Herz aufhört zu schlagen. Es ist wahr, daß bestimmte Teile des Gehirns, entsprechend stimuliert, Bilder hervorbringen können, aber darin gibt es keinen geregelten Ablauf, keine konsequente Folgerichtigkeit und auch keine Vorhersagbarkeit. Erfahrungen außerhalb dieser Welt gehen selten, wenn überhaupt, von einem beschädigten Gehirn aus, während Bilder, die diese Welt betreffen, nicht ungewöhnlich sind. Induzierte Bilder und Halluzinationen beziehen sich durchweg auf diese unsere Welt, auf Dinge, die wir kennen.

Was hat das Licht am Ende des Tunnels zu bedeuten? Viele Seelenforscher meinen, dieses Licht verkörpere eine universale mitleidige Kraft, eine Kraft bedingungsloser Liebe für alle Sterbenden, egal, ob sie glauben oder nicht – eine Kraft, in der absolut nichts Negatives zu finden ist.

Die meisten christlichen Theologen sind allerdings in diesem Punkt völlig gegensätzlicher Meinung. Sie sagen, bei diesem »mitleidigen Licht« könne es sich in der Tat um Satan selbst oder einen seiner Engel handeln, die sich als »Engel des Lichts« bzw. als »Diener der Gerechtigkeit« (2. Korinther 11,14-15) verstellen und somit viele verführen. Eine Kraft also, die die Unerretteten zu überzeugen sucht, sie brauchten sich nicht retten zu lassen. Die diese Ansicht vertreten, sagen: »Wenn es Satan gelingt, Menschen weiszumachen, es gebe kein Gericht noch würden sie nach dem Tod in irgendeiner Weise zur Rechenschaft gezogen, dann besteht für sie auch keine Notwendigkeit, ihr Leben Jesus Christus zu übergeben. Christus wird für sie überflüssig, und der Teufel hätte gewonnen.«

Das größte Hindernis für eine allgemeine Anerkennung des heute populären »Omega-Konzepts« (bei dem es ausnahmslos um positive Erlebnisse geht) ist der Patient, der auf dem Sterbebett oder beim klinischen Tod die Hölle selber gesehen hat. Sein Zeugnis stört die allseits akzeptierte Interpretation, daß ja alles gut sei, und bringt sie durcheinander. Es ist ein verheerender Schlag.

Nachdem ich persönlich zahlreiche Fälle untersucht habe, möchte ich behaupten, daß Satan sehr wohl als Luzifer erscheinen kann, als Lichtengel, der die Existenz des Bösen leugnet und dementiert und statt dessen den Eindruck vermitteln will, alles sei wunderbar und herrlich dort drüben.

Aber das ist eine ganz infame Lüge. Seit Urzeiten findet ein geistlicher Kampf zwischen den beiden Mächten, zwischen Gut und Böse, statt, und die seit beinahe 2000 Jahren bestehende Warnung der Bibel ist so aktuell wie eh und je:

> Geht ein durch die enge Pforte; denn weit ist die Pforte und breit der Weg, der zum Verderben führt, und viele sind, die auf ihm hineingehen. Denn eng ist die Pforte und schmal der Weg, der zum Leben führt, und wenige sind, die ihn finden.
>
> Matthäus 7,13-14

Wir Christen glauben, daß Jesus Christus die einzige Tür zum Leben ist. Satan dagegen möchte uns weismachen, man brauche überhaupt keine solche Tür. Kurz gesagt, ist dies der springende Punkt, um den es bei allen Schreibern, die sich mit Todeserlebnissen befassen, geht.

Der Streit, der zwischen den einzelnen Autoren tobt, läuft darauf hinaus: Gibt es beim klinischen Tod Höllenerlebnisse oder nicht? Bei den von mir zusammengetragenen Berichten möchte ich mich dem Evangelisten Lukas anschließen. Lukas – bekanntlich ebenfalls Arzt – ist mein großes Vorbild, und er fängt seinen Evangeliumsbericht mit den Worten an:

> Da es nun schon viele unternommen haben, einen Bericht von den Ereignissen zu verfassen, die sich unter uns zugetragen haben, wie sie uns die überliefert haben, die von Anfang an Augenzeugen … gewesen sind, hat es auch mir gut geschienen, der ich allem von Anfang an genau gefolgt bin, es dir … der Reihe nach zu schreiben, damit du die Zuverlässigkeit der Dinge erkennst, in denen du unterrichtet worden bist.
>
> Lukas 1,1-4

Natürlich spricht Lukas hier über Christus und andere wichtige Dinge, nicht über Wiederbelebungsmaßnahmen oder irgendwelche Todeserlebnisse. Trotzdem möchte ich mich seinem Verständnis anschließen und Ihnen eine Gelegenheit bieten, das umstrittene Kampffeld zu betreten, indem ich, um mit Lukas zu reden, »es dir der Reihe nach schreibe, damit du die Zuverlässigkeit der Dinge erkennst, in denen du unterrichtet worden bist«.

3

DER HIMMEL UND DER ENGEL DES LICHTS

»Ich hatte über 40 Grad Fieber und eine schwere Arrhythmie (unregelmäßige Herztätigkeit). Die Schmerzen waren beinahe unerträglich. Meine Gebärmutterwand drohte zu reißen. Ich befand mich in einem septischen Schock, als die Wehen einsetzten. Kurz bevor ich das Bewußtsein verlor, hörte ich eine Stimme rufen: ›Ich kann ihren Blutdruck nicht feststellen!‹

Und dann, im Bruchteil von Sekunden, war ich außerhalb meines Körpers und völlig ohne Schmerzen. Ich ›schwebte‹ an der Decke in einer Ecke des Raumes, von wo ich hinabschaute und zusah, wie Ärzte und Schwestern wild durcheinanderliefen und versuchten, mir das Leben zu retten. Einer der Ärzte fing in seiner Verzweiflung lautstark an zu fluchen.

Als nächstes fand ich mich in einer Art Tunnel wieder. Ich fühlte mich wie von Wolken eingehüllt ... Ich spürte, wie mir der Wind um die Ohren strich – bloß hatte ich keine Ohren. Ich war zwar da, aber ohne meinen Körper.

Ich wurde von einem unsagbar warmen, goldenen, liebevollen Gefühl erfaßt, und dieses Gefühl war gleichzeitig ein wunderbares, warmes, goldenes Licht. Ich befand mich mitten in diesem Licht – einer Weisheit –, und diese Weisheit hatte das letzte Wort. Die Weisheit liebte mich und wußte doch alles über mich. Alles, was ich jemals getan und empfunden hatte, lief vor meinen Augen ab. Ich wollte weiter in dieses Licht hineindringen und für immer dort bleiben, aber mir wurde gezeigt, daß ich zurückgehen und mich um meine beiden Kinder kümmern mußte.

Und im Bruchteil von Sekunden befand ich mich wieder in meinem Körper, mit Schmerzen, die genau so schlimm waren wie vorher. Mein Sohn wurde geboren, und ich hörte die Ärzte und Schwestern rufen: ›Sie ist wieder da!‹ Ich war furchtbar traurig, um nicht zu sagen ärgerlich darüber, daß man mich aus dieser wunderbaren Atmosphäre des Friedens herausgerissen hatte. Und dann erfuhr ich, daß mein Sohn tot auf die Welt gekommen war.«[1]

Das war die lebensverändernde Erfahrung einer Krankenschwester aus Philadelphia mit Namen Grace Bubulka, die inzwischen nach Los Angeles umgezogen ist. Die Begegnung mit verstorbenen Familienmitgliedern wie auch eine den Weg versperrende Schranke sind Schritte, die in diesem Fall nicht ausdrücklich erwähnt wurden. Doch der göttliche Ursprung ihres Todeserlebnisses lag für die Betreffende klar auf der Hand.

Kimberly Clark Sharp, 22 Jahre alt, brach auf dem Bürgersteig vor einem Autohaus in Kansas plötzlich tot zusammen. »Auf einmal spürte ich unter mir eine Explosion, und so weit mein Auge reichte, sah ich dieses Licht … Es strahlte heller als das Licht der Sonne, ohne daß meine Augen geblendet wurden. Das Licht erfüllte alles, und ich befand mich mitten darin. Ich war wieder bei meinem Schöpfer. Dieses Licht war ganz und gar Liebe …Vieles wurde mir mitgeteilt, in einer Kommunikation zwischen mir selbst und dem Licht, und ich verstand alles, was gesagt wurde … Es war der Himmel, viel mehr als nur Ekstase. Es war eine Wiedervereinigung ersten Ranges.«[2]

In dem zitierten Artikel wurde leider nicht erwähnt, daß dieses Geschehen Kimberleys christliche Überzeugung bestätigte und ihr klarmachte, daß ihre Beziehung zu Jesus Christus sehr viel enger werden mußte. Diese nicht veröffentlichten Einzelheiten teilte Kimberley mir im privaten Gespräch mit, als wir eine Fortsetzung von »Beyond the Line« (»Jenseits der Todeslinie«) aufnahmen, einer weltlichen TV-Serie, gefilmt von Barton-Prinz Productions in Vancouver/B.C.

Die Begegnung mit einem Licht scheint in den meisten Todeserlebnissen vorzukommen. Nicht ganz so häufig sind die

Beobachtungen über Vorgänge im Zimmer. Dennoch scheint der komplette Ablauf der Ereignisse typisch für den klinischen Tod zu sein, der eine Wiederbelebung notwendig macht – im Gegensatz zu den eher vagen, unklaren Angaben bei Erlebnissen an der Schwelle des Todes, bei denen Herz- und Lungentätigkeit nicht unterbrochen sind.

Mitte des Jahres 1988 wurde das ärztliche Notfallteam ans Bett von Sir Alfred Ayer gerufen. Ayer, ein Professor aus Oxford, lag mit einer Lungenentzündung auf der Intensivstation der Londoner Universitätsklinik. Als das Notfallteam eintraf, war der auf dem Monitor sichtbare verlangsamte Herzschlag in eine Null-Linie übergegangen.

Mit vereinten Kräften gelang es den Ärzten, Ayers Herz nach vier Minuten wieder zum Schlagen zu bringen. Während seines vierminütigen »Todes«, so schilderte der Professor später, begegnete er einem über die Maßen hellen Licht und erkannte auf geheimnisvolle Art und Weise, daß dieses intensive Licht für die Herrschaft des gesamten Universums verantwortlich war.

Professor Ayer, der sich offen zum Atheismus bekennt, betrachtete dies als ein positives oder himmlisches Erlebnis, das ans Wunderbare grenzte. Er gibt zu, nicht länger davon überzeugt zu sein, daß mit dem Tode alles aus ist. Doch aus seiner Schilderung geht nicht klar hervor, ob er nun Gott, den Schöpfer, den Herrn des Universums, als Herrn seines Lebens anerkennt, oder ob seiner Ansicht nach irgendeine der anderen bekannten Gottheiten involviert war – von Jesus Christus gar nicht zu reden.

Bei etlichen der vermehrt auftauchenden Herrlichkeitsberichte fällt auf, daß sie allem Anschein nach unvollständig sind. Nach meiner Beobachtung beziehen sich die meisten positiven Todeserlebnisse auf Christen, die entweder Christus am Kreuz gesehen oder Einzelheiten wie Nägelmale und dergleichen erkannt haben. Doch gibt es in letzter Zeit auch mehr von Atheisten bezeugte positive Erfahrungen. Bei diesen könnte es sein, daß sie einem anderen »Engel des Lichts« begegnet sind, nämlich Luzifer, dessen Name »Lichtengel« bedeutet. Er ist der Lügner von Anfang an, der den Menschen weismachen will, es sei alles okay dort drüben und sie würden alle automatisch in den Himmel kommen – ohne Erlösung, ohne Buße, ohne irgendwelche Vorbedingungen. Diese interessante Tatsache ist einer der Gründe, weshalb dieses Buch geschrieben wurde, und wir wollen gemeinsam versuchen, die Wahrheit herauszufinden, indem wir die erwähnten positiven Fälle mit den entgegengesetzten vergleichen – Fälle, in denen Menschen in die Hölle und zurück gegangen sind.

Nach einer Gallup-Umfrage sprechen inzwischen acht bis elf Millionen Amerikaner von »Todeserlebnissen«, und die traditionellen Kirchen fühlen sich beunruhigt durch die Tatsache, daß viele der Betroffenen angeblich Liebe, Freude und Vergebung von seiten des Lichtes im Tunnel erfahren haben, ohne irgendeiner bestimmten Konfession anzugehören. Als Erklärung geben die Kirchen an, es handle sich hier um satanische Betrügereien, die eigens zu dem Zweck offeriert würden, die Unbekehrten von der Erlösung durch Jesus Christus fernzuhalten.

Auf der anderen Seite lehnen weltliche Skeptiker oft alle Todeserlebnisse in Bausch und Bogen als Produkt von Halluzinationen ab, die durch chemische Veränderungen aufgrund von Sauerstoffmangel im Gehirn hervorgerufen würden. Allerdings ist man bei wissenschaftlichen Experimenten diesbezüglich zu völlig anderen Ergebnissen gekommen. Die Halluzinations-Theorie trifft nämlich hinsichtlich einer ganzen Liste von Dingen, die bei echten Todeserlebnissen zu finden sind, überhaupt nicht zu: die Kraft der Transzendenz, Erlebnisse in einer anderen Welt, eine deutliche visuelle Rekonstruktion des Geschehens am Unfallort, die bemerkenswerte Wiedergabefähigkeit des Hergangs sowie die daraus resultierende Veränderung – eine Wende um 180 Grad – im Leben der Betroffenen.

Die Erlebnisse von wiederbelebten Patienten stellen somit eine Herausforderung für die ökumenische Frage dar, was nach dem Tod tatsächlich passiert. Alle Welt möchte darüber Bescheid wissen, zumal sowohl Erlebnisse an der Schwelle des Todes als auch Erfahrungen von Wiederbelebten heute praktisch alltäglich geworden sind. Informationen gibt es reichlich, und wir sollten uns ihrer bedienen, denn von jeher hat es Voraussagen über das Leben nach dem Tod gegeben, aber erst seit kurzem steht uns buchstäblich eine ganze Bevölkerungsschicht zur Verfügung, die uns als Nachrichtenquelle dienen kann. Es sind jene Menschen, die bezeugen, einen Blick in den Himmel oder die Hölle geworfen zu haben.

In der Vergangenheit war es um die lebensrettenden Sofortmaßnahmen äußerst armselig bestellt, so daß nur sehr wenig Quellenmaterial zur Erforschung von Todeserlebnissen vorhanden war. Zu den altmodischen Wiederbelebungsmethoden gehörten Dinge wie: den Bewußtlosen auf ein Pferd stoßen, ihn mit dem Kopf nach unten aufhängen, mit Schlägen böse Geister aus ihm austreiben, mit einem Blasebalg Luft in den Körper pumpen oder die Arme in rasender Geschwindigkeit auf und ab bewegen. Aber mit den heutigen Wiederbelebungsmaßnahmen können 50% aller plötzlichen Todesfälle ins Leben zurückgeholt werden – eine riesige Gruppe von Menschen, die nur darauf wartet, über ihre guten Erfahrungen zu berichten und die schlechten schnellstmöglich zu vergessen.

Schon im Altertum hegten die Menschen himmlische Erwartungen in bezug auf das Jenseits. Hinweise darauf finden sich in den Grabbeigaben, die in alten ägyptischen Gräbern gefunden wurden, in der Literatur – beispielsweise in Platos *Staat* (geschrieben vier Jahrhunderte vor Christus) – sowie in der Kunst der ersten von Hieronymus Bosch stammenden Darstellung (um das Jahr 1500) des heutzutage so berühmten »Lichttunnels«, wie er auf seinem Gemälde *Die Auffahrt in den Lichthimmel* zu sehen ist. Gegen Ende des letzten Jahrhunderts schuf der französische Maler Gustave Dore einen himmlischen Lichttunnel, dessen Wände aus Myriaden von fliegenden Engeln bestanden. Das Werk trug die Überschrift *Dante und Beatrice erleben die glückselige Vision.* Heute, im Zeitalter der Wiederbelebung, ist es möglich, Dinge und Erlebnisse festzuhalten, an die früher nicht zu denken war.

Nachfolgend nun einige wahllos herausgegriffene »gute« Erfahrungen zu Ihrer eigenen Beurteilung.

Barbara Harris, bei der etliche Tage nach der Operation innere Blutungen einsetzten, berichtete über eine Variante im normalen Ablauf der Wiederbelebung. Zuerst konnte sie auf ihren eigenen, im Bett liegenden Körper hinuntersehen. »Ich war innerlich ganz ruhig und voller Frieden.« Dann kam sie in eine totale Dunkelheit hinein und verspürte die wohlige Wärme ihrer vor vierzehn Jahren verstorbenen Großmutter, die sie umarmte. »Ich konnte fühlen, was sie fühlte«, sagt Frau Harris. Anschließend vernahm sie in der Ferne einen tiefen, summenden Klang, der sie zu rufen schien, und das nächste, woran sie sich erinnert, war, daß sie in ihrem Bett im Krankenhaus aufwachte.[3]

Bei Robert Helm kam es während einer Knieoperation am 7. November 1979 zum Herzstillstand. »Ich befand mich in einem Tunnel, dessen Öffnung von einem hellen Licht ausgefüllt wurde. Ich raste mit atemberaubender Geschwindigkeit auf dieses Licht zu. Die Wände des Tunnels erschienen mir zuerst recht verschwommen, doch dann bemerkte ich, daß sie durch etwas gebildet wurden, was wie Planeten oder Sterne aussah.« Nachdem er das Licht durchquert hatte, fand er sich auf einem Felsen mitten in einem wunderschönen See wieder und als nächstes auf einer prachtvollen Straße. Etwas später sah er Albert Einstein und andere an einem »wunderbaren Computer« sitzen, der irgend etwas mit »Schicksal« zu tun hatte. Auf der Straße, so berichtet er weiter, »sang ein Chor von Engeln. Ich war ein überzeugter Agnostiker. Ich glaubte weder an Engel noch an irgendwelche anderen himmlischen Wesen.« Seit dieser Zeit hat Helm, wie er sagt, keine Angst mehr vor dem Sterben. »Es war zweifellos die wunderbarste Erfahrung, die ich je gemacht habe.« Mit einer weit ausholenden Handbewegung zeigt er auf seine Umgebung und erklärt: »*Dies* hier ist die Hölle.«[4]

Während eines Feuergefechts in Vietnam am 29. Mai 1969 wurde Hauptmann Tommy Clack von einem Sprengkörper am Fuß getroffen. »Ich wurde in die Luft geschleudert, und als ich auf der Erde landete und mich aufsetzte, sah ich, daß meine beiden Beine, mein rechter Arm und meine rechte Schulter fort waren … Plötzlich befand ich mich außerhalb meines Körpers und konnte sehen, wie sie sich an mir zu schaffen machten und mich schließlich mit einem Regenumhang zudeckten, was bedeutete, daß ich tot war. Sie trugen mich zu einem Feldlazarett, wo ich in eins der Operationszimmer gebracht wurde. Ich konnte sehen, wie man mir die Uniform vom Leib schnitt. In diesem

Augenblick durchdrang ein wunderbares, helles Licht den ganzen Raum. Es war so schön, warm und gut – so, als würde man in die Sonne blicken. Dann … war ich wieder draußen auf dem Schlachtfeld. Um mich herum sah ich Leute, die an meiner Seite gekämpft hatten und gefallen waren … Sie versuchten mich zu überreden, mit ihnen zu gehen, aber ich wollte nicht. Und dann, in einem Augenblick, befand ich mich wieder im Operationszimmer und überblickte die Szene.«[5]

Carol Zaleski, Religionslehrerin am Smith-College, brachte im Jahr 1987 ein Buch mit dem Titel *Otherworld Journeys: Accounts of Near-death Experience in Medieval and Modern Times* (»Reisen in die jenseitige Welt: Berichte von Todeserlebnissen im Mittelalter und heute«) heraus. In diesem Buch deutet sie an, daß Halluzinationen manchmal ein Medium sein können, das zur Begegnung mit einer tieferen Wahrheit führt. Im Zusammenhang mit Todeserlebnissen schreibt sie: »Ich finde, es sieht Gott ganz ähnlich, mit uns oft so schwerhörigen Menschen in einer Art und Weise zu reden, die wir verstehen.«

Diane Komp, Professorin für Kinderheilkunde an der Yale-Universität, ist derselben Ansicht. Seit 25 Jahren begleitet sie Kinder in ihrer Sterbestunde und berichtet als überzeugte Christin über ihre Erfahrungen bei dem Bemühen, Kinder und Eltern auf den Tod vorzubereiten. Einmal saß Dr. Komp am Sterbebett eines 7jährigen leukämiekranken Mädchens und versuchte, Eltern und Kind Trost zuzusprechen. Kinder verfügen meist über eine entwaffnende Offenheit ohne die Erwachsenen eigenen Hemmungen. Unter Aufbietung ihrer letzten Kräfte setzte sich das kleine Mädchen im Bett auf und sagte: »Die Engel – wie schön sie sind! Siehst du sie, Mami? Hörst du sie singen? Ich habe noch nie so einen schönen Gesang gehört.« Das waren die letzten Worte der Sterbenden. Dr. Komp schreibt: »Was ich dabei empfand, läßt sich am ehesten mit dem Wort ›Geschenk‹ ausdrücken. Nicht nur, daß das Kind im Augenblick des Todes diesen übernatürlichen Frieden geschenkt bekam, sondern es war auch ein Geschenk an die Eltern.«[6] Auch an anderen Stellen scheut sich Dr. Komp in ihren Schilderungen nicht, Dinge zu erwähnen, die sie als Christin festgestellt hat.

Dr. Melvin Morse, Kinderarzt in einem Vorort von Seattle, hat festgestellt, daß Kinder eher zu Todeserlebnissen neigen als Erwachsene und daß ihre einfachen Berichte weniger von kulturellen Einflüssen bestimmt sind. Ziemlich am Anfang seines Buches *Closer to the Light* schreibt er von der kleinen Katie, die sich nicht daran erinnern konnte, daß sie im Schwimmbad des CVJM ertrunken war. Obwohl von Dr. Morse ins Leben zurückgeholt, rechnete man nicht damit, daß sie durchkommen würde. Katie erzählte, um sie herum sei alles ganz schwarz gewesen. Plötzlich habe sich ein Tunnel geöffnet, und »Elizabeth« sei herausgekommen und habe sie mit in den Tunnel genommen, an dessen anderem Ende sie ihren verstorbenen Großvater und einige andere Leute getroffen habe. Darunter seien auch zwei neue Freunde gewesen, Andy und Mark, die mit ihr gespielt hätten. Schließlich habe »Elizabeth« – allem Anschein nach einer von Katies Schutzengeln – sie zu Jesus und dem Vater im Himmel gebracht. Als Jesus sie fragte, ob sie wieder zu ihrer Mutter zurück wolle, habe sie ja gesagt. Danach sei sie aufgewacht.

Dr. Morse, der mehr als 70 solcher Kinder interviewt hat, berichtet von einem anderen Fall. Als Jamie Untinen fünf Jahre alt war, wäre sie beinahe an spinaler Meningitis (Entzündung der Rückenmarkhaut) gestorben. Später malte sie ein Bild von dem, was sie gesehen hatte: Drei Engel und Jesus saßen auf einem Baumstamm. Er war »sehr lieb« und sagte ihr, sie sei noch nicht an der Reihe mit Sterben.[7]

Typisch für viele andere ist der Fall eines Krankenpflegers aus Kanada. Er erlitt einen Herzstillstand und schwebte zuerst durch die Dunkelheit, später über ein hellerleuchtetes Kleefeld voll wunderbarer Düfte und herrlicher Musik. Ein Bruder winkte ihm zu kommen. Plötzlich verspürte er Schmerzen und befand sich wieder in der Notfallstation. Er ließ seinen Rechtsanwalt kommen und ordnete an, daß man ihn beim nächsten Mal nicht wiederbeleben solle. Wie erwartet, kam es in der Folge zum tödlichen Herzanfall, aber die diensthabende Krankenschwester fand dies »ganz in Ordnung«, weil sie der Meinung war, »er sei wirklich zum Sterben bereit gewesen, und ihn habe etwas Wunderbares erwartet«. Was dieses Wunderbare war, erwähnte sie nicht.[8]

Ob es sich dabei lediglich um ein Kleefeld handelte? Oder war es etwas anderes? Es wurden jedenfalls keine näheren Angaben gemacht, nur der allgemeine Eindruck vermittelt, dort drüben sei »alles in Ordnung«.

Ich möchte noch erwähnen, daß einige der Betroffenen selber überrascht waren über die unbestrittene Anerkennung, die ihnen zuteil wurde. Daß sie so ohne weiteres in einem derart schönen zukünftigen Leben aufgenommen wurden, machte sie skeptisch.

Bei anderen wurden die herrlichen Gefühle dadurch hervorgerufen, daß die Gestalt, die sie sahen, an einem Kreuz hing oder daß irgendwelche anderen Merkmale auf die Identität Gottes schließen ließen. Diese Menschen waren begeistert, das »Lichtwesen« so präzise identifiziert und an der richtigen Stelle vorgefunden zu haben.

Bei den obenerwähnten Fällen stellt sich die Frage: Wer ist dieses Lichtwesen? Kann sich dessen Identität verändern, entsprechend der jeweiligen Situation? Handelt es sich bei der Identifizierung des Lichtes um eine Vermutung, eine Täuschung oder etwas Glaubwürdiges? Luzifer wird in der Bibel als Lichtengel, als »Sohn der Morgenröte« bezeichnet. Und Christus sagt von sich, daß er das Licht der Welt ist, der Sohn Gottes, der »jeden Menschen, der in die Welt kommt, erleuchtet« (Johannes 1,9). Welches Licht ist welches? Jesus hat gesagt, daß falsche Christusse kommen und nur einige wenige ihn selber mit offenen Armen aufnehmen würden. »So viele ihn aber aufnahmen, denen gab er das Recht, Kinder Gottes zu werden« (Johannes 1,12). Heißt das nicht, daß es eigentlich mehr schlechte als gute Fälle geben sollte?

Immer wenn ich mit Problemen dieser Art konfrontiert werde, sehe ich mich nach Hilfe um. Ich bin bestrebt, Theologen und Laien nach ihrer Meinung zu fragen – einfach jeden, der Fachmann auf diesem Gebiet ist. Einer der »Laien«, dessen Meinung mir sehr wichtig ist, ist Dr. Jerry Jones, praktischer Arzt in einem Vorort von Chattanooga. Er ist ein hochintelligenter Agnostiker, dessen Gott sowohl in Menschen als im Geld zu stecken scheint. Ich lasse mir gern seinen humanistischen Standpunkt erläutern, um ein Gegengewicht zur Meinung der Theologen zu haben.

Einmal fragte ich ihn: »Was hältst du von dem Licht, über das alle so erstaunt sind?«

»Vielleicht verkörpert dieses Licht irgendeine Art von übernatürlicher Intelligenz«, gab er zur Antwort. Ich goß Kaffee aus der Thermoskanne auf meinem Schreibtisch nach, und er fuhr fort: »Wie anders ist es zu erklären, daß das Licht praktisch in den meisten dieser Berichte vorkommt?« Jerry war damals etwa 45 Jahre alt, von mittlerer Statur und frühzeitig ergraut; man sah ihn fast nur in seinem weißen Arztkittel.

»Drogen haben keine derartige Wirkung«, spann Jerry seinen Gedankenfaden weiter. »Drogen führen nicht zu Erlebnissen in einer jenseitigen Welt. Aber was ich nicht verstehe, ist, daß das Licht alles zu verzeihen und jedem eine zweite Chance zu geben scheint. Und warum sind die Erlebnisse durchweg gut und nie schlecht? Bei Träumen ist das doch auch nicht der Fall. Nirgends ist das der Fall. Leben und Tod sind eigentlich ganz anders. Soll dieses Licht etwa bedeuten, daß man irgend etwas umsonst bekommt? An der ganzen Sache muß etwas faul sein.«

Ich nickte zustimmend. »Ich glaube, du hast recht«, sagte ich, »mir ist das Ganze auch nicht geheuer. Das Licht scheint mir bei vielen, mit denen ich gesprochen habe, einfach zu schön, um wahr zu sein. Wenn sowohl Jesus Christus als auch Luzifer sich als das ›Licht‹ bezeichnen, welches ist dann das richtige und welches das falsche? Hin und wieder habe ich sogar bemerkt, daß auch Atheisten begeistert von guten Erlebnissen berichten und u. U. den Schluß ziehen, daß ›alles‹ Gott ist – die Natur und sie selbst eingeschlossen. Wenn alles Gott ist, dann gibt es Jahwe, den Schöpfer des Universums, nicht. Ich erinnere mich daran, daß jemand seine Erfahrung mit dem Licht als ›ein Tauf-Erwachen für die Bruderschaft aller Menschen‹ bezeichnete – als Beweis dafür, daß letztendlich jeder von uns gut sei. Ob so vielleicht die Religion der Zukunft aussehen könnte, von der überall die Rede ist? Das überkommene Recht des göttlichen Menschen, in den Himmel zu kommen?« Während ich das zu Jerry sagte, erfüllte mich ein starkes Unbehagen.

»Da gibt es irgendwo eine Diskrepanz«, behauptete Jerry. »Viele sind davon überzeugt, daß sie Christus gesehen haben. Er ist also eines der Lichtwesen. Und wer ist das andere?«

Ich zuckte mit den Achseln. »Das ist eben das Problem. Es muß zwei davon geben. Die Bibel spricht von Jesus als dem ›wahren Licht‹, aber Luzifer behauptet von sich das gleiche, denn das Wort ›Licht‹ ist in seinem Namen enthalten. Wenn Satan sich so verstellen und als Luzifer auftreten könnte, als Lichtengel – was meinst du, wäre das keine Erklärung für einige merkwürdige positive Berichte?«

»Das könnte durchaus sein«, gab Jerry zurück. »In der Tat wäre das gar keine schlechte Idee. Die Menschen kurz mal einen Blick in die Herrlichkeit werfen lassen – eine wirklich clevere Täuschung! Keiner braucht dann mehr deinen Gott, denn er hat ja bereits Brief und Siegel, daß mit ihm alles in Ordnung ist. Die Erlösung wird überflüssig. Warum noch an der Notwendigkeit des Glaubens oder eines verbindlichen Christseins festhalten, wenn man weiß, daß man nach dem Tod sowieso nicht zur Rechenschaft gezogen wird, sondern automatisch in den Himmel kommt!«

Jerry, der inzwischen seinen Kaffee ausgetrunken hatte, begab sich ans Fenster, und wir beide sahen zu, wie draußen die ersten dicken Regentropfen fielen. »Ich habe den Eindruck, daß es bald eine Religion geben wird, die allen Menschen das Heil verspricht«, sagte ich. »Die Verantwortlichkeit der traditionellen Glaubensrichtungen, einschließlich des Karma-Glaubens, wird durch eine neue, globale Religion ersetzt werden, in der ›alles Gott ist‹. Diese Religion wird von Menschen gefördert werden, die Todeserlebnisse hatten und behaupten: Es gibt nichts zu verlieren. Wenn man nicht sofort in den Himmel kommt, wird man eben zurückgeschickt mit der Möglichkeit, die Welt in ein ›Utopia‹ zu verwandeln, ein Traumland, wo ein gesellschaftlicher Idealzustand herrscht.«

Diese Gedanken beunruhigten uns beide gleichermaßen. Der Donner brachte die Fensterscheiben zum Klirren, und es goß wie aus Eimern. Jerry legte seine Hand auf meine Schulter. »Wie, um alles in der Welt, soll ein Sterbender wissen, welches Licht welches ist? Wie soll er erkennen, wer der Engel Gottes ist und wer Luzifer?«

Ich ging zurück zum Schreibtisch, um mir noch eine Tasse Kaffee zu holen. »Vielleicht hat sich tatsächlich die Hölle aufgemacht, um mehr und mehr ungläubige Menschen zu holen. Vielleicht ist es wirklich so, wie die Prediger sagen: daß man wissen muß, wes Geistes Kind man ist, um die Geister unterscheiden und erkennen zu können, ob das ›Licht‹ die Lehren Jesu ablehnt oder auf irgendeine Weise leugnet, daß Jesus der eingeborene Sohn Gottes ist. Christus kann nicht lügen, und er wird sich selbst nie verleugnen, aber es scheint, daß Satan beides mit dem allergrößten Vergnügen tut.«

Die ganze Sache schien durch das Krachen der Donner und das Zucken der Blitze noch mehr an Bedeutung zu gewinnen, während der heftige Wind die Fensterscheiben mit Regengüssen überspülte. Und ich grübelte über die Frage nach, wohin das alles noch führen werde.

Der Engel des Lichts wird identifiziert

Am nächsten Tag – die Sonne schien hell durchs Fenster des Operationssaales – sah ich zu, wie die dritte Blutkonserve in die Adern eines blassen, ruhelosen jungen Mannes von 19 Jahren floß. Sein Blutdruck war nicht feststellbar, der Puls in der Halsschlagader kaum zu fühlen, und sein Brustkorb war voll blauer Flecke durch die Herzdruckmassage. Der Chirurg bürstete seine Hände, während ich das Herz des Patienten überwachte. Aus zwei seiner vier Stichwunden quoll das Blut hervor. Während er für die Narkose vorbereitet wurde, fing der junge Mann mit schwacher Stimme an zu sprechen:

> Die haben sich schon im Krankenwagen sehr um mich bemüht, aber das war eigentlich gar nicht ich. Ich befand mich in der einen Ecke und schaute bloß zu. Der eine, dessen Kittel ganz voll Blut war, steckte die Faust in meinen Bauch, um die Blutung zu stoppen. Der andere – ich glaube, es war ein Mädchen – drückte immer wieder mit Macht auf meinen Brustkorb.

Aber ich war bereits auf und davon. Ich flog mit großer Geschwindigkeit durch die Dunkelheit, als mir plötzlich dieses gewaltige Licht entgegenkam.

Das Licht war strahlend hell, und auf einmal fiel mir alles ein, was ich Gutes und auch Böses getan hatte. Ich sah meinen Bruder, zwei Jahre jünger als ich selbst. Von dem Unfall keine Spur. Meine Mutter war am Leben. Sie trug dasselbe Kleid. Sie legte den Arm um mich, und wir gingen alle zusammen durch die wunderbar grünen Wiesen.

Plötzlich kamen wir an eine Mauer aus Feldsteinen, nicht mal einen Meter hoch, aber ich konnte nicht darüberklettern. Auf der anderen Seite sah ich eine Gestalt an einem Kreuz hängen, und der Mann redete mit mir. Aber ich konnte nicht zu ihm hinkommen.

Dann verspürte ich plötzlich wieder die schrecklichen Schmerzen in meinem Leib. Ich lag auf dem Operationstisch, und man war gerade dabei, mir eine Maske aufs Gesicht zu setzen. Mein Gott, die Operation hatte noch gar nicht angefangen!

Wie in diesem Fall, sind viele meiner Patienten Christen. Der Blick in die Herrlichkeit ist für sie so real, und Gott ist ihnen so nahe, daß sie ihr Erlebnis gerne jedem, der ihnen zuhören will, erzählen. Für sie gibt es überhaupt keinen Zweifel, keine Unsicherheit. Das helle, strahlende »Wesen« wird von ihnen eindeutig als Jesus Christus identifiziert. Eine Täuschung ist ausgeschlossen. Ihre Beschreibung des hellen Lichts stimmt in etwa mit der des Apostels Paulus überein (Apostelgeschichte Kapitel 9 und 26). (Für mich wäre eine Begegnung mit Gott als solche sicher schon so etwas wie ein »Todeserlebnis«, aber Paulus hatte ein weiteres derartiges Erlebnis, als er in Lystra gesteinigt wurde und wie tot liegenblieb. Auf diese Begebenheit kommen wir später noch zu sprechen.) Hier handelt es sich, wenn man so will, um sein erstes »Todeserlebnis«:

Plötzlich umstrahlte mich und meine Begleiter mitten am Tag, o König, ein Licht vom Himmel, das heller als die Sonne war. Wir stürzten zu Boden, und ich hörte eine Stimme in

> hebräischer Sprache: »Saul, Saul, warum verfolgst du mich? Du tust dir damit nur selbst weh.«
> Ich fragte: »Herr, wer bist du?«
> Und der Herr antwortete: »Ich bin Jesus, den du verfolgst! Aber stehe jetzt auf; denn ich bin dir erschienen, damit du mir dienst. Du sollst bezeugen. was du heute erlebt hast und was ich dir in Zukunft zeigen werde.«
> (Apostelgeschichte 26,13-16)

Das Licht, dem Paulus hier begegnete, war so hell, daß er drei Tage lang nichts sah. Diese Bibelstelle ist eine von 52, in denen das Wort »Licht« vorkommt. In Johannes 1,9 wird Christus als das »wahre Licht« identifiziert.

Wahrscheinlich handelt es sich dabei um das Licht, das viele klinisch Tote gesehen haben wollen. Aber nicht jedes Licht ist gut. Es gibt auch böse Lichter, die die Heilige Schrift als Fälschungen entlarvt. Bekanntlich sprechen viele Religionen und Kulte von »Lichtwesen«. Darunter sind Gruppierungen, die Luzifer direkt anbeten, wie auch solche, die den Menschen eine »Luziferische Initiation« ins Neue Zeitalter anbieten – ein Thema, mit dem wir uns später noch befassen werden.

Wie bereits erwähnt, ist es wichtig, die Identität des Lichtes zu testen, indem man prüft, ob es bekennt oder leugnet, daß Jesus der eingeborene Sohn Gottes ist. Ein weiterer Prüfstein ist die Frage eines veränderten Lebenswandels, wie im folgenden Beispiel geschildert. Ein pensionierter, gutsituierter Buchhalter war nach dem Tod seiner Mutter infolge einer Beinamputation etliche Jahre zuvor vom Glauben abgekommen. Trotz seiner inbrünstigen Gebete war die Mutter gestorben, was ihn zu der Schlußfolgerung veranlaßt hatte: »Gott ist genauso taub wie ein Steingötze. Er nützt mir nichts, und ich nütze ihm nichts.« Einige Zeit später kam dieser Mann persönlich in große Not. Hier seine Schilderung:

> Im Aufzug des Krankenhauses spürte ich plötzlich, wie mein Herz aufhörte zu schlagen, und dann setzte auch die Atmung aus. Ich weiß noch, wie ich dachte: »Jetzt ist alles aus!«

Im nächsten Moment befand ich mich unter der Decke eines Zimmers auf der Intensivstation und schaute hinunter auf meinen Körper, über den sich ein junger Arzt im weißen Kittel und zwei Krankenschwestern beugten. Der Arzt schrie die ganze Zeit: »Holen Sie dies!« und: »Bringen Sie mir das!«

Als nächstes flog ich durch einen dunklen Tunnel. Ich berührte die Wände nicht und trat am anderen Ende hinaus auf ein freies Feld. Auf der entgegengesetzten Seite sah ich eine endlos lange weiße Mauer vor mir. Drei Stufen führten hinauf zu einem Torweg, und ich trat ein. Auf dem Treppenabsatz saß ein alter Mann in strahlend weißen Gewändern. Er schien in ein dickes Buch auf seinem Schoß vertieft zu sein.

Als ich näher kam, erfüllte mich ein überwältigendes Gefühl der Ehrfurcht, und ich fragte: »Bist du Jesus?«

»Nein«, erwiderte er, »du findest Jesus und deine Lieben hinter jener Tür dort.« Er schaute kurz in sein Buch und nickte: »Du kannst weitergehen.«

Auf der anderen Seite der Tür sah ich zu meinem Erstaunen eine hell erleuchtete Stadt vor mir. Ihr Licht strahlte wie das Licht der Sonne, nur daß es diffus und mit glänzenden Teilchen durchsetzt war. Die Straßen waren alle aus Gold. Eine Art von glänzendem Metall bedeckte die wunderschön arrangierten Kuppeln und Türme der Kirchen, deren Mauern merkwürdig glatt waren, ähnlich wie Marmor, aber aus einem Material, das ich noch nie gesehen hatte. Sogar die Luft roch gut, und im Hintergrund war leise Musik zu vernehmen.

Dann sah ich zwei Gestalten auf mich zukommen und wußte augenblicklich, wer sie waren: meine Mutter und mein Vater, die vor etlichen Jahren gestorben waren. Meiner Mutter hatte man vor ihrem Tod ein Bein abnehmen müssen, aber jetzt lief sie ganz normal auf zwei Beinen!

»Wie schön ihr beide ausseht«, sagte ich. Und Vater erwiderte: »Du siehst auch schön aus. Schau dich nur an, wie du strahlst!«

Dann fiel mir ein Gebäude ins Auge, das wesentlich größer war als alle anderen. Es sah aus wie ein Fußballstadion, an dessen entferntem Ende ein glänzendes, helles Licht strahlte. Ich versuchte, in dieses Licht hineinzuschauen, aber es war zu grell. Viele Menschen hatten sich vor dem Gebäude versammelt und schienen zu beten.

Ich wies auf das Gebäude und fragte: »Was ist das?«

»Dort drinnen ist Gott«, erwiderten meine Eltern. Ich werde diesen Anblick bestimmt nie vergessen.

Als wir uns der Stelle näherten, wo Jesus sein sollte, verspürte ich plötzlich einen Schlag, und alles wurde dunkel. Ein Schock lief durch meinen Körper, und wieder traf es mich so heftig in der Brust, daß mein Leib sich nach oben wölbte. Ich schlug die Augen auf und griff nach den Hebeln der Herzmaschine, bevor man mich nochmals schocken konnte.

Hier haben wir es mit einer weiteren positiven Identifikation Jesu (bzw. seiner Engel) als Lichtwesen zu tun. Diese positive Identifikation ist für die Betroffenen von allergrößter Wichtigkeit – eine Bestätigung ihrer tiefsten Glaubensüberzeugungen. Interessant ist, daß dieser Patient bereits tief in den Ablauf des Geschehens hineingedrungen war. Er befand sich jenseits des Aussonderungsgebiets, jenseits der Schranke und jenseits der Todeslinie.

Ende der 70er Jahre mußte James E. Johnson, als Sekretär bei der Marine beschäftigt, mit seinem Auto vor einer roten Ampel in Washington/D.C. warten. Er unterhielt sich gerade mit seinem Beifahrer, dem Anwalt Jack Snyder, als er mitten im Satz von dem knirschenden Geräusch berstenden Metalls unterbrochen wurde. Ein anderer Wagen war mit hoher Geschwindigkeit von hinten aufgeprallt. Johnson wurde gegen das Steuerrad geschleudert, und sein Körper verkeilte sich mit dem Armaturenbrett. Um ihn herum wurde es dunkel.

Einen Augenblick später schwebte er einem Licht entgegen, an Helligkeit mit einem strahlenden Sonnenaufgang zu vergleichen, während er auf den Unfallort hinunterschauen konnte. Er verspürte nicht den leisesten Wunsch, wieder in seinen leblosen Körper in jenem Autowrack zurückzukehren. Hier sein Bericht:

Ich flog mit dem Kopf voran durch einen dunklen Tunnel, schneller und immer schneller, dem schimmernden Licht entgegen, das, wie ich wußte, Christus war …

Innerhalb dieses Lichtes sah ich eine himmlische Stadt, wie ein Schloß in den Wolken. Die Straßen aus durchscheinendem Gold strahlten von dem Glanz, der die ganze Stadt erleuchtete … Ich wußte, ich war im Himmel.

Kurz darauf sah ich meinen Sohn Ken, der vor einigen Jahren gestorben war. Er war in strahlendes Weiß gekleidet …

Dann erkannte ich meinen verstorbenen Schwiegervater, mit seinem charakteristischen Lächeln und dem vertrauten Augenzwinkern.

»Du wirst wieder ganz gesund«, sagte er. »Geh zurück! Geh zurück! Geh zurück!«

Meine Mutter und mein Vater stimmten in den Chor mit ein. Meine Mutter deutete mit der Hand auf das Licht und fragte: »Hast du ihn gesehen?« Voller Ehrfurcht erwiderte ich: »Ja.« Hingerissen von der allgegenwärtigen Liebe und dem vollkommenen Frieden jenes Ortes, konnte ich mir nicht vorstellen, ihn je wieder verlassen zu müssen. Und doch wußte ich, daß es so war. Meine Zeit war noch nicht gekommen.

Der Schauplatz des Unfalls trat von neuem in mein Blickfeld. Ich hatte plötzlich ein Gefühl drückender Schwere, als wenn jemand ein Stück Eisen auf mich gelegt hätte. Während ich in Richtung meines Körpers hinunterschwebte, wurde ich mir eines immer stärker werdenden Gefühls von Schmerzen bewußt.

Das schimmernde Licht der himmlischen Liebe löste sich langsam auf und wich einem harten, roten Blinklicht. Ich befand mich wieder in meinem Körper.[9]

Nachdem er aus dem Autowrack befreit, ins Krankenhaus gebracht und untersucht worden war, fühlte sich Johnson »topfit«, wie von Gott geheilt. Die Krankenschwestern und Ärzte lachten nur, als er ihnen verkündete, er werde noch am gleichen Tag völlig gesund nach Hause gehen. Doch genauso war es.

Solche persönlichen Erlebnisse betreffs eines spezifisch christlichen Lebens nach dem Tod gibt es immer wieder. Sie sind jedoch in letzter Zeit durch eine Überfülle an positiven Erfahrungen von Nichtchristen verdunkelt worden. Viele Agnostiker zeigten sich erstaunt und »gerührt« von diesem großmütigen, verständnisvollen, liebenden »barmherzigen Wesen«, das nichts an ihnen auszusetzen hatte und kein tadelndes Wort für sie fand. Dieses Lichtwesen mußte einfach gut sein, hatte es ihnen doch offensichtlich einen »Blick in die Herrlichkeit« gestattet – einen Blick, der ihnen die Gewißheit verlieh, daß sie sich auf dem Weg zum Himmel befänden.

Jedes echte Todeserlebnis von Christen prägt dagegen das Leben der Betroffenen so radikal, daß sie es einfach weitersagen *müssen*. Oft schreiben sie sogar Bücher, in denen sie über ihre Erfahrungen berichten, wie z. B. Richard Eby in *Caught up into Paradise* oder Betty Maltz in *Glimpse of Eternity*.

Es scheint also, daß beim klinischen Tod – anders als beim »Einheitsbrei« sogenannter Todeserlebnisse – ein starker fortlaufender Faden zu erkennen ist, eine bestimmte, sich wiederholende Abfolge von Ereignissen, die zu analytischen Vergleichen berechtigt. Es kann sogar sein, daß die Bibel von einem klinischen Tod berichtet, nämlich in bezug auf den Apostel Paulus. Hier geht es nicht um einen permanenten biologischen Tod, denn »es ist den Menschen gesetzt, *einmal* zu sterben, danach aber das Gericht« (Hebräer 9,27). Aber es könnte sich bei Paulus möglicherweise um einen klinischen Tod gehandelt haben, als er in Lystra von einer blutdürstigen Menschenmenge, die sich sowohl über seine Botschaft als auch seine Wundertaten ärgerte (2. Timotheus 3,11), gesteinigt und wie tot liegengelassen wurde.

Bei diesem Ereignis könnte es sich nach Berechnungen von Theologen um die von Paulus in 2. Korinther 12 angesprochene Begebenheit handeln, als er »in das Paradies entrückt« wurde und »unaussprechliche Worte hörte«, bevor er wieder in seinen physischen Leib zurückkehrte. Der Bericht des Apostels, in der dritten Person Singular niedergeschrieben, lautet folgendermaßen:

> Ich weiß von einem Menschen in Christus, daß er vor vierzehn Jahren – ob im Leib, weiß ich nicht, oder außer dem Leib, weiß ich nicht; Gott weiß es –, daß dieser bis in den dritten Himmel entrückt wurde. Und ich weiß von dem betreffenden Menschen – ob im Leib oder außer (oder: getrennt von) dem Leib, weiß ich nicht; Gott weiß es –, daß er in das Paradies entrückt wurde und unaussprechliche Worte hörte, die auszusprechen einem Menschen nicht zusteht. Über diesen will ich mich rühmen; über mich selbst aber will ich mich nicht rühmen, nur der Schwachheiten.
> (2. Korinther 12,2-5)

Das Lichtwesen wird nicht identifiziert

Die einschlägige Literatur ist befrachtet mit allen möglichen »Lichtwesen«. Viele von ihnen werden jedoch nicht identifiziert. Der Betrachter ist anscheinend von dem hellen Licht total überwältigt, vielleicht auch von der schönen Umgebung abgelenkt. Der Versuch einer Identifizierung bleibt häufig im Nebelhaften stecken. Man nimmt einfach an, daß es sich bei dem besagten Wesen um einen prominenten Vertreter der jeweiligen Religion bzw. Glaubensrichtung handelt. Gewöhnlich wird das Licht als solches jedoch nicht identifiziert. Es sei denn, daß der Betroffene das Lichtwesen aufgrund einer glaubwürdigen Aussage oder Handlung erkannt hat, hat er anscheinend keine Möglichkeit, genau zu wissen, wem er da begegnet ist. Es könnte Luzifer persönlich gewesen sein, der sich als Engel des Lichts verstellt hat – es sei denn, das Geistwesen konnte durch die Nennung seines Namens und anhand seiner Beziehung zu Jesus Christus oder einer anderen Gottheit ausgemacht werden. Manche Christen können nur bezeugen, sie wüßten genau, daß es Christus war, weil der Heilige Geist in ihnen dies bestätigt habe.

Lassen Sie mich ein Beispiel für das Problem des »Nicht-Verantwortlichseins« anführen, von dem wir eben gesprochen haben. Es war im Jahr 1980. Ich saß neben einer attraktiven, gepflegten Dame von 52 Jahren. Wir waren zu einer nationalen TV-Talkshow mit dem Moderator David Susskind in Miami eingeladen. Dabei verkündete die Dame aller Welt die wunderbare Botschaft, daß »die Tore des Himmels für jeden, der stirbt, weit offen stehen. Keiner muß draußen bleiben. Das sollte jedermann wissen.«

Während ihrer Wiederbelebung nach einem Autounfall hatte sie, wie sie sagte, eine »durch Schwingungen übertragene« Botschaft von einem »wunderschönen Lichtwesen« erhalten. Diese Schwingungen forderten eindringlich zu »bedingungsloser Liebe« in einer Welt ohne Sünde auf. Das war der Grund, weshalb sie zurückgeschickt worden war: Sie sollte die globale Botschaft der Liebe verkünden, das neue planetarische Bewußtsein für eine neue Religion schaffen, in der die Göttlichkeit des Menschen proklamiert werden würde.

Erst während der für Werbung reservierten Pause lernte ich die Dame etwas näher kennen. Während sie sich genüßlich eine Zigarre anzündete, teilte sie mir mit, sie sei mit Madalyn Murray O'Hair, der Präsidentin der amerikanischen atheistischen Gesellschaft, befreundet – eine redegewandte Juristin, die mir bei einer späteren Fernsehdebatte in Detroit das Leben schwermachen sollte. Ich begann langsam zu begreifen, wer hinter diesen »Schwingungen« steht, die jedermann freien Zutritt zum Himmel versprechen.

Vor vielleicht zehn Jahren wurde ich zum ersten Mal wieder an die Worte erinnert, die diese Frau benutzt hatte – Schlagworte wie *planetarisch, Paradigma, neue Weltordnung, Zeitalter der Erleuchtung* und *transpersonale Psychologie*. Das sind neue Namen für alte Begriffe, die umgeformt und modisch zugeschnitten in das neue Zeitalter hineinpassen, in dem wir leben.

Luzifer, der Engel des Lichts

Viele Religionen bringen ihre Anführer mit dem Licht in Verbindung. Wie bereits erwähnt, bezeichnen sich im Christentum sowohl Jesus als auch Luzifer als das Licht. Ich wiederhole: Es ist entscheidend wichtig, bei allen Todeserlebnissen festzustellen, wer hinter diesem besagten Lichtwesen steht – ob es ein glaubwürdiger Vertreter Gottes ist oder eine verführerische Täuschung bösen Ursprungs, die Gott als vergebende Kraft darstellt; eine Kraft, die Dr. Jekyll in Mr. Hyde verwandeln konnte, so wie die Verwandlung, die Johanna Michaelson und andere bei ihren geistigen Führern beobachteten.

Um das Licht in irgendeiner Form geht es bei sehr vielen Todeserlebnissen, besonders wenn der Patient gar nicht klinisch tot war. Bei dem nicht identifizierten, schönen Wesen könnte es sich sehr wohl um den Nachahmer handeln, dessen Name in den meisten monotheistischen Religionen »Lichtträger« bedeutet. Das Wort kommt aus dem Lateinischen – *lucis-ferre* oder »Luzifer«. Luzifer ist so schön, daß er auch als der »Morgenstern« bezeichnet wird. Könnte es sich hier nicht um den »Lichtengel« handeln, der von den Unentschiedenen und Lauen gesehen wurde?

Ich habe mich gefragt, warum der falsche Engel so schön ist. Vielleicht deshalb, weil Satan sich schlechter »verkaufen« kann, wenn er als Satan auftritt? Erscheinen Luzifer und seine Engel deshalb nicht als dämonische Wesen, sondern geschickt getarnt als »Diener der Gerechtigkeit«, um möglichst viele Menschen zu täuschen? Die Bibel bejaht dies. Die Möglichkeit, daß der »Engel des Lichts« nicht Gott, sondern Luzifer ist, wird in einer anderen Übersetzung von 2. Korinther 11,14-15 besonders deutlich (Die Gute Nachricht):

> Das braucht euch nicht zu wundern. Sogar der Satan verstellt sich und gibt sich für einen Engel des Lichts aus. Es ist also nichts Besonderes, wenn auch seine Helfer sich verstellen und als Diener Gottes auftreten. Aber am Ende werden sie nach ihren Taten bestraft.

Während die Hölle Hölle ist und bleibt und keinerlei Möglichkeit einer Täuschung zuläßt, sollte der Christ die wunderbaren Berichte im Zusammenhang mit den meisten Todeserlebnissen nur mit äußerster Vorsicht genießen. Ihre Erfahrung kann den Überlebenden eine trügerische Sicherheit verleihen und sie der Gelegenheit berauben, theologische Nachforschungen anzustellen. Der Betrüger ist natürlich derjenige, der leugnet, daß Jesus der Christus ist, der Sohn Gottes. Aber es kann auch sein, daß die Lichtgestalt sich neutral zu diesem Thema stellt oder daß sie klugerweise jede Selbstidentifizierung vermeidet (1. Johannes

2,22). Doch wird von Theologen darauf hingewiesen, daß diejenigen, die Christus hier und jetzt kennen, ihn auch im Jenseits erkennen.

Wie kann man den Betrug sonst noch wahrnehmen? »Bedingungslose Liebe« ist etwas, was dieses Licht gleichbleibend austeilt, hat die Sterbeforscherin Elisabeth Kübler-Ross festgestellt. »Gott *ist* Liebe«, bestätigt uns auch die Bibel. Aber Gott ist ohne Sünde. Zwar liebt er den Sünder bedingungslos, aber er bestraft die Sünde. Was ist Sünde? Für die Theologen ist Rebellion gegen Gott Sünde. Für mich als Laien ist Sünde auch, wenn man Gott eine lange Nase macht, wenn man flucht oder einfach nur Gott den Rücken kehrt und so tut, als gäbe es ihn nicht.

Würde, in diesem Licht betrachtet, ein von Gott gesandter Lichtengel wirklich jeden, der ihm in die Quere kommt, als ohne Sünde betrachten? Würde der echte Engel Gottes jedem Menschen automatisch das Recht auf Absolution zugestehen, ohne daß er darum bittet? Ist die Buße nicht vielmehr eine wesentliche Voraussetzung, um durch Christus mit Gott versöhnt zu werden? Würde man dem Nichtchristen nur anerkennend auf die Schulter klopfen und ihm keine spezielle Ermahnung zuteil werden lassen? Natürlich kennen wir das Schicksal derer nicht, die nicht zurückgekehrt sind und eine weitere Chance für ihr Leben erhalten haben.

Aber auch in anderen Religionen kommt das Licht am Ende des Tunnels vor. Gewöhnlich hält man es für einen der diversen Geister oder Götter der jeweiligen Glaubensüberzeugung. Beispielsweise nehmen Hindus häufig an, bei dem Licht handle es sich um »Yamdoot«, den Totengeist. Für mich scheint es jedoch von Bedeutung zu sein, daß die Lichtgestalt sich nie als Brahma, Wischnu, Schiwa, Krischna, Buddha, Allah, Matreya oder irgendeine andere Gottheit zu erkennen gibt. Von den Juden mag die Gestalt für einen von Jahwes Engeln oder Propheten gehalten werden. Und manch ein Christ ist sicher, daß das Licht Christus selbst ist. Einige haben ihn am Kreuz gesehen und eine Woge geistlicher Bestätigung verspürt, die ihnen einen ganz neuen Lebenssinn vermittelt hat.

Dennoch kann es durchaus falsche Darstellungen von seiten des Lichtes geben. Dieser Eindruck hat sich durch die Befragung etlicher Patienten bestätigt. Nachfolgend ein solcher Bericht.

Eines Tages war ich beim Blutspendedienst »Plasma Alliance« für Dr. Durwood Kirk eingesprungen, einen Urologen im Ruhestand, der wegen einer Operation ausgefallen war. Diese Organisation nimmt bezahlten Spendern Blut ab, um Immunglobuline zur Herstellung von Impfstoffen zu erhalten. Während ich die Spender untersuchte, um eventuelle Träger von Hepatitis oder Aids herauszufinden, fiel mir ein Spender mit kaum verheilten Verletzungen auf, durch die möglicherweise eine Blutvergiftung bei anderen ausgelöst werden konnte. Routinemäßig begann ich mit der Befragung.

Es handelte sich um einen selbstbewußten, stämmigen jungen Mann von 21 Jahren. Er erzählte mir, die Schußverletzungen in seiner Brust hätten eine Herz-Lungen-Wiederbelebung sowie mehrere Bluttransfusionen erforderlich gemacht. Drei Kleinkaliber-Gewehrkugeln hatten ihn in die linke Brustseite getroffen, wobei eine die Herzwand durchschlug.

Während der Wiederbelebung im Unfallwagen hatte er eine Erfahrung außerhalb seines Körpers gemacht. Er war überrascht über das himmlische Licht, das ihn dort umgab. Dieses Licht gab ihm das Gefühl, total willkommen zu sein. Es war so »verständnisvoll«. Keine Spur von Infragestellung oder gar Ablehnung. Die schmutzigen Bereiche seines Lebens wurden nicht überprüft und kein einziges Wort über das Paar verloren, das er drei Jahre zuvor bei einem Raubüberfall auf dem Parkplatz getötet hatte. Nur »Frieden und Liebe« wurden ihm vermittelt. Hier ist seine Geschichte:

> Beim Tanzen fing alles an. Meine Partnerin hatte vorher die Bar bedient, und so dachte ich, sie wäre »zu haben«. Wir begaben uns auf die Tanzfläche und tanzten eng umschlungen, Körper an Körper.
>
> Ich hatte schon mit sehr vielen verschiedenen Frauen getanzt, aber bei keiner hatte ich ein derart merkwürdiges Gefühl gehabt. Plötzlich ging mir auf, daß meine »Partnerin« in Wirklichkeit ein Mann war, als Frau verkleidet mit allem,

was dazugehört – ausgestopftem BH, Perücke und rotgeschminkten Lippen!

Mir persönlich sind Homosexuelle zuwider, und jetzt tanzte ich mit diesem Schwulen, der sich obendrein verkleidet hatte! Ich stieß ihn von mir und prügelte auf ihn ein. Er rannte weg in Richtung der Bar. Ich lief hinterher, doch er zog plötzlich ein Gewehr unter der Theke hervor und schoß mir dreimal in die Brust.

Da ich gerne noch mehr erfahren wollte, fragte ich: »Nachdem die Schüsse Sie getroffen hatten – wie war das mit dem Tunnel, den Sie sahen, und mit diesem alles vergebenden Licht? Wie haben Sie dabei empfunden?«

Er dachte kurz nach und warf dann mit gespielter Verzweiflung die Hände hoch.

Selbstverständlich war ich froh, an diesem wunderbaren Ort zu sein, aber ich habe mich doch gefragt, warum das Licht mich überhaupt nicht darauf ansprach, daß ich meinen Tanzpartner grün und blau geschlagen hatte. Und über die beiden Toten aus der Vergangenheit verlor es ebenfalls kein Wort.

Ich freute mich natürlich, daß mir keine diesbezüglichen Fragen gestellt wurden, aber wenn das Licht von Gott war, weshalb fragte es nicht? Ich wollte schon selber davon anfangen, aber dann sagte ich mir: »Warum soll ich so etwas Schönes kaputtmachen?« – und hielt meinen Mund. Ich wußte, daß ich eigentlich in der Hölle sein müßte und nicht an diesem wunderbaren Ort – aber ich sagte nichts.

Der junge Mann blickte sich um und fragte dann mit gedämpfter Stimme: »Herr Doktor, kann es sein, daß Gott sich irrt?«

Dieser Bericht half mir, gewisse Dinge in meinem Kopf klarzubekommen. Mir wurde ganz deutlich, daß Satan sich sehr oft als Gott verstellt. Man muß unbedingt genau hinhören, um zu unterscheiden, ob das in den Berichten erwähnte »Lichtwesen« von Gott ist oder nicht. Ist dieses Wesen z. B. allwissend und wahrheitsliebend, wie Gott es ist, oder scheint es eher vergeßlich zu sein, wie hinsichtlich der Morde und Schandtaten im obigen Fall?

Und bei allen anderen Todeserlebnissen, die so positiv und begeistert klingen: Stimmt es wirklich, daß Gott die schlechte Vergangenheit einfach übersieht? Erteilt das Licht tatsächlich jedem automatisch Absolution? Oder könnte die Vergeßlichkeit des besagten gottähnlichen Wesens vielleicht daher rühren, daß es gar nicht von Gott kommt?

In letzter Zeit ist von Überlebenden wiederholt die Frage aufgeworfen worden, was es mit diesem Lichtwesen und seiner unverlangt erteilten Vergebung tatsächlich auf sich hat. Ich denke, daß eine bedingungslose Liebe manchmal durchaus »Bedingungen« stellt. Ich kann mich beispielsweise gut an derartige Bedingungen während meiner Kindheit erinnern. Mein Vater verzichtete darauf, mich zu bestrafen, wenn ich mich für ein Vergehen entschuldigte und ihn um Verzeihung bat. Bedingungslose Liebe? Die hatte mein Vater auch. Er hatte mich so lieb, daß er selber Tränen vergoß, wenn er mich einmal verhauen mußte. Trotzdem war er nur dann »allvergebend«, wenn ich meine Missetat bekannte. Wieviel mehr wird unser himmlischer Vater uns vergeben und uns weiterhin bedingungslos lieben, wenn wir unsere Schuld bekennen! Diesen Gedanken fand ich in 1. Johannes 1,9 bestätigt, wo es heißt: »Wenn wir unsere Sünden bekennen, ist er treu und gerecht, daß er uns die Sünden vergibt und uns reinigt von jeder Ungerechtigkeit.« Die Bitte um Vergebung ist in sich schon heilsam, aber das Licht scheint die Notwendigkeit der Vergebung oft gar nicht einzusehen.

Kann das Licht »allvergebend« und gleichzeitig gerecht sein? Nicht einmal die gängige Form des Hollywood-Hinduismus bietet diese Art Vergebung an, wie sie von dem Licht spontan verbreitet wird. Das Karma vergibt nie. Es besteht erbarmungslos darauf, daß der Mensch durch sein gegenwärtiges Leben die Missetaten vorheriger Leben auszubaden hat. Das Karma, Grundidee der Reinkarnation, läuft letztendlich auf die Verantwortlichkeit des Menschen hinaus – eine beunruhigende Nachricht für alle, die an eine Seelenwanderung glauben, dabei aber behaupten, es gebe keine Verantwortlichkeit. Das Karma zeigt sich in Wirklichkeit als eine grausame Methode der Läuterung, von einem Leben zum nächsten, bis schließlich alles bereinigt und in Ordnung ist.

Worauf führt die New-Age-Bewegung denn dieses Licht, das bedingungslose Vergebung verbreitet, zurück? Es kann, wie wir gesehen haben, nicht aus dem Karma und der Reinkarnation stammen. Vielleicht kommt es von der »Wiederbelebungs-Religion«, dieser neuen Weltanschauung, die sich auf übereinstimmend wunderbare »Todeserlebnisse« stützt. Diese Religion wird auch das Omega bedingungsloser Liebe genannt. Sie ist der Freibrief zum Himmel für jedermann – in die ewige Herrlichkeit.

Natürlich sind diejenigen, die das Positive erlebt haben, darüber immer ganz begeistert. Aber mir kommt es merkwürdig vor, daß keiner von denen, die einen Blick in die Hölle getan haben, sich je darüber beschwert oder das Lichtwesen, das sie dorthin geschickt hat, der Ungerechtigkeit bezichtigt hat. Alle diese Überlebenden sind sich vielmehr darin einig, daß die Hölle Hölle ist und bleibt, wie wir im nächsten Kapitel sehen werden.

4

HÖLLE IST UND BLEIBT HÖLLE

Der Glaube an die Hölle

Sein Leben sei die Hölle auf Erden, erklärte uns der Patient. Er war ein großer, grauhaariger Farmer in der Sechzigern, der wiederholt ohne ersichtlichen Grund bewußtlos zu Boden fiel, sich den Kopf aufschlug und schlimme Platzwunden davontrug, die genäht werden mußten. Jedesmal setzte das Herz aus und sprang dann von neuem an oder wechselte in einen sehr schnellen Rhythmus. Häufig war eine sofortige Herz-Lungen-Wiederbelebung erforderlich, bis dann im Krankenhaus eine Elektroschockbehandlung durchgeführt werden konnte, die das Herz wieder in Gang setzte. Für den Patienten bedeutete diese ständige Ungewißheit »die Hölle auf Erden«, aus der er jeweils mit beträchtlichen Schmerzen und erheblichen Krankenhauskosten erwachte. Die Situation wurde schließlich so aussichtslos, daß wir beschlossen, ihm einen permanenten Herzschrittmacher einzupflanzen.

Als nach einem Jahr von der Krankenversicherung die Unterlagen dieses Patienten durchgesehen wurden, kam man zu dem Schluß, die Korrektur durch den Schrittmacher sei unnötig gewesen, weil er die in ihren Vorschriften aufgelisteten Kriterien nicht erfüllt habe. Die Tatsache, daß das Problem eines »plötzlichen Herztodes«, das immerhin im Laufe von zehn Monaten achtmal aufgetreten war, offensichtlich hatte beseitigt werden können, wurde dabei stillschweigend übergangen. Vielmehr wurde entschieden, daß die Kosten für den Herzschrittmacher von mir als behandelndem Arzt, dem Patienten und dem Krankenhaus an die Versicherung zurückgezahlt werden müßten.

Natürlich erhoben wir Einspruch, und der Fall kam vor Gericht. Zu Beginn der Verhandlung stellte der Richter fest: »Die Tatsache, daß es dem Patienten allem Anschein nach zur Zeit gut geht, ist kein Beweis dafür, daß der Herzschrittmacher tatsächlich notwendig gewesen wäre.« Er blätterte in einem Stapel von Papieren und schüttelte dann den Kopf. »Nirgendwo ist in den Büchern von einer ›multifokalen ventrikulären Tachykardie‹ – oder wie immer Sie das Ding genannt haben – als Indikation für die Benutzung eines Herzschrittmachers die Rede.«

Bedauerlicherweise konnte ich nicht länger an mich halten, sondern stand auf, um etwas zu sagen. »Ich weiß, daß das nirgendwo steht, Herr Richter, weil Ihre Unterlagen leider nicht auf dem neuesten Stand sind.« Da mein Einwurf dem Richter offenbar nicht behagte, setzte ich hastig hinzu: »Aber, um zur Sache zu kommen – der Patient hat sich bereit erklärt, Ihnen zu demonstrieren, daß er seinen Herzschrittmacher unbedingt zum Überleben braucht.«

Der Richter überflog kurz einige weitere Papiere, bevor er durch Kopfnicken seine Zustimmung signalisierte. Ich ließ den Patienten sich lang auf den Boden legen, schloß ihn an den Monitor an und befestigte die notwendigen EKG-Ableitungen an seinem Körper. Ich wußte, daß sein Herz nicht in der Lage war, ohne Hilfe zu schlagen, aber irgendwie mußte das Gericht ja überzeugt werden.

Der Richter, der noch weiter in seinen Unterlagen gewühlt hatte, unterbrach mich in meiner Tätigkeit. »Wollen Sie den Schrittmacher tatsächlich abschalten?«

Ich zuckte mit den Achseln und machte eine vielsagende Handbewegung. »Der Patient wird gleich, wenn ich das Gerät abschalte, vorübergehend nicht mehr leben, aber dadurch können Sie sich selber von der Notwendigkeit dieser Maßnahme überzeugen, Herr Richter.« Bei diesen Worten fing ich an, den Herzschrittmacher zu deprogrammieren.

Nach einem unheimlichen Schweigen, das mir wie eine Ewigkeit vorkam, schlug der Richter mit der Faust auf den Tisch und stand abrupt auf. »Das ist absolut nicht nötig, Doktor!« Wieder eine Pause. »Nach reiflicher Überlegung wird vom Gericht entschieden, daß dieser Herzschrittmacher notwendig und vollkommen gerechtfertigt ist. Der Fall ist abgeschlossen.«

Durch dieses wahrhaft salomonische Urteil des Richters wurde dem Patienten möglicherweise eine kurze Begegnung mit dem Himmel oder der Hölle erspart.

Es war ein interessanter Fall, der den Glauben an das Unsichtbare klar demonstriert. Obwohl der Richter den Herzschrittmacher selber nicht sehen konnte, war er dennoch bereit, die Aussage eines anderen zu akzeptieren, der ihn von dessen Existenz und lebenswichtiger Funktion überzeugt hatte. Außer dem Schrittmacher gibt es natürlich zahllose andere unsichtbare Dinge, von deren Existenz und lebenswichtiger Funktion uns berichtet wird. Manche dieser Dinge läßt man allerdings am besten ganz in Ruhe – ohne sie zu manipulieren oder zu hinterfragen – und akzeptiert sie einfach im Glauben. Das ist sehr wichtig, denn der Glaube an das Unsichtbare ist die große Hoffnung aller Religionen.

Bei einer Gallup-Umfrage[1] stellte sich überraschenderweise heraus, daß sage und schreibe 78% der Befragten an den Himmel und immerhin 60% an die Hölle glauben. Von denen, die angeblich keinerlei Beziehung zu religiösen Dingen haben, glauben trotzdem 46% an den Himmel und 34% an die Hölle. Zum Thema Gebet gaben 10% derjenigen, die nicht an die Existenz Gottes glauben, an, täglich zu irgendeiner höheren Macht oder einem »guten Geist« zu beten. Im Vergleich dazu beten 70% aller religiös Gläubigen täglich.[2]

Es hat den Anschein, als glaubten die meisten Menschen auf die eine oder andere Weise an die Hölle, sonst käme dieses Wort – entweder für sich allein oder in Zusammensetzungen – nicht so häufig im Wörterbuch vor. Oft wird es gerade von Leuten mit einem begrenzten Wortschatz besonders häufig verwendet, aber auch Intellektuelle pflegen es zu benutzen, die doch erklärterweise die Hölle für ein Mythos halten. Es stimmt schon nachdenklich, daß Menschen, die am wenigsten an die Hölle glauben, sich anscheinend am häufigsten daran erinnern müssen. Ob hier nicht eine innere Unsicherheit durch äußere Ablehnung überspielt wird?

Von allen religiösen Büchern der Welt, die sich ausnahmslos als die alleinige Autorität in geistlichen Dingen betrachten, spricht keines so ausführlich und detailliert über die Hölle wie die jüdisch-christliche Bibel. Die Hölle wird darin sogar häufiger erwähnt als der Himmel, und es heißt warnend, daß der Weg zur Verdammnis »breit« und der zum Leben »schmal« ist, daß »viele« auf dem ersteren gehen, aber nur »wenige« den letzteren finden.

Wenn das wahr ist und die negativen Erfahrungen, wie Jesus sagt, die positiven bei weitem überwiegen, warum schlägt sich das nicht bei den Todeserlebnissen entsprechend nieder? Warum nehmen die überwiegend negativen Berichte nicht den größten Raum in der von Sterbeforschern veröffentlichten Literatur ein? Fest steht, daß solche negativen Berichte zwar vorhanden (d. h. von Überlebenden bestätigt) sind, aber unverzüglich festgehalten werden müssen, ehe sie ins Unterbewußtsein verdrängt werden und in den schmerzfreien Bereichen der Erinnerung untergehen.

Es ist interessant, daß ähnlich negative Angaben wie die von Wiederbelebten auch von Sterbenden vorliegen, aber auch hier gilt, daß jemand an Ort und Stelle sein muß, um sie aufzuschreiben. Dr. Ian Stevenson und Dr. Justine Owens, Sterbeforscher an der Universität von Virginia, haben sich ausdrücklich hinter eine Studie gestellt, in der wiederbelebte Patienten und andere, die kurz vor dem Tod stehen, befragt und die Ergebnisse an Ort und Stelle aufgezeichnet werden. Dadurch müßte es theoretisch möglich sein, die gegenwärtige Diskrepanz zwischen »guten« und »schlechten« Erfahrungen zu erklären.

Die Hölle in der Geschichte

Die Hölle ist seit jeher der größte Alptraum für die Christenheit gewesen. Immer wieder fragt man sich, ob es »gefahrlos« ist zu sterben, und streckt sich immer neu nach Gewißheit aus.

»Ich predige eine buchstäbliche Hölle«, sagt Rev. Morris Chapman, der ehemalige Präsident der Konferenz der Südlichen Baptisten. »Die Bibel bezeichnet sie als ›Feuersee‹, und ich glaube, es gibt keine bessere Definition.«

Dagegen wird in vielen Kirchen und Gemeinden heute kaum noch über eine buchstäbliche Hölle als Ort der Strafe nach dem Tod gesprochen. »Meine Gemeinde wäre entsetzt, sich eine Predigt über die Hölle anhören zu müssen«, meint Rev. Mary Kraus von der Dumbarton United Methodist Church in Washington/D.C., deren Mitglieder Gott als »gnädiges und liebevolles Wesen« betrachten, aber nicht als »einen, der sie irgendwann in die ewige Verdammnis schickt«.

Als ich unseren früheren Pfarrer, Dr. Matthew McGowan, und den jetzigen Pastor, Dr. Ed Byrd, von der Central Presbyterian Church in Chattanooga fragte, warum sie nicht öfter über die Hölle predigen, erhielt ich zur Antwort: »Weil das den Leuten überhaupt nicht gefallen würde.«

Heute kommt in den Köpfen vieler Gelehrter eine buchstäbliche Hölle einfach nicht mehr vor. »Nachdem wir festgestellt haben, daß wir uns selber die Hölle auf Erden schaffen können«, sagt John Dominic Crossan von der DePaul-Universität in Chikago, »wäre es Dummheit, in einem buchstäblichen Sinn darüber zu reden«.[3]

Nach allem, was man hört, ist die Hölle aus den Predigten, die von den Kanzeln der traditionellen protestantischen Kirchen ertönen, so gut wie völlig verschwunden, und in evangelikalen Gemeinden sieht es nicht viel besser aus. Die Hölle scheint ganz allmählich in der Versenkung verschwunden zu sein, ohne daß sich jemand groß darüber Gedanken gemacht hätte. Bis jetzt jedenfalls.

Inzwischen scheinen sich die geburtenstarken Jahrgänge in Amerika aufzumachen und ganz neu ihre Anfragen an die Kirchen zu richten. Sie erwarten eine Antwort auf grundsätzliche Fragen bezüglich Glauben und Moral in einer Welt, die voller Gewalt und Haß ist. Eine Gallup-Umfrage aus dem Jahr 1990 brachte das überraschende Ergebnis, daß heute mehr Amerikaner an die Hölle glauben als in den allgemein als »gottesfürchtiger« geltenden 50er Jahren.[4]

Unsere Generation ist die allererste, der je die Möglichkeit geboten wurde, wenigstens teilweise eine Antwort zu erhalten. Wir können auf eine ziemlich breite Bevölkerungsschicht zurückgreifen, die bereits einen Vorgeschmack des Todes erlebt hat und die uralte biblische Überzeugung eines Lebens nach dem Tod aus erster Hand bestätigen und darüber berichten kann. Dieses Phänomen ist eines der wenigen Bindeglieder überhaupt zwischen der Heiligen Schrift und der Wissenschaft.

Neben dem Judentum findet sich der Glaube an eine Hölle mehr oder weniger ausgeprägt in fast allen Religionen der Welt wieder. Eine Ausnahme bilden vielleicht die nordamerikanischen Indianer, bei denen das Fegefeuer durch die »ewigen Jagdgründe« ersetzt ist.

Im Islam beispielsweise, der auf die gleichen Wurzeln zurückgeht wie Christentum und Judentum, wird die Hölle als ein riesiger »Feuersee« beschrieben, der unter einer schmalen Brücke hindurchfließt, über die alle Seelen auf dem Weg ins Paradies gehen müssen. Diejenigen, die von der Brücke hinunterfallen – die von Allah als unwürdig Befundenen also – kommen in eine von sieben unterschiedlichen Höllenschichten, eine brennende Elendsstätte. Sogar das arabische Wort für Hölle, *Jahanna*, hat denselben Ursprung wie der hebräische Ausdruck *Gehenna*, wörtlich übersetzt »Ort der Verbrennung«. Das ist der Ort, an den Ayatollah Khomeini Salman Rushdie verdammte, weil er die *Satanischen Verse* geschrieben hatte.

Auf die Anhänger des New-Age-Hinduismus mit ihrer Hoffnung, jeglicher Höllenstrafe zu entgehen, warten einige verhältnismäßig wenig bekannte Überraschungen. Anstelle einer einzigen Hölle haben die Hindus insgesamt 21 Höllen, die die Möglichkeit bieten, das schlechte *karma* (das Böse, das ein Mensch zu Lebzeiten begangen hat) wegzubrennen.

Auf der anderen Seite gibt es im Hinduismus kein Jüngstes Gericht. Dafür kommen die ganz Bösen schließlich in die »unteren Höllen«, wo sie u. U. in Töpfen gekocht, durch heiße Sandkörner versengt oder von Vögeln gefressen werden.

Die Philosophie des New Age, die die Möglichkeit der Hölle ignoriert, ignoriert auch die höllische Möglichkeit, daß Menschen im nächsten Leben als Tiere wieder auf die Welt kommen können. Dabei sprechen die alten Schriften der Hindus, die *Puranas*, ausdrücklich davon, daß das Karma einen besonders schlechten Menschen in den Körper eines sehr niedrigen Tieres versetzen kann, entsprechend den Sünden, die er als Mensch begangen hat. So könnte beispielsweise ein Getreidedieb als Ratte oder einer, der Nahrungsmittel verschwendet, als Küchenschabe zurückkommen.

Der Buddhismus stellt die Anhängerschaft eines indischen Prinzen namens Siddhartha Gautama dar, der um das Jahr 530 v. Chr. vom Hinduismus wegbrach, um nach Ostasien zu reisen, ähnlich wie Mohammed um das Jahr 600 n. Chr. vom Judentum wegbrach, um den Islam zu gründen. Der Buddhismus spricht von zahlreichen Höllen als temporären Aufenthaltsorten auf der Reise ins Nirwana, einem Zustand vollkommener Glückseligkeit im Nichtsein, bei dem der Mensch zu einem Nichts im Meer der Vergessenheit wird. Die Buddhisten in Tibet sprechen außerdem von »8 kalten Höllen« für die Gottlosen. Wir sehen also, daß die Hölle in anderen Religionen, die an die Reinkarnation glauben, durchaus keine unbekannte Größe ist, obwohl sich wahrscheinlich die New-Age-Anhänger dessen überhaupt nicht bewußt sind.

Der Dschainismus und der Taoismus, Varianten des Hinduismus bzw. Buddhismus, die sich bis zum Pazifik ausgebreitet haben und als Religionen einige hundert Jahre älter sind als das Christentum, glauben ebenfalls an die Hölle. Während es im Dschainismus Millionen von Höllen gibt, spricht der Taoismus, insbesondere die Religion der Chinesen, mehr von den buddhistischen Paradiesen, wogegen die wenigen Höllen für spezielle Strafen reserviert sind.

Was nun die christliche Sicht über die Hölle betrifft, so betrachtete der griechische Kirchenschriftsteller Origenes sie im 3. Jahrhundert n. Chr. als »Heilsmaßnahme«, während sie für andere ein »Ort der Vernichtung« und für wieder andere ein »Ort ewigen Feuers und ewiger Pein« war. Auch Dantes imaginäre Schilderung der Hölle, wie in seinem aus dem 14. Jahrhundert stammenden Werk *Die göttliche Komödie* beschrieben, malt dem Leser flammende Höllenebenen vor Augen, die wie zufällig den Beschreibungen des sieben Jahrhunderte früher verfaßten Korans entsprechen.

Die Verwirrung unter den Christen wurde noch größer, als sowohl Martin Luther als Johannes Calvin die Höllenstrafe zwar als »ewig« bezeichneten, dies aber »symbolisch« verstanden wissen wollten – im wesentlichen als ewige Trennung von Gott. Auf dem 2. Vatikanischen Konzil in den 60er Jahren dieses Jahrhunderts wurde verallgemeinernd »allen Seelen« die Möglichkeit eingeräumt, in den Himmel zu kommen, auch wenn sich für einige das Fegefeuer als »vorübergehend notwendig« erweisen sollte.

Auch verschiedene sektiererische Ansichten haben ihren Weg in die Kirche gefunden. Den drei wichtigsten ist eines gemeinsam: Sie verneinen, daß es eine ewige Hölle gibt. Der Universalismus setzt voraus, daß jeder Mensch eine unsterbliche Seele hat und daß alle gerettet werden. Der Annihilationismus geht davon aus, daß die Seele unsterblich ist, lehrt jedoch, daß Gott beim Gericht alle diejenigen, die nicht gerettet sind, vernichten wird, nachdem ihnen ihre Unsterblichkeit genommen wurde. Die eingeschränkte Unsterblichkeitslehre unterstellt, daß die Seele des Menschen nicht grundsätzlich unsterblich ist, weshalb alle, die nicht gerettet sind, nicht zum ewigen Leben auferweckt werden, sondern einfach aufhören zu existieren.

Somit gibt die christliche Lehre von der Hölle seit Beginn unseres Jahrhunderts ein etwas bruchstückhaftes Erscheinungsbild ab, obwohl durch die jüngsten Ereignisse das Motiv sich verändert hat. Zu diesen Ereignissen gehören die vermehrt auftretenden Erfahrungen mit Gewalt, Leid und Haß (vielleicht ein irdischer Vorgeschmack der Hölle), die überzeugenden Berichte von Begegnungen mit der Hölle nach dem klinischen Tod und eine Rückkehr zum biblischen Fundamentalismus, bei dem die Hölle immer noch eine wichtige, zentrale Lehre darstellt – eine Lehre, die unauflöslich mit dem Gedanken der Errettung durch den Tod und die Auferstehung Jesu Christi verbunden ist. Diese Lehre hält daran fest, daß die Hölle weder ein Symbol noch ein Gleichnis ist, sondern ein realer Ort. Wenn dieser Ort mit Erfolg von der neuen Weltordnung verleugnet werden könnte, würde das, so hofft man, ein persönliches Heilserlebnis unnötig machen. Genau darauf zielt das neue »Evangelium«, das von den meisten Sterbeforschern unserer Tage verkündet wird, ab. Es stimmt zudem mit den geheimen Wünschen der meisten Menschen überein, die sich nur zu gerne davon überzeugen lassen, daß es keine Hölle gibt.

Die Ewigkeit mag sich durchaus als »Langzeithölle« entpuppen, in der die Menschen für ihre totale Ablehnung der Hölle oder auch »nur« für ihr Zögern in bezug auf den Glauben büßen müssen – ein weiterer Grund dafür, daß die negativen Berichte von Wiederbelebten so spannend und wichtig sind. Für diejenigen, die in der Hölle waren und zurückgekommen sind – die also eine reale Begegnung mit diesem schrecklichen Ort hatten und zurückgeschickt wurden, um darüber zu berichten –, ist die Tatsache der Hölle so sicher wie Mond und Sterne und das sichtbare Himmelszelt.

Interessant ist, daß die Bibel nicht überall von der Hölle als einem feurigen Ort spricht. Gewiß wird das Schicksal der Unbußfertigen als »Hölle des Feuers« (Matthäus 5,22) und als »unauslöschliches Feuer« (Markus 9,43) dargestellt. An anderen Stellen ist jedoch die Rede von der »äußeren Finsternis« (Matthäus 8,12), von dem Ort, wo »ihr Wurm nicht stirbt« (Markus 9,48), von einem als »Verderben« (Philipper 3,19) bezeichneten Zustand, von einer Trennung »vom Angesicht des Herrn hinweg« (2. Thessalonicher 1,9) bzw. vom »Hinausgeworfenwerden« aus dem Reich Gottes.

Egal, was für eine Bezeichnung – dieser Ort ist die reinste Hölle. Ob sie sie als Ort der Qual oder als Zustand endgültiger Trennung von Gott erlebt haben – wiederbelebte Patienten sind fest entschlossen, nie wieder an diesen Ort zu kommen. Aus dieser oft nicht mit Worten zu beschreibenden Furcht heraus ist die Fülle von Bekehrungen zu verstehen, die, obgleich häufig im Unterbewußtsein verborgen, einen solchen Fluchtmechanismus auslöst.

Nur einige wenige der »Höllenerlebnisse« beziehen sich auf das in der Offenbarung beschriebene Jüngste Gericht. Sie entsprechen eher der Schilderung Jesu vom reichen Mann und armen Lazarus, bei deren Tod der Geist den Körper verließ, um eine geistige Existenz zu beginnen. Lazarus wurde in den Himmel, ins Paradies gebracht und dort von Abraham getröstet; der reiche Mann kam in die Hölle, wo er um einen Tropfen Wasser bat, um seine Zungenspitze zu kühlen, »denn ich leide Pein in dieser Flamme« (Lukas 16,24). Nach der Beschreibung Jesu muß dies ein heißer, brennender Ort sein, voll hoffnungslosen Elends.

Wenn es um die Hölle ging, war Jesus hart und unerbittlich. Er sprach mehr über die Hölle als über den Himmel und kannte ganz offensichtlich diesen Ort, wohin nach seinen Worten die meisten Menschen kommen würden, sehr genau. Obwohl lediglich 40% der Geistlichen über die Hölle predigen und der Forscher Carl Johnson sogar behauptet, daß 70% aller Geistlichen die Lehre von der Hölle rundweg ablehnen,[5] scheint dies für Jesus ein ausgesprochen wichtiges Thema gewesen zu sein, an das er seine Zuhörer immer wieder erinnert hat.

Zur Hölle und zurück

Ein junger Mann von 23 Jahren verlor wiederholt das Bewußtsein, wenn ein plötzlicher Herzblock (Unterbrechung des Reizleitersystems im Herzen mit der Folge der unkoordinierten Ventrikel/Vorhofkontraktion) auftrat. Die Ohnmachtsanfälle nahmen an Häufigkeit zu, und man mußte mit einem bösen Ende rechnen.

Der junge Mann hatte die Krankheit geerbt. Sein Vater und auch sein Bruder hatten aufgrund dieses Geburtsfehlers einen Herzschrittmacher eingesetzt bekommen und sind heute noch am Leben. Glücklicherweise waren wir gerade dabei, unserem Patienten ein solches Gerät einzusetzen, als sein natürlicher Herzschlag endgültig aussetzte. Über sein Todeserlebnis berichtete der junge Mann mir folgendes:

> Sie beobachteten gerade den Monitor, um sicherzugehen, daß der Draht des Schrittmachers mein Herz richtig erreichte. In diesem Moment hörte es auf zu schlagen. Ich war schon beinahe bewußtlos, als Sie auf meinen Brustkorb schlugen und dabei »Verzeihung« sagten. Dann traf mich Ihre Faust wie ein Hammer. Ich sah den erschrockenen Ausdruck in

Ihren Augen. Irgend jemand schrie etwas. Zu meiner Linken gab es einen lauten Krach, und alles geriet total durcheinander. Sie drückten mit beiden Händen auf meinen Brustkorb, und plötzlich war ich weg.

Ich schwebte mit großer Geschwindigkeit durch pechschwarzes Dunkel. Der Wind pfiff um meine Ohren, während ich auf dieses schöne, strahlende Licht zuraste. Im Vorbeifliegen sah ich, wie die Tunnelwände, die dem Licht am nächsten waren, Feuer fingen. Jenseits des flammenden Tunnels brannte ein riesiger Feuersee. Es sah aus wie ein brennendes Ölfeld. Ein Hügel an der entgegengesetzten Seite war mit Felsplatten bedeckt. Längliche, dünne Schatten ließen erkennen, daß da Menschen sein mußten, die ziellos hin und her liefen, wie Tiere in einem Zoo.

Rechter Hand war ein altes Gebäude aus Bruchsteinen zu sehen, das verschiedene Stockwerke und Öffnungen hatte, voll mit Menschen, die versuchten, sich zu bewegen.

In der Eingangshalle erkannte ich einen früheren Freund, der gestorben war. Ich erinnere mich noch, daß man mit Netzen den Fluß nach ihm absuchte; er war dem Glücksspiel verfallen gewesen. Ich schrie hinüber: »Hallo, Jim!« Doch er schaute mich nur an, ohne das Gesicht zu verziehen. Ich sah, wie andere ihn um eine Ecke führten, als er plötzlich anfing zu schreien. Ich wollte wegrennen, aber es gab keinen Ausweg. Ich sagte laut: »Jesus ist Gott!« Wieder und wieder sprach ich die gleichen Worte: »Jesus ist Gott!«

Irgendwie kam ich wieder zu mir, als Sie gerade die Wunde zunähten. Ich liebte jeden einzelnen dieser Stiche! Nur Gott allein konnte mich aus diesem Schlamassel befreien. Nie werde ich das vergessen.

Als ich diesen Patienten später im Schwesternzimmer wieder traf, war er nicht mehr der schüchterne junge Mann von vorher. Er erzählte den Krankenschwestern von seiner wunderbaren Rettung, erwähnte jedoch mit keiner Silbe etwas von der Hölle, noch warum er dorthin gekommen war.

Wie es bei vielen negativen Erfahrungen der Fall ist, konnte sich dieser Patient nicht an Gegenstände oder Vorgänge im

Zimmer erinnern. Er sah das Licht am Ende des Tunnels, aber dieses Licht wurde bald zu flammendem Feuer, das die Tunnelwände in Brand setzte, während er vorbeiflog. Er sprach vom »Feuer der Hölle«. Einige andere Leute sahen ebenfalls, wie aus dem himmlischen Licht ein bedrohlicher Feuerring wurde.

Ähnliche Beobachtungen wurden auch von Nancy Bush, der Präsidentin der Internationalen Vereinigung für Sterbeforschung (IANDS), gemacht. Sie stieß auf verschiedene negative Todeserlebnisse (mittlerweile etwa 50 an der Zahl), die ihr Vorgänger, Kenneth Ring, offensichtlich entweder nicht gesehen oder nicht darüber berichtet hatte.[6]

Die Ärzte Moody und Ring, die sich inzwischen beide aktiv in der Parapsychologie engagieren – Moody mit Spiegeln und Kristallkugeln und Ring mit Ufos –, haben in der »Evergreen«-Studie mehrere tausend Todeserlebnisse überprüft, mit dem Ergebnis, daß weniger als 1 % (tatsächlich nur 0,3 %) der Betroffenen Erfahrungen mit der Hölle gemacht hätten. Sie wollen uns glauben machen, daß das Leben nach dem Tod aufgrund ihrer Nachforschungen eine ganz und gar »himmlische« Sache sei.[7]

Glücklicherweise sind einige Beobachter mittlerweile vom Gegenteil überzeugt. Einer von ihnen, der Forscher Dr. Charles Garfield, stellte fest: »Nicht jeder stirbt eines angenehmen, seligen Todes … *Fast ebensoviele der sterbenden Patienten berichteten bei der Befragung über negative Visionen (Dämonen usw.) wie über glückselige Erlebnisse*, manche auch über beides (Hervorhebungen von mir).«[8]

Wichtig ist das von ihm genannte Verhältnis von ungefähr 50 zu 50. Ich bin also nicht der einzige Sterbeforscher, der von großen Mengen an vorhandenem negativen Quellenmaterial spricht!

Vielleicht sollten wir einmal tiefer in Berichte über klinische Todesfälle hineinschauen, um auch versteckte Hinweise auf die Hölle zu erkennen. In manchen der sogenannten »guten« Fälle ist von persönlichen Plänkeleien mit Dämonen und bösen Mächten auf dem Weg zum Licht die Rede, so als sei das Teil eines ständigen Kampfes zwischen Gut und Böse, dem der Geist oder die Seele des Menschen selbst noch auf dem Weg in die Herrlichkeit ausgesetzt ist.

In Demetria Kalodimos' ausgezeichneter Fernsehstudie »A Glimpse of Glory« (»Ein Blick in die Herrlichkeit«), einem Dokumentarbericht, der zwischen September und Oktober 1992 vom Sender WSMV in Nashville/Tennessee ausgestrahlt wurde, interviewte Frau Kalodimos u. a. eine wiederbelebte Frau, die sich in einer erschreckenden Leere, »vollkommen allein«, wiedergefunden hatte, ehe sie schließlich das Licht sah. In der gleichen Sendung kam ein Mr. Tandy Hawks zu Wort. Er war einer drohenden Stimme begegnet, die ihn »aufs übelste beschimpfte« und »immer hitziger« wurde, je näher er dem Licht kam. Der junge Hawks erreichte schließlich das Licht, und dieser Blick in die Herrlichkeit veranlaßte ihn, sich zu Christus zu bekehren. Daraufhin verlor er etliche seiner Freunde, weil er nicht anders konnte, als ihnen die gute Nachricht weiterzusagen.

Lee Merritt, ein junger Mann, der ebenfalls in dem Dokumentarfilm auftrat, hatte »Dämonen innerhalb der Wände« des dunklen Tunnels gesehen. »Die Finsternis war so real, daß man sie buchstäblich mit Händen greifen konnte und sie anfing zu brennen«, berichtete er.

Die negativen Erlebnisse scheinen in ihrer Abfolge, bis auf die wüste Szenerie, kürzer und schneller zu verlaufen als die positiven. Oft sahen die Betroffenen verstorbene Verwandte oder Bekannte, aber es gab offensichtlich keine sichtbare »Schranke« – sei es eine Mauer, ein Fluß oder eine andere Grenze –, die, wie bei vielen positiven Erlebnissen, den Ort der Begegnung von einem eventuellen Gerichtsbezirk getrennt hätte.

Der Versuch, in der Literatur auf ähnliche negative Erfahrungen in früheren Zeiten zu stoßen, erwies sich im großen ganzen als vergebliche Mühe, denn es gab damals bekanntlich noch keine wirksamen Wiederbelebungsmaßnahmen, mit denen Menschen aus dem klinischen Tod zurückgeholt werden konnten. Dennoch ist die Hölle schon immer in Visionen auf dem Sterbebett vorgekommen, wie auch bei Drogen- und Traumzuständen bis zurück zu den Freud'schen Experimenten und davor.

In früheren Zeiten, als die Menschen noch zu Hause zu sterben pflegten, hatten die Angehörigen oft an den Erlebnissen Sterbender Anteil. Heute laufen solche Szenen in der Verborgenheit der Altenheime und Krankenhäuser ab, wo die Familie meistens nicht ständig zugegen sein kann. Und das Pflegepersonal zeigt gewöhnlich wenig Interesse oder Anteilnahme, sondern scheint sich lieber zurückzuhalten, wenn es um geistliche Erfahrungen geht – oft einfach aus Furcht vor irgendwelchen Dingen, die schwer einzuordnen sind.

Als ich mich erkundigte, weshalb in diesen Einrichtungen keine Berichte von »höllischen« Erfahrungen vorlägen, erhielt ich zur Antwort, daß entweder gerade zu der Zeit niemand im Zimmer gewesen sei oder daß der Patient unter Verwirrtheitszuständen aufgrund von Sauerstoffmangel im Gehirn gelitten habe. Dabei ist gerade dieser Zustand am wenigsten geeignet, außerirdische Erlebnisse oder Entscheidungen hervorzurufen.

Fest steht, daß weder die Erlebnisse auf dem Sterbebett früherer Zeiten noch die Erfahrungen von Wiederbelebten in unserer Zeit allesamt und ausnahmslos gut waren oder sind, trotz der Fülle an positiven Todeserlebnissen, die man zu lesen bekommt. Im Gegenteil, viele von ihnen waren, auch wenn darüber nicht berichtet wird, erschreckend schlimm.

Einige grauenhafte Erlebnisse der Vergangenheit werden beispielsweise vom Sterben Voltaires, König Charles IX von Frankreich, Königin Elizabeth I. im Jahre 1603, von Ethan Allen, Thomas Payne, David Hume und Edward Gibbon berichtet.[9]

Schon zu jener Zeit wurden die negativen Erfahrungen, genau wie heute, der Öffentlichkeit vorenthalten und möglichst nicht darüber berichtet. Der Stolz der Familienangehörigen führte auch in der Vergangenheit dazu, daß nur die vorteilhaften Ereignisse erwähnt wurden. Und heute ist es nicht anders. Die positiven Begebenheiten werden von der Familie des Verstorbenen in bestem Andenken gehalten, während alles Unerfreuliche tunlichst in der Versenkung verschwindet.

Erst in den 70er Jahren dieses Jahrhunderts wurde effektiv die Wiederbelebung auf breiter Front eingeführt. Vor dieser Zeit kamen negative Erlebnisse nur bei langwierigen Krankheiten oder Komazuständen vor. George Godkin aus Alberta/Kanada berichtete beispielsweise im Jahre 1948 von einer verzweifelten

Begebenheit während einer längeren schweren Krankheit, die beinahe zum Tod geführt hätte:

> Ich wurde an den Ort in der Geisterwelt geführt, der Hölle heißt. Es ist ein Ort der Strafe für alle, die Jesus Christus ablehnen. Ich sah nicht nur die Hölle, sondern spürte auch die Qualen, die alle, welche dorthin kommen, erleiden werden.
>
> Die Finsternis in der Hölle ist so intensiv, daß sie buchstäblich auf jeden Quadratzentimeter drückt. Es ist eine extrem schwarze, bedrückende, trostlose, schwere, düstere Form von Finsternis. Sie verleiht dem Menschen ein überwältigendes, verzweifeltes Gefühl von Einsamkeit.
>
> Die Hitze ist von einer trockenen, ausdörrenden Art. Die Augäpfel sind so trocken, daß sie sich anfühlen wie glühende Kohlen in ihren Höhlen. Zunge und Lippen sind ausgedörrt und von der fürchterlichen Hitze aufgesprungen. Die Luft, die man einatmet, wie auch der Atem, den man ausstößt, kommen einem vor wie die Hitze aus einem Hochofen. Von außen fühlt sich der Körper an, als wäre er in einem weißglühenden Ofen eingeschlossen. Von innen hat man das Gefühl, als würde glühendheiße Luft durch einen hindurchgepreßt.
>
> Die Qual und Einsamkeit der Hölle läßt sich mit Worten nicht deutlich genug beschreiben, daß der Mensch sie im Innersten erfassen könnte. Man muß sie erlebt haben.[10]

Obwohl die blumige Ausdrucksweise den Geschmack der damaligen Zeit widerspiegelt, sind die negativen Erfahrungen als solche bis heute gleichgeblieben. Es kommt weder auf den Beruf noch auf die Schulbildung oder äußeren Verhältnisse einer Person an. Auch der Reichtum hat keinerlei Einfluß auf das Ergebnis.

Obwohl einige, die »gute« Erfahrungen gemacht haben, meinen, das Licht habe sie ermutigt, sich zu bessern und »noch mehr Gutes zu tun«, nachdem sie zurückgeschickt wurden, fragen sich andere inzwischen ernsthaft, was sie dort eigentlich zu suchen gehabt hätten, zumal mit keinem Wort Rechenschaft von ihnen verlangt wurde. Dagegen wissen solche, die eine Begegnung mit der Hölle hatten, immer ganz genau, daß sie am richtigen Ort waren. Darüber besteht bei ihnen kein Zweifel, keine Frage. Ein Beispiel ist jener Sonntagsschullehrer, ein Baptist, der drei verschiedene Todeserlebnisse aufgrund von dreimaligem Herzstillstand hatte, die ersten beiden durch Herzinfarkte ausgelöst. Der letzte Herzstillstand trat aufgrund von Komplikationen nach einem unerwartet festgestellten Dickdarmkrebs ein, und diesmal versuchten wir nicht, den Mann wiederzubeleben. Bei seinem ersten klinischen Tod hatte er Schlangen und Feuer und andere Dinge gesehen, die so schrecklich waren, daß er geistlich aufwachte. Er sei nicht der Christ gewesen, der er eigentlich hätte sein sollen, sagte er uns. Er bekehrte sich und hatte bei seinem zweiten klinischen Tod ein wunderbares, himmlisches Erlebnis, so wie er es sich immer gewünscht hatte. Bei seinem dritten und endgültigen Tod waren wir beide uns über den Ausgang sicher. Er war es sogar, der mich diesbezüglich beruhigen konnte.

Wenn es bei ein und demselben Menschen mehrmals zum klinischen Tod kommt – was an sich schon sehr selten ist –, findet der Wandel stets vom Schlechten zum Guten statt, nie umgekehrt. Was hat uns das zu sagen? Daß anscheinend nichts besser geeignet ist, das Leben und die Einstellung eines Menschen drastisch zu verändern als ein »Schnupperbesuch« in der Hölle.

Das war auch bei der Mutter eines verwirrten 14jährigen Mädchens der Fall. Sie schluckte die gleiche Dosis Schlaftabletten, mit der sich ihre geistig umnachtete Tochter 14 Tage vorher das Leben genommen hatte. Die Mutter hatte beschlossen, ihrer Tochter in die Ewigkeit zu folgen. Doch anstatt die Tochter zu finden, die immerhin geistesgestört gewesen war, sah sie sich plötzlich mit der Hölle konfrontiert. Nachdem man sie wiederbelebt hatte, gründete sie eine Selbsthilfegruppe für Angehörige von Teenagern, die Selbstmord begangen hatten. 85% der Angehörigen, die aus Verzweiflung ebenfalls einen Selbstmordversuch unternommen hatten, aber gerettet worden waren, gaben zu, sehr froh zu sein, daß sie am Leben geblieben waren. Die besagte Frau stellte fest, daß sie ganz einfach jemanden brauchten, der ihnen zuhörte, sie verstand und ihnen Liebe entgegenbrachte.

Höllenerlebnisse sind in der Welt der Schönen und Reichen Hollywoods keine Seltenheit. Das liegt wahrscheinlich daran, daß diese Erlebnisse (wenn sie überhaupt bekannt werden) sich gut vermarkten lassen und eine rege Nachfrage nach den entsprechenden Zeitschriften auslösen. Überhaupt ist Sensationsgier der Stoff, aus dem die Medien Kapital schlagen – besonders wenn es ihnen gelingt, einen Fernsehevangelisten im Rotlichtviertel zu fotografieren!

Außer in der Boulevardpresse kommen negative Fälle angeblich nie vor. Aber die Kinowelt hat durchaus ihre negative Seite. Der Schauspieler Curd Jürgens hatte eine solche negative Erfahrung, als sein Herz wiederholt aussetzte, während Dr. Michael DeBakey in Houston in vierstündiger Arbeit versuchte, eine Aorta (Hauptschlagader) teilweise zu ersetzen. Hier Jürgens' Bericht:

> Kurz darauf hatte ich das Gefühl, daß mein Leben von mir wich. Starke Angstgefühle erfüllten mich. Ich hatte die ganze Zeit zu der großen Glaskuppel über dem Operationssaal hinaufgeblickt. Diese begann sich nun zu verändern und wurde plötzlich glühend rot. Ich sah verzerrte Gesichter wie Fratzen auf mich herunterstarren.
>
> Ich versuchte, mich aufzurichten und gegen diese Geister, die mir immer näher kamen, zu verteidigen. Dann kam es mir so vor, als ob die Glaskuppel sich in eine durchsichtige Haube verwandelt hätte, die sich nun langsam auf mich herabsenkte. Ein feuriger Regen hatte zu fallen begonnen, doch obwohl die Tropfen riesengroß waren, trafen sie mich nicht. Sie prasselten auf allen Seiten nieder, und aus ihnen wuchsen drohende Feuerflammen hervor, die gierig in meine Richtung züngelten.
>
> Ich konnte mich nicht länger der schrecklichen Tatsache verschließen, daß hinter den Gesichtern, die diese feurige Welt beherrschten, Gesichter der Verdammten standen. Ein Gefühl absoluter Verzweiflung ergriff mich ... das Entsetzen war so groß, daß mir schier die Luft wegblieb.

Augenscheinlich befand ich mich in der Hölle, und die glühenden Feuerzungen konnten mich jeden Augenblick erreichen. In dieser Situation wurde plötzlich die schwarze Silhouette einer menschlichen Gestalt sichtbar, die auf mich zukam. Es war eine schwarz verschleierte, hagere Frau mit einem lippenlosen Mund und einem Ausdruck in den Augen, der mir eiskalte Schauder über den Rücken jagte.

Sie streckte ihre Arme nach mir aus, und ich folgte ihr, wie von einer unwiderstehlichen Macht gezogen. Ein eisiger Lufthauch traf mich, und ich fand mich in einer Welt wieder, die erfüllt war mit schwachen Klagelauten, obwohl kein Mensch zu sehen war. Endlich fand ich den Mut, die schwarze Gestalt zu fragen, wer sie sei. Eine Stimme antwortete: »Ich bin der Tod.«

Ich nahm alle meine Kraft zusammen und dachte: »Ich werde ihr nicht weiter folgen – ich will leben!«[11]

Interessant ist, daß in diesem Bericht, wie in so vielen anderen, kein »Lichtwesen« vorkommt. In den schillernden, positiven Berichten, die zur Zeit die Literaturszene beherrschen, ist selten von dem schwarzen Engel, dem Todesengel, die Rede. Dr. Phillip Swihart aus Montrose/Colorado, ein Krankenhauspsychologe, war auf der Straße überfallen, zusammengeschlagen und beinahe zu Tode getreten worden, ehe er ins Krankenhaus eingeliefert werden konnte. Er lag bereits im Operationssaal, wo eine Bauchoperation vorgenommen werden sollte, um die inneren Verletzungen zu begutachten. Bevor er das Bewußtsein verlor, verspürte er eine unbekannte Macht im Zimmer:

Es war eine Erfahrung, die, gelinde ausgedrückt, unglaublich war. Ich sah mein Leben in allen Einzelheiten vor mir, bis zum gegenwärtigen Zeitpunkt. Es schien im Bruchteil einer Sekunde abzulaufen, aber trotzdem war alles sehr lebendig.

Während mein Leben so vor meinen Augen vorüberzog, verspürte ich die Nähe irgendeiner Macht, die ich aber nicht sehen konnte. Als nächstes wurde ich in eine totale Finsternis hineingezogen. Ich blieb stehen. Ich kam mir vor wie in einem großen, leeren Gewölbe. Es schien gewaltige Ausmaße zu haben und war völlig dunkel. Ich konnte nichts sehen, verspürte aber diese unheimliche Macht um mich her.

Ich fragte die Macht, wo ich sei und wer sie, bzw. er, sei. Die Kommunikation fand nicht durch Worte statt, sondern durch Energieübertragung. Die Macht erwiderte, sie sei der Todesengel. Ich glaubte ihm. Der Engel sprach weiter und sagte, daß mein Leben nicht so gewesen sei, wie es habe sein sollen; er habe die Macht, mich mitzunehmen, aber ich solle eine zweite Chance bekommen und auf die Erde zurückkehren.

Das nächste, woran ich mich erinnern kann, ist, daß ich im Aufwachraum lag und wieder in meinem Körper war. Ich war von diesem Erlebnis so beeindruckt, daß ich gar nicht merkte, was für einen Körper ich besaß. Ich wußte auch nicht, wieviel Zeit inzwischen verstrichen war. Es war alles so real – ich glaubte es einfach.[12]

Begegnungen mit einem »Todesengel« kommen häufiger in negativen Erlebnissen vor als in positiven, am häufigsten im Endstadium tödlicher Krankheiten.

Eine Patientin von mir, die wiederholt für längere Zeit im Koma lag und zwischendurch immer kurz zu sich kam, berichtete von einem »vermummten, gesichtslosen Todesboten«, der über ihrem Bett kreiste, während eine schreckliche Dunkelheit den Raum erfüllte, »als ob Tod und Leben gegeneinander kämpften«. Der Tod trug den endgültigen Sieg davon, bevor weitere Szenen folgten, die wir aufschreiben konnten.

Bei den gesamten negativen Erlebnissen scheinen Schauplätze und Umgebung der Hölle zu variieren. Ungeachtet der jeweiligen Umgebung ist und bleibt die Hölle jedoch Hölle. Auch wenn dieser Ort keine feste Form aufweist, eins ist sicher: Wer einmal in der Hölle war, für den bedeutet das die schrecklichste Erfahrung seines Lebens. Manche sehen Dämonen oder irgendwelche abscheulichen Dinge, aber niemand hat, soviel ich weiß, je den Teufel gesehen. Manche sehen den Aufruhr der Hölle, verschiedene Seen oder Schichten in der Hölle. Andere sehen das Höllenfeuer, so wie Rev. Kenneth Hagin es in seinem Bericht geschildert hat, nachdem er durch einen »grubenähnlichen Eingang« gegangen war.[13]

Wieder andere berichten von Feuerseen, Feuer auf den Bergen oder Feuer in der Wüste – oder überhaupt nicht vom Feuer. Sie mögen sich dafür an einem pechschwarzen Ort befinden, wo sie irgendwelche Strafarbeiten erledigen müssen, wie jener Patient, der nach einer im Fußballstadion von Knoxville ausgebrochenen Panik wiederbelebt und später in unsere Klinik im Diagnosezentrum transferiert worden war. Er berichtete uns:

> Ich schwebte durch eine endlos scheinende Leere, so schwarz, daß man sie beinahe mit Händen greifen konnte. Schwarz, furchterregend und verlassen. Ich befand mich ganz allein irgendwo im Weltraum.
>
> Nun stand ich vor einer Art Fließband, auf dem riesige Puzzleteile in sonderbaren Formen befördert wurden. Diese mußte man ganz schnell zusammensetzen, um nicht von einer unsichtbaren Macht schwer bestraft zu werden. Es war schrecklich. Absolut unmöglich. Ich weinte und schrie. Eine tödliche Angst vor dieser Macht erfüllte mich. Ich wußte, es war die Hölle, wenngleich ohne Feuer oder Hitze oder sonstige Dinge, womit ich gerechnet hatte.
>
> Ich war allein, kein Laut zu hören – bis ich auf einmal ein Murmeln vernahm und eine kniende Gestalt bemerkte, die ich als meine Frau erkannte. Sie kniete neben meinem Bett und betete. Ich wollte früher nie Christ werden, aber heute bin ich ein überzeugter Christ. Warum? Die Hölle ist einfach zu real.

Sowohl in den Vereinigten Staaten als in Indien gibt es viele Berichte von jenseitigen Erfahrungen, obwohl diese zahlreiche Unterschiede aufweisen. Die Amerikaner, größtenteils Christen, sehen zunächst meistens nur ein übernatürliches Wesen. Später begegnen sie u. U. Angehörigen und Freunden, die bereits gestorben sind. Die Inder dagegen, überwiegend Hindus, sehen gewöhnlich keine Verwandten oder Bekannten, statt dessen aber einige ihrer vielen Götter oder religiösen Führer.[14]

Der Einfluß eines positiven Erlebnisses unterscheidet sich beachtlich von dem eines negativen. Positive Erfahrungen dienen – je nachdem, ob das Licht als gut oder eventuell als böse identifiziert wurde – entweder dazu, daß der Christ eine tiefgreifende geistliche Erneuerung erfährt oder daß der Ungläubige den moralischen Standpunkt noch stärker in die Richtung des Lustprinzips verlagert – Essen, Trinken und Fröhlichsein –, weil ja anscheinend alles gut wird. Negative Erfahrungen dagegen machen eine Neuorientierung in bezug auf moralische Werte und Lebensziele zwingend notwendig. Das Höllenerlebnis ist so stark, daß es von Sünde überführt, zur Bekehrung treibt und einen völlig neuen Lebensstil hervorbringt.

Von keinem, der in der Hölle war und zurückgekommen ist, wurde bis jetzt über eine Begegnung mit Satan bzw. Luzifer, Pan oder einem anderen Höllengott berichtet. Warum ist das so? Diese Frage beschäftigte mich dermaßen, daß ich mich damit an David Mainse wandte, den Gründer des Fernsehsenders 100 Huntley Street. Dieses weltweite evangelistische TV-Netzwerk ist inzwischen von Toronto nach Crossroads in Burlington verlegt worden. David Mainse nahm in seiner Antwort Bezug auf Offenbarung 20,10, um darauf hinzuweisen, daß der Teufel ja noch nicht in den »Feuersee« geworfen worden ist. Das sei seiner Meinung nach der Grund, weshalb ihn bisher auch niemand in der Hölle gesehen habe. Andere Theologen wie Ben Haden und Ed Byrd neigen ebenfalls zu der Annahme, daß Satan nach wie vor auf Erden sein Unwesen treibt, aber eben noch nicht in der Hölle gelandet ist.

Von meinem persönlichen Standpunkt als Arzt betrachtet, würde ich meinen, daß ich, sollte ich je eine »Höllenerfahrung« machen, etwas zu sehen erwarten würde, was in früheren Jahren in mein Gehirn einprogrammiert worden ist, vielleicht durch das Betrachten von Bildern oder aus Träumen. Ich stelle mir vor, eine Gestalt in einem roten Gewand zu sehen, mit Hörnern, Hufen und einer Mistgabel in der Hand. Etwas, was mir von meiner Jugend an durch Bücher, Filme oder Spiele suggeriert worden ist. Eben den Teufel, wie man ihn sich vorstellt – Sie wissen schon. Aber, wie gesagt, keiner hat je darüber berichtet.

Obwohl der Teufel noch nie gesichtet wurde, haben zwei Ärzte nach ihrer Wiederbelebung einen seiner möglichen »Helfer« bzw. »Hüter« beschrieben, den insgesamt nur drei von ursprünglich 300 Betroffenen gesehen hatten. Es handelte sich um ein Wesen mit dem Körper eines Menschen und dem Kopf eines Ziegenbocks – ein Wesen, wie es im Altertum in Ägypten verehrt wurde. Es galt als eines der bösen Wesen der damaligen Zeit, eine Verkörperung von Wohlstand und Fruchtbarkeit. Man nannte es Baphomet.

Wenn schon im Altertum die Hölle ein anerkannter Begriff war, fragt man sich unwillkürlich, was wohl in unserer modernen Zeit aus ihr geworden ist. Wie konnte man die Hölle im Lauf der Jahre nur so verwässern? Warum wollte man sie unbedingt loswerden?

5

GIBT ES KEINE HÖLLE MEHR?

Die Hölle scheint total in Vergessenheit geraten zu sein. In unserem modernen Denken ist anscheinend kein Platz mehr für die Feuerqualen der Verdammten. Dennoch hat die Vorstellung von einer Hölle Jahrhunderte der Kritik überdauert und kommt immer noch in den Schriften der meisten auf der Welt verbreiteten Religionen vor, ausgenommen vielleicht einige wenige rebellische Sektenableger.

Als »Sekte« bezeichnet man jene Gruppierungen, die sich einerseits zwar auf die Bibel berufen, andererseits jedoch deren grundsätzliche Lehren ablehnen. Diese Gruppen unterscheiden sich von den »okkulten« Kreisen, die sich mehr mit Medien und Spiritismus beschäftigen, obwohl gewisse Überschneidungen durchaus zu beobachten sind und ein Großteil von ihnen direkte Offenbarungen aus der Welt der Geister empfängt. Sie haben sich z.T. deshalb von dem Hauptstrom der Christenheit abgespalten, weil sie eine ewige Hölle verneinen. Die Hölle scheint vielerorts tatsächlich der Auslöser von Spaltungen und Trennungen zu sein, bei Sekten, Denominationen und auch auf persönlicher Ebene.

Was also ist mit der Hölle passiert? Nachfolgend eine Auflistung von Sekten, die John Ankerberg und John Weldon in ihrem Buch *Facts on Life after Death* (»Tatsachen über das Leben nach dem Tod«) präsentiert haben. Darin werden die abweichenden Ansichten der einzelnen Gruppierungen in bezug auf Himmel und Hölle genannt, jeweils mit einem entsprechenden Zitat ihres Gründers:[1]

1. Die *Christliche Wissenschaft*, von der Spiritistin Mary Baker Eddy begründet, lehrt, daß »es keinen Tod gibt«. Man glaubt, daß es sich bei »Himmel und Hölle um gedankliche Zustände handelt, nicht um tatsächliche Orte. Die Menschen erleben ihren persönlichen Himmel bzw. ihre persönliche Hölle hier auf der Erde.«

2. *Edgar Cayce*, ein Spiritist und New-Age-Prophet, sagt, daß »die Bestimmung der menschlichen Seele, wie die der gesamten Schöpfung, das Einswerden mit dem Schöpfer« ist und kein Mensch jemals verloren geht.

3. Sun Myung Moon, der Leiter der *Vereinigungskirche*, vertritt die Ansicht, daß »Gott niemanden auf ewig verlassen wird. Auf die eine oder andere Weise … wird er wiederhergestellt.«

4. Die *Mormonen*, von dem Okkultisten Joseph Smith gegründet, argumentieren so: »Die Irrlehre, daß die Strafe, die sündige Seelen erleiden müssen, endlos sei … ist nichts anderes als eine Behauptung, die von unbefugten, irregeleiteten Sektierern verbreitet wird – eine gleichermaßen unbiblische wie unzumutbare und widerliche Behauptung.«

5. Die *Zeugen Jehovas*, gegründet von Charles Taze Russell, behaupten, die Bösen würden für immer ausgelöscht, weil »die Lehre von einer feurigen Hölle zu Recht als eine ›dämonische Lehre‹ bezeichnet werden kann.«

6. Die *Kirche des Neuen Jerusalem*, gegründet von dem schwedischen Naturphilosophen und Theosophen Emanuel Swedenborg, betont nachdrücklich, daß Gott »keinen in die Hölle verdammt.«

7. *Eckankar*, ein von Paul Twitchell und Darwin Gross gegründeter Zweig des New Age, behauptet, es »gebe keinen Tod« … und auch keine ewige Hölle.

8. *Lucis Trust* und *The Arcane School/Full Moon Meditation Groups*, gegründet von der New-Age-Spiritistin Alice Bailey, argumentieren, daß »die Furcht vor dem Tod auf der … alten Irrlehre von Himmel und Hölle beruht.«

9. Die *Love Family* (Kinder Gottes), von dem Spiritisten David Berg gegründet, betrachten die Hölle als vorübergehenden Ort

der Läuterung: »Der Feuersee ist die Stätte, wohin die Sünder kommen, um von ihren Sünden gereinigt zu werden ... damit sie schließlich wieder herauskommen.«
10. Die *Rosenkreuzergemeinschaft*, eine okkulte Philosophie, erklärt, daß »die ›ewige Verdammnis‹ derer, die nicht ›gerettet‹ sind, weder Vernichtung noch endlose Qual bedeutet« und daß »die christliche Religion ursprünglich keine Dogmen über die Hölle enthielt«.
11. Das Bekenntnis der *Unitarier* lautet folgendermaßen: »Man kann wohl mit Bestimmtheit sagen, daß kein Unitarier an eine leibliche Auferstehung, an Himmel oder Hölle im buchstäblichen Sinn noch an irgendeine Form von ewiger Strafe glaubt.«
12. Die *Theosophische Gesellschaft*, gegründet von dem Medium Helena P. Blavatsky, erklärt: »Wir weigern uns entschieden, den ... Glauben an eine ewige Belohnung oder ewige Bestrafung zu akzeptieren.« Daher ist für sie auch »der Tod ... kein Grund zur Furcht.«
13. Die Geister überall proklamieren ihre Loyalität gegenüber sektiererischen Lehren, stellen Ankerberg und Weldon Fest. »Ramtha«, der Geist, der durch das Medium J. S. Knight spricht, behauptet z. B.: »Gott hat weder euch noch irgend jemand sonst je gerichtet.« Und weiter: »Nein, es gibt keine Hölle und auch keinen Teufel.« »Lilly« und andere Geister, die sich des Mediums Ruth Montgomery bedienen, argumentieren, es gebe »so etwas wie den Tod nicht« und »Gott bestraft niemanden.«

Auch innerhalb der traditionellen Kirchen gibt es stark voneinander abweichende Überzeugungen im Blick auf die Hölle. Manche glauben an ein Fegefeuer, einen Ort, an dem die Sünder zeitlich begrenzt bestraft werden, bis sie von all ihren Sünden gereinigt sind, damit sie anschließend in den Himmel kommen. Zur Begründung dieser Lehre wird, wie die Theologen Habermas und Moreland ausführen, hauptsächlich die Stelle aus 2. Makkabäer 12,39-45 ins Feld geführt. Dieses zu den Apokryphen zählende, umstrittene Buch wurde nach Vollendung des Alten, aber vor dem Neuen Testament geschrieben. Von den meisten Protestanten wird es nicht zum echten Kanon der Heiligen Schrift gerechnet.

»Die Bibel sagt nichts über ein Fegefeuer bzw. die Notwendigkeit der Läuterung nach dem Tod«, stellen Ankerberg und Weldon fest. »Vielmehr heißt es in der Bibel, daß Christus selber alles getan hat, um uns, wenn wir sterben, einen freudigen Eingang in die Gegenwart Gottes zu erwerben. Paulus schreibt in Philipper 3,9, daß seine Gerechtigkeit vor Gott »nicht auf eigenen Werken von Buße oder Wiedergutmachung beruht« (und in Philipper 1,21 und 2. Korinther 5,8), »daß wir als an Christus Gläubige, wenn wir sterben, sofort bei Christus sein werden.«[2]

Scheinbar ist eine ganze Reihe von Faktoren an dem »schleichenden Tod« der Hölle in unserer Gesellschaft beteiligt. Beispielsweise ist die Hölle zum großen Rätsel der modernen humanistischen Psychologie geworden, die ja den Grundsatz verfolgt, daß der Mensch durch die Befriedigung all seiner Wünsche Erfüllung findet, nicht durch ihre Verleugnung. Mit anderen Worten: Tu das, was dir Spaß macht! Man könne nur das glauben, was man mit seinen fünf Sinnen wahrnimmt, heißt es. Anstatt von Pflichten und Verantwortlichkeit wird nur noch von Rechten und Freiheiten gesprochen, die uns angeblich zustehen. Natürlich wird in diesem Zusammenhang auch die Existenz der Hölle geleugnet. Sie paßt nicht ins Konzept.

Um das Stigma der Hölle weiter zu entschärfen, unterstützen viele intelligente Wissenschaftler den Glauben an eine »höhere Macht«. Dabei geht es nicht um einen Gott, wie er traditionell in den Religionen verehrt wird, sondern eher um eine Macht ähnlich der in »Star Wars« dargestellten. Viele, die zur geistigen Elite gehören, spielen »Dungeons and Dragons« und ähnliche Spiele mit Geistwesen. Selten fragen diese Spieler nach dem Ursprung oder dem Zweck solcher Spiele. Für sie ist klar, daß nur die gute bzw. »positive« Seite der Macht verkörpert wird. Um die schlechte bzw. »dunkle« Seite dieser Macht kümmert man sich wenig – auch nicht um die Möglichkeit, daß die gute Seite sehr wohl Luzifer sein könnte, sozusagen als die eine Seite der Medaille, während auf der anderen Seite das Gesicht Satans erscheint. Zwei Verkörperungen ein und derselben Macht!

Finden sich denn in der medizinischen Literatur Hinweise auf die Hölle? Die Wissenschaftler Osis und Haraldsson berichteten von einem hinduistischen Polizisten in den Vierzigern, der an Lungentuberkulose litt. Er schrie, in seinem Krankenhausbett liegend: »Der Yamdoot (Todesbote) kommt und will mich holen! Holt mich aus dem Bett, damit der Yamdoot mich nicht findet!« Er wies mit dem Finger auf das Fenster und sagte: »Da ist er!« Im gleichen Moment, als ob jemand mit dem Gewehr geschossen hätte, »flog eine Schar Krähen, die sich auf einem Baum vor dem Fenster niedergelassen hatte, plötzlich auf und davon.« Die Krankenschwester war »entsetzt« und rannte nach draußen, konnte aber keine Ursache für den Tumult entdecken. Sie schloß daraus, daß »sogar die Krähen etwas Schreckliches bemerkt haben mußten«. Wenige Minuten nach diesem Ereignis fiel der Patient in tiefe Bewußtlosigkeit und starb. Es gibt noch weitere Fälle, die illustrieren, daß negative Erfahrungen in jeder Kultur vorkommen, und an denen deutlich wird, daß geistliche Dinge, obwohl unsichtbar, durchaus Auswirkungen auf das Sichtbare haben können.[3]

Bei einer in der Folge in Amerika und Indien durchgeführten Untersuchung stellte Osis eine »zunehmende Zahl« von negativen Fällen fest (18 %), die »Schreckensvisionen« hatten. Er fährt fort: »Sie hatten furchterregende Visionen und wollten nicht gehen (dorthin, wo sie bestraft werden würden). Es war, als wären Bewaffnete aufmarschiert, um Menschen gefangenzunehmen – die Reaktion war pure Angst.«[4]

In einem früheren Buch gibt einer der beiden Autoren zu, daß manche Patienten anscheinend durch die »Hölle« gingen, was er wie folgt schildert:

> Der Patient drehte, mit einem Ausdruck des Schreckens auf dem Gesicht, den Kopf nach allen Seiten und sagte: »Die Hölle, die Hölle, ich sehe nichts als die Hölle!« Ein anderer hatte das schreckliche Gefühl, bei lebendigem Leib verbrannt zu werden. Diese beiden Fälle in unserer Sammlung schlagen einen erschütternden, emotionalen Ton an – sind aber nur eine kleine Minderheit, verglichen mit der Zahl derer, die über Frieden und Schönheit berichten.[5]

Ganz gleich, ob es sich um klinischen Tod handelt, um Erlebnisse an der Schwelle des Todes, um eine Todeserwartung, um Visionen auf dem Sterbebett, um Traum- oder Drogenzustände – negative Erlebnisse findet man überall. Aber irgendwie scheint niemand darüber reden zu wollen. Ob es heute als anstößig gilt, die Hölle zu erwähnen?

Einige Male wurde ich vor TV-Talkshows behutsam davor gewarnt, das Thema »Hölle« anzuschneiden. Ich sollte auch den Namen Jesus Christus nicht erwähnen noch irgendwelche sonstigen religiösen Dinge, die von den Zuhörern als anstößig empfunden werden könnten. Lieber wollte man, daß die Leute das »Anstößige« zu einem späteren Zeitpunkt selbst herausfinden sollten, und sei es auf die »harte Tour«.

Ein bekannter Sterbeforscher schildert, wie leicht und schnell sich die schöne Seite des Bösen ins Dämonische verwandeln kann:

> Ich konnte die Tür des Zimmers, in dem ich schlief, deutlich sehen und wußte mit erschreckender Gewißheit, daß durch diese Tür ein nicht zu benennendes fürchterliches Wesen hereinkommen würde. Immer noch im Traum, mußte ich in panischem Schrecken mit ansehen, wie sich die Tür langsam öffnete und meine Mutter wie ein Gespenst im Türrahmen stand. Im Geist sehe ich sie heute noch so vor mir – meine Mutter, wie sie leibte und lebte, mit ihren charakteristischen Gesichtszügen und mit demselben braunen Kleid bekleidet, das sie getragen hatte, als ich vor ein paar Tagen das Haus verließ.
>
> Das Schockierende daran war, daß ich wußte, es war gar nicht meine Mutter. Sie konnte nicht hier sein, weil sie bei sich zu Hause war, etwa 25 km entfernt. In meinem Traum trat sie an mein Bett, in dem ich schlief, und beugte sich über mich, um mich wachzuküssen. Ich erwachte augenblicklich mit dem unguten Gefühl, einen Dämon im Zimmer zu haben – jetzt, nachdem er die Verkleidung der Gestalt und Ähnlichkeit meiner Mutter abgelegt hatte.[6]

Ähnliche Täuschungen wurden außerhalb ihres Körpers auch von Carl Jung, Johanna Michaelsen und anderen erlebt, z. B. von Robert Monroe, einem engen Freund von Dr. Elisabeth Kübler-Ross, der viel mit Eigenversuchen gearbeitet hat. Monroe scheint dabei etwas erlebt zu haben, was auch anderen Autoren, die sich aus Liebhaberei mit übersinnlichen Dingen befassen, schwer zu schaffen macht, obwohl dies gewöhnlich vor der Öffentlichkeit geleugnet wird: die Begegnung mit bösen Geistern.

> Ich fing ganz vorsichtig an – und spürte auf einmal etwas auf meinem Rücken! Sofort fiel mir wieder der kleine Kerl von vorher ein, und ich wollte auf keinen Fall versuchen, irgendwohin zu gehen, solange er an meinem Rücken hing ... Während ich noch den ersten von mir fernzuhalten versuchte, kletterte bereits ein zweiter auf meinen Rücken! Mit einer Hand den einen abwehrend, langte ich nach hinten und riß den zweiten herunter. Ich schwebte hinüber in die Mitte der Praxis, während ich in jeder Hand eines dieser Wesen hielt und laut um Hilfe schrie. Dabei bekam ich die beiden zu Gesicht, und während ich sie anstarrte, verwandelten sie sich in erstklassige Reproduktionen meiner eigenen beiden Töchter (bestimmt ein gefundenes Fressen für den Psychiater!). Ich wußte instinktiv, daß ich es hier mit einer bewußt inszenierten Täuschung zu tun hatte, die das Ziel verfolgte, mich gefühlsmäßig zu verwirren. Die Liebe zu meinen Töchtern sollte dominieren und mich daran hindern, ihnen etwas Böses anzutun.[7]

Dr. Raymond Moody, ein anerkannter Experte auf dem Gebiet der Sterbeforschung, hält inzwischen Kurse ab, in denen man lernen kann, mit Verstorbenen Verbindung aufzunehmen. Diese Kurse finden in einem Gebäude in der Nähe von Anniston/Alabama statt, das in einen Tempel für den griechisch-römischen Gott Äskulap umgewandelt wurde. Wir werden später näher darauf eingehen.

Dr. Kenneth Ring von der Universität in Connecticut seinerseits unternimmt spirituelle Reisen zum Zweck der Begegnung mit Ufos.

Und Dr. Elisabeth Kübler-Ross, eine geachtete Größe auf dem Gebiet der Sterbeforschung, deren Erkenntnisse in vielen Krankenhäusern zum vorgeschriebenen Lesestoff gehören, kommuniziert auch weiterhin mit den Toten. Das Trio, bestehend aus Salem, Anka und Willie – ihre persönlichen geistigen Führer –, unterstützt Dr. Kübler-Ross in wichtigen medizinischen Entscheidungen und hilft ihr auch in ihrem persönlichen Leben. Diese Geister bilden, wie sie selbst erklärt, das Wichtigste in ihrem Leben.

> Gestern abend hatte ich Besuch von Salem, meinem geistigen Führer, und zweien seiner Gefährten, Anka und Willie. Sie blieben bis 3 Uhr in der Frühe. Wir redeten, lachten und sangen zusammen. Ihre Art zu sprechen und mich zu berühren verriet eine unglaubliche Liebe und Zartheit, die man sich kaum vorstellen kann. *Das war der Höhepunkt meines Lebens.*[8] (Hervorhebungen von mir.)

Dr. Raymond Moody, ein Mitarbeiter und persönlicher Freund von Dr. Kübler-Ross, behauptet, er habe keinen einzigen Hinweis auf einen tatsächlichen Himmel oder eine Hölle unter allen Fällen finden können, die er in seinem ersten Buch *Life After Life* (»Das Leben nach dem Leben«) aufgelistet hat:

> In all meinen Nachforschungen ist mir nicht ein einziger Hinweis auf einen Himmel oder eine Hölle begegnet, der in irgendeiner Weise dem üblichen Bild, das uns in dieser Gesellschaft vorgestellt wird, entsprochen hätte. Tatsächlich wurde von vielen ausdrücklich betont, wie völlig anders ihre Erlebnisse gewesen seien als das, was sie aufgrund ihrer religiösen Erziehung eigentlich erwartet hätten.[9]

Zum Zeitpunkt der Veröffentlichung seines zweiten Buches, als die untersuchten Fälle zahlenmäßig zugenommen hatten, muß Dr. Moody jedoch anscheinend das zuvor fehlende Quellenmaterial entdeckt haben. Und zwar fand er nicht nur himmlische Erfahrungen vor, sondern auch ein paar überraschend negative:

> Mehrere Leute haben mir berichtet, sie hätten zu einem bestimmten Zeitpunkt andere Wesen erblickt, die in einem, wie es schien, äußerst unglückseligen Zustand »gefangen« waren. Die Schilderungen derer, die über den Anblick dieser verzweifelten Wesen berichtet haben, stimmen in mehreren Punkten überein.
>
> (Dr. Moody beschreibt in der Folge eine Frau, die Menschen gesehen hatte, welche mit den Füßen zu scharren schienen, so wie das bei einem Trupp aneinandergeketteter Sträflinge üblich ist, und … eine absolut niedergeschmetterte, hoffnungslose Haltung erkennen ließen.)[10]

Die besagte Patientin erzählte Dr. Moody außerdem, in jener anderen Welt habe es »nur graue Töne und Schattierungen gegeben«, und alles, was sie gesehen habe, sei »ziemlich deprimierend« gewesen.

Natürlich kommt das Wort »Hölle« nirgends vor, aber das Vorhandensein dieses bösen Bereichs scheint bei seiner gegenwärtigen wissenschaftlichen Arbeit Spuren hinterlassen zu haben. In seinem Tempel für mystische Erfahrungen mahnt Dr. Moody die Studenten jedenfalls zur Vorsicht, wenn sie versuchen, Begegnungen mit Geistern durch ein bestimmtes Experiment, bei dem Kristalle und Spiegel eingesetzt werden, heraufzubeschwören, und warnt sie vor nicht vorhersehbaren Komplikationen.

Selbst da, wo dämonische Einflüsse bereits offensichtlich waren, behaupteten Fachleute immer noch, es gebe keine negativen Todeserlebnisse – oder wenn, dann nur absolut nebensächliche und unbedeutende. Kenneth Ring, Professor für Psychologie an der Universität von Connecticut, weist immer wieder darauf hin: »Niemand hat mir bisher davon berichtet, einen Blick in die Hölle geworfen zu haben.« Dr. Michael Sabom hatte, bevor er an die Universität von Emory übersiedelte, ebenfalls erklärt, er habe keinerlei »Höllenberichte« vorgefunden und sei deshalb »überzeugt, daß diese Erlebnisse für die Betroffenen sehr real und durchweg angenehm sind.«[11]

Diese Aussagen von Dr. Ring und Dr. Sabom, beide Mitglieder der Internationalen Vereinigung für Sterbeforschung (IANDS) mit Sitz in Hartfort/Connecticut – die übrigens mehr Fälle gesammelt hat als jede andere mir bekannte Organisation –, scheinen in krassem Widerspruch zu den Ansichten anderer Mitglieder derselben Vereinigung zu stehen.

Nancy Evans Bush, die Präsidentin der IANDS-Gruppe am Medizinischen Zentrum der Yale-Universität, hat festgestellt, daß es in der Tat negative Todeserlebnisse gibt. Sie hat persönlich bis zur Drucklegung dieses Buches (1993) ca. 50 Fälle zusammengetragen – ein zwar immer noch kleiner Prozentsatz bei ihren Nachforschungen, aber doch bereits deutlich sichtbar. Frau Bush teilt diese negativen Fälle in drei Kategorien ein: In der ersten Gruppe waren Menschen, die »nicht mehr Herr ihrer Sinne zu sein« glaubten, während sie ihre Todeserlebnisse hatten. Einige von ihnen sahen das Licht im Tunnel plötzlich »als einen Widerschein des Feuers an den Toren der Hölle, anstatt als strahlendes Licht«. Die zweite Gruppe fühlte sich in der furchterregenden Leere eines »großen kosmischen Nichts« gefangen, was oft zu einer dauerhaften Niedergeschlagenheit führte. Die dritte Gruppe hatte eine Vision von der Hölle, wo Menschen »gequält oder gepeinigt« wurden. Diese Beobachtungen gab Frau Bush auch in einer vom NBC ausgestrahlten Fernsehdokumentation mit dem Titel »A Glimpse of Glory« weiter, an der etliche von uns teilnahmen und von der bereits an anderer Stelle die Rede war. Außerdem wurden diese negativen Forschungsergebnisse von Frau Bush in einem Artikel von Nora Underwood, »Between Life and Death« (»Zwischen Leben und Tod«), veröffentlicht, der am 20. April 1992 in der Zeitschrift *Maclean's* erschien.

»Natürlich«, so schloß Nancy Bush in dem erwähnten Fernsehinterview, »muß eine negative Erfahrung nicht unbedingt bedeuten, daß man ein schlechter Mensch ist. Was es bedeutet, ist lediglich, daß man sich Mühe geben sollte, besser zu werden.« Von Gericht, Verurteilung oder gar Verdammnis war keine

Rede, auch nicht davon, daß Menschen für ihre Taten zur Rechenschaft gezogen oder bestraft werden könnten.

Wie gesagt, »Höllenerlebnisse« sind absolut nichts Neues. Es hat sie schon immer gegeben. Dennoch können sich die bewußten Erinnerungen an negative Ereignisse oft allzuschnell verflüchtigen, weshalb man sie umgehend aufschreiben sollte, ehe sie aus dem Bewußtsein verschwinden. Dieses psychologische Prinzip (gewöhnlich als *Verdrängung* oder *selektives Vergessen* bezeichnet) ist bereits seit geraumer Zeit bekannt. Leider wird es ausgerechnet von den Psychologen und Psychiatern ignoriert, die lieber das gute Leben und den Segen einer himmlischen Belohnung für die gesamte Menschheit herausstellen.

Der bekannte Psychologe F.W.H. Myers beispielsweise hat wiederholt nachdrücklich darauf hingewiesen, daß im Koma gemachte Erlebnisse sehr schnell aus dem Gedächtnis schwinden können, wenn sie nicht sofort niedergeschrieben werden. Als Wissenschaftler ohne philosophische Vorurteile drückt er es so aus:

> Wir könnten möglicherweise sehr viel erfahren, wenn wir Sterbende gleich beim Aufwachen aus dem Koma fragen würden, ob sie sich an irgendwelche Träume oder Visionen erinnern, die sie in diesem Zustand hatten. Falls eine derartige Erfahrung gemacht wurde, *sollte man sie unverzüglich aufschreiben*, da sie aller Wahrscheinlichkeit nach sehr schnell aus dem Bewußtsein des Patienten verschwinden wird, selbst wenn er nicht gleich darauf stirbt.[12] (Hervorhebungen von mir.)

Ein weiterer Grund, warum das Vorhandensein von negativen Erfahrungen betont und anerkannt werden sollte, ist, daß sie heute nicht weniger häufig auftreten als in der Vergangenheit. Aus den verschiedenen Notaufnahmeräumen, die für die gegenwärtige Studie herangezogen werden, sind mir zwei weitere »Höllenfälle« mitgeteilt worden, während ich dieses Manuskript schreibe. Beide Berichte stammen aus ein und demselben Krankenhaus, dem Memorial Hospital in Chattanooga. Mary Ann Hickman und die stellvertretende Stationsschwester Dotty Gilbert berichten von Ira Anderson (nicht sein richtiger Name), einem 62 Jahre alten Herzinfarktpatienten, der kaum zu bändigen war, weil, wie er sagte, »die Dämonen hinter ihm her« seien. Er kämpfte gegen die anwesenden Ärzte und Schwestern, krümmte und wand sich und trat nach den bösen Wesen. Seine Füße waren in permanenter Bewegung, als versuche er davonzulaufen. Schließlich mußte man ihn an der Trage festbinden, ehe er in völlige Bewußtlosigkeit versank. Nachdem sein Herz durch die Behandlung mit Elektroschock wieder zu schlagen begonnen hatte, schienen die Dämonen ihm sogar noch auf die Intensivstation zu folgen, wo sie, kaum daß er das Bewußtsein wiedererlangt hatte, von neuem auf ihn eindrangen. Aus den Unterlagen war nicht ersichtlich, daß irgendein bestimmtes Medikament diesen dämonisierten Zustand ausgelöst hatte.

In der gleichen Woche nahmen Ruby Tinney und die diensthabende Schwester Nancy Humphries in demselben Notaufnahmezimmer den Fall eines 38 Jahre alten Herzinfarktpatienten zu Protokoll. Sein Geschrei ließ den Anwesenden förmlich das Blut in den Adern erstarren; er brüllte unaufhörlich, daß er in der Hölle sei und daß man ihm einen Pastor besorgen solle.

Kurz vorher – nur um zu zeigen, wie nahe gute und schlechte Erfahrungen oft beieinanderliegen – hatte Nancys Mutter, die 60jährige Rebecca Love, in demselben Zimmer einen anaphylaktischen Schock erlitten, der in ein positives Erlebnis mündete.[13]

Daß solche »Höllenerlebnisse« in letzter Zeit häufiger registriert werden, ist wahrscheinlich nicht darauf zurückzuführen, daß sie tatsächlich vermehrt auftreten. Es hängt vielmehr mit dem geschärften Bewußtsein von Krankenschwestern und -pflegern zusammen. Die Hölle gab es schon immer, eng verwoben mit den meisten Kulturen; sie ist nicht etwa das Produkt der heute weit verbreiteten Vorliebe von Videofilmen, Büchern und Zeitschriften, in denen Gewalt und Bosheit so dargestellt werden, als habe man erst jetzt die Hölle in ihrer gegenwärtigen irdischen Form entdeckt.

Dadurch, daß die Medien die Öffentlichkeit dermaßen unempfänglich gegen Gewalt und Bosheit machen, fördern sie jedoch eine Einstellung, bei der alles erlaubt ist, und eine milde

Gleichgültigkeit gegenüber dem Bösen. Die Hölle wird somit zu etwas Alltäglichem, vor dem man sich nicht mehr zu fürchten braucht, und die üblicherweise als böse betrachteten Zusammenhänge mit dem Teufel werden ins Lächerliche gezogen. Wie aus zahlreichen Filmpreisen ersichtlich, ist die Hölle zu einem amüsanten, feuchtfröhlichen Ort geworden, wo die Unmoral die allseits akzeptierte Norm darstellt.

Die schleichenden Veränderungen sittlicher Maßstäbe und Traditionen haben die unangenehmen Berichte zugunsten von erfreulichen an die Seite gedrängt, wodurch Sitte und Moral weiter gelockert wurden. Und jetzt kommen gar diese wiederbelebten Atheisten mit ihren »wunderbaren« Behauptungen daher. »Es gibt keine Verdammnis, nur keine Angst!«, sagt der eine; »lediglich eine bedingungslose Liebe«, der andere. Wieder ein anderer behauptet: »Ich bin okay und Sie sind okay, wir kommen alle in den Himmel.«

Was noch schlimmer ist: Leute mit derartigen Todeserlebnissen gehen in die Krankenhäuser und versichern den Sterbenden: »Sie brauchen sich absolut keine Sorgen zu machen. Auf einen lebendigen Glauben kommt es überhaupt nicht an. Ich bin drüben gewesen und kann Ihnen sagen, das Licht empfängt jeden mit Liebe.« Wenn es dann ans Sterben geht, sagt vielleicht der eine oder andere sogar: »Ich werde hier bei Ihnen bleiben, bis Sie das Licht sehen! Es dauert gar nicht lange, und Sie brauchen wirklich keine Angst zu haben!« Dermaßen nackt und bloß – geistlich gesehen – sterben viele Menschen und werden noch auf ihrer letzten, entscheidenden Wegstrecke in die Irre geführt.

Wenn überhaupt, kennen nur wenige dieser »Omega«-Verfechter das Bibelwort: »... der Satan selbst nimmt die Gestalt eines Engels des Lichts an; es ist daher nichts Großes, wenn auch seine Diener die Gestalt von Dienern der Gerechtigkeit annehmen« (2. Korinther 11,14-15). Vielleicht ist ihnen das auch völlig egal. Dabei kann das Licht, das sie sehen – so wie Nancy Bush gesagt hat –, sich sehr wohl als schreckliches Feuer entpuppen.

Die Interpretation des Lichtes hängt also ausschließlich von der Erkenntnis des Betroffenen ab, wenn er keine Leitlinien oder Grundsätze zur Verfügung hat, nach denen er sich richten kann.

Ohne eine Bibel, ohne eine geistliche Meßlatte, ohne verbindliches Leitsystem oder Straßenkarte fehlt ihm einfach jegliche Orientierung, und er weiß nicht, wo er hingeht.

Denken wir an die Geschichte des jungen, weltberühmten Arztes Andreas Gruntzig, der ein gerngesehener Gast auf medizinischen Fachtagungen und Kongressen war, die er gewöhnlich mit seinem eigenen Flugzeug besuchte. Er war der Begründer der Angioplastie, der Methode zur Aufweitung verengter Herzkranzgefäße mittels Ballonkatheter, um eine Bypass-Operation zu vermeiden. Eines Nachts befand sich Andreas auf dem Rückflug zur Universität von Emory, als mitten in einem heftigen Gewitter ganz plötzlich das elektronische Leitsystem seiner Maschine ausfiel.

Die alte Fluglageanzeige war das einzige, was dem jungen Arzt blieb, um die Flügel seiner Maschine in der Waage zu halten. Er wußte nicht, ob er nach oben, unten, rechts oder links flog. Ohne etwas zu sehen und nur auf seinen Instinkt vertrauend, flog Dr. Gruntzig die Maschine direkt in den Boden hinein. Ohne Führung, ohne Ziel, verlor er sein Leben. So weiß auch der normale Mensch, der nur auf sich selbst vertraut, buchstäblich nicht, wohin die Reise geht.

Wenn die Bibel unsere Richtschnur ist, gibt es an der Hölle nichts zu deuteln, denn sie wird ausdrücklich an 50 verschiedenen Stellen erwähnt. Wir dürfen nie vergessen, daß Jesus mehr über die Hölle gesprochen hat als über den Himmel.

Auch für Patienten, die dort gewesen sind, ist es unbestritten ein realer Ort. Sie betrachten die Hölle keineswegs als satanische Täuschung, sondern wissen genau, daß eine solche Täuschung für die Sache des Bösen absolut kontraproduktiv wäre. Wenn die Hölle die Hölle bloßstellt, dann trägt sie zweifelsohne mit zu ihrer eigenen Niederlage und Vernichtung bei.

Jesus hat das mit folgenden Worten erklärt: »Jedes Reich, das mit sich selbst entzweit ist, wird verwüstet; und jede Stadt oder jedes Haus, die mit sich selbst entzweit sind, werden nicht bestehen. Und wenn der Satan den Satan austreibt, so ist er mit sich selbst entzweit. Wie wird denn sein Reich bestehen?« (Matthäus 12,25-26). Diese Botschaft ist so wichtig, daß sie auch im Markusevangelium (3,23,26) und im Lukasevangelium (11,18) vorkommt.

Das ist der Grund, weshalb wir negative Erlebnisse nie in Frage stellen oder ignorieren sollten. Wir dürfen das Thema auch nicht um der Bequemlichkeit willen umgehen, nur weil es unserer persönlichen Überzeugung widerspricht. Genauso sollte kein Autor darauf verzichten, über derartige Fälle zu berichten, auch wenn sie nicht mit seinen früheren Veröffentlichungen bzw. den vielleicht noch geplanten Fernsehprogrammen übereinstimmen.

Wenn es eine Hölle gibt, wenn die Bibel wahr ist, wenn viele Patienten wirklich einen Blick in die Hölle und nicht in den Himmel geworfen haben – dann muß jeder von uns sich die Frage stellen: *Ist es gefahrlos zu sterben*? Verblüffend für den Verstand und rätselhaft für die Seele, ist dies vielleicht eine der wichtigsten Fragen, die einem begegnen können. Und die Antwort liegt nur ein paar Herzschläge entfernt.

6

ERLEBNISSE AN DER SCHWELLE DES TODES

Eines der umstrittensten Themen neben Politik und Religion ist wohl das der Todesnähe-Erlebnisse. Da zu diesem Thema zwei verschiedene geistige Richtungen existieren, stellt sich natürlich die Frage, welcher von beiden man sich anschließen soll. Auf der einen Seite steht die Behauptung vieler Geistlicher, bei dieser Art von Erlebnissen handele es sich entweder um Halluzinationen, hervorgerufen durch chemische Veränderungen aufgrund von Sauerstoffmangel im Gehirn, oder um satanische Täuschungen, durch die den Ungläubigen suggeriert werden soll, sie brauchten sich nicht zu bekehren. Auf der anderen Seite stehen die Freidenker mit ihrer Überzeugung, daß alle derartigen Todeserlebnisse real und gut seien. Die durchgängig positiven Berichte von Betroffenen vermittelten klar den Eindruck, daß der Himmel uns Menschen nach dem Tod garantiert sicher sei. Das beweise die übereinstimmende Akzeptanz, mit der der Engel des Lichts allen Beteiligten begegnet sei. Aus dieser Akzeptanz hat sich eine völlig neue Philosophie, »Omega« genannt, entwickelt, von der ich bereits früher gesprochen habe und auf die ich noch öfter in diesem Buch hinweisen werde.

»Omega« soll zwei Dinge deutlich machen: Es gibt keinerlei Vorbedingungen für den Eingang in diesen himmlischen Ort, und diejenigen, die nicht aufgenommen, sondern in ihr Erdenleben zurückgeschickt werden, sollen mithelfen, die Welt zum Frieden und zur Bruderliebe zu bewegen – hin zum sogenannten »Omega-Punkt«.

Natürlich würde das Auftreten negativer Todeserlebnisse das Omega-Konzept gewaltig ins Wanken bringen, geht es doch von einer Herrlichkeit aus, die übereinstimmend von allen gesehen wird, egal, welcher Religion oder welchem Glauben sie angehören oder auch nicht angehören.

Beide geistigen Richtungen erkennen selbstverständlich an, daß der Tod kein Ausgelöschtwerden bedeutet, sondern daß die Todeserlebnisse real und echt sind, bestehend aus einer Kombination von visueller Rekonstruktion der Ereignisse, einem erstaunlich ähnlichen Ablauf, dem Versetztwerden in eine andere Welt und einem daraus resultierenden drastisch veränderten Lebensstil – eine Kombination, die sich nicht durch Halluzinationen, Drogen oder Fieberzustände kopieren läßt.

Um auch anderen möglichen Ursachen auf den Grund zu gehen, wurde von Schoonmaker der Sauerstoffgehalt im Blut von Patienten, die einen Herzstillstand erlitten hatten, gemessen. Alle, die dabei ein Todeserlebnis hatten, besaßen genügend Sauerstoff für eine normale Gehirntätigkeit.[1] Bei Untersuchungen, die Morse an Kindern durchführte, konnte kein höherer Sauerstoffmangel bei denen festgestellt werden, die Todeserlebnisse hatten, als bei den anderen.[2] Was die Euphorie anbelangt, die entsteht, wenn trauma-induzierte Eiweißkörper in die Blutbahn gelangen und sich mit den endorphinen Rezeptoren des Gehirns verbinden, um Schmerzen zu lindern, so ist diese nicht in der Lage, bestimmte Abläufe zu erzeugen, noch kann sie Glaubensüberzeugungen oder -entscheidungen hervorrufen. Auch durch elektrische Stimulation verschiedener Gehirnpartien lassen sich derartige Abläufe nicht reproduzieren.

Ebenso unerklärlich sind gewisse psychische Phänomene – wenn beispielsweise blinde Personen nach einem Todeserlebnis visuelle Rekonstruktionen von Farben in der Kleidung, Art des Schmuckes und anderen sichtbaren Einzelheiten im Raum liefern; oder wenn Patienten Ereignisse und Menschen schildern, die sich in einem anderen Raum befunden haben, oder wenn sie ihre Angehörigen in einer anderen Welt sehen, ohne überhaupt etwas von deren Tod gewußt zu haben.[3]

Andere psychische Phänomene können als Nebenprodukt tieferer Todeserlebnisse auftreten. Manche sprechen von hellseherischen Fähigkeiten, durch die sie Unfälle oder Krankheiten voraussagen können; andere von einer Aura, die sie befähigt, elektrische Störungen an Autos, Computern oder Glühbirnen (diese brennen durch) hervorzurufen; wieder andere sprechen von Telepathie oder der Fähigkeit zu heilen. Ich vermute, hier handelt es sich um unterschiedliche Begabungen aus einer unsicheren Quelle.

Obwohl bei vielen Sterbeforschern eine große Nähe zum Okkulten charakteristisch ist (wie ich noch näher ausführen werde), bedeutet dies nicht, wie manche Geistliche annehmen, daß alle Todesnähe-Erlebnisse okkult und unbiblisch sein müssen. Die Theologen Habermas und Moreland sind nach eingehender Untersuchung zahlreicher Todeserlebnisse vom biblischen Standpunkt aus zu der Überzeugung gelangt, daß es Phänomene dieser Art bereits in der Bibel gegeben hat. Sie verweisen dabei auf die Vision, die Stephanus kurz vor seinem Tod hatte (Apostelgeschichte 7,55), sowie auf das Erlebnis, das Paulus in 2. Korinther 12,1-5 schildert, bei dem er in den Himmel versetzt wurde. Letzteres könnte stattgefunden haben, als Paulus in Lystra gesteinigt wurde und wie tot liegenblieb. »Zudem«, so fahren die beiden Autoren fort, »sagt die Bibel ausdrücklich, daß der Gläubige nach seinem Tod bei Christus sein wird. Wenn also ein Christ so etwas bereits auf einem ›Kurzbesuch‹ beim Tod erlebt, weshalb sollten wir von der Bibel her etwas dagegen haben? ... Daraus läßt sich allerdings nicht folgern, daß es sich bei allen Todesnähe-Erlebnissen um satanische Täuschungen handelt. Manche scheinen sogar den biblischen Erwartungen zu folgen. Sterben ist etwas ganz Natürliches, das nicht automatisch irgendwelche okkulten Aspekte beinhalten muß, wie manche anderen Aktivitäten.« Deshalb kommen Habermas und Moreland zu dem Schluß, daß »jedes Todeserlebnis für sich allein betrachtet werden muß«.[4]

Vom religiösen und philosophischen Standpunkt aus gesehen, bilden Erlebnisse an der Schwelle des Todes das einzige bekannte Forschungsprojekt, das versucht, relativ unzugängliche Überzeugungen zum Thema Tod und Sterben zu dokumentieren. Das ist ein sehr wichtiges Thema, denn aus Umfragen von Gallup und anderen Meinungsforschungsinstituten geht hervor, daß 70% der Amerikaner an ein Leben nach dem Tod glauben. Diese Zahl ist seit 1944, als mit den Umfragen begonnen wurde, mehr oder weniger konstant geblieben. 70-80% glauben immer noch an den Himmel und 50-60% an die Hölle.[5]

Ich möchte wiederholen: Mit dem Begriff »Todesnähe-Erlebnisse« wird ein buntes Gemisch von Situationen und Begebenheiten umschrieben. Dieser Begriff, der von dem Psychiater Raymond Moody geprägt wurde, umfaßt die unterschiedlichsten Dinge – wie heftiges Entsetzen (»zu Tode erschrocken sein«), Selbstmordversuche, Beinahe-Mord, schwere Unfälle, Stromschlag, Rauschzustände bei Drogen- oder Betäubungsmittelkonsum, Beinahe-Ertrinken, Erhängen, Vergiften, Kriegserlebnisse sowie Absturz aus großer Höhe. Manche machen dabei Erfahrungen außerhalb ihres Körpers und andere nicht, was oft von der Intensität oder Tiefe des Erlebens abhängt. Mit der wesentlich größeren Gruppe von OBE's (»out-of-the-body experiences« = Erlebnisse außerhalb des Körpers) werden wir uns im nächsten Kapitel befassen.

In dem ganzen Mischmasch von Todeserlebnissen befinden sich auch die Schwerstkranken mit ihren Visionen auf dem Sterbebett, die entweder gut oder schlecht sein können. Letztere bilden eigentlich eine besondere Kategorie von Menschen – Menschen, die auf den sicheren Tod warten, und zwar auf den unumkehrbaren biologischen Tod. Bei diesem Tod gibt es keinen erkennbaren Ablauf, und die geistlichen Erfahrungen sind gewöhnlich bei jedem Patienten verschieden. Diese Erfahrungen sind auch keineswegs alle positiv. Manche sind schlichtweg schrecklich.

Leider neigt das Sammelsurium von Todesnähe-Erlebnissen dazu, die einzigartigen Erfahrungen des klinischen Todes, bei dem sowohl Herzschlag als Atmung ausgesetzt haben, zu verhüllen, zu verwässern und in sich aufzusaugen. Dabei sind diese Erfahrungen am ehesten dazu angetan, einen analysierbaren Ablauf wie auch eine echte Lebensveränderung hervorzurufen.

Aus diesem Grund möchte ich den klinischen Tod von sonstigen Todesnähe-Erlebnissen trennen.

In diesem Kapitel wollen wir uns zunächst mit Todeserlebnissen bei Unfällen befassen, anschließend einige Visionen auf dem Sterbebett betrachten und dabei zwischen guten und schlechten unterscheiden und uns schließlich mit diversen Selbstmordversuchen auseinandersetzen.

Unfälle

»Der schwarze Wagen, der gerade einen riesengroßen Lastzug überholt, kommt direkt auf mich zu. Die Straße ist schmal, ich kann ihm nicht ausweichen. Ich halte die Luft an, denn ich weiß, ich bin des Todes. Im Bruchteil einer Sekunde laufen verschiedene Stationen meines Lebens wie im Film vor meinem inneren Auge ab. Ich bin in der fünften Klasse und werfe mit einem Radiergummi nach dem Lehrer. Als nächstes sehe ich mich als Zwölfjährigen, der von zu Hause wegläuft. Dann, noch während meiner Collegezeit, meine Hochzeit.

Als ich wieder zu mir komme, liege ich mit gebrochenem Arm im Graben, über mir mein Auto, und von dem anderen Wagen ist nichts mehr zu sehen. Wie kann so etwas sein? Daß mein ganzes Leben in Sekundenbruchteilen vor mir abgelaufen ist?«

Ich nickte verständnisvoll.

»Eine Zeitverschiebung – wie bei den anderen Todeserlebnissen, die wir bei unserem Diavortrag gezeigt haben. Vielleicht haben Sie ja mit einem Bein bereits in der Ewigkeit gestanden.«

Ich gab ihm etwas zu lesen von Albert Heim. Es handelte von einem Bergsteiger, der bei einer Kletterpartie in den Alpen abgestürzt war. Während er fiel, sah er nicht nur sein Schicksal vor sich, sondern machte sich auch Gedanken über seine Familie, die er zurücklassen mußte. Zahllose Bilder aus der Vergangenheit zogen an seinem inneren Auge vorüber. All das geschah innerhalb der 5 bis 10 Sekunden, die der Sturz dauerte, ehe er unten aufschlug.[6]

Mehr als ein Dutzend weiterer Fälle, die von Albert Heim erwähnt werden, weisen deutliche Parallelen zu den Frontalzusammenstößen unserer Tage auf. Dabei handelt es sich immer um Bergsteiger, die einen Absturz aus großer Höhe überlebt haben. Mit atemberaubender Eindrücklichkeit schildern sie ihre letzten Gedanken vor dem Aufprall und was sie dabei empfunden haben. Manche erinnern sich, daß sie ihr gesamtes Leben vor sich ablaufen sahen, andere nur noch an den schaurigen Widerhall ihrer Schreie, während sie in die Tiefe stürzten. Wieder andere wissen noch, wie sie auf die Unwirklichkeit des Ganzen reagierten, indem sie die Sache einfach ableugneten: »Es kann gar nicht sein, daß *mir* so etwas passiert!« Ähnlich reagieren manche Patienten, wenn der Arzt ihnen mitteilen muß, daß sie unheilbar an Krebs erkrankt sind. »Bei *mir* kann das einfach nicht sein!« sagen sie. Etliche halten gar bis zu ihrem Tod an dieser Behauptung fest.

Akute Unglücksfälle scheinen mehr Erlebnisse außerhalb des Körpers zu verursachen als tödliche Krankheiten, bei denen wiederum häufiger geistliche Wesen periodisch aufzutreten scheinen.

Folgendes Erlebnis machte ein Mann während eines jähen Absturzes von einem schmalen Grat, wobei ihm das Sicherheitsseil in letzter Sekunde das Leben rettete:

Plötzlich wurde dieses Gefühl (des Fallens) von einem Gefühl völliger Gleichgültigkeit abgelöst. Es war mir absolut egal, was mit diesem Körper passierte oder passieren würde. Ich schien mich außerhalb meines Körpers zu befinden. Ich persönlich fiel gar nicht – und zwar deshalb, weil ich mich nicht in einer Dimension bewegte, in der man fallen konnte. Mein Ich, d. h. mein Bewußtsein, befand sich außerhalb meines Körpers und war nicht im geringsten besorgt, was diesem widerfuhr.[7]

In Fällen eines langsamen, schleichenden Todes – wie bei Krebs, Schlaganfällen, Herz-, Lungen- oder Nierenversagen – bleibt den Patienten gewöhnlich viel Zeit, über ihr Leben und andere Dinge nachzudenken. Wenn aber das Leben kurz war und der Tod schnell hereinbricht, mag es nur noch für kurze »Rückblenden« reichen, wie man sie von Menschen hört, die Vergewaltigung, Unfall, Krieg, Raubüberfall, Ertrinken, Drogen, Elektroschock o. ä. erlebt haben. Natürlich besteht bei all diesen

Fällen die Möglichkeit, eine Erfahrung außerhalb des Körpers zu machen.

Beobachtungen am Sterbebett

Nachdem ich mich bereits seit 3 1/2 Jahrzehnten mit der Erforschung von Notfällen und plötzlichen Todesfällen befaßt hatte, war mir klar, daß ich noch mehr Erfahrung auf dem Gebiet tödlicher Krankheiten und Situationen am Sterbebett benötigte. Um diese zu bekommen, habe ich während der letzten beiden Jahre viel Zeit in Krankenhäusern und Pflegeheimen zugebracht und Patienten mit tödlichen Krankheiten überwacht.

Maria Ratinsky, 72 Jahre alt, war eine hagere Frau, die ihre Tage in einem überheizten Zimmer im Pflegeheim zubrachte, in dem ihr mit Rollen versehenes Bett stand. Sie hatte Sklerodermie (Darrsucht, eine schwere, meist tödliche Systemerkrankung des Gefäßbindegewebes) und nicht mehr lange zu leben. Bei meiner Visite an diesem Morgen fand ich Frau Ratinsky zusammen mit ihrem Mann in dem schmalen Bett vor.

»Ich weiß, es ist gegen die Vorschriften«, erklärte sie mir schüchtern, »aber es ist so kalt, und Marvin schützt mich ein bißchen gegen die Kälte.« Sie wußte, daß sie bald sterben würde. Sie bestand nur noch aus Haut und Knochen, und die verhärtete Haut fühlte sich eiskalt an, da die Krankheit sich inzwischen nach innen verlagert hatte. Die Patientin hatte vielleicht noch ein oder zwei Wochen zu leben; schlucken konnte sie überhaupt nicht mehr, da auch die Speiseröhre befallen war.

Daß hier Liebe mit im Spiel war, sah ich sehr wohl, und hinter dem Ausdruck der müden Augen lag etwas, was ich nicht ganz verstand. Ich merkte, daß ich zwar eine ganze Menge über den Tod wußte, aber nicht sehr viel über die Liebe. Da ich nicht wußte, was ich sagen sollte, wandte ich mich schweigend um und verließ den Raum. Vielleicht konnte ich ja wirklich noch etwas lernen! Gerade bei diesen langsamen Toden – durch Schlaganfall oder Krebs bedingt – bemerkte man diesen besonderen Ausdruck der Augen und der Hände. Die Thanatologie, das Studium des Sterbens, schien wesentlich mehr an Liebe und Bedeutung zu beinhalten, als ich angenommen hatte.

Anstatt nur ständig zurückzuschauen, sieht manch ein Sterbender sogar vorwärts. Er darf sozusagen einen Blick in die Zukunft werfen – was viele Hellseher mittels ihrer Kristallkugeln versuchen.

Obwohl sich bei den Erscheinungen von Sterbenden kein analysierbarer, sich stets wiederholender Ablauf feststellen läßt, sind sie doch phantastisch anzusehen. Im Frühstadium der Krankheit, gewöhnlich noch vor der Einweisung ins Krankenhaus, tauchen beim Patienten Fragen auf wie: »Warum gerade ich?« »Hat sich der Arzt vielleicht in der Diagnose geirrt?« »Was habe ich bloß getan, um das zu verdienen?« Auf das Stadium der Ablehnung und einer heftigen Abwehrreaktion gegen das Sterben folgen Phasen der Anerkennung, der Regression und schließlich der Resignation. Manchmal wird auch eine Phase übersprungen. Während der Anerkennungsphase werden die Fragen häufig heimlich gestellt und nicht mehr laut geäußert: »Wie ist es wohl, wenn man stirbt?« »Gibt es ein Leben nach dem Tod?« Letztere Frage drängt sich zwangsläufig jedem Sterbenden auf. Manche denken über ihr Verhältnis zu Gott nach und fragen sich: »Ist wirklich alles ›gut‹ dort drüben?« Sie fühlen den Tod herannahen, doch erst, wenn es soweit ist, werden sie wirklich wissen, was es mit dem Tod auf sich hat.

Die Phase der Regression ist eingetreten, wenn Reue, Verzweiflung, ein Zurückziehen in sich selbst und ein Gefühl der Wertlosigkeit dominieren. Die Selbstachtung funktioniert nicht mehr, und vielleicht taucht sogar hin und wieder der Gedanke an Selbstmord auf. Das Stadium der Resignation tritt ein, wenn wirklich nichts mehr zu hoffen ist. Gerade in diesem allerletzten Stadium kann der Patient eine wirklich gute Nachricht dringend gebrauchen.

So wie bei plötzlichen Konfrontationen mit dem Tod, wird auch bei langsamem Dahinsiechen der Tod als unmittelbar und bedrohlich empfunden, aber auf eine andere Weise. Der Volksmund sagt, daß man im Schützengraben wie auch im Notaufnahmezimmer keine Atheisten findet. Doch ich kann sagen: Auch auf dem Sterbebett gibt es ganz selten einen echten Atheisten. Neben dem Wunsch, Erleichterung von den Schmerzen und dem ganzen Elend zu erfahren, steht der Wunsch des Patienten nach innerer Hilfe. Unterschwellig gilt für jeden die gleiche Parole: »Gott, hilf mir!«

Selbst Madalyn O'Hair, eine der führenden Atheistinnen der Welt, mag eines Tages ihren Namen auf die Liste derer setzen, die sagen: »Gott, hilf mir!« Genau das habe ich ihr einmal anläßlich einer Fernsehdebatte gesagt, die von Detroit ausgestrahlt wurde. Ihre Antwort: »Machen Sie sich nicht lächerlich, Dr. Rawlings, es gibt keinen Gott!« Der Angriff war hart, und sie schien sich in ihrer Rolle zu gefallen. »Und es gibt auch kein Leben nach dem Tod«, fuhr sie energisch fort. »Die Patienten, mit denen Sie gesprochen haben, haben sich offensichtlich etwas vorgemacht!« Sie saß mit gespreizten Beinen wie ein Mann auf ihrem Stuhl, was »ziemlich tief blicken ließ«, ohne jedoch für die Kameras vor uns sichtbar zu sein. »Sie irren sich total, Rawlings«, sprach sie weiter, »spätestens auf dem Sterbebett werden Sie merken, daß mit dem Tod alles aus und vorbei ist!«

Nun, aus irgendeinem Grund fühlte ich mich zu höchster Redekunst inspiriert. »Auf der Notfallstation wird es Ihnen auch nicht anders gehen als uns allen«, sagte ich und beugte mich vor. »Wenn die Reihe an Sie kommt, werden Sie genauso zu Gott rufen wie jeder andere. Wenn der Tod hinter einem Menschen her ist, gibt es nämlich keine Atheisten mehr.«

Weiter kam ich nicht mit meiner Rede. Madalyn O'Hair, zum damaligen Zeitpunkt Ende der Fünfziger, grauhaarig und übergewichtig, fuhr auf und zog das scharfe Schwert der Streitlust aus der Scheide. Ihre meisterhafte Wortwahl und ein offenes Werben für den Atheismus machten sie allen anderen überlegen, und zwar als Juristin wie als Begründerin der Atheistischen Gesellschaft Amerikas.

Zum Glück hatten die unsichtbaren Zuschauer bereits sämtliche Telefonleitungen besetzt. Gleich der erste Anruf erwies sich als meine Rettung. »Meine Dame, Sie sind schlicht und ergreifend krank«, meinte der Anrufer. Von diesem Augenblick an richtete Madalyn ihre Attacken gegen die Kamera und nicht mehr gegen mich.

Nun, vermutlich sind bei allen Themen einige dafür und andere dagegen. Aber meine Annahme, daß in der gleichen Situation alle gleich reagieren, steht nach wie vor. Egal, ob im

Notaufnahmeraum oder auf dem Sterbebett – die Menschen rufen zu Gott. Ob er es will oder nicht, der Durchschnittsmensch fleht zu Gott um Hilfe, besonders wenn er einen Blick in die Hölle tut.

Natürlich werden die Angehörigen immer versuchen, solche peinlichen Höllenerlebnisse auf dem Sterbebett zu verheimlichen. Diese Verschleierung ist mit ein wesentlicher Grund, warum die meisten Autoren annehmen, bei den Erfahrungen Sterbender handele es sich, wie bei allen anderen Todeserlebnissen auch, ausschließlich um gute Erfahrungen – unabhängig von Religion, Philosophie, Rasse oder Situation. Statistisch gesehen, ergibt es ein völlig schiefes Bild, wenn man nicht das gesamte Spektrum untersucht, ganz besonders aber, wenn negative Erlebnisse, die zu einer inneren Umkehr geführt haben, als positive Erfahrungen ausgegeben werden. Dennoch scheinen sich die Sterbeforscher gegen die Möglichkeit negativer Erlebnisse zu sträuben, oder sie zeigen sich zumindest völlig desinteressiert.

Bei den negativen Visionen auf dem Sterbebett, genau wie bei negativen Erlebnissen beim klinischen Tod, kommt so gut wie nie die Frage auf, warum der Mensch sich in einer derartigen Situation befindet. Gerade diese fraglose Annahme beweist, daß negative Erfahrungen glaubwürdiger sind als positive, da eine Täuschung nur bei den positiven möglich scheint.

Warum sind die meisten Berichte so schön? Wenn Satan sich als Satan zeigen würde, wäre der Betroffene bestimmt entsetzt. Er würde von seinen bösen Wegen umkehren, und die Aura einer bedingungslosen Liebe und Akzeptanz würde verfliegen. Tritt der Satan dagegen als Luzifer auf, als Engel des Lichts, dann fühlt sich der Mensch gewöhnlich sicher und erliegt der Täuschung eines vermeintlich himmlischen Geschicks. Allerdings kommt eine solche Täuschung auf dem Sterbebett weniger häufig vor, da das Angebot einer nochmaligen Chance – nämlich die Rückkehr ins normale Leben – unter diesen Umständen völlig unsinnig erscheint.

Was die Erlebnisse von Sterbenden in anderen Ländern und Religionen betrifft, so gibt es dort ebenfalls sowohl positive als negative, immer mit Bezug auf die Kultur und religiöse Überzeugung des Betreffenden. Wie bereits erwähnt, mag bei negativen Visionen in Indien z. B. der Todesbote Yamdoot oder ein anderer Abgesandter der Verderbensgötter Schiwa, Kali oder Pan eine Rolle spielen.

Während Christen auf ihrem Sterbebett Engel, Jesus oder die Jungfrau Maria sehen mögen, hoffen die überwiegend hinduistischen Inder vielleicht, einen der den Menschen freundlich gesinnten Götter Krischna, Wischnu oder Yama zu sehen. Wie Osis und Haraldsson bei ihrer Untersuchung zahlreicher in Amerika und Indien gesammelter Fälle festgestellt haben, schienen die Visionen weder von Medikamenten noch von Alter, Geschlecht oder Bildung abhängig zu sein; und die Religion erleichterte derartige Erlebnisse nur »geringfügig«.[8]

Die beiden genannten Autoren untersuchten, während sie Material für die Parapsychologische Gesellschaft zusammentrugen, noch viele weitere Berichte von Sterbenden. Ein kleines Mädchen von vier oder fünf Jahren wurde völlig verstört und ängstlich ins Ervin-Hospital in Delhi eingeliefert. Die Kleine hatte ihren Eltern drei Tage lang immer wieder erzählt, irgendein Gott rufe sie und sie werde bald sterben. Sie schien irgend etwas zu sehen und zu hören, verriet jedoch nicht, was es war. Obwohl sie äußerlich gesund zu sein schien, wiederholte sie ständig: »Gott ruft mich, und ich muß sterben.« Merkwürdigerweise starb sie tatsächlich am folgenden Tag. Die ärztliche Diagnose lautete: »Allmählicher Kreislaufkollaps ohne erkennbare Ursache.«

Die Autoren hatten zwei Erklärungen für den Tod des Mädchens anzubieten: Sie habe entweder einen Todesruf durch ESP erhalten oder sei »als Folge von Autosuggestion« gestorben.[9] Diese Erklärung überrascht nicht, da die Autoren in okkulten Mystizismus verwickelt sind.

Interessanterweise hat es bei keiner Vision von Sterbenden, die ich miterlebt habe, irgendeinen Hinweis auf Reinkarnation gegeben – etwa dahingehend, daß der Betroffene als Neugeborener wieder auf die Welt kommen oder in den Körper eines bereits lebenden Menschen einziehen werde. Dieser Begriff der »Besitzergreifung« wurde erstaunlicherweise von dem Reinkarnationsexperten Ian Stevenson vorgestellt, um eine Erklärung für das Besessensein von bereits lebenden Menschen zu finden.

Positive Erlebnisse auf dem Sterbebett

Wie bereits erwähnt, können Todesnähe-Erlebnisse sowohl positiver als auch negativer Natur sein, obwohl die meisten Autoren nur von den positiven berichten. Dabei gleichen manche dieser Erlebnisse Alpträumen der schrecklichsten Art. Da die Angehörigen gewöhnlich nicht über die negativen Erfahrungen von Sterbenden berichten, wollen wir uns zunächst mit den guten befassen.

> Als 19jährige erkältete sich Helen beim Schulunterricht schwer. Aus der Erkältung wurde eine Tuberkulose, die Helens irdischem Leben bereits mit 20 ein jähes Ende setzte.
>
> Während ihrer Krankheit sagten Freunde, die sie besuchten, hinterher oft: »Man kann sich gar nicht vorstellen, daß Helen kurz vor dem Tod steht. Sie spricht so, als hätte sie eine wunderbare Reise vor sich!«
>
> ... Am nächsten Tag sagte Helen: »Mama, als du gestern an meinem Bett saßest, dachtest du, ich würde schlafen. Aber ich war wach, und auf einmal kamen zwei Engel ins Zimmer. Die Wände hatten sie nicht daran hindern können, hereinzukommen ...« (Die Mutter legte eine Hand auf die Stirn ihrer Tochter und sagte:) »Helen, ich glaube, daß du jetzt sehr bald daheim bist. Fürchtest du dich?«
>
> »Überhaupt nicht«, erwiderte Helen. »Ruf bitte die Familie zusammen, damit ich mich verabschieden kann.«
>
> Als die Angehörigen um ihr Bett standen, sah Helen von einem zum anderen, verabschiedete sich mit liebevollen Worten von jedem einzelnen und erklärte ihnen, sie gehe in den Himmel, weil ihre Sünden durch das Blut des Lammes getilgt seien. Dann ermahnte sie die Ihren, sie unbedingt dort oben wiederzusehen ... Sie fragten sie, ob sie ihr etwas vorsingen sollten, worauf Helen erwiderte: »Singt, bis ich tot bin – singt, bis meine Seele fort ist!«
>
> ... Und während die Augen der Sterbenden sich im Tod schlossen ... sah sie etwas unvorstellbar Herrliches.[10]

Die Visionen von Sterbenden scheinen je nach dem Grad des Bewußtseins zu variieren. Die Starken im Glauben haben mit größerer Wahrscheinlichkeit positive Visionen, während Menschen mit geringem Glauben oft Mühe haben, irgend etwas Gutes zu entdecken.

Am Beispiel von John Knox lassen sich die Erwartungen vieler christlicher Führer ablesen. Er starb im Jahr 1572 mit den leidenschaftlichen Worten: »Lebt in Christus; lebt in Christus, dann braucht das Fleisch den Tod nicht zu fürchten ... Jetzt ist es soweit!«

Dieses Zitat ist nur eins von vielen, die in dem Buch *Pebbles from the Brink* von M. C. Pritchard aufgelistet sind. Das Buch wurde 1913 herausgegeben und mir freundlicherweise von David Mainse ausgeliehen. Der Titel geht auf den tiefschürfenden Gedanken zurück, den Isaac Newton kurz vor seinem Tod im Jahre 1727 wie folgt zum Ausdruck brachte:

> Ich weiß nicht, wie die Welt über mein Leben denkt, aber mir selbst ist es, als sei ich ein kleiner Junge gewesen, der am Ufer des Meeres spielt und sich unbändig freut, wenn er hie und da einen glatten Kieselstein oder eine außergewöhnlich schöne Muschel findet, während der gewaltige Ozean der Wahrheit gänzlich unentdeckt vor mir liegt.[11]

Wenig später durfte Samuel Johnston eine wichtige Entdeckung in diesem »Ozean der Wahrheit« machen: »Glauben Sie einem Sterbenden. Nichts als das Heil in Christus kann Ihnen Trost vermitteln, wenn es ans Sterben geht.«[12]

Schon Aristoteles, der im 4. Jahrhundert vor Christus lebende große Denker, suchte bei seinem Tod verzweifelt nach dem fehlenden Glied in der Kette: »Unrein bin ich auf die Welt gekommen, ängstlich habe ich in ihr gelebt, jämmerlich scheide ich von ihr. O du Ursprung allen Seins, erbarme dich meiner!«[13]

Andere große Männer wurden von ähnlichen Gedanken bewegt, als sie diese Welt verlassen mußten. William Pitt gab zu: »Wie so viele andere, habe auch ich das Gebet zu sehr vernachlässigt, als daß ich nun, da es ans Sterben geht, auf seine

Wirksamkeit hoffen könnte. Ich vertraue allein auf Gottes Gnade durch das Erlösungswerk Christi.«[14]

Es mag manchen Verfechter der Evolutionslehre überraschen, daß Charles Darwin sich, wie verlautet, am Ende seines Lebens erneut seinem früheren Bibelglauben zugewandt hat. Gemäß den Aussagen von Lady Hope aus Northfield/England, einer guten Bekannten Darwins, die ihm oft an seinem Krankenbett Gesellschaft leistete, geschah folgendes:

> Es war an einem jener herrlichen Herbstnachmittage, wie wir sie manchmal in England haben, daß ich gebeten wurde, am Bett von Charles Darwin zu wachen …
>
> Er saß, von Kissen gestützt, aufrecht im Bett und schaute versonnen aus dem Fenster, wo sich, so weit das Auge reichte, Wälder und Felder erstreckten, die im Schein der untergehenden Sonne wunderbar leuchteten.
>
> »Was lesen Sie im Augenblick?« fragte ich ihn.
>
> »Den Hebräerbrief«, erwiderte er. »Ich nenne ihn ›das königliche Buch‹.« Mit dem Finger auf bestimmte Abschnitte zeigend, bemerkte er:
>
> »Ich habe mir Gedanken über die klugen Überzeugungen gemacht, die viele in bezug auf die Schöpfungsgeschichte von sich geben, und auch darüber, wie sie mit den ersten Kapiteln des Buches Genesis verfahren.«
>
> Er wirkte bedrückt, seine Finger zuckten nervös, und ein Ausdruck des Schmerzes erschien auf seinem Gesicht, als er fortfuhr: »Ich war ein junger Mann mit völlig unreifen Ideen. Ich warf mit Fragen, Zweifeln und Vermutungen um mich, weil ich mir immer über alles Gedanken machte. Zu meiner Überraschung breiteten sich diese Ideen (der Evolution) wie ein Lauffeuer aus. Die Leute haben eine Religion daraus gemacht.«
>
> Er unterbrach sich … »Ich habe ein Gartenhaus dort draußen (er wies mit der Hand durch das offene Fenster), das ungefähr 30 Personen Platz bietet. Ich möchte Sie bitten, dort zu sprechen. Ich weiß, daß Sie in die umliegenden Dörfer gehen, um dort aus der Bibel vorzulesen. Morgen nachmittag werde ich versuchen, die Dienerschaft, einige Pächter und

Nachbarn zusammenzurufen. Würden Sie zu ihnen sprechen?«

»Worüber soll ich sprechen?« fragte ich (Lady Hope).

»Über Christus Jesus … und Sein Heil. Ist das nicht das allerbeste Thema?«[15]

Das sollen die letzten Gedanken Darwins gewesen sein, mit denen er offensichtlich seiner Evolutionstheorie eine klare Absage erteilte, indem er sagte: »Ich war ein junger Mann mit völlig unreifen Ideen.«[16]

Visionen und Berichte von Sterbebetten scheinen heute weniger verbreitet zu sein als früher. Das mag daran liegen, daß unsere Vorfahren mehr biblisch-theologisches Wissen besaßen als wir. Vielleicht kommt es aber auch daher, daß nicht mehr so viele Menschen zu Hause sterben, weil sie fast alle in Krankenhäuser und Pflegeheime abgeschoben werden. Möglicherweise ist es auch ein Zeichen dafür, daß unser Empfindungs- und Mitteilungsvermögen stark abgenommen hat – ein Zeichen der Schwäche in unserer modernen Zeit. Wir geben uns beispielsweise nicht mehr die Hand und sprechen kaum noch über das, was wir innerlich empfinden. Die Gefühle sind deutlich abgekühlt.

In unserer Zeit haben Gewalt und Gleichgültigkeit den Platz der traditionellen moralischen Werte eingenommen. Kaum einer scheint noch bereit zu sein, seine Angehörigen bis zum Tod zu pflegen, wie es früher üblich war. Heute schiebt man die Oma lieber ins Pflegeheim ab. Und manche würden sie am allerliebsten im Grab sehen. Die Angehörigen haben einfach keine Zeit, sich um Oma zu kümmern, und manche setzen sie, wenn die Krankenversicherung nicht mehr bezahlen will, sogar auf der Krankenhaustreppe ab, ohne Namen und Adresse zu hinterlassen. Vielleicht denken sie, das Krankenhaus werde sich schon um sie kümmern, wenn keiner etwas über ihre Herkunft weiß.

Ein wichtiger Grund, weshalb es heute so selten Berichte von Sterbenden gibt, ist der, daß die Angehörigen einfach nicht dabei sind. Und die Krankenschwestern oder -pfleger, die sowieso überlastet sind, zeigen meistens nicht das geringste Interesse an geistlichen Dingen. Abgesehen von den routinemäßigen Arbeiten wie Essen verteilen, Medikamente verabreichen und für eine geregelte Verdauung sorgen, ignoriert das Pflegepersonal gewöhnlich die Sterbenden. Fazit: Die Angehörigen scheuen sich aus purer Furcht vor geistlichen Dingen, während das Pflegepersonal sich aus mangelndem Interesse davor drückt.

»Wir dürfen überhaupt nicht über Glaubensdinge sprechen«, erzählte mir eine Krankenschwester. Das scheint heute in den meisten Krankenhäusern, Alten- und Pflegeheimen die Regel zu sein. Falls ein Patient Fragen über sein Ende stellt, bekommt er entweder gar keine oder höchstens eine ausweichende Antwort – oder er wird an einen Seelsorger verwiesen.

Jedoch haben viele dieser Patienten starke Vorbehalte gegen alles, was mit Kirche zu tun hat, und wollen weder vom Pfarrer noch von der Bibel etwas wissen. Dagegen hören sie oft aufmerksam zu, wenn Laien – Menschen wie Sie und ich – ihnen etwas sagen. Sie wollen wissen, was schlußendlich auf sie zukommt. Doch wo in Gesprächen die geistliche Komponente fehlt, wird um so häufiger ein »soziales Evangelium« verkündigt. Manche Besucher von Sterbenden verkörpern die neue Spezies von Menschen, die auf Todeserlebnisse zurückblicken und von herrlichen »Einblicken in den Himmel« berichten kann. Um dem Sterbenden seine Angst zu nehmen, wird ihm nun eifrig mitgeteilt, daß nach dem Tod alles gut ist, egal, was er glaubt oder nicht glaubt.

»Sie brauchen mir nur die Hand zu geben, und ich werde Ihnen helfen, durch den Tunnel zum Licht zu kommen«, meinte ein Besucher. Das Problem ist nur, daß der Patient, der oft gar keine Ahnung von geistlichen Dingen hat, vielleicht in die Ewigkeit geht, ohne zu wissen, daß es auch ganz anders ausgehen kann. Und das nur deshalb, weil Sie und ich ihm nichts von diesem »anderen« gesagt haben, oder weil die Angehörigen meinen, der Patient habe ja seine persönliche Entscheidung bereits getroffen, ohne sich wirklich vergewissert zu haben.

»Ich kann es einfach nicht ertragen, meine Mutter in diesem Zustand zu sehen«, vertraute mir Frau Albrechts Tochter auf dem Korridor an. »Der Krebs hat sie so entstellt, und sie riecht auch so furchtbar, daß keiner von der Familie es lange bei ihr aushält.«

Ich erwiderte: »Aber Ihre Mutter liegt im Sterben, und sie weiß ganz genau, ob Sie anwesend sind oder nicht. Für die Kranke ist es ungemein wichtig, daß Sie bei ihr sind.«

»Aber sie redet ständig wirres Zeug.«

»Lassen Sie sie doch einfach reden. Sprechen Sie mit ihr. Aber lassen Sie sie auf keinen Fall allein!«

Ausgerechnet die besagte Frau Albrecht hatte einen wunderschönen Tod, obwohl die Familie nicht dabei war.

> »Bist du das, Mark?« (ihr Sohn).
>
> »Ja, ich bin es.« (Ich faßte ihre Hand).
>
> »Siehst du den Wagen und die Engel? Siehst du sie?«
>
> »Ja, ich sehe sie«, sagte ich.
>
> »Oh, wie herrlich! Bleib ein lieber Junge, Mark. Und sag den anderen, daß ich heimgegangen bin.«

Nur noch wenige Atemzüge, dann war sie entschlafen. Wie schade, daß die Angehörigen diesen gewaltigen Augenblick verpaßt hatten!

Der Augenblick des Sterbens ist schmerzlos und häufig ein wunderbarer Anblick für den, der dabei ist. Man sollte abwechselnd bei dem Sterbenden wachen, denn der wichtigste Moment im Leben ist der Tod – auf jeden Fall für den Betroffenen selbst, sollte es aber auch für die Angehörigen sein. Manche Ereignisse, die dem Sterben vorausgehen, können höchst inspirativ sein, wie der folgende Fall von Ida Williams zeigt.

> Eines Morgens war es bei der Visite spät geworden. Als ich hastig das Krankenzimmer betrat, fand ich dort den Pfarrer vor, der an Frau Williams Bett stand und ihr leise aus der Bibel vorlas. Die Sterbende hielt die Augen fest geschlossen. Sie bat den Pfarrer, mit Lesen aufzuhören und das helle Deckenlicht auszuschalten.
>
> »Das Licht ist doch gar nicht an«, meinte dieser verwundert.
>
> »Dann muß es die Sonne sein, die so hell scheint. Ziehen Sie bitte die Vorhänge zu.«

Schließlich öffnete sie die Augen und wies mit der Hand nach oben. »Ich sehe Ihn! Er ist hier! Seht nur Seine Hände! Seht die himmlischen Heerscharen! Alle, alle sind sie da – welch unaussprechliche Herrlichkeit! Der herrlichste Morgen meines Lebens!« Das waren ihre letzten Worte. Langsam sank sie zurück, der Puls wurde schwächer, und dann setzte auch die Atmung aus. Nur das Lächeln auf ihrem Gesicht blieb.

Ich trat ans Fenster und sah hinaus. Es hatte den ganzen Morgen geregnet. Der Himmel war verhangen, und die Regentropfen liefen wie langgezogene Tränen an der Fensterscheibe hinunter.

Negative Erlebnisse auf dem Sterbebett

Während in der Fachliteratur bereitwillig zugegeben wird, daß positive Todeserlebnisse im Überfluß vorhanden sind, behauptet man gleichzeitig, negative Erfahrungen seien selten bzw. überhaupt nicht vorhanden – weder bei Todesnähe-Erlebnissen noch bei Erscheinungen auf dem Sterbebett. Ein Autor schätzt die negativen Erfahrungen auf »vielleicht 1% aller berichteten Fälle, möglicherweise auch weniger«. Er fährt fort: »Aus eigener Erfahrung kann ich sagen, daß von den Hunderten von Menschen mit Todeserlebnissen, mit denen ich persönlich gesprochen bzw. von denen ich gehört habe, ich persönlich auf kein einziges richtiges überwiegend negatives Todeserlebnis gestoßen bin.«[17]

Ich für mein Teil kann bezeugen, daß negative Erfahrungen viele Todeserlebnisse kennzeichnen. In manchen Kategorien mag dies ausgeprägter sein als in anderen, aber die Gruppe der Visionen auf dem Sterbebett gehört ganz gewiß dazu. Wenn es jedoch offensichtlich negative Erfahrungen von Sterbenden gibt, stellt sich die Frage: Warum ist bei anderen Todeserlebnissen davon keine Rede?

Das gleiche gilt in bezug auf Überlebende eines klinischen Todes, die heute besonders zahlreich vertreten sind. Ich habe den obengenannten Autoren (einschließlich Dr. Kübler-Ross, Dr. Ring und Dr. Moody) angeboten, sie könnten ja etliche mir bekannte Patienten mit negativen Todeserlebnissen persönlich befragen, doch das wurde abgelehnt, weil diese Fälle anscheinend ein Problem für die bereits veröffentlichten Daten darstellen. Die ausnahmslos positiven Angaben sorgen jedoch in betrügerischer Weise für den Einzug der neuen »Religion des Sterbens«, die den Himmel als ein Gnadengeschenk für jedermann feiert, das dem Menschen von Gott her zustehe.

Wenn negative Befragungen am Sterbebett als Tatsache anerkannt sind, sollte man dieses Negative auch bei anderen Kategorien von Todesnähe-Erlebnissen für möglich halten. Das würde aber bedeuten, daß diese eben nicht, wie behauptet, alle positiv sind. Und jeder negative Fall bedeutet einen Stein des Anstoßes für New-Age-Gläubige.

Professor Ring macht den Weg frei, um die Angaben von Sterbenden auch auf andere Todeserlebnisse zu übertragen, indem er erklärt: »Wenn wir auf bekannte … Visionen Sterbender zurückgreifen, die sicherlich einen Bezug zu Todesnähe-Erlebnissen haben und sich teilweise mit diesen überschneiden, besitzen wir eine solide Basis, um (die Ereignisse) auf Todesnähe-Erlebnisse selbst zu übertragen.«[18]

Wenn die Logik stimmt und es erwiesenermaßen in irgendeiner Kategorie von Todeserlebnissen auch negative Fälle gibt, würde dies die Behauptungen jener Sterbeforscher annullieren, die beteuern, daß alle Sterbenden auf den Himmel zusteuern, egal, was sie glauben oder nicht glauben. Wenn sich also beweisen läßt, daß solche negativen Fälle tatsächlich existieren, und wenn sich herausstellt, daß einige, die vermeintlich einen »Blick in die Herrlichkeit« geworfen haben, einer Täuschung erlegen sind, dann bedeutet das, daß es ganz schön gefährlich ist zu sterben, ohne eine klare Heilsgewißheit zu besitzen.

Viele Fachleute auf dem Gebiet der Sterbeforschung, einschließlich der Anhängerschaft von Shirley MacLaine, glauben, daß es außerhalb der Natur keinen Gott gibt. Wenn Gott in uns ist, sind wir selber Gott. Nach dieser Logik müßten aber bereits ca. 5 Milliarden Götter auf der Erde herumlaufen, von denen jeder nach seinem eigenen Gutdünken handelt. Wenn keiner letztendlich zu sagen hat, lebt eben jeder nach seinen ureigenen Regeln. Es kann ja auch gar nicht anders sein, wenn man Gott ist. Genau dies hat Satan den Menschen von Anfang an eingeredet: Wenn ihr von der Frucht eßt, werdet ihr »sein wie Gott«, und: »Keineswegs werdet ihr sterben!« Diese Botschaft wurde durch die Schlange zuerst an Eva und dann auch an uns als ihre Nachkommen weitergegeben (1. Mose 3).

Doch das Sterbebett bietet eine ausgezeichnete Möglichkeit, das Problem zu lösen. Jetzt merkt der Patient nämlich, daß er nicht Gott ist, sonst wäre er überhaupt nicht in die prekäre Situation hineingekommen, sterben zu müssen. Sir Francis Newport war einer von denen, die dies sehr schnell erkannten:

> Daß es einen Gott gibt, weiß ich, denn ich spüre beständig die Auswirkungen Seines Zorns; daß es eine Hölle gibt, davon bin ich gleichermaßen überzeugt ... steht sie mir doch fortwährend vor Augen, indem mir alle meine Sünden wieder einfallen ... Warum bin ich denn in drei oder vier Tagen zum Skelett abgemagert? Ich will es euch sagen. Ich habe meinen Schöpfer verachtet und meinen Erlöser abgelehnt. Ich habe es mit den Gottlosen und Sündern gehalten und diesen Kurs konsequent weiterverfolgt ... als meine Sorglosigkeit am größten und die Mahnungen meines Gewissens am geringsten waren.

In unaussprechlichem Entsetzen rief er aus: »Ach, die Qualen der Hölle sind nicht zu ertragen!«, und damit starb er.[19]

A. B. Shaw, der bereits um die Jahrhundertwende Berichte von Sterbenden gesammelt hat, erzählt von dem Sohn eines reichen Texas-Farmers, der an einer schweren Drei-Tage-Krankheit von unbekannter Art starb:

> Während der ganzen Nacht vor seinem Tod litt er unsägliche Qualen, sowohl physischer als auch psychischer Art. Er bot den Ärzten seine gesamten irdischen Besitztümer an, wenn sie ihm nur das Leben retten würden. Bis zuletzt blieb er störrisch und weigerte sich, seine Angst vor dem Sterben zuzugeben. Erst wenige Augenblicke vor seinem Tod blickte er plötzlich erstaunt auf und starrte dann, aufs äußerste erschrocken, ins Leere. Auf einmal schrie er auf, als habe er

den Fürst des Schreckens in seiner ganzen erbarmungslosen Wut erblickt: »Mein Gott!« ... Seine Frau fing an zu schreien, und ... der Sterbende starrte weiter in entsetztem Erstaunen, mit offenem Mund und weit aufgerissenen Augen ... bis er starb.[20]

Ein weiterer negativer Fall von vielen, die A. B. Shaw niedergeschrieben hat, ist der von Frau J. B. aus dem Jahr 1886:

> Ich besuchte sie in den letzten Wochen ihrer Krankheit und traf sie in einem absolut erschütternden Gemütszustand an. Sie erkannte mich sofort und wollte mich nicht wieder fortlassen, um meine Frau zu holen, obwohl diese nur wenige Minuten entfernt war. »Dämonen sind in meinem Zimmer, bereit, meine Seele in die Hölle zu zerren«, jammerte sie ... »Sehen Sie, wie sie lachen!« rief sie. Von panikartiger Furcht und allergrößtem Entsetzen ergriffen, wollte sie aus dem Bett springen. Als ich dann versuchte, sie auf Jesus hinzuweisen, der ihr helfen könne, sagte sie resigniert: »Es ist umsonst, es ist zu spät!«[21]

Von vielen großen Männern aus der Vergangenheit liegen Berichte über ihr Sterben vor. Ich will nur noch zwei davon erwähnen. 1821 bekannte Napoleon Bonaparte gegenüber dem Grafen von Montholon:

> Ich sterbe weit vor der Zeit, und mein Leib wird der Erde zurückgegeben, um von Würmern gefressen zu werden. Das ist das Schicksal dessen, den man »Napoleon den Großen« nannte! Welch ein Abgrund zwischen meinem grenzenlosen Elend und dem ewigen Reich Christi![22]

Und dann natürlich Voltaire. Dieser selbstbewußte Mann, dessen »Feder mächtiger war als das Schwert«, dessen Intellekt und Ehrentitel nicht zu übertreffen waren, hatte einen Schlaganfall erlitten, der ihn langsam dahinsiechen ließ. Als seine Freunde ihn besuchten, fanden sie ihn in einer gänzlich unerwarteten Lage vor, die wie folgt beschrieben wird:

Er verfluchte sie ins Angesicht. Und in seiner Qual, die offensichtlich durch ihre Anwesenheit noch vergrößert wurde, rief er wiederholt mit lauter Stimme aus: »Fort mit euch! Ihr seid es, die mich in diese Lage hineingebracht haben. Laßt mich in Ruhe, sage ich; fort mit euch! Was für einen elenden Ruhm habt ihr mir verschafft!« In der Hoffnung, seine Qual durch eine schriftliche Widerrufung zu mildern, ließ er diese schreiben, unterschrieb sie mit eigener Hand und ließ das Dokument von Zeugen unterschreiben. Aber es war alles vergeblich. Zwei Monate lang litt er unter derartigen Seelenqualen, daß er zuweilen in seiner ohnmächtigen Wut gegen Gott und Menschen mit den Zähnen knirschte ... Dann wandte er sich ab und schrie laut: »Ich muß sterben – von Gott und Menschen verlassen!« ... Selbst seine Pflegerin sagte ein ums andere Mal: »Auch wenn man mir alle Schätze Europas gäbe, möchte ich nie wieder einen Ungläubigen sterben sehen!«[23]

Bei meiner Arbeit in einem örtlichen Pflegeheim ist mir bewußt geworden, daß wir es heute mit genau den gleichen Problemen zu tun haben, die im Lauf der Geschichte immer wieder aufgetreten sind. Ein Beispiel dafür ist die Geschichte von Herrn Bartholomy, einem Bewohner des Pflegeheims.

»Was sehen Sie denn da?« wollte ich wissen. Herr Bartholomy zitterte heftig und verzog sein Gesicht, während er auf etwas hinter meinem Rücken starrte. Als ich mich umdrehte, sah ich jedoch nichts.

»Da kommen sie schon wieder!« erwiderte er.

»Wer kommt da?« fragte ich.

Zum ersten Mal seit einer Woche saß der Patient kerzengerade im Bett, weiterhin ängstlich auf das Fenster starrend. »Sie schleichen die ganze Zeit da hinten 'rum und warten nur darauf, daß ich sterbe. Machen Sie doch, daß sie fortgehen!«

Ich legte die Hand auf seine Schulter und sprach beruhigend auf ihn ein, während ich gleichzeitig sein Kurvenblatt studierte. Ich konnte sehen, daß er keine Medikamente bekommen und auch kein Fieber hatte. Die Laboruntersuchungen hatten außer einer gewissen Blutarmut nichts Besorgniserregendes ergeben. Trotzdem hatte er schon wieder 4 kg an Gewicht verloren. Ob er geistig verwirrt war und halluzinierte? Hatte die Krebskrankheit bereits auf sein Gehirn übergegriffen? War sein Zustand durch toxische Paranoia bedingt? Durch Endorphine? Oder durch Anoxämie (Sauerstoffmangel im Blut)?

Nach reiflicher Überlegung schien es mir eher wie eine Wahnvorstellung oder Halluzination auszusehen. Doch warum sollte ich den Wahnvorstellungen eines Sterbenden Beachtung schenken? In diesem Zustand ist bekanntlich alles möglich. Obwohl es mich eigentlich nicht beunruhigen sollte, empfand ich es doch als beunruhigend. Meine Aufmerksamkeit war geweckt.

Wie ich aus den Unterlagen ersehen konnte, hatte der Patient eine gute Schulbildung genossen. Er war Protestant, hatte mehrere Enkelkinder, aber keiner seiner Angehörigen wohnte in unserer Stadt. Was dieser Mann brauchte, war irgendeine psychologische oder geistliche Hilfe – statt dessen gab ich ihm eine Beruhigungsspritze. Die Erscheinungen hörten auf, doch kurz darauf starb er. Da erst wurde mir bewußt, daß er ganz allein und verlassen gewesen war. Ich hatte als Arzt kläglich versagt.

Ich habe seitdem oft über dieses Erlebnis nachdenken müssen. Und es beunruhigt mich immer noch.

Selbstmord

Viele Sterbeforscher glauben, daß es auch bei versuchtem Selbstmord, so wie beim klinischen Tod und bei den Erlebnissen Sterbender, keinerlei unangenehme oder negative Erfahrungen gibt. Derartige Erfahrungen werden schlichtweg als nicht vorhanden bezeichnet. Nirgendwo ist von einer Konfrontation mit der Hölle oder von Schreckensvisionen die Rede. Ich konnte nicht umhin, mich zu fragen: *War je einer von den Autoren, die die Berichte geschrieben haben, dabei, als diese Patienten wiederbelebt wurden? Hat irgendeiner dieser Schreiber je selber eine Wiederbelebung durchgeführt?*

Kenneth Ring, Psychologieprofessor an der Universität von Connecticut und Autor eines Buches, zu dem Dr. Elisabeth Kübler-Ross das Vorwort geschrieben hat, ist ein gutes Beispiel. Professor Ring behauptet, es bestünden keine gravierenden Unterschiede zwischen den verschiedenen Arten von Todeserlebnissen, ganz gleich, ob sie von einer Krankheit, einem Unfall oder einem Selbstmordversuch herrührten. Sie seien vielmehr alle übereinstimmend schön und angenehm und zeitigten mehr oder weniger die gleichen Resultate. Professor Ring stellt fest:

> Aus eigener Erfahrung kann ich sagen, daß von den Hunderten von Menschen mit Todeserlebnissen, mit denen ich persönlich gesprochen bzw. von denen ich gehört habe, *ich persönlich auf kein einziges richtiges überwiegend negatives Todeserlebnis gestoßen bin* ... Ganz gleich, wie jemand stirbt, alle Todeserlebnisse sind, falls überhaupt vorhanden, mehr oder weniger gleich ... die Unveränderlichkeits-Hypothese ... eine von Stephen Franklin, mir selbst und Bruce Greyson durchgeführte Studie über Todeserlebnisse aufgrund von Selbstmord hat ebenso meine früheren provisorischen Entdeckungen bestätigt, die darauf hinauslaufen, daß Todeserlebnisse nach Selbstmordversuchen, gleich welcher Art, mit dem klassischen Prototyp übereinstimmen.[24] (Hervorhebungen von mir.)

Trotz dieser prachtvollen Ergebnisse, die sich aus verspäteten Befragungen, durchgeführt von Personen, die bei den Ereignissen selbst nicht zugegen waren, ergeben, gibt es doch hier und da ein negatives Erlebnis, das irgendwo zwischen die erwünschten Daten schlüpft. Das ist einer der Hauptgründe, warum ich dieses Buch geschrieben habe.

Dr. Raymond Moody, ein enger Freund von Dr. Kübler-Ross, der gemeinsam mit ihr als Psychiater-Kollege bei medizinischen Fachtagungen auftritt, schreibt in seinem Buch *Reflections of Life After Life* (»Leben nach dem Tod«) über einige interessante Befragungen von Selbstmördern, die überlebt haben. Einer dieser Patienten stellte eine Ausnahme von der traditionellen »Nur-positiv«-Regel dar. Er ertappte sich wiederholt dabei, in Gedanken die gleichen unangenehmen Szenen nochmals durchleben zu müssen, die sich bei dem ursprünglichen Selbstmordversuch abgespielt hatten – selbst dann noch, »als ich tot war«. Ein anderer Patient gab einige Zeit nach seinem Selbstmordversuch Dr. Moody gegenüber mehr oder weniger vage Gründe zu Protokoll, weshalb er keinen zweiten Versuch unternehmen werde:

> Nein, ich würde es nicht noch einmal tun. Das nächste Mal will ich eines natürlichen Todes sterben, denn ich weiß jetzt, daß unser Leben hier auf der Erde nur einen winzigen Teil der Zeit ausmacht und daß es in dieser Zeit noch sehr viel zu tun gibt. Außerdem: Wenn man stirbt, fängt die Ewigkeit an.[25]

Zwischen den Zeilen könnte man lesen, daß dieser Mann einige unangenehme Erlebnisse hatte und deshalb keinen weiteren Selbstmordversuch unternehmen wollte. Interessanterweise stellt Dr. Moody fest: »Kein einziger der von mir befragten Patienten wollte es auf eine Wiederholung seiner Erfahrung ankommen lassen.«[26] Warum nicht? Logisch wäre doch, daß ein Mensch, der so depressiv ist, daß er sich das Leben nehmen will, auch einen zweiten Selbstmordversuch starten würde, wenn er beim ersten Mal wirklich etwas so Schönes erlebt und tatsächlich Erleichterung erfahren hätte. Man muß von daher annehmen, daß diese Leute eben keinen Blick in die Herrlichkeit geworfen haben, wie es angeblich bei allen anderen berichteten Todeserlebnissen der Fall ist.

Hier haben wir es mit einem echten Problem zu tun. Wenn ein Mensch, der sich mit Selbstmordabsichten trägt, von all den wunderbaren, erhebenden Todeserlebnissen liest, die andere hatten, könnte er sehr wohl der Vorstellung erliegen, daß Selbstmord nicht nur seine Depressionen beenden, sondern ihn in eine anhaltende Hochstimmung versetzen werde. Das würde ihn veranlassen, den Versuch so lange zu wiederholen, bis er gelingt. Dies halte ich allerdings für eine äußerst schlimme Täuschung. Mir ist keine einzige positive Auswirkung eines versuchten

Selbstmords bekannt. 85% der Überlebenden waren heilfroh, daß es nicht geklappt hatte.

Mrs. P. M. H. Atwater, eine Geschäftsfrau, hat das Buch *Coming Back to Life* (»Zurück ins Leben«) geschrieben, mit einem Vorwort von Professor Kenneth Ring. Ihre Beurteilung der Sachlage ist wesentlich liberaler als die ihrer Kollegen. Sie führt in dem Buch sieben negative Todeserlebnisse an, die sie persönlich bei Befragungen entdeckt, und weitere sechs Fälle, von denen sie gehört hat.

Obwohl die im folgenden Bericht genannte Kundin von Mrs. Atwater keinen Selbstmordversuch unternommen, sondern einen Herzinfarkt erlitten hatte, soll die Begebenheit hier erwähnt werden, weil sie sehr starke Parallelen zu den typischen negativen Selbstmordschilderungen, denen ich begegnet bin, aufweist. Alle mir bekannten Selbstmordversuche sind übereinstimmend negativ gewesen, nie positiv. Meiner Ansicht nach präsentiert sich uns Professor Rings »Unveränderlichkeits-Hypothese« hier genau umgekehrt. Der Schuß geht sozusagen nach hinten los.

> Sie war vor Angst kreidebleich, als ich ankam. Während ihres klinischen Todes hatte sie etwas erlebt, was sie folgendermaßen beschreibt: Sie verließ ihren Körper und schwebte durch einen dunklen Tunnel, an dessen Ende ein helles Licht schien. Als sie das Licht erreicht hatte, erblickte sie eine Landschaft mit kahlen Hügeln und Bergen, die voller nackter, Zombie-ähnlicher Gestalten waren. Sie standen Ellbogen an Ellbogen und taten nichts anderes, als sie direkt anzustarren. Sie war so entsetzt über den Anblick, daß sie laut anfing zu schreien. Das brachte sie schlagartig zurück in ihren Körper. Doch sie schrie weiter, bis man ihr eine Beruhigungsspritze gab. Nachdem sie mir ihre Geschichte erzählt hatte, fügte sie hinzu, der Tod sei ein schrecklicher Alptraum, und verwünschte sämtliche Kirchen aller Zeiten, weil sie die Menschen mit ihrem dummen Gerede über den Himmel derart in die Irre geführt hätten. Sie war schier untröstlich.[27]

Mrs. Atwater kommt zu dem überraschenden Schluß: »Sie gaben zu, das erlebt zu haben, wovor sie sich hinsichtlich des

Sterbens am meisten gefürchtet hatten; dadurch wurde ihre ohnehin feste Überzeugung, daß sie für ihre ›Sünden‹ bestraft würden, zusätzlich gestärkt und bestätigt.«

Im Gegensatz zu den Beobachtungen von Dr. Moody bemerkt Mrs. Atwater, daß Selbstmordversuche nicht nur wiederholt werden (wie wir wissen), sondern daß sie sogar – was wir vielleicht nicht wissen – durch den heimtückischen Betrug einer persönlich erlebten oder von jemand anders berichteten Todeserfahrung gefördert werden können. Als Illustration schildert Mrs. Atwater folgenden Fall:

> Eine Frau, mit der ich in Kontakt kam, erzählte mir, daß sie zweimal wegen versuchten Selbstmords ins Krankenhaus gekommen sei, und das viele Jahre nach ihrem Todesnähe-Erlebnis. Dabei hatte sie Dinge erlebt, die in der Tat ergreifend und erhebend waren. Aber als die Jahre vergingen und viel Tragisches und Schmerzvolles in ihr Leben hineinkam, schien die positive Stimmung, die sie damals verspürt hatte, mehr und mehr zu weichen. Die Erinnerungen daran, wie wunderbar es »auf der anderen Seite« gewesen war, trieben sie zu dem Versuch, ihrem Leben ein Ende zu setzen, um ins Jenseits zurückkehren zu können. Beide Versuche schlugen jedoch fehl, und das Elend wurde dadurch nur noch größer. Als ich das letzte Mal etwas von ihr hörte, schien sie wieder einigermaßen auf die Beine gekommen zu sein. Sie erklärte mir, sie habe gemerkt, daß man den Dingen nicht entfliehen könne. Sie werde jetzt alles daransetzen, ihre Probleme selber zu lösen.[28]

Ihre Probleme selber lösen? Den Dingen nicht entfliehen können? Diese Frau war eine von vielen, die sich sehr stark mit ihrem Ende beschäftigen und entweder in ständiger Furcht vor dem Tod leben oder sich ständig nach dem Tod sehnen. In der Präventiv-Medizin besteht die große Herausforderung darin, den Todeswunsch zu erkennen und entsprechend zu behandeln, ehe er in die Tat umgesetzt wird.

Die besagte Autorin, Mrs. Atwater, befindet sich im Widerspruch zu ihren Gefährten, wenn sie schreibt: »Allerdings sind nicht alle Selbstmorderlebnisse positiv. *Einige sind auch negativ* … Die Tatsache, daß ein Mensch irgendwann ein Todeserlebnis hatte, hindert ihn nicht, sich mit Selbstmordgedanken zu beschäftigen und diese vielleicht sogar in die Tat umzusetzen. Ich weiß, daß die meisten Autoren das Gegenteil behaupten, aber ich kann mich ihrer Überzeugung nicht anschließen.«[29] (Hervorhebungen von mir.)

In ihren jüngsten Veröffentlichungen stellen einige Autoren eine zunehmende Anzahl von negativen Erfahrungen in allen zu den Todeserlebnissen zählenden Kategorien fest. Manchmal begegnet Mrs. Atwater auch gemischten Erfahrungen, wie z. B. bei sich selbst:

> Ich persönlich kann von beiden Fällen sprechen, denn mein drittes Todeserlebnis war etwas, was ich als »emotionalen Selbstmord« bezeichnen würde. Ich wünschte mir den Tod, und mein Körper war zu schwach, um sich dagegen zu wehren. Ob ich tatsächlich physisch tot war oder nicht, sei dahingestellt, aber was mich betrifft, starb ich wirklich. Und das zwei Monate nach einem unglaublich schönen und herrlichen Todeserlebnis (das nichts mit Selbstmord zu tun hatte), bei dem ich von Gefühlen der Vergebung und Freude schier überwältigt gewesen war.[30]

Professor Ring und seine ehemaligen Kollegen von der IANDS-Gruppe jedoch tragen am laufenden Band zur Verwirrung bei, indem sie darauf bestehen, daß die Kurve der Todeserlebnisse nur ein Ende besitzt, nämlich das gute Ende. Im Einvernehmen mit Moody, Kübler-Ross und anderen scheint Dr. Ring unbeirrt an der großen Hoffnung festzuhalten, daß jeden von uns im Jenseits nur gute Erfahrungen von bedingungsloser Liebe und ohne negative Ängste erwarten. Dadurch wird die Philosophie, daß die Himmelstore allen Sterbenden weit offenstehen, stark verbreitet. Professor Ring faßt seine Erkenntnisse wie folgt zusammen:

> Die große Einstimmigkeit in diesen Berichten bedeutet, daß unter Menschen, die Todeserlebnisse hatten, Übereinstim-

> mung in der Frage herrscht, wie es ist, wenn man stirbt … daß die Erfahrung des Todes überaus angenehm ist. Tatsächlich erscheint der Ausdruck »angenehm« als viel zu schwach; viele, die diese Erfahrung gemacht haben, würden sie eher als »ekstatisch« bezeichnen. *Mit Worten läßt sich das Gefühl äußerster Vollkommenheit, die den Eingang in den Tod zu charakterisieren scheint, überhaupt nicht angemessen beschreiben.*[31] (Hervorhebungen von mir.)

Die Behauptung, der Tod sei etwas »überaus Angenehmes«, um nicht zu sagen »Ekstatisches«, könnte viele depressive und verzweifelte Menschen veranlassen, vor der Zeit dorthin kommen zu wollen. Genau das trifft auf jenes Paar zu, von dem die *L. A. Times* berichtete. Die beiden Liebenden hatten die übereinstimmend begeisterten Berichte über das jenseitige Leben gelesen. Sie sehnten sich nach dem »Blick in die Herrlichkeit«, der ihnen durch die Erkenntnisse von Moody, Kübler-Ross, Ring und anderen Vorkämpfern des New-Age-Gedankens suggeriert worden war. In ihrer Verliebtheit beschlossen die beiden, das schöne Leben im Jenseits für sich selber zu entdecken:

> Der Mann und die Frau küßten sich ein ums andere Mal, wandten sich dann mit dem Rücken der Bucht zu und stürzten sich Hand in Hand rücklings von der Golden-Gate-Brücke in den Tod. Der Mann hatte eine Notiz in seinem Wagen zurückgelassen, aus der hervorging, daß er »gerufen« worden sei, in die »jenseitige Welt« zu kommen. Am Schluß hieß es: »Ich liebe Euch alle und wünschte, ich könnte hierbleiben, aber ich muß mich beeilen. Die Spannung bringt mich noch um.«[32]

Der reizvolle Gedanke, nach der Reinkarnation ein besseres Leben zu bekommen, hat schon manch einen verleitet, der Alltäglichkeit und Langeweile des gegenwärtigen Lebens ein Ende zu setzen. Am 8. Februar 1963, als Ronald Reagan Gouverneur von Kalifornien war, wurde John A. Brown in Riverside für schuldig erklärt, einen 14jährigen Jungen ermordet zu haben, was er auch freimütig gestanden hatte. Gouverneur Reagan begnadigte ihn, nachdem Brown sein Geständnis widerrufen und man im Büro des Bezirkssekretärs Tonbandaufzeichnungen gefunden hatte, die »bewiesen, daß Brown's ursprüngliches Geständnis falsch war. Er hatte in der Gaskammer sterben und (zu einem besseren Leben) reinkarniert werden wollen.«[33]

Das Wichtigste ist, sich daran zu erinnern, daß jeder Selbstmordversuch eines geistig klaren, zurechnungsfähigen Menschen, der mir bei meinen Nachforschungen begegnet ist, ohne Ausnahme eine schlechte Erfahrung zur Folge hatte. Es mag sein, daß das verwirrte Gemüt einer geistig umnachteten, unzurechnungsfähigen Person dieses Negative nicht erlebt. Darüber kann ich nichts sagen, weil ich bis jetzt keine derartigen Fälle hatte.

Das nachstehende Erlebnis eines Piloten der Eastern Airline ist zwar durch Drogen- und Alkoholmißbrauch, die bei seinem Selbstmordversuch mit im Spiel waren, entstellt. Trotzdem macht dieser Fall deutlich, daß fast alles (seien es Drogen oder Selbstmord) eine negative Erfahrung auslösen kann.

> Bevor man mir den Magen auspumpte, um mich wieder zum Leben zu bringen, sah ich einige häßliche Wesen, die sich durchs Fenster zwängten. Sie packten mich und brachten mich in ein riesiges Tal. In diesem Tal brannte ein Feuer. Ich sah, wie die Menschen dort hin und her hasteten, mit den Armen fuchtelten und laut schrien. In diesem Moment fing ich an, mich zu übergeben. Ich realisierte, wo ich war. Man war dabei, mir den Magen auszupumpen.

Die meisten religiösen Überlieferungen enthalten klare Warnungen vor Selbstmord. Die jüdisch-christliche Bibel betont ausdrücklich, daß unsere Zeiten in Gottes Hand sind (Psalm 31,15) und daß Mord verboten ist (6. Gebot), Selbstmord eingeschlossen (2. Mose 20,13; 1. Korinther 6,18-20). Um es noch spezieller auszudrücken, unser Leben gehört nicht uns selber, sondern Gott (1. Mose 9,5-6; 1. Korinther 6,19). Trotzdem meinen manche Christen: »Es ist doch schließlich mein Leben! Ich kann damit machen, was ich will, ich kann es mir auch nehmen.«

Klar ist, daß in Ländern, wo der Selbstmord bzw. Freitod stillschweigend geduldet wird, diese Nachsicht sich gewöhnlich auch auf Abtreibung und früher oder später auf freiwillige Euthanasie erstreckt. Letztere bleibt indessen meistens nicht sehr lange freiwillig, aber darauf kommen wir noch zu sprechen.

Im nächsten Kapitel wollen wir uns mit Experimenten außerhalb des Körpers beschäftigen, womit dem neugierigen Wunsch, über den Tod Bescheid zu wissen, ohne tatsächlich sterben zu müssen, Rechnung getragen werden soll. Da der Tod etwas absolut Endgültiges, Unabänderliches darstellt, betrachten manche derartige Experimente außerhalb ihres Körpers als eine spannende und herausfordernde Methode, dem Tod auf die Spur zu kommen, ohne daß ein permanenter Totenschein ausgestellt werden muß. Dadurch könnte sich die Möglichkeit bieten, das Unvermeidliche zu analysieren, ohne bereits durch das Todestor gehen zu müssen.

Das ist zumindest der Grund, der von manchen experimentierfreudigen Menschen, die durch Erfahrungen außerhalb ihres Körpers neue Erkenntnisse zu erlangen versuchen, angegeben wird.

7

ERFAHRUNGEN AUSSERHALB DES KÖRPERS

»Ich glaube, jeder Mensch malt sich irgendwann einmal in seiner Phantasie aus, wie es wäre, sich außerhalb seines Körpers zu befinden«, meinte Dr. Jerry Jones, als wir uns der Tür zu einer Arztpraxis in La Fayette/Georgia näherten. »Ich denke, Erfahrungen dieser Art bilden so etwas wie eine experimentelle Übung für den Tod. Man möchte wissen, wie es an der Schwelle des Todes ist, wenn Geist und Körper voneinander getrennt werden, und man möchte sichergehen, daß ›dort drüben‹ wirklich keine Gefahr droht. Quasi, um vor unangenehmen Überraschungen sicher zu sein, verstehst du!«

»Was ist denn mit den echten EAK's (Erfahrungen außerhalb des Körpers), die stattfinden, ohne daß man phantasiert?« fragte ich ihn. »Hast du so etwas schon einmal miterlebt?«

»Na klar.« Er deutete in die Richtung der besagten Arztpraxis. »Sogar der Doktor hier hatte letzte Woche eine solche EAK.« Er machte eine Pause und fuhr dann fort: »Das war, nachdem man ihn ganz fürchterlich zusammengeschlagen hatte. Genau hier, wo wir jetzt stehen. Ein LKW-Fahrer hatte ihm aufgelauert, um ihm eine ›Lektion‹ zu erteilen. Er behauptete, der Doktor habe mit seiner Frau geflirtet, als sie seine Patientin war.«

Ich trat einen Schritt zurück. »Soll das heißen, daß der Arzt aufgrund der Prügel eine EAK hatte?«

Jerry nickte. »Er war eine Zeitlang fast bewußtlos. Die Arzthelferinnen mußten ihn nach Hause bringen. Er faselte wirres Zeug und sagte, er sei irgendwo oben im Weltall in der Nähe des Mondes oder so – und daß er nicht wüßte, wie er wieder zurückkommen könne. Ich schätze, er wäre am liebsten über den Mond gehüpft, als der LKW-Fahrer ihn später anrief und sich bei ihm entschuldigte.«

»Tat es ihm leid, daß er ihn so verprügelt hatte?«

»Nein, es tat ihm nur leid, daß er den Falschen erwischt hatte – die Prügel hätte sein Arztkollege einstecken sollen!«

Neben den durch Gewalteinwirkung verursachten EAK's gibt es viele derartige Erfahrungen, die durch andere Dinge ausgelöst werden; Drogen sind der schnellste Weg. Bestimmte psychedelische Drogen wie »Angel dust« (PCP), »Speed« (LSD) und Kokain sind leicht erhältlich und im Grunde recht zuverlässige Halluzinogene. Sie holen einen ganz schnell aus dem Körper heraus und verschaffen einem möglicherweise »einen billigen Blick in den Himmel«.

Durch Drogen ausgelöste EAK's

Tal Brooke, heute ein ausgezeichneter christlicher Autor, ein Experte auf dem Gebiet des New Age und ehemaliger Studienfreund von Dr. Raymond Moody an der Universität von Virginia, entschied sich für LSD, um das Hochgefühl einer EAK, von der er schon so viel gehört hatte, zu erleben. Dabei geschah folgendes:

> Ich sah dort Millionen von Lichtern, so, als erblickte ich Los Angeles auf dem Kopf stehend. Mein Verstand barst förmlich vor Wissen; ich war ein Dichter, ein Schriftsteller; ich kannte jede Zeile aus Shakespeares gesammelten Werken; ich merkte plötzlich, daß meine Fähigkeiten unbegrenzt waren. Ich war nicht mehr *Teil* des Universums; ich *war* das Universum![1]

Drogen sind der einfache Weg. Ein anderer, wenn auch vielleicht längerer, um eine EAK zu haben, ist die Meditation. Auf diesem Weg »verschmolz« Shirley MacLaine sehr bald mit ihrer Umgebung. Sie wurde »Teil« des Saunabades, »Teil« der Felsen, des Wassers, der Luft, alles Dinge, die sie sehr lebendig in ihrem Buch *Out on a Limb* (»Zwischenleben«) schildert.

Die hier aufgezählten Drogenfälle sollen deutlich machen, daß man Erfahrungen außerhalb des Körpers machen kann, ohne ein Todesnähe-Erlebnis zu haben, obwohl die meisten Schreiber EAK's in die Kategorie der Todeserlebnisse einreihen. Das heißt, daß man nicht nur in Todesnähe eine EAK haben kann, eine Erfahrung also, bei der Körper und Geist voneinander getrennt werden.

Ein wichtiger Grund für das Experimentieren mit Drogen und Meditation ist der Wunsch des Betreffenden, das »Hochgefühl« zu erleben, das gewöhnlich die EAK begleitet. Aber der Preis für das, was als »billiger Blick in den Himmel« durch Drogen »verkauft« wird, ist in Wirklichkeit sehr hoch. Wenn nämlich die gefürchtete »Low«-Phase (Phase tiefer Niedergeschlagenheit) eintritt, benötigt man, um wieder »high« zu werden, möglicherweise eine noch stärkere Dosis. Irgendwann verkalkuliert man sich und nimmt eine Überdosis. Es gibt aber auch Menschen, die bereits auf kleine Dosen von Rauschgift eigentümlich reagieren, wodurch sich der unerwartete Tod bei manchen Erstanwendern erklären läßt.

Wir wollen nun jene Drogen, die am häufigsten benutzt werden, um eine EAK herbeizuführen, etwas näher betrachten. Bei allem angeblichen Entspannungswert handelt es sich hier um eine fatale Täuschung, oft mit tödlichen Folgen.

LSD war die erste Droge, die in großem Umfang gebraucht wurde. Die Einführung dieser Droge half mit, den kulturellen Umbruch der 60er Jahre hervorzubringen, indem sie Tausende von Menschen mit den angeblich so phantastischen Wundern der geistigen Welt vertraut machte – eine Welt, die der traditionellen, gutbürgerlichen Gesellschaft jener Tage gänzlich unbekannt und verborgen war. »Persönliche Teilnahme« war der Schlüssel, um Zugang zum »kosmischen Bewußtsein« zu erlangen; es war das gleiche mystische Spiel, das die Yogis seit

Jahrhunderten durch Meditation, oft verstärkt durch Drogenkonsum, kannten.

Obwohl Yogis und andere sogenannte »Heilige« den Gebrauch von bewußtseinserweiternden Drogen als beste Methode für die schnelle »Überfahrt« erkannt hatten, benutzten sie gewöhnlich die älteren Drogen Mescalin und Haschisch – Drogen, die sich jedoch für den »Schnellverkehr« der modernen Parapsychologie als zu langsam erwiesen.

Professor Timothy Leary von der Harvard-Universität, ein eher moderner und intellektueller Parapsychologe, führte die nächste Generation von Halluzinogenen, LSD-25 genannt, ein. Nachdem er seinen Studienabgängern Hunderte von Dosen LSD-25 verabreicht hatte, ging er an die Öffentlichkeit. Er erlangte akademische Berühmtheit, zusammen mit etlichen anderen bekannten Harvard-Professoren wie den Psychologen Dr. Richard Alpert und Dr. Alan Watts, die »Die fröhliche Kosmologie« erfanden, um über ihre eigenen mystischen Begegnungen während ihrer Drogentrips zu diskutieren.

Leary und Alpert transkribierten anschließend das *Tibetanische Totenbuch*, den uralten buddhistischen Text über die Todesrituale, in einen Leitfaden für die Einnahme von LSD und gaben ihm den Titel *The Psychedelic Experience* (»Die psychedelische Erfahrung«). In diesem Buch wurden außerdem Dinge wie Reinkarnation, Karma und Selbstvergöttlichung sowie der Nutzen von Drogen gelehrt.

Es dauerte nicht lange, bis riesige Mengen des neuen Rauschmittels LSD verfügbar waren, von dem Tausende von jugendlichen Teilnehmern beim 1968 veranstalteten Rockkonzert »Summer of Love« im Golden-Gate-Park reichlich Gebrauch machten. Über Nacht wurde so das »Nirwana« in Pillenform zur Realität, während die pausenlos durch Musik eingehämmerte Botschaft auf die Parole hinauslief: »Nieder mit dem Establishment!«

Durch das LSD mutig geworden, erkundeten die Hippie-Kommunen weitere Möglichkeiten, um die Zivilisation hinter sich zu lassen und zur Natur zurückzukehren, wobei die »Freiheit des Geistes« förmlich zur Besessenheit wurde. Charakteristisch für die neue Kultur des Anti-Establishments und Anti-

Materialismus' waren Drogen, Sex, lange Haare und ein dringend notwendiges Bad.

Während Professor Leary, seinen Doktorgrad der Psychologie schwenkend, unterwegs war, warb er für ein neues Evangelium, das über den Tod hinaus blickte. Er verkündete frank und frei:

> LSD öffnet den Geist und setzt eine enorme Menge an Bewußtseinsenergie frei. Hier liegt der Schlüssel zu einem Geheimnis, das seit mehr als 2500 Jahren von einer Generation zur anderen weitergegeben wurde: die Erfahrung eines erweiterten Bewußtseins, prämortaler Tod und Wiedergeburt. Es ist möglich, über das Ich-Bewußtsein hinauszukommen, sich auf die neurologischen Prozesse, die mit Lichtgeschwindigkeit vorüberfliegen, einzustellen und sich des gewaltigen Schatzes eines uralten Rassenbewußtseins, das in den innersten Kern jeder Körperzelle eingeschweißt ist, bewußt zu werden. Psychodysleptika (Drogen) können diese Tür öffnen.[2]

Einige Monate nach der Rede von Professor Leary beschloß Tal Brooke, Absolvent der Universität von Virginia und Princeton und regelmäßiger Sprecher in Oxford und Cambridge, dieses Experiment an sich selbst zu vollziehen. Er wollte diesmal die zehnfache Dosis reines LSD-25 einnehmen. Unmittelbar nach Mitternacht schluckte er 3000 Mikrogramm des reinen Stoffes, und in weniger als einer Stunde »saß er oben auf einer Atombombe«.

> Meine Gedanken und Empfindungen begannen miteinander zu verschmelzen. Die Sterne erschienen gleich Tropfen von Quecksilber am Nachthimmel und verflochten sich zu einem vielfarbigen Gespinst – atmend und sich wölbend und den ganzen Himmel einnehmend, über Milchstraßen hinweg und bis auf den Boden, wo ich hockte …
>
> Während eine Kraft meinen Geist mit einer Geschwindigkeit trieb, die größer war als die der Gedanken, fühlte ich plötzlich, wie etwas viel Älteres als ich selbst meinen Kurs

zu steuern begann. Ich passierte 10000 Kreuzungen pro Sekunde und bog bei jeder von ihnen richtig ab ...

Meine Geschwindigkeit nahm weiter zu, als ich zu einem diamantenen Keil wurde, der die allerschönsten Bogen schlug, von einer Kreuzung zur anderen ...

Dann passierte es. Ich verlor die Macht über mein Sprech- und Denkvermögen. Ich erblickte den Eingang in ein neues Universum. Es war ein fester Lichtpunkt. Um die Beschleunigung, die erforderlich war, um dorthin zu gelangen, zu erkämpfen, mußte ich gegen die Masse des gesamten Universums ankämpfen ...

Am Schlagbaum des Lichtpunktes angekommen, betrete ich die ewige Gegenwart. Alle meine dreizehn Milliarden Gehirnzellen scheinen durcheinanderzugeraten, als schnellten sie zu einer höheren Gestalt empor und entwickelten sich zu einem höheren Gefüge, das bisher verborgen war. Jede Zelle sagt einen meiner früheren Namen ... Als ich den Lichtpunkt betrete, verschwindet alles, was mich mit der Welt verbindet. Ich trete ein in das Zukünftige ... Ich war in das Meer allen Seins eingedrungen ... das klare Licht oder den Ozean des Brahmans ... Ich hatte das höchste mystische Stadium erreicht, das, was die Hindus *Nirvikalpa Samadhi* nennen.[3]

Brooke war von diesen Phänomenen derart beeindruckt, daß er sich zwei Jahrzehnte lang intensiv mit dem Okkulten beschäftigte. Er verbrachte zwei Jahre in Indien als persönlicher Schüler des wunderwirkenden Supergurus Sai Baba und wurde zu einem vollendeten New-Ager, noch bevor dieser Begriff überhaupt erfunden worden war.

Meine Überzeugungen waren ein Gemisch aus dem Besten, das ich im Osten finden konnte, und den weitreichendsten Errungenschaften des Westens – Neues aus der Medizin, neue Formen der Psychologie, Seelenforschung, durch spiritistische Medien wie Edgar Cayce gechannelte (übermittelte) Informationen, Theosophie und kreative Ideen, die aus der psychedelischen Subkultur stammten. Das Erregendste im Leben war, auf den Wellen zu reiten und »der Kraft zu vertrauen«, als sich mein drittes Auge geöffnet hatte.[4]

Der endgültige Konflikt war nach Tals Worten eine überwältigende Konfrontation mit den einfachen Aussagen Jesu Christi.

Für viele andere jedoch, die mit Hilfe von Bewußtseinsveränderung die »Wahrheit« zu finden hoffen, gibt es offenbar keinen Ausweg mehr aus der Falle, in der sie gefangen sind. Seit Evas Bewußtsein durch das Essen der verbotenen Frucht im Garten Eden verändert wurde, haben, wie es scheint, immer wieder Menschen versucht, durch einen Zustand der Bewußtseinsveränderung die Quelle der Zufriedenheit zu finden. Sie haben sich den vergänglichen Freuden von Sex und Drogen hingegeben, um diesen Zustand zu erreichen, und bekamen doch immer wieder neu Durst. Bleibender Frieden entzieht sich nach wie vor dem Zugriff des Menschen. Anstatt Frieden zu finden, mag manch einer überrascht feststellen, daß seine Seele von einem Geistwesen in Besitz genommen oder sein Verstand durch Drogenabhängigkeit zerstört worden ist.

Manche Menschen, die LSD nehmen, haben keine lange Drogenkarriere vor sich. Es kann vorkommen, daß jemand sich für einen Übermenschen hält und aus dem Fenster springt – nur um festzustellen, daß er gar nicht fliegen kann. Louis Costello, ein Junge von 16 Jahren, kam sich in seinem LSD-Rausch so stark vor, daß er sich von einem Felsen 300 Meter in die Tiefe stürzte, wobei er seinen Regenschirm als Fallschirm benutzte. Er kam, Gott sei Dank, mit einem Beckenbruch und mehreren Beinbrüchen davon.

Nachfolgend eine Übersicht über einige Standardgruppen bewußtseinsverändernder Drogen, die in der Lage sind, zu vermeintlich wunderbaren Erfahrungen außerhalb des Körpers zu führen. Neben den Fachausdrücken finden sich in Klammern jeweils die unter Benutzern üblichen Bezeichnungen. Sie gliedern sich hauptsächlich in Betäubungsmittel, Beruhigungsmittel, Aufputschmittel, Halluzinogene und aus der Hanfpflanze gewonnene Rauschmittel (Haschisch, Marihuana) auf.

1. Zu den *Betäubungsmitteln*, angewandt bei schweren Schmerzen, gehören Opium, das aus Schlafmohn gewonnen wird;

Morphium, ein Derivat des Opiums; Heroin (Horse, Smack); Demerol (Würfel); Dilaudid (Dillies); einige Formen des Kodeins (Percodan, Perks); sowie Methadon, das ebenfalls zur Sucht führt und deshalb nicht mehr als Behandlungsunterstützung beim Drogenentzug zu empfehlen ist.
2. Zu den *Beruhigungsmitteln*, angewandt bei Nervosität, gehören die Barbiturate, die Quaalude, die Gruppe der Valium-Präparate (Mamas kleine Helfer) sowie der am weitesten verbreitete Übeltäter Alkohol.
3. Zu den wichtigsten *Aufputschmitteln*, angewandt zur Leistungssteigerung und zur Erlangung eines seelischen Hochgefühls, gehören das Kokain, das aus Kokablättern gewonnen wird (Coke, Flake, Snow, Rock oder Crack) und die Amphetamine (Speed, Meth, Crank oder Ice).
4. Zu den typischen *Halluzinogenen,* angewandt als Mittel zur »Entspannung« und für »Trips«, gehören LSD (Acid, Microdot), Mescalin (Peyote, Buttons, Kaktusblüte) sowie PCP (Angel dust, Hog).
5. Schließlich gibt es die Gruppe der aus der Hanfpflanze gewonnenen *Cannabis*-Rauschgifte, angewandt zum »Spaß« und zur »Entspannung«; dazu gehören Marihuana (Pot, Hemp, Grass, Reefer, Thai Sticks) und Haschisch, ein Extrakt aus dem Harz der Hanfpflanze (Hasch oder Hasch-Öl).

Es läßt sich sowohl bei Jugendlichen als bei Erwachsenen gewöhnlich leicht erkennen, ob sie sich auf einem Drogentrip befinden. Manchmal kann man sogar das vorherrschende Rauschmittel bestimmen. Ein untrügliches Zeichen sind frische Einstiche an Armen oder Beinen, wenn das Rauschgift injiziert wird. Oft werden irgendwelche Utensilien gefunden, die der Süchtige im »High«-Zustand einfach hat liegenlassen. Unentschuldigtes Fernbleiben von der Arbeit sowie Persönlichkeitsveränderungen mit Lügen, Betrügen oder Stehlen sind weitere Indizien.

Jede Drogen-Kategorie zieht ihre eigenen charakteristischen Symptome oder Befunde nach sich. Die Betäubungsmittel führen zu Schläfrigkeit, Euphorie, verengten Pupillen und verlangsamter Atmung. Die Beruhigungsmittel resultieren in trunkenheitsähnlichem Verhalten und undeutlicher Sprache und können zu Benommenheit oder gar Stumpfsinn führen. Die Aufputschmittel führen zu übertriebener Munterkeit, Schlaflosigkeit, Exzitation, beschleunigtem Puls, erweiterten Pupillen und Appetitlosigkeit. Die Halluzinogene verursachen eine ganze Reihe von nicht voraussagbaren »Trips«, z. B. Sinnestäuschungen, optische Täuschungen, Wahnvorstellungen oder Halluzinationen, und können häufig akute Angstzustände auslösen. Die Cannabis-Gruppe schließlich schwächt Hemmungen ab, erzeugt ein Gefühl des Wohlbefindens und der Heiterkeit und hat oft unorientiertes Verhalten zur Folge.

Die Geschichte des Rauschgifts

Da Todesnähe-Erlebnisse oft als Erfahrungen außerhalb des Körpers beschrieben werden und letztere durch Drogeneinnahme nachgeahmt werden können, bieten sich Experimente mit Rauschmitteln als relativ sicheres Mittel zur Bewertung von Phänomenen an der Schwelle des Todes und den möglicherweise damit verbundenen Gefahren geradezu an.

Als ich nach Chattanooga kam, war mein erster Herzpatient in einer Privatklinik auf der McCallie Avenue, direkt neben dem berühmten Thomas House, untergebracht. Als ich die Klinik betrat, fiel mein Blick auf eine Frau, die in Wehen lag und kurz vor der Geburt stand. Es schien keine Krankenschwester oder Hebamme in der Nähe zu sein, und der diensthabende Arzt saß auf einem Sofa, schwitzend und zitternd und nicht in der Lage, irgend etwas zu tun. Vor lauter Nervosität und Schwäche konnte er nicht einmal stehen und schrie dauernd irgendwelche Leute an, die gar nicht da waren. Ich brüllte ihm ins Ohr, seine Patientin sei dabei, ihr Kind zur Welt zu bringen. Er schüttelte nur den Kopf und warf eine Spritze hinter das Sofa. Sein Gesicht war einseitig verzerrt, und der Speichel tropfte von seinem Kinn herunter. Sein Puls ging schnell, und die Pupillen waren stark erweitert. Während ich seinen Blutdruck maß, verkrampfte er sich plötzlich, wobei er eine Lampe von dem Sofatischchen stieß, und fiel auf den Boden. Im Raum nebenan schrie die schwangere Frau. Nachdem ich Arzt und Patientin ein Beruhigungsmittel verabreicht hatte, holte ich ohne große Komplikationen das Baby ans Licht der Welt, gab ihm einen Klaps auf den Po, damit es schrie, und durchtrennte die Nabelschnur. Hinter dem Sofa fand ich mehrere Fläschchen mit der Aufschrift »Amphetamine«. Dexadrin in Pillenform hatte offenbar für seine Bedürfnisse nicht mehr ausgereicht, und er hatte angefangen, sich das Aufputschmittel direkt in die Venen zu spritzen, wovon zahlreiche Einstiche im linken Arm beredt Zeugnis ablegten.

Nach einiger Zeit kam schließlich sein Bruder, der auch Arzt war, und erwähnte im Gespräch, daß der Bruder seit längerem an akuten Depressionszuständen leide, die er mit bewußtseinsverändernden Drogen zu behandeln versucht habe. Morgens nahm er als Aufputschmittel eine Mischung aus Speed und Wodka, um durch den Tag zu kommen, und abends war er auf Beruhigungsmittel angewiesen, um die Nacht durchzustehen. Je mehr er von den Suchtmitteln abhängig wurde, um so mehr verschloß er sich seiner Umgebung gegenüber. Er wollte einfach nicht zugeben, daß er Probleme hatte. Er nahm immer mehr ab, bestand zuletzt praktisch nur noch aus Haut und Knochen, und einige Monate nach unserem ersten Zusammentreffen hörte ich, daß er gestorben war.

Seitdem sind immer neue Drogen entwickelt worden und auf den Markt gekommen, wo sie reißenden Absatz finden. Speed, das Kokain des kleinen Mannes, wird heute zu »Ice« destilliert, einem Produkt, das vielleicht zur gefährlichsten aller modernen Drogen werden könnte. MDA, eines der allgemein bekannten Eiskristalle, wird von Drogenabhängigen als »Ecstasy« oder »Liebesdroge« bezeichnet. Der Blick in die Herrlichkeit, nach dem die meisten Drogensüchtigen trachten, hält mit Ice wesentlich länger an und benötigt weniger häufige Anwendungen, um die gewünschte Wirkung zu erzielen. Man sagt sogar, daß die durch Ice erzielte Hochstimmung den größten Teil des Tages anhält, genauer gesagt 14 Stunden – nicht zu vergleichen mit den mageren 30 Minuten bei Kokain. Mit anderen Worten: Ice hat eine 28mal längere Wirkungsdauer als Crack, obwohl beide zu der gleichen aufputschenden Kategorie von Rauschmitteln gehören.

Aus Furcht vor der Übertragung von Aids beim Gebrauch schmutziger Nadeln ist das direkte Injizieren in die Blutbahn wesentlich zurückgegangen. Der Trend geht heute eher dahin, Drogen zu rauchen oder zu inhalieren. Sowohl Crack als Endprodukt von Kokain als auch Ice als Endprodukt von Speed läßt sich gut in Zigaretten rauchen, um die vor dem Tod erhofften kosmischen Wunder zu erleben und verblüffende Erfahrungen außerhalb des Körpers zu machen.

Der Ärztestand wurde erstmals im Jahr 1884 durch Sigmund Freud mit dem Kokain bekanntgemacht. Dieser österreichische Arzt sollte zum ehrwürdigen Vater der modernen Psychologie und Psychiatrie werden. Sein berühmtes Manuskript trug den einfachen Titel *On Coca* (»Über Koka«). Freud benutzte das Kokain zuerst selbst gegen Depressionen. Dann versuchte er, einen engen Freund, der morphiumsüchtig war, damit zu behandeln. Doch anstatt die Morphiumsucht zu kurieren, führte die Behandlung zur Abhängigkeit von zwei verschiedenen Rauschmitteln anstelle des einen.

Dr. Freud war auch der erste, der Kokain zur Förderung von Erfahrungen außerhalb des Körpers benutzte, die durch Hypnose – ebenfalls seine Erfindung – hervorgerufen wurden. In der Tat bildet die Hypnose immer noch die Grundlage aller gegenwärtigen Theorien über das Unbewußte und Unterbewußte, die sich entweder auf Mesmerismus (Heilmagnetismus) oder Drogenerlebnisse – oder auf beide – stützt. Kokain wurde sehr bald zum Allheilmittel erkoren, als Freud es voll Begeisterung zur Behandlung von Asthma, sexuellen Problemen, Medikamentenabhängigkeit und vielen anderen Dingen empfahl. Er betrachtete das Kokain als seine persönliche Medizin, die er selber entdeckt habe. Deswegen war er auch so deprimiert und verstört, als ein Kollege, Dr. Carl Koller, sein Geheimnis stahl und als erster Kokain für den klinischen Gebrauch nutzbar machte, und zwar in Form von einfachen Betäubungstropfen bei Augenoperationen, die noch heute angewandt werden.

Haben Sie sich je gefragt, wie man sich wohl bei einem Kokain-»Schwips« fühlt? Wie alle anderen übersinnlichen Phänomene, hat auch dieses Erlebnis durchaus seine Tücken und kann sowohl gute als auch schlechte Auswirkungen nach sich ziehen. Robert Louis Stevenson mußte dies im Jahr 1885 feststellen, als er Kokain zur Erleichterung seiner durch Tuberkulose hervorgerufenen Beschwerden einnahm. Die ungeheuren Gemütsschwankungen, die er dabei erlebte, versetzten ihn in die Lage, das berühmte Buch *Dr. Jekyll and Mr. Hyde* in nur drei Tagen zu schreiben! Das Buch selbst ist der beste Beweis dafür, daß Erfahrungen außerhalb des Körpers entweder wunderschön oder aber schrecklich sein können, auch wenn die Möglichkeit des Schrecklichen und Schlimmen von den Schreibern unserer Tage meistens stillschweigend übergangen wird.

Auch Edgar Allen Poe und andere Dichter, Musiker und Schriftsteller hatten bzw. haben ihre Stimmungsschwankungen bis hin zu bösen und grausigen Erlebnissen zum großen Teil dem persönlichen Gebrauch von Drogen zu verdanken. Himmel- und Höllenerlebnisse bei Drogeneinnahme haben somit große Ähnlichkeit mit den Ergebnissen aller anderen bewußtseinsverändernden Zustände, seien es Erfahrungen außerhalb des Körpers oder Todesnähe-Erlebnisse. Auch dadurch wird die Philosophie, »es ist ja alles gut«, von Schreibern, die die verschiedenen Daten zu diesen Themen zusammentragen, klar widerlegt.

Obwohl das Kokain bereits in den 1920ern von Unterhaltungskünstlern ausprobiert wurde, erlangte es erst richtig Popularität, als der Film »Easy Rider« im Jahr 1969 erschien, in dem es als »das einzig Wahre« für alle nachfolgenden Motorrad-Gangs dargestellt wurde. Nach der Popularität von LSD in den 60er Jahren wurde das Kokain zum »Champagner unter den Drogen« für die 70er und 80er Jahre und wird wahrscheinlich bis zur Jahrtausendwende vom »Ice« abgelöst worden sein.

Kokain ist eine Droge, die in ihrer Wirkung absolut unberechenbar sein kann, und zwar bereits in geringen Dosen. Ohne jegliche Vorwarnung kann es die Atmungsorgane oder das Herzleitsystem betäuben bzw. lähmen. Indem es die Herzkranzgefäße verengt, kann es zu plötzlichen Herzinfarkten oder tödlichen Herzrhythmusstörungen führen, ohne Rücksicht auf das Alter dessen, der es einnimmt. Kokain hat Len Bias mit 22 Jahren das Leben gekostet, während er als großer Basketballstar an der Universität von Maryland gefeiert wurde. Rico Marshall, ein 18jähriger Oberschüler und guter Läufer, der Bias glühend verehrte, verlor ebenfalls durch Kokain sein Leben. Im Mai 1989 starb Esteban DeJesus, Boxmeister im Leichtgewicht, der sogar

Roberto Duran einmal besiegt hatte, an Aids, das er sich durch eine verseuchte Spritze zugezogen hatte, als er sich einen »Schuß«, bestehend aus Heroin und Kokain, setzte. Man könnte diese Liste von jugendlichen Kokainopfern beliebig fortsetzen, Tendenz steigend.

Undefinierbare Mischungen von Drogen, »Obstschalen« genannt, werden heute gern auf Parties als »Glückstopf« eingesetzt, wobei die Teilnehmer mit Spannung darauf warten, was ihnen wohl in der nächsten Schale offeriert wird. Wenn die Schüssel zum ersten Mal die Runde macht, wirft jeder Teilnehmer eine seiner Lieblingspillen oder -kapseln hinein (außerdem wahlweise noch unbekannte, besonders farbenfrohe Drogen). Bei der nächsten Runde muß sich jeder eine Pille nehmen und dann den übrigen aus der Gruppe genau beschreiben, was er an bewußtseinsverändernden Wirkungen verspürt. Diese Prozedur wird mehrmals wiederholt. So spielen die jungen Leute ein konzentriertes russisches Roulett, wobei anstatt der Kugeln Drogen benutzt werden.

Auf anderen Parties wird diese Methode um Dinge wie spiritistische Sitzungen, Pentagramme, mystische Rituale und Chanting erweitert. Drogen werden oft mit eingesetzt, um die Geister durch Zaubersprüche und Beschwörungsformeln herbeizurufen. Durch Gruppenmeditation – mit oder ohne Drogen – läßt sich das gleiche Ergebnis erreichen: unbekannte Geister herbeirufen, Tote beschwören, geheime Informationen zur Erlangung von persönlicher Macht suchen oder manchmal sogar die Euphorie einer Astralreise erleben – alles Dinge, die in der Bibel ausdrücklich verboten sind.

Wenn »es« die Kontrolle übernimmt, d. h. wenn das Geistwesen, mit oder ohne Zuhilfenahme von Drogen, unaufgefordert zu erscheinen beginnt, dann ist dafür bereits bestens vorgesorgt, indem man eine Telefon-Hotline für Menschen, die von bösen Geistern belästigt oder von periodisch auftretenden geistigen Filmabläufen geplagt werden, eingerichtet hat. Die parapsychologischen Gesellschaften, die derartige Erfahrungen außerhalb des Körpers und spirituelle Kontakte immer gefördert und begünstigt haben, versuchen nun, der unerwünschten Nebenwirkungen durch Standby-Beratungsstellen Herr zu werden. Man ist anscheinend endlich zu der Einsicht gelangt, daß der Geist des Fuchses in den Hühnerstall der Seele eingedrungen ist.

Alkohol ist das letzte Rauschmittel, das hier als Auslöser einer Erfahrung außerhalb des Körpers genannt werden soll. Auf der einen Seite unser bestes chemisches Konservierungsmittel, steht der Alkohol auf der anderen Seite immer noch an erster Stelle auf der Liste der Suchtmittel. In biblischen Zeiten, als es noch keine Kühlschränke gab und kein Mensch etwas von Pasteurisierung gehört hatte, wurde der Wein zur Haltbarmachung von Wasser verwendet. Noah, der erste Winzer, war wahrscheinlich auch der erste, der Mißbrauch mit dem Alkohol trieb. Zumindest bei einer Gelegenheit konsumierte er zuviel von seinem eigenen Wein. Doch erst Jahrhunderte später kam irgend jemand auf die glorreiche Idee, Käse und andere cholesterinhaltige Produkte zusammen mit dem Wein zu verzehren. Könnte es sein, daß der gleichzeitige Verzehr von Wein und Cholesterin etwas damit zu tun hat, daß Noahs langes Leben – er wurde 950 Jahre alt – auf unsere gegenwärtige Lebenserwartung von 70 – 80 Jahren geschrumpft ist? Eine in Frankreich durchgeführte Studie ergab, daß die Schale der Weintraube (rote noch mehr als weiße) lebensverlängernd wirkt und Stoffe enthält, die die »gefährlichen« Cholesterinwerte im Blut reduzieren und die »guten« erhöhen. Damit beugen sie der Arterienverkalkung vor, einer Krankheit, an der heute mehr Amerikaner sterben als an allen anderen Krankheiten zusammen. Arterienverkalkung und Herzinfarkte scheint es zur Zeit Noahs jedenfalls nicht gegeben zu haben!

Andere gefährliche EAK-Methoden

Der Drogentrip ist natürlich nur eine von mehreren EAK-Methoden zur Erreichung spiritueller Kontakte. Außerdem gibt es spiritistische Sitzungen (Séancen), das Zurückversetzen in vergangene Leben, Zauberei, Hexerei, Schamanismus, Geisterbeschwörung, Wahrsagerei, Horoskope, Ouija-Boards, Tarotkarten und so weiter. Dagegen stehen die Anweisungen der Bibel, die alle obengenannten Praktiken streng verbieten (5. Mose 4,19; 13,1; 18,10-14; 18,20; 3. Mose 20,6,27; 1. Samuel 28;

Jesaja 47,13; Jeremia 10,2; 29,15; Daniel 10,13; Matthäus 24,24; Epheser 6,12). Sie sind nicht deshalb verboten, weil die Geister nur eine Einbildung wären, sondern gerade weil sie sehr real sind, die Verkörperung vieler falscher Götter. Der Versuch, diese Geister sichtbar erscheinen zu lassen, läuft auf geistigen Götzendienst hinaus und übertritt somit das Gebot: »Du sollst keine anderen Götter neben mir haben.«

Wenn man es richtig bedenkt, hat wohl jeder schon einmal so etwas wie eine Erfahrung außerhalb des Körpers gemacht. Träume sind, wie wir gesehen haben, ein alltägliches Beispiel einer durch Selbsthypnose ausgelösten bildhaften Vorstellung. Manche Träume sind gut und andere schlecht, aber jeder von uns hat schon einmal schlechte Träume gehabt. Wir wissen sehr wohl, daß es sie gibt. Dennoch ziehen die meisten Autoren vor zu glauben, daß es keine Alpträume oder negativen EAK's gibt. Das ist wirklich paradox. Es zeigt ganz einfach, daß sie sich nicht richtig umgeschaut haben.

Auch der Kardiologe Michael Sabom behauptet, er sei auf keine wesentlichen negativen Erlebnisse gestoßen. Er hatte 30 von insgesamt 116 Interviews (26%) innerhalb eines Monats und sechs davon innerhalb eines Tages nach der EAK durchgeführt.[5]

Von den positiven Berichten hatte er nach seinen Aussagen nicht einen einzigen während der Wiederbelebung selbst erhalten, obwohl sich oft nur während dieser Zeit überhaupt negative Fälle aufdecken lassen. Warum all die positiven Berichte? Vielleicht verwandelt sich ja der Tunnel des Lichts in ein bedrohliches Feuer, oder der Lichtengel zeigt plötzlich ein ganz anderes Gesicht, oder der Weg führt direkt an einen grausigen Ort und löst bei dem Betroffenen eine innere Umkehr aus. Die daraus resultierenden positiven Erfahrungen sind oft das einzige, woran sich der Patient bewußt und willentlich erinnert (wie im Fall von Charlie McKaig).

Wie in Kapitel 4 beschrieben, sind manche, die nach einem klinischen Tod von positiven Erfahrungen berichten, zunächst mit negativen Dingen konfrontiert worden, ehe sie schließlich das herrliche Licht zu sehen bekamen. Es scheint, als setze sich der Kampf zwischen Gut und Böse bis zum letzten Augenblick fort. Eine Frau sprach von einer furchterregenden Leere. Tandy Hawks wurde von einer gewalttätig klingenden Stimme bedroht. Lee Merritt stellte fest, daß Dämonen in den Wänden der Dunkelheit hausten.

Ein Patient, den ich gestern telefonisch befragte, wollte nicht, daß sein Name genannt würde. Er hatte nämlich über den negativen Teil seiner Erfahrung noch nicht mit seiner Familie gesprochen – jenen Teil, bei dem die Krankenschwestern ihn während der Wiederbelebungsmaßnahmen nur mit größter Mühe hatten bändigen können. Wahrscheinlich wird er auch nie darüber sprechen, denn, so sagte er mir: »Die Sache ist bereits erledigt, und Dinge haben sich verändert, so daß ich mir keine Sorgen mehr über die Zukunft zu machen brauche.«

Selbsthypnose oder ein tiefes Sich-Versenken in Tagträume kann einen Menschen in ferne Länder entführen oder manchmal sogar Körperfunktionen umprogrammieren. Bei den Hindu-Gurus ist hypnagogische Meditation zur Programmierung des Biofeedbacks besonders beliebt, mit dem sich physiologische Systeme wie Pulsschlag und Blutdruck kontrollieren lassen. Biofeedback und Selbsthypnose werden heute in speziellen »Schmerzüberwachungskliniken« in ganz Amerika mit Vorliebe eingesetzt. Meditative Visualisierung ist ein weiteres Mittel, um geistige Mächte von den sogenannten astralen Ebenen herbeizurufen. Diese Berührungstechniken verkörpern uralte schamanistische Rituale des Medizinmannes, die wiederbelebt, aktualisiert und mit wissenschaftlichen Fachausdrücken versehen wurden, damit man sie nicht sofort als moderne Zauberpraktiken erkennen kann.

Dr. Raymond Moody hat sich inzwischen auf einige ausgewählte Bereiche des Schamanismus spezialisiert und hält Seminare über Mentalreisen mittels Spiegeln und Kristallen in einem okkulten Verfahren, *Scrying* genannt.

Wenn von Mentalreisen die Rede ist, taucht unwillkürlich auch der Name Dr. George Ritchie auf, dem Raymond Moody sein Buch *Life after Life* (»Leben nach dem Tod«) gewidmet hat In Ritchies ätherischen Trips geht es gewöhnlich vom Himmel in die Hölle und wieder zurück, mehr oder weniger nach seinem Belieben, obwohl Jesus ausdrücklich gesagt hat, daß das gar nicht möglich ist. In Lukas 16,26 spricht Abraham von der »großen Kluft«, die die unmittelbaren Bereiche von Himmel und Hölle, in denen sich die Menschen nach dem Tod wiederfinden, voneinander trennt, so daß niemand von der einen auf die andere Seite gelangen kann.

Im Juli 1991 hielt Dr. Moody am »Omega-Institut für Holistische Studien« in Rhinebeck/New York ein Seminar mit dem Titel »Grenzen des Bewußtseins«. In der Folge wurden Scrying-Seminare in seinem Altersruhesitz in der Nähe von Anniston/Alabama abgehalten, einer ehemaligen Mühle aus dem Jahr 1839. Dr. Moody ließ sein Haus dem Tempel des Äskulap nachbilden, mit zahlreichen Quellen auf den sie umgebenden Grünanlagen und sogar ein paar echten Schlangen, wie es bei den ursprünglichen Tempeln der Fall war. In diese Tempel kamen die Menschen der griechisch-römischen Zeit, um von den heidnischen Naturgöttern Heilung zu empfangen – allen voran von Äskulap, dem Gott der Heilkunde, dessen Vater der Sage nach Apollo war.

Dr. Moody hält in seinem Tempel Seminare über mediales Heilen, Geisterbeschwörung, Invokation vergangener Leben, Wahrsagerei, Hellsehen, ESP und andere Themen ab. Das Gelehrte wird von seinem Mitarbeiter, Dan Brinkley, plastisch vorgeführt, einem Mann, der angeblich mehrmals vom Blitz getroffen, wiederbelebt und dadurch mit hellseherischen Fähigkeiten ausgestattet wurde. Brinkley vertritt mit Überzeugung die Lehre von der Selbstvergöttlichung des Menschen.

Das Herzstück der in Moodys Äskulap-Tempel verbreiteten Lehren bildet eine alte schamanistische Technik namens »Traum-Inkubations-Experiment«. Dieses Experiment schließt Scrying ein, bei dem hypnagogische Zustände von Bewußtseinsveränderung praktiziert werden. »Der Schamanismus muß zurückkehren«, verkündet Dr. Moody. »Er ist der wesentliche Bestandteil des Ganzen.«

Der moderne Schamane ist eine Neuauflage des alten Medizinmannes, auch wenn er im gepflegten Straßenanzug daherkommt. Er benutzt modern klingende Zauberformeln, mit denen er die geistigen Fähigkeiten der Menschen außer Kraft setzt, um ihr Bewußtsein auszuschalten und sie der Herrschaft der Geisterwelt zu unterwerfen – Dinge, die für Gott ein »Greuel« sind (5. Mose 18,11-14). Die Bibel verbietet uns jeglichen Kontakt mit irgendwelchen Geistern außerhalb des dreieinigen Gottes: Gott-Vater, Jesus und Heiliger Geist.

Die Medizinmänner haben ihre Methoden im Lauf der Geschichte verändert, nicht aber ihre Ziele. Die Schamanen bei den amerikanischen Indianern beispielsweise kauten Peyote aus der Kaktusblüte, um die Visualisierung des heiligen Präriewolfs zu fördern. Manche Katholiken versuchen, sich die Jungfrau Maria im Geist vorzustellen, und manche Christen versuchen das gleiche mit Jesus. Das mag zwar sehr fromm aussehen, ist aber nicht biblisch. Um ein Götzenbild zu formen und herzustellen, ist es, genau betrachtet, zuerst einmal nötig, sich den Gegenstand im Geist vorzustellen und auszudenken, bevor man ihn konstruieren kann. Es könnte sich hier also durchaus um eine Art Götzendienst handeln. Wir sollen Christus erkennen und uns in Gedanken mit ihm beschäftigen, aber wir sollen uns kein Bild von ihm machen. »So zerstören wir Vernünfteleien (oder: Vorstellungen) und jede Höhe, die sich gegen die Erkenntnis Gottes erhebt, und nehmen jeden Gedanken gefangen unter den Gehorsam (nicht die Visualisierung) Christi« (2. Korinther 10,5). Viele meiner theologischen Berater sind der Ansicht, daß derjenige, der sich ein Gottesbild ausdenkt, damit den ersten Schritt zur Herstellung geistiger Götzen tut.

Die Zauberei im Altertum unterscheidet sich kaum vom Schamanismus unserer Zeit. Schon der König Saul praktizierte das gleiche in alttestamentlicher Zeit. Mit Hilfe der Totenbeschwörerin aus En-Dor ließ Saul den Propheten Samuel aus dem Totenreich heraufholen. Als Samuel tatsächlich erschien, versuchte Saul, von ihm Informationen über den Ausgang einer entscheidenden Schlacht zu erhalten. König Saul wußte genau, daß Gott derartige Praktiken streng verboten hatte (genau wie heute), aber er wußte sich nicht mehr anders zu helfen. Sein Ungehorsam hatte schwerwiegende Folgen: Zuerst wurde er im Kampf vernichtend geschlagen, dann ohne Mitleid umgebracht. Gott haßt Totenbeschwörung, bei der die Toten aus der jenseitigen Welt herbeigerufen werden. Ganz anders verhält es sich mit den Todesnähe-Erlebnissen, wo Menschen unbeabsichtigt den

Toten im Jenseits begegnen. Hier ist kein absichtliches oder durch Meditation ausgelöstes »Herbeirufen« von Verstorbenen im Spiel.

In 5. Mose 18,10-12 befiehlt Gott ausdrücklich, daß niemand in seinem Volk geduldet werden soll, »der wahrsagt oder aus Vorzeichen die Zukunft deutet, der zaubert, Geister beschwört oder Tote befragt. Wer so etwas tut, ist dem Herrn ein Greuel« (Die Gute Nachricht).

EAK's in vergangene Leben hinein

Ian Stevenson, gegenwärtig Psychologieprofessor an der Universität von Virginia, ist ein standhafter Verfechter der Reinkarnationslehre. Er ist davon überzeugt, daß eine geistige »Besitzergreifung« eines Menschen durch eine längst verstorbene Person gelegentlich lange nach dessen Empfängnis oder Geburt stattfinden kann. Das soll einige der seltsamen »Déjà-vu-Erlebnisse« (Meinung, Gegenwärtiges schon einmal erlebt zu haben) erklären. Besonders verwirrend ist dies, wenn die Besitzergreifung passiert, während der »Spender« noch am Leben ist und eine eigene Seele besitzt.[6]

Man beachte, daß dies dem Reinkarnationsgedanken direkt zuwiderläuft. Die Frage erhebt sich, wer dieser besitznehmende Geist wirklich ist – ein verstorbener Mensch oder nicht vielmehr ein besitzergreifender Dämon.

Andererseits werden Erfahrungen außerhalb des Körpers oft als Beweis für die Reinkarnationslehre benutzt. Beispielsweise mag jemand die Szenerie eines mittelalterlichen Festes heraufbeschwören, um zu beweisen, daß er in einem früheren Leben tatsächlich dabei war (das »Déjà-vu-Phänomen«). Da manche EAK's bis in die Vergangenheit hineinreichen, ist der eine oder andere überzeugt, Napoleon Bonaparte, König Heinrich VIII. von England, Alexander der Große oder gar einer der ägyptischen Pharaonen gewesen zu sein. Peinlich wird die Sache jedoch, wenn mehrere Leute behaupten, George Washington gewesen zu sein, obwohl dieser nur einmal in der Geschichte vorgekommen ist. Schließlich gibt es für jeden Körper nur eine Seele.

Irgendwo scheint sich hier ein unerklärter Widerspruch aufzutun. Warum behauptet niemand, ein Bettler oder Krüppel oder Müllsammler gewesen zu sein? Hat es von diesen doch wesentlich mehr gegeben als von solchen Berühmtheiten wie George Washington. Anstatt der reichlich vorhandenen Armen will jeder eine besonders reiche oder bedeutende Persönlichkeit gewesen sein. Und außerdem, wenn er in der Vergangenheit so wichtig war, weshalb ist er heute nicht noch wichtiger, da doch das Gesetz des Karmas ihn ständig verbessern müßte?

Falls man nicht das ursprüngliche Reinkarnationskonzept, aus Indien stammend, absichtlich gefälscht, sondern in seinem Urzustand belassen hat, warum stellen nicht mehr Menschen aufgrund der Seelenwanderung fest, daß sie früher einmal Tiere waren? Warum erinnern sie sich nicht daran, als Folge ihrer schrecklichen Missetaten in einem vergangenen Leben vielleicht ein großer Stein oder ein Baum oder ein Wurm gewesen zu sein?

Das Ganze kommt einem absurd vor, wenn man die Menschen in Indien betrachtet, der Geburtsstätte des Karmas und der Wiege des Reinkarnationsgedankens. Warum sind sie aufgrund des Karmas nicht längst reicher und wohlhabender geworden? Statt dessen sieht sich die große Masse der Inder noch immer von einigen wenigen unterdrückt; sie leben in Armut und Elend, und viele in den Großstädten müssen betteln, um überhaupt überleben zu können. Warum übertreffen die schmutzigen Armen an Zahl immer noch weit die paar unverschämt Reichen? Wenn das Karma wirklich wahr ist, dann steht das Wohlergehen des gemeinen Volkes in der Praxis im krassen Widerspruch zur Theorie.

Indien, ein überwiegend hinduistisches Land, beherbergt auch die Dschainas, Anhänger einer streng asketischen, auf die Zeit Buddhas zurückgehenden indischen Religion. Sie fegen beim Gehen den Bürgersteig vor sich her, damit sie nicht versehentlich auf ihren zukünftigen Onkel Chandra treten, den Käfer, der sich gerade auf der Evolutionsleiter befinden mag. Die Parsen ihrerseits tragen Mulltücher vor dem Gesicht, um nicht ein Insekt einzuatmen, das vielleicht ein naher Verwandter von ihnen ist, der im Zuge der Seelenwanderung auf eine gnädigere Zukunft wartet.

Die wesentlich angenehmere »verwestlichte« Version der Reinkarnation (bei der Käfer und Steine ausgeklammert sind) ist von Ost nach West gewandert und für die Unterhaltungsbranche der USA zur Religion geworden. Alle sind auf der Suche nach »der Wahrheit«. Berühmte Personen besuchen wiederholt Indien, um dort das System zu studieren und es »auf die Reihe zu bekommen«. Gurus werden als Lehrmeister für Meditation aufgesucht, um den endgültigen Blick der Herrlichkeit und Selbstverwirklichung ins reine Bewußtsein zu erhalten und den Ozean Brahmans, diese vielbegehrte Erhabenheit der Astralebenen, zu suchen.

Vielleicht sind die Bücher von Shirley MacLaine aus diesem Grund so populär. Die Berühmtheiten, die auf der Suche nach ihrem höheren Selbst sind, scheinen das Übel bzw. die Härte des Karmas überhaupt nicht zu sehen, das mit Hilfe des Kastensystems die Armen unter der Knute hält. In Kalkutta ist es beispielsweise so, daß die Reichen den unteren Kasten, die in der Gosse leben, absichtlich nicht helfen, weil diese offensichtlich in ihrem früheren Leben schlimme Dinge getan haben und jetzt ihr wohlverdientes Karma erleiden müssen. Wenn man ihnen auf irgendeine Weise hilft, wird das Schicksal der Unglückseligen im nächsten Leben noch schlimmer ausfallen, da ihnen die gerechte Strafe vorenthalten wurde. Wer logisch über diese Dinge nachdenkt, kommt selbstverständlich zu dem Schluß: »Das ist eben ihr Karma, und dieses ist mein Karma.«

Zu dieser Schlußfolgerung war auch Channappa Kundra gekommen, ein hochintelligenter Chemie-Ingenieur aus Delhi, der zu Besuch in unserer Stadt weilte. Nach einem unerwarteten Herzanfall war er ins Krankenhaus gekommen, wo ich ihn nach drei Tagen das erste Mal bei der Visite sah.

»Haben Sie etwas Schlimmes getan, um dies zu verdienen?« fragte ich ihn sehr direkt. »Und verzögert es nicht Ihr Karma, wenn ich Ihnen zu helfen versuche?«

»Die Herzkrankheit ist nicht mein eigentliches Karma.« Er schüttelte betrübt den Kopf. »Ich leide außerdem an Bauchspeicheldrüsenkrebs. Sie sehen ja selbst, wie mein Körper verfällt.

Ein rascher Herztod wäre mir viel lieber. Mein Karma kommt mir so überaus grausam vor, denn ich habe wirklich versucht, demütig und reuevoll zu leben.«

Er strich die Falten seines rotbraunen Gewandes glatt, während er über seine mißliche Lage nachgrübelte. »Unser System ist ganz anders als Ihres«, meinte er dann. »Das Karma versucht, uns eins mit dem Kosmos zu machen, aber es ist zugleich vollkommen unversöhnlich. Erzählen Sie mir etwas von dem Gnadensystem Ihres Gottes.«

Ich setzte mich neben ihn und erklärte ihm, daß alle unsere Sünden »ein für allemal« durch das einmalige Opfer Jesu Christi bezahlt worden sind und wir sie nicht selber durch sich ständig wiederholende Leben und ein unbarmherziges Karma abtragen müssen.

Am nächsten Tag fand ich den Vers, nach dem ich gesucht hatte, in meiner Bibel. »Denn mit einem einzigen Opfer (nicht mit von Leben zu Leben sich wiederholenden Opfern) hat er die, die geheiligt werden, für immer vollkommen gemacht« (Hebräer 10,14).

»Sie meinen wirklich, daß ein bußfertiger Christ von Gott angenommen wird, ohne für seine Vergangenheit bestraft zu werden?« wollte er wissen.

»Genau so ist es, auf eine Kurzformel gebracht«, erwiderte ich. »Und ein weiterer Pluspunkt ist der: die christliche Form des Nirwanas, der ewigen Ruhe, bringt keine Identitätskrise mit sich.«

Ich verlor Channappa aus den Augen, als er so weit wiederhergestellt war, daß er nach Indien zurückkehren konnte. Als ich ihn ein Jahr später in der Nähe von Agra besuchen wollte, war er bereits an Krebs gestorben.

Astralreisen

In den Vereinigten Staaten führen sowohl Anhänger der Reinkarnationstheorie als auch Wissenschaftler weiterhin EAK-Experimente durch. Sie versuchen, einen Blick in die geistige Welt zu tun, um, wie sie sagen, deren Beschaffenheit, Umfang und Sicherheit zu erkunden. In einem außergewöhnlichen Experiment, bekannt unter dem Namen M-5000-Programm, benutzte Elisabeth Kübler-Ross Robert Monroes Experimentier-Zeitmaschine, und es schien tatsächlich zu funktionieren. Tal Brooke hatte ursprünglich mitgeholfen, die Maschine in Monroes Anwesen außerhalb von Charlottesville/Virginia zu konstruieren. Er schreibt darüber wie folgt:

> Elektrische Kabel und Tonzubehör waren im ganzen Haus verlegt. Alles wurde von einer Kommandozentrale aus gesteuert. Es war ein gut isolierter geodätischer Raum aus pyramidenförmigem Glas, in dem sich farbige Lichter brachen, während elektrische Impulsgeber zu den harten Synkopenrhythmen eines Synthesizers surrten und brummten.[7]

Hypnotisiert von dem ungewöhnlichen Rhythmus der Tonbänder, so erinnert sich Tal, »sauste« Monroe um Mitternacht aus seinem Körper, um mit Astralgeschwindigkeit von Charlottesville zur Stanford-Universität zu zischen. Bei anderen Experimenten »sauste« er zur Universität von Kalifornien in Berkeley oder in Davis, wo ein Dr. Charles Tart mit einer Gruppe bedeutender Parapsychologen um 21 Uhr Ortszeit versammelt war. Monroe kam mit seinem Ätherleib angeschwebt, sah sich im Zimmer um und prägte sich die Versammelten, ihre Gespräche und sogar die Einrichtungsgegenstände genau ein. Dann »sauste« er wieder zurück in seinen Körper in Charlottesville und rief anschließend Tart und seine Kollegen in Kalifornien an, um ihnen haargenau zu beschreiben, was er soeben gesehen hatte.

Tal sagt: »Er (Monroe) traf wiederholt genau ins Schwarze und überraschte die Wissenschaftler mit der Tatsache, daß es noch andere Kräfte gibt, die hinter dem Räderwerk des physikalischen Universums operieren.«

Aus solchen Experimenten läßt sich die Realität der geistigen Welt erkennen, die längst keine Frage der Mythologie oder bloßen Phantasie mehr ist. Es liegt eine tatsächliche Kraft in diesen beiden einander entgegengesetzten, eigenständigen und sich bekämpfenden Mächten im himmlischen Bereich.

Seit Urzeiten führen diese zwei Mächte miteinander Krieg. Eine der beiden Seiten hat zwei Gesichter: ein helles und ein dunkles, ein gutes und ein böses, obwohl sie für gewöhnlich leugnen, ein und dasselbe zu sein. Gläubige Christen andererseits bestehen darauf, daß Gott und Satan mit seinen zwei Gesichtern völlig unterschiedliche Mächte verkörpern, die um die Seelen der Menschen streiten.

Weiter entfernt als irgendwelche Traumzustände, erfordert das ungeheuer weite Gebiet der Astralreisen anscheinend spezielle Techniken. Während das Wort »astral« etwas mit Sternen zu tun hat, ist mit dem Ausdruck »Astralreise« die himmlische Beförderung mittels einer Erfahrung außerhalb des Körpers gemeint. Das bedeutet, wie im Fall von Monroe, durch eine imaginäre Substanz, die außerhalb der menschlichen Wahrnehmung liegt, zu »sausen«, und zwar mit Gedankengeschwindigkeit – wogegen sich die Lichtgeschwindigkeit direkt langsam ausnimmt.

Erfahrungen beim klinischen Tod beziehen sich auf ein ähnliches Gebiet himmlischer Reisen. Trotzdem besteht zwischen beiden ein gravierender Unterschied. Beim klinischen Tod kann es Begegnungen mit dem Himmel oder der Hölle geben, und zwar in einer seelenerschütternden Aufeinanderfolge von Ereignissen, die das ursprüngliche Wesen des Betroffenen radikal verändern. Bei der mystischen Astralreise dagegen ist das Ziel völlig unbekannt, abhängig von der Laune des Geistführers oder der jeweiligen Droge. Man weiß nie, wo der nächste Trip hingeht, ob man eine gute oder eine schlechte Erfahrung machen wird.

Ich fasse zusammen: Erfahrungen außerhalb des Körpers können durch alles mögliche ausgelöst werden: Unfall, Fieber, Vergiftung, Selbsthypnose, heftiges Erschrecken oder drohendes Unheil. Möglicherweise haben Sie so etwas bereits selbst miterlebt. Zum Glück ist nicht jede Erfahrung außerhalb des Körpers ein Todeserlebnis, und umgekehrt. Als Beispiel soll hier die Geschichte eines verrückten Piloten folgen.

Eines späten Abends sah ein Pilot mittleren Alters zu, wie eine dichte Wolkendecke unter ihm dahinzog, während der Schatten seiner Azteke mit den letzten Sonnenstrahlen um die Wette lief. In einiger Entfernung vor ihm lag Huntsville und weiter hinten Chattanooga.

Die Maschine wackelte ein bißchen, als der Pilot von einem Treibstofftank zum anderen umschaltete.

»Das DME zeigt an, daß Huntsville 25 Knoten vor unserer Nase ist. Wir können dort kurz aussteigen, wenn du möchtest«, sagte der Pilot zum Krankenhausverwalter, der als Kopilot fungierte.

In diesem Augenblick schwankte die alte Azteke bedrohlich, denn der Steuerbordmotor hatte den Geist aufgegeben. Bei der großen Höhe half es nicht viel, daß der Pilot das linke Seitenruder sofort hart faßte und die linke Tragfläche nach unten zog, vielmehr sackte die Maschine rapide nach unten ab, mitten hinein in den schlimmen Schneesturm.

Während die Azteke durch die Wolken fiel, wurde es plötzlich undurchdringliche Nacht, und das enge Cockpit wurde zu einem schwankenden Gelaß. Mit einemmal war die Windschutzscheibe mit Rauhreif bedeckt, der jegliche Sicht nahm, wodurch die Enge noch verstärkt wurde, bis eine schreckliche Platzangst sich breitmachte.

Der Pilot bemühte sich krampfhaft, die Tragflächen der Maschine in der Waage zu halten, während er angestrengt nach den Außenbordlichtern Ausschau hielt und das Armaturenbrett in dem rosafarbenen Dunst auf und nieder tanzte. Mit kaltem Angstschweiß auf der Stirn und unablässig Gebete murmelnd, versuchte der Pilot, Huntsville zu sichten und in seiner Not wenigstens die Richtung zu behalten.

Dann geschah etwas Merkwürdiges. Irgendwie schien der Pilot aus der Maschine hinauskatapultiert zu werden, und sein Körper begann jäh in die Tiefe zu stürzen. Die schreckliche Verwirrung und heftige Angst waren verflogen, alles wurde ruhig. Die Zeit schien für ihn stillzustehen. Er sah hinauf zu der sich in Schräglage befindenden Maschine, sah den Krankenhausverwalter mit schreckgeweitetem Blick in der Pilotenkanzel und den Piloten neben ihm verzweifelt mit den Steuerknüppeln kämpfen.

»Sieht dieser blöde Pilot denn nicht, was los ist?« dachte der in der Luft »schwebende« Flugzeugführer bei sich. »Die Treibstofftanks noch mal umschalten!« brüllte er hinauf. »Der Motor hat keinen Sprit!«

Seltsamerweise schien der Pilot in der Kabine ihn gehört zu haben, denn er schaltete die Tanks um. Der erstorbene Motor heulte jäh auf und sprang wieder an, wobei die Maschine beinahe einen Purzelbaum schoß. »Kein Wunder, daß der Knilch beinahe umgekippt wäre«, sagte der »schwebende« Flugzeugführer zu sich. »Fliegt immer noch mit Vollgas und drückt dabei voll aufs Seitenruder!«

Ängstlich bemüht, dem armen Idioten zu Hilfe zu eilen, zwang er sich mit äußerster Willenskraft zurück ins Cockpit und griff ungestüm nach den Steuerknüppeln. In seinen Körper zurückgekehrt, brachte er die Azteke wieder in die Waage und stellte fest, daß der Schalter für die Treibstoffversorgung des Steuerbordmotors nicht ganz in »Ein«-Stellung stand.

Kurz darauf hob sich die Maschine aus dem Schneesturm heraus und brach durch graue Wolkenreste in das willkommene Dämmerlicht darüber. Das Eis fiel ab, ein neuer Kurs wurde angesteuert und ein Flugplan nach den Instrumenten erstellt.

Ich zog aus dieser haarsträubenden Erfahrung einige denkwürdige Schlüsse:

Bei heftigem Regen würde ich vielleicht noch zu fliegen wagen, aber nie wieder bei einem Schneesturm.

In solchen Situationen lernt man, dem lieben Gott ganz nahe zu kommen.

Astralreisen? Erfahrungen außerhalb des Körpers? Bewußtseinsveränderung? Alle diese Bezeichnungen treffen meiner Ansicht nach hier zu. Außerdem weiß ich jetzt, daß man keine Drogen braucht, um fliegen zu können. Man braucht nur zu Tode erschrocken zu sein, dann hält einen nichts mehr in seinem Körper – auch ohne Rauschmittel und ohne Todeserlebnisse.

Zustände von Bewußtseinsveränderung

Ich persönlich hatte aufgrund einer extremen Schrecksituation festgestellt, daß jeder Zustand von Bewußtseinsveränderung eine EAK auslösen kann, eine temporäre Flucht auf der Suche nach »Erleuchtung«. Klinischer Tod oder Wiederbelebung ist keine zwingende Voraussetzung. Jede Form von Hypnose, sei sie selbstinduziert oder durch andere herbeigeführt – vielleicht auch durch chemische Stoffe, Vibrationen, Töne, elektrische Stimuli oder irgend etwas sonst ausgelöst –, öffnet den Tunnel, wo das Licht zu sehen ist. Dieses Licht bedeutet jedoch nicht immer Herrlichkeit. Es kann die Hölle sein. Nicht durch Schreck ausgelöste EAK's können auf tiefe Meditation, Yogaübungen, Inkantationen (Beschwörungsgesänge), Rezitationen (ständige Wiederholungen) des Mantras oder andere populäre mystische Tricks zurückgehen – quasi auf alles, was den Mechanismus des Gehirns in seiner Wahrnehmungsfunktion verändert.

Gemäß den Aussagen der Neurophysiologen entstehen alle unterbewußten Emotionen und längst vergessenen Erinnerungen im Limbischen System und den Zonen des Hippokampus im Gehirn, einem Gebilde, das tief in den Schläfenlappen verborgen, seitlich der Ventrikel (Hirnkammern) liegt – Hohlräume, in denen sich die zerebrospinale Flüssigkeit sammelt. Elektrische Reize dieser Zonen können bemerkenswerte geistige Bilder hervorrufen, genau wie ein verengter Blutdurchfluß oder Mangel an Sauerstoff und Nährstoffen für das Hirngewebe. Bei all diesen Abläufen fehlt jedoch jede Wiederholung der Reihenfolge, wie sie für Erlebnisse bei der Wiederbelebung charakteristisch ist.

Wie bereits erwähnt, fand Schoonmaker heraus, daß der Sauerstoffgehalt des Blutes, das bei Herzstillständen und Todesnähe-Erlebnissen gemessen wurde, für eine normale Hirntätigkeit ausreichte. Melvin Morse konnte gleichfalls keine Unterschiede im Sauerstoffgehalt zwischen Menschen mit oder ohne Todesnähe-Erlebnissen feststellen.[8]

Patienten, die Drogen nehmen, neigen, wie gesagt, am wenigsten zu Erlebnissen dieser Art. Was die zufällige Visualisierung bei epileptischen Anfällen betrifft, so ist dieser Zustand bei Menschen mit Todesnähe-Erlebnissen eher selten.

Auch sind die Gehirnwellen nicht auf eine Gehirnhälfte über die andere beschränkt, wie etliche Seelenforscher behaupten. Die Alpha-Gehirnwellen spielen gewöhnlich kurz vor dem Einschlafen eine dominierende Rolle, und gerade auf dieser Stufe des halb Wachens, halb Schlafens kann der Geist am besten durch irgendwelche Mächte invadiert und gefangengenommen werden. Es scheint der ideale Zeitpunkt für Experimente mit

EAK's, für Geisterbeschwörung, Scrying, Hypnose oder Besitzergreifung durch Geister zu sein – ein Zeitpunkt, zu dem der Geist ungeschützt ist und die Nervenzellen sich am besten durch eine fremde Macht manipulieren lassen. In diesem Dämmerzustand herrscht oft ein sträflicher Leichtsinn vor, wenn Fremdeinflüsse einem so wunderbar aufregend vorkommen können. Es ist der Alpha-Spiegel des Geistes, das Fenster zur Seele. Der Endpunkt ist, so behaupten manche, das Omega, aber Gott sagt, daß sowohl Alpha als auch Omega ihm gehören.

Solche Zustände von Bewußtseinsveränderung sind durchaus nichts Neues. Ein Blick in die Herrlichkeit ließ sich bereits vor Jahrhunderten erzeugen, denken wir beispielsweise nur an die Drogengeschichte. Freud hat allerdings die Traum-EAK's gern als »königlichen Weg zum Unbewußten« bezeichnet. Er hat in der Tat den Träumen eine besondere Faszination verliehen, indem er sie dazu benutzte, unerwartete Befunde zu enthüllen. Noch heute werden Träume zur Unterstützung der ärztlichen Diagnose benutzt. Es kann z. B. das erste Anzeichen einer beginnenden Alzheimerschen Krankheit sein, wenn die Fähigkeit zu träumen einem Menschen vollständig verlorengeht. Einer allmählichen Erblindung mag die Warnung vorausgehen, daß die normalerweise bunten Träume farblos werden.

Oliver Sacks, Neuropsychologe an einem großen Krankenhaus in der Bronx, glaubt zudem, daß Träume tatsächlich spezielle Krankheiten voraussagen können. Eine Frau träumte, sie sei gelähmt, hypnotisiert und zu Stein geworden. Am nächsten Morgen wachte sie völlig gefühllos, katatonisch (erstarrt) und bewegungsunfähig auf. Dies war das erste Anzeichen einer akuten Enzephalitis, einer Virusinfektion des Gehirns.

Ein anderer Patient von Dr. Sacks, der die Basis für den Spielfilm *Awakenings* lieferte, bemerkte den Ausbruch seines Parkinsonismus' zunächst an speziellen Symptomen, die in seinen Träumen auftauchten, lange bevor sie sich in seinem Körper bemerkbar machten. Es fing mit einer wie in Zeitlupe aufgenommenen Erfahrung außerhalb des Körpers an. Der Patient sah sich selbst, wie er dahinraste und nicht anhalten konnte. Dann wurde er steif und langsam, seine Bewegungen unbeholfen, wie in der Zeit erstarrt. Dopamin-Tabletten, mit denen sich die Krankheit erheblich unterdrücken läßt, lösten eine Reaktion von lebhaften, leuchtenden Farben aus, die in seinen Träumen erschienen, und dadurch kündigte sich ein übernatürliches »Wiedererwachen« seines bewegungsunfähigen Körpers an.[9]

Was das geistige Counseling im Zustand der Bewußtseinsveränderung betrifft, so gilt der Grundsatz: Man kann nie sicher sein, wer da an der Tür klopft, bis man die Tür aufmacht! Sofern es kein freundlicher Besucher ist oder einer, der vorgibt, freundlich zu sein, kann es ein Chaos geben. An diesem Punkt rief einer der Experimentatoren verzweifelt die »Hotline« der Emergency Psychic Counseling Services in Los Angeles an. Anstatt aber von dort Hilfe hinsichtlich seiner dämonischen Begegnungen zu erhalten, hörte der Anrufer nur die ironischen Worte: »Willkommen im Club!« – dann wurde das Telefon aufgehängt.

Was stellt man an, um auf die erhabenen Astralebenen jenseits der Erde vorzudringen? Eine der üblichen Techniken sieht etwa so aus: Man zieht sich zurück, konzentriert sich total, entspannt sich völlig, richtet seine Gedanken nach innen, öffnet im Geist die Tür und ruft laut das spezielle Mantra für den Geistführer, den man eingeladen hat. Natürlich ist nicht gesagt, daß immer der erscheint, den man sich wünscht. Es ist ähnlich wie bei der erwähnten »Obstschale« mit Drogen: Man zieht einfach etwas aus dem Glückstopf heraus. Vielleicht ist einem der Name unbekannt oder gefällt einem nicht, vielleicht hat man die Tür seiner Seele einem völlig Fremden geöffnet – ein Privileg, das man keinem irdischen Fremden einräumen würde, der bei einem zu Hause an die Tür klopft. Man hat ein völlig unbekanntes Wesen in den privatesten Bereich seines Lebens hereingelassen, wo es nun nach Belieben das Haus ausrauben, wenn nicht gar die Seele vergewaltigen kann.

Beim Lesen von Carl Jungs Buch »Das kollektive Unbewußte« wurde Johanna Michaelsen stimuliert, einen bewußtseinsverändernden Kursus zu absolvieren, der unter dem Namen »Silva Mind Control« lief, vielleicht etwas Ähnliches wie die heute angebotenen »Zentren zur Problemlösung«. Johanna wollte hinsichtlich ihres geistigen Ratgebers allerdings kein Risiko eingehen. Sie suchte sich »Jesus« als Jung'schen christlichen Archetypen als ihren Geistführer aus. Tatsächlich erschien der »Jesus« genannte Geist, als sie nach ihm rief. Erst viel später entdeckte sie, daß dieser Geist nicht der echte Jesus war, sondern lediglich eine Imitation.

Johanna fing zunächst mit dem Alpha-Level der Versenkung an. Dann praktizierte sie die Übungen für Fortgeschrittene in »Applied ESP«, einer anderen Form von Bewußtseinsveränderung. Als erstes suchte sie sich einen bequemen Platz auf dem Fußboden, begann sich stufenweise zu entspannen und ihren Geist von allen Gedanken und aller Kontrolle zu entleeren. Sie wurde sehr schläfrig, während sie auf den Alpha-Level der Gehirntätigkeit herunterschaltete. Im Alpha-Zustand streckte sie die Hand aus, um eine imaginäre Tür herunterzuziehen und das spezielle Mantra zu rufen, mit dem »Jesus« oder ein andermal »Sarah« herbeizitiert werden sollte. Diese beiden Geistführer waren Johanna zugeteilt worden. Alle Schüler des obenerwähnten Kurses hatten einen männlichen und einen weiblichen Geist als Ratgeber erhalten. Nachfolgend schildert Johanna ihre erste Kontaktaufnahme mit dem Geistführer »Jesus«:

> Während die Tür sich langsam herabsenkte, wurde der Raum mit einem strahlenden Licht erfüllt, das von der Gestalt ausging, die dahinter stand ... Glänzendes braunes Haar, in der Mitte gescheitelt, eine hohe Stirn, dunkler Teint; tiefe braune, freundlich blickende Augen. Tatsächlich, es war Jesus! Die Tür glitt nun von alleine weiter nach unten und gab den Blick auf die restliche Gestalt frei, die in ein langes weißes Leinengewand gekleidet war. Ein heiliger Glanz ging von ihm aus, sein Lächeln war sanft. Ich stand auf, dann warf ich mich ihm zu Füßen.[10]

Während eines routinemäßigen Programmtages wurde Johanna aufgefordert, in ihre Geisteswerkstatt einzutreten, den Countdown zu absolvieren und ihre Ratgeber bei deren Erscheinen wie gewohnt zu begrüßen. Das gleiche hypnogogische Metronom (gewöhnlich als Taktmesser beim Klavierspielen benutzt) spielte im Hintergrund wie sonst auch, aber dieses Mal erschienen beide Geister gleichzeitig. Während Johanna sie anschaute, verwandelten sich die sonst so schönen Gestalten von Sarah und

Jesus ganz plötzlich in häßliche, furchterregende Gesichter, die sie unwillkürlich an »knurrende Werwölfe« erinnerten.

»Sie standen einfach nur da und beobachteten mich ... (und als ich auf sie zuging, veränderten sich die Gesichter wieder) ... Das Gesicht von Jesus blitzte kurz auf – strahlend und liebevoll – dann, in einem Nu, erschien der Werwolf von neuem. Das gleiche geschah mit Sarah.«[11]

Johanna wurde gesagt, es handle sich lediglich um einen Test ihres Glaubens. Egal, wie schrecklich sie ihr auch erscheinen mochten – erklärten die beiden Gestalten –, sie dürfe sie nie als böse ansehen. Vielmehr solle sie »lernen, ihnen zu vertrauen und sie zu akzeptieren, ohne Rücksicht auf die gegensätzlichen Erscheinungen, die sie abgeben mochten«.

Johanna hielt an dieser gefälschten Erklärung fest – selbst dann noch, als ihre Freundin Kim, die sich auch einen »Jesus« als ihren Geistführer ausgesucht hatte, ihre Übungen nach kurzer Zeit einstellte und sich davon distanzierte, nachdem sie festgestellt hatte, daß dieser »Jesus« die »Fratze Satans« war, der auf sie eindrang.

Johanna versuchte, sich aus der Sache zu befreien, aber sie schaffte es nicht. Zu stark hatte sie sich bereits mit den Mächten eingelassen, denen sie nun diente, und sich von ihnen einfangen lassen. Erst lange Zeit später kam, wie sie berichtet, dank der Hilfe einiger mutiger christlicher Freunde der wahre Jesus in ihr Leben, und sie konnte endlich ihren Häschern entrinnen.

Erfahrungen außerhalb des Körpers in der Geschichte von Freud und Jung

Wie bereits früher erwähnt, waren es Freud und Jung, die den »Blick in die Herrlichkeit« populär machten, ebenso wie die Methoden, die diesen Blick ermöglichten. Freuds Erfindung um die Jahrhundertwende war die Hypnose, um so etwaige frühkindliche Probleme aufzudecken und zu analysieren und damit als die wahrscheinliche Ursache der im Erwachsenenalter auftretenden Probleme präsentieren zu können. Sofern ein Hypnosefall sich als besonders kompliziert erwies, gebrauchte man zusätzlich ein wenig Kokain. Dank der Popularität, die Freud dem Kokain verschaffte, wurde dies, zusammen mit Alkohol und Opiaten, zur »dritten Geißel der Menschheit« und zu einem Mittel, von der vermeintlichen Herrlichkeit ins absolute Verderben zu stürzen, wie es am Beispiel von Dr. Jekyll und Mr. Hyde besonders deutlich wird. Diese Geißel wurde erstmalig im Jahr 1884 von Freud auf die Ärzteschaft losgelassen.

Freud war ein Mediziner, dem eine außergewöhnliche, um nicht zu sagen krankhafte Todesfurcht eigen war, doch dies war lediglich eine von vielen Phobien, die ihn plagten. Er konnte beispielsweise an keiner Beerdigung teilnehmen, weil er eine tödliche Angst vor Leichen besaß. Des weiteren behauptete er steif und fest, es gebe »keinen Gott« und auch »keine religiösen Erfahrungen«, außer in den Phantasien der Seele. Wie wir noch sehen werden, war es seinem Schützling Carl Jung vorbehalten, ihn über dieses Thema aufzuklären.

Obwohl Freud behauptete, Materialist zu sein, erhielt er sein Material zur Erforschung des menschlichen Trieblebens hauptsächlich aus der geistigen Welt der Hypnose und der Bewußtseinsveränderung. Dies ist heute die Grundlage des Neuen Zeitalters der Vernunft und des neuen Glaubens der Intellektuellen, die jedes Konzept von Verantwortlichkeit – ausgenommen die Kontrolle des Menschen über den Menschen – zurückweisen. Carl Gustav Jung verfeinerte später die moderne Psychologie durch die Idee der geistigen Archetypen.

Carl Jung, Freuds »Adoptivsohn« und Schüler, wurde als sein Nachfolger der Begründer des »New-Age-Bewußtseins« wie auch der »modernen Psychologie« (Psychologie im Sinne des Studiums der Seele bzw. Psyche des Menschen – d. h. des Studiums des abstrakten Denkens, im Gegensatz zu den elektrischen und physiologischen Phänomenen des Gehirns). Obwohl beide Männer Mediziner waren, trennten sie doch Welten in dem, was sie aufgrund ihrer Studien von Seele und Geist als »Wahrheit« interpretierten.

Während Freud eine Todesangst vor dem Tod hatte, war Jung das genaue Gegenteil. Carl Jung liebte die Toten. Er liebte die Welt der Geister. Er liebte die Archetypen (Urbilder) der Seele. Indem er das *Tibetanische Totenbuch* als Bibel benutzte, predigte Jung sogar den Toten. Das Buch unter den Arm geklemmt, pflegte er den Zug, der die Leiche transportierte, zu besteigen und auf dem Weg zum Beerdigungsort als deren Begleiter zu fungieren, wobei er dem Toten unterwegs predigte.

Genau wie Freud, hatte sich Jung auf die Gebiete der Traumanalyse und der Psychoanalyse spezialisiert. Jung glaubte jedoch an die grenzenlosen Möglichkeiten des Unbewußten, ein Wissen, an dem jeder einzelne Mensch teilhabe und das er in sich trage. Dieses geballte Wissen lasse sich durch verschiedene Arten von Meditation, Hypnose oder Channeling »anzapfen«. Jung nannte es das »kollektive Unbewußte«, wobei jeder einzelne Mensch ein Teil des Kosmos ist. Dadurch steht ihm eine unermeßliche Quelle unbegrenzter, herrlicher Erkenntnis zur Verfügung, die lediglich zum Fließen gebracht werden muß, indem man sich seiner innewohnenden Göttlichkeit bewußt wird. Der einzelne birgt somit in sich selbst die Möglichkeit, das gesamte Universum anzuzapfen und die darin verborgene Herrlichkeit zu entdecken – zu wissen, daß alles eins und alles Gott ist und daß wir Menschen eins mit dem Kosmos sind.

Hier handelt es sich natürlich um eine Neuauflage der alten hinduistischen *Weden*, wo jedermann ein Teil des Ganzen ist, wo der Fels, der Wind, die Erde und das All Ihre und meine Brüder sind. Und Ihr Bruder ist nun einmal Ihr Bruder – wenn er nicht Ihr Bruder Kain ist, der beschließt, Sie umzubringen. Aber selbst das wäre durchaus in Ordnung, da es im Universum weder Recht noch Unrecht gibt. Auch das gehört zur Psychologie des New Age.

Dieser Gedanke ist eine modifizierte Reinkarnationstheorie unserer modernen Intellektuellen, bei der jeder zu Gott werden kann – das heißt, Jesus natürlich ausgenommen. Jesus, so wird behauptet, war lediglich einer der Propheten und nicht mehr ein Teil Gottes als Sie oder ich.

Erst seit kurzem ist die Verkündigung des New Age so zuvorkommend, die Notwendigkeit der Reinkarnation zu umgehen, indem man den neuen Gedanken des »Omega-Punktes« eingeführt hat. Dieser stützt sich ausnahmslos auf die samt und sonders positiven und herrlichen Todesnähe-Erlebnisse, die einen direkten Übergang in einen Himmel aufzeigen, der allen offensteht, auch ohne Karma.

Carl Jung dagegen unterstützte die Sache mit der Reinkarnation und erforschte die menschliche Seele auf die mögliche Existenz vergangener Leben hin. Er behauptete, es gebe verborgene, unvorstellbar große Vorräte an Wissen in irgendwelchen Bereichen der Seele, die sich außerhalb der Reichweite und Vorstellungskraft Freuds befänden – Bereiche, die über bloße vorgeburtliche und frühkindliche Erlebnisse hinausgingen; Bereiche, die sich weit zurück in vergangene Leben erstreckten. Diese Leben würden die gegenwärtige Persönlichkeit maßgeblich bestimmen. Sie würden die Psyche gestalten und die Seele beeinflussen. Diese Offenlegung von Erfahrungen aus vergangenen Leben mittels Selbsthypnose sollte angeblich ein Beweis für die Reinkarnation sein. Es kann sich jedoch in einigen Fällen um die Darstellung einer tatsächlichen »Besitzergreifung« durch Geister handeln, wie der Reinkarnationsexperte Ian Stevenson zu bedenken gibt.

Die größte Stärke der Jung'schen Bemühungen lag jedoch auf einem anderen Gebiet. Sie befaßten sich weniger mit den Lebenden, sondern erstreckten sich auf Methoden, um mit den Toten in Kontakt zu treten. Jung bediente sich der Totenbeschwörung, um mit der grenzenlosen Welt der Geister Berührung zu bekommen. Er unternahm auch selber Ausflüge in diese geistige Welt. Besonders gern setzte er sich mit seinem toten Großvater in Verbindung, der nach Anwendung des richtigen Rituals aus einem großen Portrait, das an der Wohnzimmerwand hing, heraus zu erscheinen pflegte. Der Großvater trat dann aus dem Bild heraus auf den Fußboden, und er und Carl schlenderten Arm in Arm hinaus in den Garten, um sich über schwierige Probleme zu unterhalten.

Während Carl Jung seinen Großvater glühend verehrte, war sein Verhältnis zu seinem verstorbenen Vater das genaue Gegenteil. Jungs Vater war ein Prediger des Höllenfeuers gewesen. Doch eines Abends im September 1922 muß er plötzlich aus dem Totenreich erschienen sein, um den Sohn wegen persönlicher Eheschwierigkeiten um Rat zu fragen. Carl bemerkte dazu, sie beide seien »in die Bibliothek gegangen, um miteinander zu sprechen«. Carl wunderte sich, daß sein toter Vater einen ehelichen Rat von ihm haben wollte, während seine Frau, Carls Mutter, noch am Leben war. Um das Rätsel zu lösen, setzte Carl seine sagenumwobene »Traumanalyse« ein (die noch heute benutzt wird):

> Die Ehe meiner Eltern war nicht glücklich ... Mein Traum war eine Vorhersage des Todes meiner Mutter (der tatsächlich kurze Zeit später eintrat), denn hier war mein Vater, der nach 26jähriger Abwesenheit einen Psychologen über die neuesten Einsichten und Informationen in bezug auf Eheprobleme befragen wollte, da er in Kürze diese Beziehung wieder aufnehmen müsse (d. h. nach ihrer Wiedervereinigung in der geistigen Welt).[12]

Sowohl Carl Jung als auch Sigmund Freud trugen schwer an der Last ihrer persönlichen geistigen Verwirrungen, Phobien und Neurosen, mit denen die Psychologie bis in unsere Tage hinein behaftet ist. Das Ergebnis ist absolute Uneinigkeit in den gegenwärtig über 250 unterschiedlichen psychologischen Richtungen, von denen keine die Reproduzierbarkeit aufweist, die notwendig wäre, um die Psychologie zu einer Wissenschaft zu machen. Dessen ungeachtet hätschelte Jung das Okkulte, als handle es sich dabei in der Tat um eine Wissenschaft. Er versah eines seiner Bücher mit dem Titel *Die Psychologie und das Okkulte*, wobei er das Übersinnliche als Fundament für die sogenannte »Wissenschaft« Psychologie, wie wir sie heute kennen, benutzte.

Doch das Fundament ist noch immer genau so wackelig wie die Beziehung zwischen den beiden Gründervätern. Jung und Freud konnten sich nicht einmal dahingehend einigen, daß sie verschiedener Meinung waren, und trugen somit zu den Ursachen der Existenz Hunderter von verschiedenen Richtungen bei, die alle gegensätzliche Therapien präsentieren und alle ihre eigenen Formeln und Rezepte zusammenstellen.

Als sie einander im Jahr 1909 begegneten, ließ Jung Freud wissen, er könne die Existenz der geistigen Welt beweisen wie auch die Tatsache von übersinnlichen religiösen Erfahrungen –

genau jene Dinge also, die Freud als »Sinnestäuschungen« zurückzuweisen pflegte. Als Teil der Beweisführung kündigte Jung an, er werde »einen ›Schuß‹ aus dem Bücherschrank herauskommen lassen«, der neben ihnen in seinem Arbeitszimmer stand. Tatsächlich, ein lauter Knall kam heraus, der Freud, den Meisterguru aller Psychologie, in eine tiefe Ohnmacht sinken ließ. Dies ist nur ein Beispiel für die Phobien und Neurosen, die Freud und Jung der Menschheit unter dem Deckmantel der »Wissenschaft« Psychologie aufgehalst haben.

Als sie sich 1912 das nächste Mal trafen, kam es noch schlimmer. Jungs permanentes Reden über Leichen erwies sich als Freuds Nemesis (ausgleichende, vergeltende, strafende Gerechtigkeit), und der Mentor, Freud, fiel erneut in Ohnmacht.[13]

Als Folge beschuldigte Freud Jung, einen unbewußten Todeswunsch gegen ihn zu hegen. Jung fing an, das auch selbst zu glauben, als er in einem Traum »Siegfried«, den Helden der deutschen Sage, tötete. Auf der Basis der Traumdeutung interpretierte Jung diesen »Siegfried« als »Sig Freud« oder Sigmund Freud. Eine krankhafte Angst bemächtigte sich seiner, er könne in der Tat zum Mörder Freuds werden. Für die nächsten sechs Jahre bewegte er sich am Rande eines, wie er selbst es nannte, »totalen psychotischen Zusammenbruchs«. Das sind die beinahe-psychotischen Väter der modernen Psychiatrie und Psychologie! Fast alle New-Age-Seminare unserer Zeit bieten laut ihrer Programmhefte Lektionen in Freud'scher und besonders Jung'scher Psychologie an.

Während dieser Zeit kurz vor einer drohenden Psychose erschien Jung der »heilige Geist« in Gestalt einer Taube. Gleichzeitig erschien ihm ein ganzes Heer von Geistwesen. Ihr Führer trug den Namen »Philemon«, und dieser Philemon wurde Jungs enger Freund und Mentor. »Philemon, der Dämon«, wie manche ihn lieber nennen, war es auch, der das Schreiben der *Sieben Predigten für die Toten* inspirierte und überwachte. Jung selbst schildert die Situation wie folgt:

> Das ganze Haus war ... gerammelt voll mit Geistern. Sie standen dicht zusammengedrängt bis an die Tür, und die Luft war so dick, daß ich kaum atmen konnte ... Dann floß es aus

> mir heraus, und im Verlauf von drei Abenden war das Ding (*Septem Sermones ad Mortuos*) geschrieben.
>
> (Danach entschwand seine Seele in die Welt des »Unbewußten«, wo) ... das Unbewußte dem geheimnisvollen Reich der Toten entspricht ... Wenn einer daher die Vorstellung hat, seine Seele sei entschwunden, so bedeutet dies, daß sie sich ins Unbewußte zurückgezogen hat ... (und) kurz nach dem Entschwinden meiner Seele erschienen mir die »Toten«, und das Ergebnis waren die *Septem Sermones*.
>
> (In der Folge machten sich einige ungewöhnliche Auswirkungen bemerkbar.) Mitten in dieser Zeit, in der ich so ausschließlich mit den Bildern des Unbewußten beschäftigt war, entschloß ich mich, mich von der Universität, an der ich seit acht Jahren lehrte, zurückzuziehen ... Ich hatte das Gefühl, nicht länger mit der Welt des Intellekts Schritt halten zu können ... Der Stoff, der vom Unbewußten ans Licht gekommen war, hatte mich beinahe buchstäblich sprachlos gemacht.
>
> (Zuvor war Jung bewußt zu einem überraschenden Schluß gelangt.) Es klingt wie eine Ironie des Schicksals, daß ausgerechnet ich als Psychiater bei fast jedem Schritt meines Experiments auf das gleiche übersinnliche Material stoßen mußte, das *den Stoff für eine Psychose liefert und sich bei Geisteskranken wiederfindet.*[14] (Hervorhebungen von mir.)

Zur gleichen Zeit behauptete Jung, daß »die Inhalte übersinnlicher Erfahrungen real« seien, was »... ich in meiner wissenschaftlichen Arbeit zu beweisen versucht habe«. Während er besonders unterstrich, »daß das Ziel der psychischen Entwicklung das Selbst ist«, psychologisierte Jung seine Arbeit in die wissenschaftliche Sprache unserer Tage hinein, als handle es sich tatsächlich um eine bestimmte Wissenschaft – obwohl sie keinerlei analytischen logischen Zusammenhang aufwies.

Um sich den Traum zu erfüllen, den alle Philosophen, Mystiker und Theologen träumen, reiste Jung über die ganze Welt auf der Suche nach dem sagenumwobenen heiligen Gral, genannt »Wahrheit«. Er nahm dabei den Hinduismus aus dem Osten und das »I Ching« aus dem Orient in sich auf. In der Tat schien der Orient Jung ganz besonders zu faszinieren: Beim Rohrstockwerfen, an dem sich jedermann beteiligte, ergaben sich wie durch Zufall Hexagramme, und aus den erzielten Mustern ließen sich vorher gestellte Fragen genauso deutlich beantworten wie durch das Ouija-Brett und andere übersinnliche Spiele, deren sich Jung bediente, um okkulte Quellen anzuzapfen.

Jung, der große Meister, benutzte noch viele andere Methoden, um die Geister zu beschwören. Im Jahr 1911 schrieb er: »Meine Abende sind zum überwiegenden Teil von der Astrologie in Anspruch genommen. Ich fertige horoskopische Kalkulationen an, um einen Schlüssel für den Kern psychologischer Wahrheit zu finden. Dabei sind einige außergewöhnliche Dinge passiert, die Ihnen bestimmt unglaublich vorkommen werden.«[15]

Diese »unglaublichen Dinge« beinhalteten wiederholt durchaus erstaunliche okkulte Kräfte. Trotzdem gab es einen gravierenden Fehler. Jung mußte feststellen, daß die okkulten Kräfte nie 100%ig recht hatten. Sie waren weit von den biblischen Propheten entfernt, die mit ihren Aussagen entweder 100%ig ins Schwarze trafen oder andernfalls zu Tode gesteinigt wurden. Ist es nicht merkwürdig, daß Männer wie Esra, Nehemia, Jeremia, Hesekiel oder Daniel sich nie dafür entschuldigen mußten, etwas verkehrt vorhergesagt zu haben?

Woher kamen diese Kräfte, von denen Jung sprach? Seinen Worten nach war Philemon eine der ersten Gestalten, denen er bei seinem Hinuntersteigen in die »Unterwelt« begegnet war. Jung erwähnte besonders die Tatsache, daß Philemon »Hörner und Flügel« hatte und an »einem Fuß lahm war«. Dieses Geistwesen war es, das Jung die spirituelle Erleuchtung vermittelte, mit der er die moderne Psychologie begründete. Dieser »weise alte Mann«, wie Jung sich ausdrückte, erinnerte ihn stark an Goethes *Faust*, jene Gestalt, die in ihrer Arroganz zwei andere Menschen, genannt Philemon und Baucis, umbrachte. Vielleicht wurde ja so der Philemon-Komplex auf Jung persönlich übertragen, als Philemons körperliche Lahmheit nach einer längeren Krankheit auf Jung überging.[16]

So begann das ursprüngliche Konzept der »psychosomatischen Übertragung«, bei dem der Psychiater zum Patienten wird. Im Fall von Jung und Philemon war einer geistig so krank wie der andere – eine Folge der intensiven Beschäftigung mit der Geisterwelt.

Geistige Berater und Erfahrungen außerhalb des Körpers

Brauchen Sie innere Heilung? Möchten Sie Ihre Probleme gelöst sehen? Wollen Sie wissen, was die Zukunft bringt? Wie wäre es denn mit einer Astralreise ohne Zuhilfenahme von Drogen? Das läßt sich ohne weiteres durch eine Beratung mit Geistern gemäß Jung'scher Psychologie bewerkstelligen, aber ich möchte es Ihnen nicht empfehlen. Nähere Einzelheiten sind bei jedem Seminar anläßlich der alljährlich stattfindenden Zusammenkünfte der Vereinigung für Humanistische Psychologie erhältlich, ebenfalls in den einschlägigen Magazinen der New-Age-Buchhandlungen, wie z. B. *Shaman's Drum* (»Die Trommel des Schamanen«). Aber vorher sollten Sie sich reichlich mit Gottes Schutz umgeben.

Das Experimentieren mit Geistern kann ungeheure Gefahren in sich bergen: die Gefahr, von dem Wesen oder der Macht, die man kontaktiert, besessen zu werden; die Gefahr, die Kontrolle über seine geistigen Fähigkeiten zu verlieren; die Gefahr der Besitzergreifung durch den Geist eines bereits Verstorbenen – kurz gesagt, die Gefahr aller möglichen Dinge, die Gott als »Greuel« bezeichnet (5. Mose 18,12).

Könnten diese Gefahren Teil der »dunklen Seite der Kraft« sein, wie sie in *Star Wars* dargestellt wird? Der Glaube an diese Mächte ist jedenfalls weit verbreitet und beeinflußt offensichtlich auch weiterhin Mark Hamill, alias Luke Skywalker. Zumindest vermittelte er mir diesen Eindruck, als wir beide, zusammen mit noch anderen Gästen, bei einer Fernseh-Talkshow in Los Angeles interviewt wurden. Er versuchte, für *Star Wars* zu werben, und ich als »kleiner Fisch« für ein unbedeutendes Buch mit dem Titel *Beyond Death's Door* (»Jenseits der Todeslinie«).

Ich nehme an, Hamill hatte mit seiner Behauptung recht, daß es sich bei der »hellen und der dunklen Seite« der Kraft lediglich um zwei verschiedene Seiten ein und derselben Macht handelt. Dabei drängte sich mir allerdings die Frage auf, ob nicht die helle Seite Luzifer und die dunkle Seite Satan repräsentieren mag – zwei Seiten derselben Macht, wobei auf jeder Seite der Medaille ein anderes Gesicht zu sehen ist.

Im theologischen Denken sind die beiden besagten Mächte natürlich als Gott und Luzifer bekannt. Diese beiden sind einander diametral entgegengesetzt in ihrem Kampf um die Seelen der Menschen und verkörpern vollkommen separate Wesen, nicht, wie in *Star Wars* angedeutet, eine einzige Macht mit auswechselbaren Gesichtern.

Mir ist aufgefallen, daß der in vielen religiösen Büchern geprägte Begriff »Gott der Kräfte« so gut wie immer für das Böse steht. Zu diesen bösen Gottheiten gehören Satan, Schiwa, Kali, Pan, Baal und viele andere, die auch als »Götter der Zerstörung« bekannt sind.

Von allen Göttern hat nur ein einziger – nämlich Jahwe, der Gott der Bibel – nachdrücklich erklärt, daß all diese falschen Götter letztendlich vernichtet werden (Jeremia 10,11). Auch alle Techniken, mit ihnen in Verbindung zu treten – Hypnose, Astralreisen, ESP, Hellseherei, Wahrsagerei, Schamanismus, Scrying und Zauberei –, werden zerstört werden.

Bis jetzt sind diese Techniken allerdings noch äußerst stark und bieten einem anscheinend derart enorme und phantastische Möglichkeiten, daß man der Versuchung nur schwer widerstehen kann, zumal so viele sich damit beschäftigen.

Auf den ersten Blick scheint es unfair zu sein, daß Gott selbst den kleinsten Einblick in diese Pseudo-Herrlichkeit verboten hat, jeden noch so geringfügigen Kontakt mit Medien, Zauberern, Wahrsagern, Astrologen, Horoskopen und Channelern. Auch eine selbst ausgelöste Erfahrung außerhalb des Körpers oder ein Todesnähe-Erlebnis scheint für viele etwas absolut Positives, Harmloses zu sein. Und doch ist es äußerst gefährlich und verboten, sich mit diesen Dingen zu beschäftigen, läßt man sich dadurch doch mit Mächten ein, die Gott direkt entgegenstehen – Mächte, die bereits aus dem Himmel hinausgeworfen worden sind (3. Mose 20,6,27; 5. Mose 13,1-5; 18,10-12).

Um ihren Zweck zu verdunkeln, wurden die uralten Namen dieser okkulten Praktiken absichtlich verändert und mit beschönigenden Umschreibungen versehen. Aus Wahrsagern wurden »Zukunftsdeuter«, und was früher als dämonische Besessenheit bekannt war, wird heute höflich »Channeling«, »automatisches Schreiben« bzw. »Astralreisen« genannt. Die bösen Mächte spielen noch immer ihre altmodischen Spiele mit Ouija-Brettern, I Ching-Stäben und Tarotkarten. Während das Scrying an die Stelle von Kristallkugel und Spiegel getreten ist, werden Kristallamulette immer noch als Antenne benutzt, um mit den alten Meistern Fühlung aufzunehmen. »Meditation« ersetzt den Ausdruck Selbsthypnose, während Yogaübungen und Mantras nach wie vor viele Neugierige mit neuen Geistwesen bekannt machen, die vom Gott der Kräfte, dem Gott der Zerstörung, gesandt sind. Dieser »Gott«, dessen dunkle Seite Satan ist, läßt als Luzifer für manche am Ende des Tunnels sogar das Licht leuchten.

8

KOSMISCHES BEWUSSTSEIN

Es war ein kalter Winterabend, als ich Bob Kovalesky (Name geändert) besuchte. Ein gräßlicher Wind fegte vom Ontario-See her durch die Nacht, schüttelte die schwarzen Silhouetten der Bäume, drang durch bis auf die Knochen und schob mich vor sich her auf dem mit Steinplatten belegten Fußweg, der zu dem großen georgianischen Haus führte. Auf mein Klopfen hin öffnete sich die Tür, und eine vierschrötige Männergestalt wurde im Licht der Vorhalle sichtbar. Er hatte ein eckiges Gesicht und nußbraune Augen, die unruhig hin und her flogen. Der unstete Blick erinnerte an einen Geistesgestörten. Ohne ein Wort zu sagen, winkte er mich ins Haus und schloß schnell die Tür gegen den Wind. Ich folgte ihm in das luxuriös eingerichtete Wohnzimmer.

Bob war eigentlich zu warm angezogen – weißes Hemd mit langen Ärmeln, große Schwitzflecken unter den Armen, eine zerknitterte graue Hose und abgetragene Hausschuhe. Das Zimmer war überheizt, trotzdem zitterte Bob vor Kälte – und vor innerer Angst, die sich in seinen Augen widerspiegelte. Sein gequälter Blick ließ ihn aussehen wie einen Siebzigjährigen, dabei war er gerade vierzig Jahre alt.

Kopfschüttelnd ließ er sich aufs Sofa fallen und sagte müde: »Ich habe schon daran gedacht, mir eine Kugel durch den Kopf zu jagen.«

Ich setzte mich neben ihn und legte kameradschaftlich die Hand auf seine Schulter. »Ist es so schlimm?« fragte ich.

»Ja, so schlimm!« bestätigte er und sah zum Fenster hinaus, wo der Wind an den Läden rüttelte. Er holte mehrmals tief Luft und deutete mit einer vielsagenden Geste auf den Tisch, der unter dem Fenster stand. »Die Pistole ist da drin«, stöhnte er. »Es ist mir wirklich schwergefallen, hier zu sitzen und auf Sie zu warten.«

»Aber jetzt bin ich da«, sagte ich und goß mir eine Tasse kochendheißen Kaffee aus der bereitstehenden Plastikkanne ein. »Am besten machen Sie mit Ihrem Bericht da weiter, wo Sie heute nachmittag in Toronto aufgehört haben.«

Aus dem Radio kam leise Musik, und ich zog Kugelschreiber und Schreibblock aus der Tasche, um mir Notizen zu machen. Bob Kovalesky war ein starker, massiger Typ. Er verkörperte den Typus eines führenden Industriellen. Er besaß das richtige Erfolgsrezept. Er hatte wirksame Methoden gefunden, um an die Spitze zu gelangen und seine Konkurrenten erfolgreich auszuschalten. Die Technik, die er benutzte, war simple Bewußtseinskontrolle – die Fähigkeit, andere zu kontrollieren, ehe sie einen kontrollierten!

Die Geschichte hatte in seiner Jugend begonnen. Als Kind hatte er viel Not und Mühsal kennengelernt. Durch die große Armut festigte sich der Entschluß in seinem Herzen, nie wieder arm zu sein. Als er entdeckte, daß ein Mensch im Durchschnitt lediglich 15% seiner geistigen Fähigkeiten nutzt, nahm er sich vor, seinen niedrigen gesellschaftlichen Stand zu verbessern, indem er die gewaltigen Möglichkeiten der ungenutzten Gehirnkapazität zur Entfaltung brachte.

Er fing mit dem »Planned Happiness Institute« an, wo man ihm beibrachte, in einen durch Selbsthypnose ausgelösten Trancezustand zu verfallen und sich mental Ziele zu setzen, um sie anschließend durch geschickte Manipulation auszuführen. Um die Kraft der Hypnose noch zu verstärken, nahm er mit Hilfe der »Science of Being«-Gruppe Unterricht in Transzendentaler Meditation. Dabei lernte er, die Gedanken anderer Menschen zu kontrollieren, indem er ihnen seine eigenen Gedanken aufdrängte. Die Sache funktionierte, und Bob hatte geschäftlich immer größeren Erfolg. Aus seiner Kinderzeit wußte er noch, daß die Bibel vor Dingen wie Hypnose u. ä. warnt. Nach längerem

Suchen fand er sogar die Stelle, wo es heißt: »So zerstören wir Vernünfteleien (oder: Gedankenbilder) und jede Höhe, die sich gegen die Erkenntnis Gottes erhebt« (2. Korinther 10,5). Doch das war ihm egal, denn – so sagte er sich – die Hypnosetechniken brachten Erfolg, und das war das einzige, was zählte, nicht die Frage, welche Kraft dahintersteckte.

Mit den Jahren nahm Bob noch die Astrologie dazu, das uralte übersinnliche Spiel der Babylonier. Er lernte schnell, sich sein persönliches Horoskop zu stellen. Dieses gebrauchte er, um seine geschäftlichen Entscheidungen vorherzusagen und zu lenken.

Nur eins störte Bob: Es war offenkundig, daß die Astrologie nicht immer zutraf. Sie war den wissenschaftlichen Prüfungskriterien hinsichtlich Zuverlässigkeit und Reproduzierbarkeit nie gewachsen.

Durch die Unbeständigkeit entmutigt, nahm Bob jetzt noch Yoga hinzu, Kommunikationssysteme, die in unterschiedlicher Verpackung angeboten wurden. Hatha Yoga versprach dem Teilnehmer, er könne kraftvoll und unwiderstehlich werden, ein Meister in Liebe, Frieden und Freude. Also stellte er einen Privat-Guru ein. Zuerst kamen ihm die Yogaübungen ziemlich langweilig vor, aber eines Tages brachten ihn die geheimen Mantra-Beschwörungen zum Zittern und Beben, als daraufhin mehrere Geister in Menschengestalt erschienen. Nachdem sie ihn beruhigt hatten, zeichneten die Geistwesen ihm verschiedene Techniken vor, mit denen er Macht über seine Geschäftskonkurrenten ausüben und auch sonst praktisch jeden, den er wolle, bezwingen könne.

Im Lauf der Zeit verschwanden die Geistwesen aber oft nicht mehr wie gewohnt, sondern blieben einfach da. Aus unerklärlichen Gründen wurden sie plötzlich unfreundlich und fingen an, seine Gedanken und Handlungen zu kontrollieren, während es früher umgekehrt gewesen war. Die ständige Wiederholung seines Mantras, die zur Erleichterung der Yogaübungen gedient hatte, ließ auf einmal nicht mehr seinen Geistführer erscheinen, sondern irgendwelche Geistwesen, von denen er noch nie gehört und die er auch nie gerufen hatte. Dabei war er überzeugt gewesen, daß Yoga und Transzendentale Meditation etwas Gutes und Harmloses seien.

Bob, der über die Entwicklung gar nicht glücklich war, wandte sich nun anderen Gebieten der Parapsychologie zu. Es dauerte gar nicht lange, bis sein Leben voll mit okkulten, übersinnlichen Dingen war. Er rauchte wie ein Schlot, trank viel zu viel, leistete immer weniger, und seine Ehe geriet ernsthaft ins Wanken.

Während er sich eines Abends in der »Lotos«-Position, einer Yogaübung für Fortgeschrittene, befand, ertönte plötzlich eine Stimme von den Dachsparren über ihm. Er meinte, sie schon früher gehört zu haben, aber diesmal schien sie zu sagen: »Töte sie, töte sie, töte sie!« Inzwischen war Bob davon überzeugt, ein böser Geist befehle ihm, seine Frau umzubringen. Mittels telepathischer Gedankenwellen gab der Dämon ihm zu verstehen, daß Bobs Frau ein Störenfried sei, der »nicht hierher gehöre«. Schließlich ging ihm auf, daß diese Stimme die Quelle all seiner erworbenen Macht verkörperte.

»Ich war nicht mehr Herr meiner selbst«, erzählte Bob mir. »Ich wurde von der Stimme beherrscht. Ich hatte Angst, abends ins Bett zu gehen. Beim Einschlafen mußte das Licht an bleiben, und ich brauchte immer mehr Alkohol, bevor ich die Augen zumachen konnte.«

Ich stand auf, ging zu dem Tisch hinüber und nahm die Pistole aus der Schublade. »Die werden Sie nicht brauchen«, sagte ich und ließ sie in meiner Tasche verschwinden. Mit einem Lächeln fügte ich hinzu: »Sprechen Sie morgen früh mit Ihrem Geschäftspartner. Ich kenne ihn. Ich glaube, er kann Ihnen helfen.«

Bei dem Gespräch am nächsten Vormittag verspürte der Geschäftspartner Bobs Besessenheit und fragte ihn unverblümt, ob er Jesus kenne. »Ich dachte zuerst, er sei verrückt«, meinte Bob, »aber dann wußte ich, daß er alles wußte. Ohne ersichtlichen Grund fing ich an, unkontrolliert zu weinen. So einfach war das! Es war der Augenblick, in dem ich Jesus annahm!

Nachdem ich Jesus gebeten hatte, in mein Herz und Leben zu kommen, fühlte ich mich plötzlich frei von der tödlichen Umklammerung der Geister, die mich in ihrer Gewalt gehabt hatten. Ich war so frei in meinem Innern, daß meine Frau, als ich abends nach Hause kam, dachte, ich hätte mich irgendeiner Sekte angeschlossen. Danach fingen unsere zweiten Flitterwochen an. Es war das Schönste, was ich je erlebt habe.« Für Bob so etwas wie ein Blick in die Herrlichkeit.

Was ist dort oben wirklich los? Was lauert in den geheimen Winkeln des Jenseits? Bob entdeckte in diesen Winkeln das Reich von zwei unterschiedlichen Mächten – Gut und Böse –, die miteinander wetteifern und dabei ungeahnte Kräfte freisetzen. Aber auch hier präsentierte sich die böse Macht zunächst mit ihrer irreführenden hellen Seite, während die dunkle Seite nur selten zu sehen war – bis zu jenem Abend, an dem die Geister sich völlig unerwartet gegen ihn wandten.

Im Gegensatz zu dieser Macht mit ihren »zwei Gesichtern« durfte Bob die Macht Gottes und seiner Engel entdecken, die ihm nur ein einziges Gesicht zeigte. Der Apostel Paulus faßt dies in Epheser 6,12-13 so zusammen:

> Denn wir kämpfen nicht gegen Menschen aus Fleisch und Blut, sondern gegen körperlose Wesen – die bösen Herrscher über die unsichtbare Welt, jene mächtigen satanischen Wesen und bösen Fürsten der Finsternis, die diese Welt beherrschen; und gegen die ungeheure Anzahl von bösen Geistern in der geistigen Welt.
>
> Darum benutzt jedes Stück der Waffenrüstung Gottes, um dem Feind bei seinen Angriffen widerstehen zu können, und wenn alles vorüber ist, werdet ihr immer noch stehen (The Living Bible).

New-Age-Bewußtsein

Seit die Philosophie des New-Age-Bewußtseins von Sigmund Freud mittels Drogen und Hypnose eingeführt und danach durch Carl Gustav Jung mittels archetypischer Urbilder konsolidiert wurde, haben die modernen Forschungswissenschaften diese Basis wieder aufleben lassen und weiter ausgebaut. Sie greifen auf die uralten Praktiken der Zauberei und des Schamanismus zurück und formen sie für unsere moderne Gesellschaft um, indem sie ihnen zur Tarnung attraktive Namen geben wie z. B.

Geistführung, Scrying und Biofeedback. Nichts davon ist neu. Es ist im Gegenteil sehr alt. Eva kommunizierte mit der »gechannelten« Schlange und hörte bereits vor Tausenden von Jahren Stimmen, so wie Bob Kovalesky in unserer Zeit. Nichts hat sich dabei geändert. Im Fernsehen und in Forschungsmanuskripten wenden die modernen Experten genau das gleiche Channeling an, um an Informationen zu gelangen.

Diese paranormalen Methoden wurden von der Amerikanischen Humanistischen Gesellschaft sanktioniert, einer angesehenen Gruppe, die von bekannten Persönlichkeiten wie Abraham Mazlow und Carl Rogers sowie von anderen Jüngern Freuds und Jungs gegründet wurde.

Als Teilnehmer an einem von dieser Gesellschaft veranstalteten Seminar mit dem Titel »Jung'sche Psychologie« stellte ich fest, daß Carl Jung als Vaterfigur verehrt wird. Weil in dem Seminar wiederholt auf seine Arbeit Bezug genommen wurde, stellte ich genauere Nachforschungen über sein Leben an (einiges davon habe ich bereits im vorigen Kapitel erwähnt). Ich stellte fest, daß Jung ein scharfsinniger Wahrsager war, außerdem ein vollendetes Medium, ein Spiritist und Psychiater. Über Jahre empfing er geistige Bilder, in denen die Krankheiten seiner Patienten vorhergesagt wurden. Das war lange bevor Edgar Cayce als »schlafender Prophet« ähnliche Diagnosen in seinen berühmten Trancezuständen stellte. Jungs geheimnisvolle Kräfte ließen ihn oft sogar den Tod vorhersehen, ehe er tatsächlich eintrat. Er prophezeite nicht nur Freuds tragischen Tod im Jahr 1914, sondern auch den des ihn behandelnden Arztes im Jahr 1944 nach einem erlittenen Herzanfall. Dabei hatte Jung selber eine Erfahrung außerhalb des Körpers, die ihn in kosmisches Bewußtsein versetzte:

> ... (Jung) schwebte hoch über der Erde und genoß die wunderbare Aussicht von den schneebedeckten Himalajabergen über Indien, Ceylon und die Arabische Wüste hinweg bis zu einer Ecke des Mittelmeeres.
>
> Er wußte, daß er im Begriff war, die Erde zu verlassen.
>
> Nicht weit von ihm entfernt tauchte ein gigantischer Felsblock auf, ähnlich wie ein Meteorit. Er war zu einem Felsen-

tempel ausgehöhlt. Ein schwarzer Hindu saß in Lotos-Position auf einer Steinbank rechts neben dem Eingang.

Jung spürte, daß er drinnen erwartet wurde ... (und) daß er im Innern des Tempels den Sinn seines Lebens erkennen würde ...

(Später, auf dem Krankenbett) schien alles so unwirklich zu sein, ein selbstgemachtes Gefängnis, und er lehnte sich drei Wochen lang dagegen auf, wieder gesund zu werden. Er grollte seinem Arzt, der ihn ins Leben zurückgebracht hatte, machte sich gleichzeitig aber auch Sorgen um ihn, denn von dem Augenblick an, da er ihn in seiner Urform gesehen hatte, wußte er, daß er (der Arzt) sehr bald sterben würde. Und so war es auch. Am 4. April 1944 legte sich der Arzt krank ins Bett und starb kurz darauf an einer Blutvergiftung.[1]

Techniken zum Eintritt ins kosmische Bewußtsein gibt es viele. Dazu gehören die bereits erwähnten: Hypnose (Freud'sche oder Selbsthypnose), I Ching (ein mystisches Spiel, an dem Jung ein besonderes Gefallen hatte), Kokain (das »Spiel«, das Freud bevorzugte), Mescalin (Aldous Huxleys Lieblingsspiel), LSD (das von Timothy Leary), spiritistische Sitzungen (Cayce, Rogers, Moody, Kübler-Ross), das Spiel der Geistführer (bei den meisten New-Age-Anhängern beliebt) oder auch das mystische Omega-Spiel (Kenneth Ring).

Kosmische Überlieferungen räumen dem Neuling einen großen Spielraum bei der Auswahl ein: TM, Poltergeister, Zauberei, Wahrsagerei, Totenbeschwörung, Yoga, Telepathie, spiritistische Sitzungen, Voodoo, Hexerei, Astrologie oder irgendein Zustand von Bewußtseinsveränderung, der Geistführer, geistige Ratgeber oder andere Wesenheiten herbeiruft, die das Bewußtsein kontrollieren. »Braunauge« war der Spitzname unserer Sprechstundenhilfe, einer Anfängerin auf dem Gebiet des Übersinnlichen, die sich damit ihr eigenes Grab schaufelte.

Braunauge

Braunauge, übermütig und keck, war freudig erregt, als unsere Maschine von der Startbahn abhob. In 1000 Meter Höhe beugte sie sich vor und rief mir zu: »Wie wäre es mit ein paar luftakrobatischen Übungen, Chef? Hier oben ist ja wirklich nicht viel zu sehen, außer einer Menge Wolken!« Sie stieß die anderen an und zwinkerte ihnen mit ihren warmen braunen Augen schelmisch zu.

Da die anderen Krankenschwestern anscheinend nichts dagegen einzuwenden hatten, drückte ich die rechte Tragfläche der Maschine hinunter und zog die Nase vorne hoch, machte eine Rolle, dann eine langsame Acht und wechselte anschließend in eine »Chandelle«, eine eher schwindelerregende Kombination. Für ein paar Minuten war Braunauge noch ganz unbekümmert, doch dann griff sie plötzlich nach der Handtasche, die ihre Sitznachbarin auf dem Schoß hielt, öffnete sie und übergab sich mit einem lauten Keuchen so heftig, daß die Tasche randvoll war. Bei diesem Anblick wurde uns allen ebenfalls übel. Deshalb gaben wir die Luftakrobatik auf und versuchten, schnellstmöglich wieder zu landen.

Die Geschichte sorgte am nächsten Tag für viel Gelächter in der Praxis, aber das Scherzen hörte abrupt auf, als Braunauge plötzlich Unterleibskrämpfe bekam. Zum Glück stellten sich die Krämpfe als Nebeneffekt von Adhäsionen (Verwachsungen, Verklebungen) nach einer früheren Hysterektomie (Entfernung der Gebärmutter) heraus, die nichts mit dem Flug zu tun hatten. Aber es kam noch schlimmer. Ein plötzlicher Darmverschluß machte eine sofortige Operation erforderlich.

Leider folgte eine Komplikation der anderen. Zuerst erbrach die Patientin Blut, da sich aufgrund der Operation ein akutes Streßgeschwür gebildet hatte. Eine weitere Operation war nötig, um die Blutung zu stoppen. Braunauge ging es sehr schlecht. Ihr Darm war wieder blockiert, was eine weitere Operation erforderte. Diesmal wurden in der Darmwand unerwartete Nekrosebereiche (Gewebstod) festgestellt, und es mußten Teile von abgestorbenem Darm entfernt werden.

Obwohl Braunauge erst Ende Zwanzig war, reagierte ihr Körper wie ein altes Auto. Der Kotflügel fiel herunter, als die Tür repariert wurde, und als der Kotflügel wieder heil war, fiel der Motor auseinander. Braunauge lag im Schock, ihr Blutdruck war 60/40, und die Röntgenaufnahme des Brustkorbs wies zahlreiche Schatten auf, die entweder auf eine »Schocklunge« oder auf »Blutgerinnsel in der Lunge« schließen ließen. Letzteres stellte sich als richtig heraus. Die Blutgerinnsel, auch Emboli genannt, waren durch die operativen Verletzungen in den Blutkreislauf gelangt und mit dem Blut in die Lunge geschwemmt worden, wo sie durch kleine Blutgefäße, die wie ein Sieb wirkten, aufgehalten wurden.

Anstelle von großen Blutgerinnseln waren die von Braunauge klein, aber zahlreich. Sie rang nach Luft, hustete Blut und fiel noch tiefer in den Schock. Ihr Arzt, Dr. Thomas Mullady, holte die verschiedensten Gutachten ein.

Einige Stunden später lag die Patientin, in kalten Schweiß gebadet, weiß wie ein Gespenst in den Kissen. Ihr Puls war faserig, und ihre leuchtenden braunen Augen wurden langsam trübe. Im gleichen Augenblick wußte ich, daß wir sie verlieren würden. Es zerriß mir fast das Herz.

Bevor das Atemgerät angeschlossen wurde, flüsterte sie etwas über ein »Hexenfest«. Sie wiederholte das Wort mehrmals, als handle es sich um ein besonderes Geheimnis. Ich wußte nicht, was sie meinte, nickte ihr nur beruhigend zu, als hätte ich sie verstanden. Später fragte ich verschiedene Leute, ob sie sich erinnern könnten, daß Braunauge von einem »Hexenfest« gesprochen hatte, aber keiner wußte etwas davon.

Mich aber ließ die Sache nicht mehr los. Da ich keine Ahnung von diesen Dingen hatte, suchte ich Rat bei Dr. John Weldon, einem Theologen und Experten auf dem Gebiet des Übersinnlichen – einem Mann, der sehr gut über Zauberei und die Mysterienkulte Bescheid weiß.

Ich fand John Weldon in seinem Büro auf dem East-Gate-Komplex der John Ankerberg-TV-Zentrale. John ist eine jener genialen »wandelnden Bibliotheken«. Er sucht seine Garderobe nach der Ähnlichkeit mit einem gebrauchten Bettbezug aus, mit möglichst vielen Knitterfalten und matten, schlecht zusammenpassenden Farben.

John saß auf einem kleinen Stuhl vor dem unaufgeräumten Schreibtisch, hinter sich eine Menge selbstgebastelter Bücherregale – riesige, übereinandergestapelte Reihen, die jederzeit zusammenbrechen konnten. Dies war Weldons kleines privates

Reich in der phantastischen Ankerberg-Enklave, eines von mehreren im Labyrinth lebendig begrabener Workaholics.

Durch ungekämmte Strähnen strohblonden Haares zu mir herüberblinzelnd, meinte Weldon: »Die Kraft des Übersinnlichen fordert ihren Preis. Es hat bereits einige tragische Zwischenfälle im Bereich des Okkulten gegeben.« Er unterbrach sich, um seine Brille mit zerknittertem Toilettenpapier zu putzen. »Die meisten wissen z. B. nicht, daß das berühmte Medium Arthur Ford als morphiumsüchtiger Alkoholiker geendet hat. Oder daß Bischof Pike auf tragische Weise ums Leben gekommen ist, weil er sich mit spiritistischen Dingen eingelassen hatte. Oder daß das Medium Jane Roberts mit ihrem allwissenden Geistführer Seth im verhältnismäßig jungen Alter von 55 Jahren gestorben ist. Das bedeutet, so nehme ich an, daß Seth entweder nicht allwissend war oder daß er Jane absichtlich nichts von ihrem bevorstehenden Tod gesagt hat. Auch viele andere spiritistische Medien und Channelers sind drogenabhängig geworden oder auf mysteriöse Weise ums Leben gekommen«.

»Das Medium Edgar Cayce«, fuhr Weldon fort, sich zu erinnern, »der ›stumme Prophet‹, der Geisterstimmen durch sich reden ließ, war bis auf knapp 60 Pfund abgemagert, als er starb. Einige seiner Freunde meinten, sein merkwürdiger Tod sei auf zu viele übersinnliche Lesungen und zu viele psychische Attacken zurückzuführen. Cayce habe immer unter Begegnungen mit mysteriösen Feuern und emotionalen Qualen gelitten.«

Was auf John Weldon einen besonders traurigen Eindruck machte, war die Tatsache, daß alle diese spiritistischen Medien überhaupt nicht zu merken schienen, daß sie sich mit bösen Mächten eingelassen hatten. Sie dachten, sie würden etwas Gutes und Erhebendes tun. Er fuhr fort: »Und wenn einer von ihnen versuchte, der Praxis des Channelings zu entfliehen oder nicht länger als Medium zu fungieren, war es, als würde umgehend irgendeine mysteriöse Krankheit oder ein Unglück folgen, das ihn zwang, wieder zu seinen früheren okkulten Praktiken zurückzukehren.« Seine Ausführungen veranlaßten mich, mich näher mit Ankerbergs und Weldons detaillierten Untersuchungen über dieses Thema zu befassen.[2]

Die Kundalini

Ich habe mich oft gefragt, ob Braunauge sich persönlich mit der Kundalini (= Schlangenkraft) eingelassen hatte, aber das werde ich wohl nie erfahren. Als sie sehr krank war, deutete sie einmal auf den Äskulapstab am Aufschlag meines Arztkittels und flüsterte etwas wie »Kundalini«. Ich wußte zu diesem Zeitpunkt nicht einmal, wie das geschrieben wird, aber bei meinen Nachforschungen bin ich in letzter Zeit wiederholt auf dieses Wort gestoßen. Da fiel mir die Geschichte von Äskulap, dem griechisch-römischen Gott der Heilkunde, ein, der einen Stab mit einer geflügelten Schlange benutzte. Dieser Äskulapstab wurde schließlich in abgewandelter Form zum Sinnbild der Medizin, zum Berufssymbol der Ärzte. Konnte dieser Schlangenstab etwas mit »der Kundalini« zu tun haben?

Dr. Tom Mullady, Braunauges Arzt, konnte sich nicht daran erinnern, daß sie je etwas über den Stab an seinem Kittel gesagt oder ein besonderes Interesse an okkulten Dingen gezeigt hatte. Drei ihrer alten Freundinnen, die ich fragte, wußten ebenfalls nichts davon. Ihnen war lediglich aufgefallen, daß ihr Verhalten leicht mysteriös zu sein schien, als sie krank wurde.

In der öffentlichen Bücherei fand ich nur wenige Bücher zum Thema. Eines davon war von einem Hindu-Autor mit Namen Gopi Krishna geschrieben und trug den simplen Titel *Kundalini*. Das Buch ist 1970 bei Shambala Press in Berkeley/Kalifornien erschienen. Ich fand dann noch ein weiteres, 1979 bei Anchor Books erschienenes Buch von John White mit dem Titel *Kundalini, Evolution and Enlightenment* (»Kundalini, Evolution und Erleuchtung«) sowie eines von Hiroshi Motoyama mit dem Titel *Theories of the Chakras* (»Die Lehren von den Chakras«), erschienen 1981 beim Verlag Theosophical Publishing House.

Kundalini bedeutet in Sanskrit »zusammengerollt«, so wie eine Schlange, und soll angeblich eine latente Form von Bioenergie darstellen, die wie eine zusammengerollte Schlange am unteren Ende der menschlichen Wirbelsäule schläft. Mit den passenden Formeln läßt sich diese Energie angeblich wecken und aktivieren und steigt dann vom Steißbein an der Wirbelsäule in einem speziellen »Kanal« nach oben, der allerdings, anatomisch gesehen, nicht einmal existiert. Diese Kraft der Kundalini schaltet bei ihrer Reise durch die Wirbelsäule gewisse Energiezentren, »Chakras« genannt, ein. Diese Energiezentren sollen phänomenal sein, können sich aber auch als »destabilisierend« und »explosiv« herausstellen. Tatsächlich warnt man die Kandidaten vor der Möglichkeit, daß diese Erweckung von Energie »häufig unangenehm und erschreckend« ist.

Die chakralen Zentren sind auch die bevorzugten Punkte beim Einsatz der Akupunktur. Diese Behandlungsmethode soll als menschlicher Transformator der Energie dienen, die von den Vibrationen des kosmischen Bewußtseins und den Astralebenen empfangen wird. Der angebliche Zweck der Kundalini-Energie ist es, einen Blick in die Herrlichkeit werfen zu können und den Menschen in einen »höheren Bewußtseinszustand« zu katapultieren.

Diese Energie soll jedoch zugleich göttlich und göttlich machend sein und wird von ihren Anhängern wie auch von Professor Kenneth Ring, einem ihrer Erforscher, sehr ernstgenommen. Sie dient angeblich als unbegrenzte Quelle schöpferischer Kraft und übersinnlicher Fähigkeiten, ganz besonders aber dazu, die Evolution der Menschheit hin zum kosmischen Bewußtsein zu steuern. Die Hypothese der Kundalini soll dazu dienen, das Zeitalter des neuen Bewußtseins, der »Erleuchtung«, einzuleiten. Der Mensch will wie Gott sein.

Bei dieser Hypothese wird das Gehirn zwangsläufig an die hinterste Stelle, den »Hintern«, gesetzt. Dabei ist es die Schlange und nicht das Gehirn, auf der man sitzen sollte! Es gibt zu denken, daß Buddha während einer großen Flut ebenfalls auf einer saß – aber darauf kommen wir später zu sprechen.

Die speziellen Yoga-Befehle zur Erweckung der Kundalini erfordern, wie man hört, eine Kombination aus bestimmten Stellungen (*asanas*), Atemkontrolle (*pranayama*) und intensiver hinduistischer Meditation über die chakralen Energiezentren.

Der Glaube an die Kraft der Kundalini beschränkt sich nicht länger auf abergläubische Menschen in fremden Ländern. Er wird erstaunlicherweise bereits in den Vereinigten Staaten praktiziert, und zwar u. a. von bekannten Künstlern aus der Unterhaltungsbranche. Beschrieben wird dies in Büchern von Professor Kenneth Ring, einem Psychologen an der Universität von Connecticut. Zur Erinnerung: Die Kraft der Kundalini soll deren Anhänger in die Richtung des neuen Nirwana-Himmels, genannt »Omega-Punkt«, treiben.

Dieser »Omega«-Begriff, möglicherweise von der biblischen Beschreibung Gottes als Alpha und Omega – Anfang und Ende – entlehnt, wurde vor langer Zeit von Pierre Teilhard de Chardin geprägt. Dieser Jesuit, Freidenker und Philosoph definierte die biblische Botschaft in seinem berühmten Buch *The Phenomenon of Man* (»Das Phänomen Mensch«) vollkommen neu. Darin wird das Zitat des Paulus so umschrieben: »Gott wird alles in allen sein« – ein Hinweis auf das pantheistische Einssein des Menschen mit allen Dingen. Oft weiß ich gar nicht, was Teilhard eigentlich sagen will, wenn es um die Einzelheiten des Omega geht. Dem Übersetzer aus dem Französischen, Bernard Wall, sowie Sir Julian Huxley, der das Vorwort zur englischen Ausgabe geschrieben hat, muß es ähnlich gegangen sein. Ein Beispiel sind die Phantastereien im Hinblick auf das Omega:

> ... Ein Punkt, durch den wir trotzdem die Berührung zwischen den Gedanken, geboren aus der Involution des Materials des Universums auf sich selbst, und dem transzendenten Brennpunkt, den wir Omega nennen, prognostizieren können, das Prinzip, das zur gleichen Zeit diese Involution unumkehrbar macht und sie bewegt und sammelt.[3]

Das Kernstück des Ganzen ist die Omega-Botschaft einer allumfassenden Einheit und Liebe, sowohl im Himmel als auch auf Erden. Es ist die ständig stärker werdende, aus den Todesnähe-Erlebnissen erwachsende Philosophie der Schönheit, die jedermann im jenseitigen Leben erwartet.

Teilhards Ziel war es nach den Worten des Forschers Phillip Johnson, »das Christentum auf den neuesten Stand zu bringen, indem er es klar auf den Felsen der Evolution gründete anstatt auf gewisse Ereignisse, die sich angeblich vor beinahe 2000 Jahren in Palästina zugetragen haben.«[4]

Nach Teilhards Ansicht war der Omega-Punkt also nicht das Ende des Lebens – wie das Wort vermuten ließe –, sondern der

Anfang des Lebens. Indem er traditionelle Bibeltexte umstellte und sorgfältig »bearbeitete«, zwang er ihnen eine völlig neue Bedeutung auf. Teilhards Omega-Punkt war nicht der Punkt, an dem der Mensch Gott findet, sondern wo der Mensch sich selber findet – die Geburtsstunde der Selbstvergöttlichung. Dieser Gedanke macht es möglich, daß das alte hinduistische Nirwana zum »kosmischen Bewußtsein« aufgewertet wird. Gleichzeitig wird die Notwendigkeit eines lebendigen, von außen wirkenden, persönlichen, sich mitteilenden Gottes geleugnet.

Ich wiederhole: Die mit überwältigender Mehrheit positiven Erfahrungen bei Todesnähe-Erlebnissen, wie sie mittels Professor Rings verspäteter Befragungsmethode gesammelt wurden, werden als Beweismittel benutzt, um Teilhards Omega-Theorie zu rechtfertigen. Diese besagt, daß die Menschheit insgesamt sich auf einen himmlischen Punkt zu bewegt, egal, was der einzelne glaubt, und ohne daß ein läuterndes Karma erforderlich wäre.

Dr. Ring hat inzwischen seine eigenen Theorien zum Sinn des Lebens – warum wir hier sind und wohin wir gehen – dargelegt, aufbauend auf die ursprünglich von Dr. Moody durchgeführte und in seinem Buch *Life after Life* publizierte Arbeit mit Todesnähe-Erlebnissen. Allerdings ist Ring noch wesentlich weitergegangen, indem er UFOs als weitere Möglichkeit, mit dem Omega-Punkt in Kontakt zu treten, verherrlicht. (Darauf werde ich im letzten Kapitel näher eingehen.)

Tatsache ist, daß eine ganze Anzahl Sterbeforscher ins Okkulte abgedriftet sind. Dr. Kübler-Ross z. B., die Verfasserin des Klassikers *Tod und Sterben*, war Kenneth Ring beim Schreiben seines Buches *Heading Toward Omega* (»Auf dem Weg zum Omega«) behilflich. Sie läßt regelmäßig ihre Geistführer Salem, Anka und Willie erscheinen, damit sie ihr bei ihrer Arbeit helfen, und hat sogar deren Stimmen auf Tonband aufgenommen.

Allerdings ist die New-Age-Bewegung wesentlich komplizierter. Da Jesus, wie die New-Age-Philosophen sagen, »nur ein Mensch war«, brauchen wir für jedes Zeitalter einen neuen Christus. Um den nächsten Christus ausfindig zu machen, wendet man sich an die Geister und sucht ihren Rat. Man benutzt das sogenannte kosmische Bewußtsein, um die alten heidnischen Rituale, die stark ins Übersinnliche gehen, wieder zum Leben zu erwecken, und beschwört dabei häufig die Kraft der Kundalini.

So wie Menschen bei Todeserlebnissen ins kosmische Bewußtsein eintreten, sagt Professor Ring, so kann die Kundalini einen ähnlichen Evolutionssprung auslösen, ohne daß zwangsläufig die mit Todeserlebnissen verbundenen Risiken zum Tragen kommen. Wenn der »Neubekehrte« durch die »Taufe der Kraft« Erleuchtung empfängt, sollte er in der Lage sein zu verstehen, daß der Mensch sich durch globale Transformation auf die neue Stufe des Menschseins entwickeln muß, die unter der Bezeichnung »Homo noeticus« bekannt sein wird. Professor Ring faßt die Beziehung zwischen der Kundalini, den Todesnähe-Erlebnissen und dem »neuen Menschen« wie folgt zusammen:

> Bei vollständiger Erweckung der Kundalini weisen die Erfahrungen der Betroffenen eine frappierende Ähnlichkeit mit den Berichten vieler Menschen mit Todesnähe-Erlebnissen auf. Und was hinzukommt: Die Folgen dieser tiefen Kundalini-Erweckungen scheinen eine Transformation des einzelnen zu veranlassen und zu persönlichen Ansichten über diese Welt zu führen, die im Grunde von denen aus Todeserlebnissen bekannten kaum zu unterscheiden sind.
>
> Ich vermute, daß all diese Phänomene (Todesnähe-Erlebnisse) das Ergebnis einer biologischen Verwandlung des menschlichen Organismus' sind, die durch die Freisetzung einer Energie ausgelöst wird, welche unter Eingeweihten (spiritistischen Medien) seit langem bekannt, aber erst in letzter Zeit von Wissenschaftlern, die sich für transzendentale Erfahrungen interessieren, genauer erforscht worden ist. Die besagte Energie wird noch immer mit ihrem Sanskrit-Namen Kundalini genannt.[5]

Mittlerweile hat Professor Ring einen neuen »Dreh«; er behauptet, daß Todesnähe-Erlebnisse gar nichts mit dem Tod selbst zu tun haben müssen. »Was bei einem Todesnähe-Erlebnis passiert, hat von Natur aus überhaupt nichts mit dem Tod bzw. mit dem Übergang zum Tod zu tun.«[6]

Nichts mit dem Tod zu tun? Genau das ist ja der Punkt, weshalb man die Todesnähe-Erlebnisse von Erfahrungen beim klinischen Tod trennen sollte. Bei letzteren geht es um einen den endgültigen Tod einleitenden Prozeß, also eine wesentlich glaubwürdigere Situation. Ich bin der Meinung, daß man den klinischen Tod, bei dem wir der Möglichkeit, Untersuchungen über die geistliche Ewigkeit anzustellen, am nächsten kommen, komplett von allen anderen Todeserlebnissen trennen sollte, von denen manche erwiesenermaßen zu keinerlei Todesform führen.

Schlußendlich läuft alles auf die alte Schlange hinaus, die sich heute eben Kundalini nennt. Wir erinnern uns: Als Braunauge auf die Schlange auf dem Äskulapstab an meinem Kittel deutete, meinte ich, sie hätte »Kundalini« gesagt. Für mich war das ein Grund nachzuforschen, warum diese Schlange (oder Kundalini) für viele Religionen und auch für viele Menschen so ausgesprochen wichtig ist.

In der Bhagawadgita, einem der wichtigsten Bücher des Hinduismus', bezeichnet der Herr Krischna, angeblich die siebte Reinkarnation des Gottes Wischnu, sich als den »Fürsten der Dämonen« – ein Titel, der auch für Satan verwandt wird. Die Dämonen sind für den Hindu allerdings nichts Neues, denn sie stimmen mit seinem Glauben überein. Da für den Hindu »alles eins ist«, sind Satan und Gott ebenfalls eins, genau wie alle anderen Götter. In den Upanischaden, einem anderen heiligen Buch der Hindus, identifiziert Krischna sich als »Visuki, Herr der Schlangen« und auch als »Ananta, die heilige Schlange«. Schlangen gibt es, wie gesagt, in vielen Religionen. Ob sie ein Symbol für Satan sind?

Interessant ist, daß Buddha, alias Siddharta Gautama, ehe er sich vom Hinduismus abspaltete und den »richtigen Weg« fand, ebenfalls die Schlange als Symbol benutzte. Auf einer Schlange sitzend, wurde Buddha wunderbarerweise vor einer schrecklichen Flut gerettet. Das war im 6. Jahrhundert v. Chr., einige Zeit, nachdem er auf der Suche nach dem neuen Leben seine Frau und seinen Sohn verlassen hatte, wodurch er in die Lage versetzt wurde, der »Erleuchtete« zu werden.

In Gedanken noch immer mit der Kundalini beschäftigt, stellte ich fest, daß die Geschichte der Schlange wesentlich weiter geht. Die Götter Wischnu, Brahma und Schiwa, die »heilige Dreifaltigkeit« im Hinduismus, stehen in einem engen Zusammenhang mit Schlangen. Über Schiwa haben wir bereits gesprochen. Brahma und Wischnu sind zusammen auf einem der heiligsten Gemälde des Hinduismus' abgebildet, wie sie auf den Windungen der Schlange »Schesch« sitzen.

Schiwa, der dritte Gott in der Hindu-Trinität, auch »Gott des Verderbens« genannt, wird in besonderer Weise mit der Schlange identifiziert, weil er den »Schlangenkönig« (Bhuja-gendra) als Girlande um seinen Hals trägt. Schiwa ist auch als der »Gott der Kräfte« bekannt (vielleicht sogar der »Gott der Kräfte« aus Daniel 11,38?) und wird von den Hindus am meisten gefürchtet. Er ist der volkstümlichste aller Götter, derjenige, der am meisten durch Opfergaben beschwichtigt wird und die meisten Anhänger und Verehrer besitzt. Die gleiche Verehrung wird den Göttern des Verderbens in anderen Religionen entgegengebracht. Sie sind nur deswegen so populär, weil man sich vor ihnen fürchtet.

Ich erinnere mich gut an die Schiwa-Statue auf dem Marktplatz von Katmandu/Nepal. Zu ihren Füßen lag getrocknetes Blut von alten Tieropfern. Wer weiß, vielleicht war es zur Zeit, da London nicht mehr als ein kleines Dorf war, sogar Blut von Menschenopfern! Es war noch früh am Morgen an einem Tag im April 1990, als man ein dumpfes Dröhnen, das immer lauter wurde, aus der Richtung des Platzes vernahm. Ehe wir noch recht wußten, was geschah, waren meine Frau Martha und ich mitten im Gewühl einer vorwärtsdrängenden Menge eingekeilt – vor uns Polizisten in Uniform und hinter uns ein Haufen von protestierenden Aufrührern. Wir wurden mit der Masse eine Seitenstraße hinuntergespült, auf den Palast von König Birendra zu, wo sich eine Schar Soldaten verbarrikadiert hatte. Als der Tag zu Ende ging, waren bei den Unruhen an die 50 Menschen getötet worden.

Wir hören dieser Tage so viel von »der Kraft«. Auf der besagten Reise lernten wir den »Gott der Kräfte«, der auch als »Gott des Verderbens« bekannt ist, aus erster Hand kennen. Für die Endzeit spricht die jüdisch-christliche Bibel ausdrücklich von einem Gott der Kräfte: »Und statt dessen wird er den Gott der Festungen (oder: der Kräfte) ehren. Und den Gott, den seine Väter nicht gekannt haben ...« (Daniel 11,38). Von dem »Verderber« ist auch in Offenbarung 9,11 die Rede: »Sie haben über sich einen König, den Engel des Abgrundes; sein Name ist auf hebräisch Abaddon, und im Griechischen hat er den Namen Apollyon (auf deutsch: Verderber).«

Um Erleuchtung zu empfangen, wird der Neuling auch heute mit dem »Gott der Kräfte« bekannt gemacht. Der Guru Maharishi Mahesh Yogi stellt seinen Anhängern den Herrn Schiwa als »Gott des Verderbens« vor. Derselbe Maharishi benutzt Transzendentale Meditation, um den Herrn Schiwa bei den Kindern in der Schule einzuführen – und zwar auf Kosten des Steuerzahlers. Mit Hilfe der pseudo-wissenschaftlichen Bezeichnung »transpersonale Psychologie« ist die Meditation über fremde Götter als Wissenschaft »gesellschaftsfähig« geworden, während das traditionelle Christentum heute als religiöse Beleidigung abgelehnt wird.

Das kosmische Bewußtsein (das neue Christus-Bewußtsein) ist mittlerweile auch in die Schulen und Universitäten eingedrungen. Der TM-Lehrer Richard Scott gibt offen zu, daß jede Erfahrung als spiritistisches Medium eine Hilfe bei der Anwendung von Transzendentaler Meditation und kosmischem Bewußtsein ist. Nach seinen Worten ist der Name kosmisches Bewußtsein, genau definiert, lediglich eine andere Bezeichnung für dämonische Besessenheit. Er erwähnt auch, daß manche Menschen »sehr verängstigt« reagieren und »nicht mehr Herr ihrer selbst« sind.[7]

Wie bereits erwähnt, kann eine Form von »Besessenheit« der Grund für manche Fälle von Reinkarnation sein, wie der Experte Ian Stevenson darlegt.

Im Zusammenhang mit dämonischer Besessenheit und dem »Gott der Kräfte« ist es interessant, daß die Göttin Kali, die Frau von »Schiwa, dem Verderber«, auch als »Shakti« bekannt ist, was ebenfalls »Kraft« bedeutet. Viele Forscher glauben, daß damit die gleiche geheimnisvolle Kraft gemeint ist, die »um das Universum kämpft«.

»Shakdti-pat« ist ein weiteres Synonym für die Kraft, die der Superguru Baba Muktananda benutzt, um seine Anhänger zu taufen. Wenn ein Mensch diese Kraft empfängt, »fällt er in einer Verzückung zu Boden« und erlebt augenblicklich »Erleuchtung«, wodurch er in sein unbegrenztes »inneres Potential« und »Einssein mit dem Universum« eingeführt wird. An anderer Stelle wird die gleiche Erfahrung vom New-Age-Vertreter David Spangler als »luziferische Initiation« bezeichnet.

Weshalb diese Ergebenheit Luzifer gegenüber? Madame Helena Blavatsky, die Begründerin der Theosophie, erklärte freimütig, daß »Satan, die Schlange aus dem 1. Buch Mose, der wahre Schöpfer und Wohltäter ist, der Vater des spirituellen Menschengeschlechts ... der immerfort liebende Verkündiger«, dessen grausamer Gegenspieler Jahwe sei.[8]

Die Wichtigkeit, Luzifer als den wahren Gott zu verehren, wurde von den Theosophen initiiert – über ein halbes Jahrhundert bevor sie in der New-Age-Religion unserer Tage zu voller Blüte kommen sollte. In der Zwischenzeit wurde sie von Annie Besant, Alice Bailey und Elizabeth Claire Prophet weiter propagiert.[9]

Daß Alice Bailey der »luziferischen Initiation der Menschheit« ihren Segen gab, war kein Zufall. Bereits vor 100 Jahren sagte der Führer der schottischen Freimaurerloge in Charleston/Südkarolina eine globale luziferische Massenweihe voraus. Heute spricht David Spangler, ein Mitglied des Vorstandes der NATO-gestützten Planetarischen Initiative, davon, daß luziferische Massenweihen den Menschen in der kommenden Zeit bevorstehen, durch die sie in das Neue Zeitalter hineingeführt werden.[10]

Was für einen Nutzen soll diese Erfahrung bringen? Ein bekannter Slogan lautet: »Alles, was du dir vorstellen kannst, kannst du auch erreichen.« Wenn Sie schlußendlich begreifen, daß Sie selbst Gott sind, haben Sie das höchste Ziel der Selbstverwirklichung erreicht. Aber ist das nicht genau die gleiche Botschaft, die Eva durch die Schlange übermittelt wurde? Wenn man es recht bedenkt, gab es zum ersten Mal so etwas wie ein »kosmisches Bewußtsein«, als Evas »Augen geöffnet wurden«, indem sie die verbotene Frucht vom Baum der Erkenntnis aß.

Menschen, die sich heute nach kosmischem Bewußtsein ausstrecken, essen wieder und wieder von dieser Frucht. In Fernseh-Talkshows wird die Botschaft subtil weitergegeben und die »vier Lügen« den Zuschauern als das Allerneueste verkauft.

Hat das Christentum Bestand? Nicht, wenn Sie über die schützenden Mauern Ihres eigenen Kirchengebäudes hinausschauen. Nicht für die Christen, die eigene gesellschaftliche Privatklubs bilden, so als wäre der Rest der Welt einfach nicht vorhanden. Vielleicht haben wir Christen zu sehr gezögert, unsere »Ware« an den Mann zu bringen, und werden nach und nach von einer anderen »Religion« ersetzt, weil wir nur mit uns selber beschäftigt sind und unseren Auftrag, den Missionsbefehl Jesu Christi, nach Möglichkeit umgehen.

Die vier Lügen

Die vier Lügen, Satans immer gleiche Versprechungen, sind so kompakt, daß dem oberflächlichen Betrachter gewöhnlich die Tiefe ihrer Bedeutung zunächst entgeht. So ist es jedenfalls mir ergangen. Ich sah mich also genötigt, die Verse aus 1. Mose 3,4-5 nochmals genau zu lesen. Danach versah ich die einzelnen Lügen innerhalb des Textes mit Nummern:

> Da sagte die Schlange zur Frau: 1) Keineswegs werdet ihr sterben! Sondern Gott weiß, daß an dem Tag, da ihr davon eßt, 2) eure Augen aufgetan werden und 3) ihr sein werdet wie Gott, 4) erkennend Gutes und Böses.

Diese vier simplen Behauptungen waren für mich so erstaunlich, daß ich sie der Reihe nach studierte.

1. Ihr werdet nicht sterben (Die Grundlage der Reinkarnation)

Bei dieser Behauptung handelt es sich ganz offensichtlich um eine Lüge, denn wir wissen alle, daß wir sterben werden. Die Friedhöfe sind der beste Beweis dafür. Meine geistlichen Berater sagen, daß jeder Mensch seit Adam von Geburt an den Todeskeim in sich trägt, eine direkte Folge von Adams Rebellion. Die

Bibel sagt, daß die Strafe dieses Ungehorsams (der Sünde) der Tod ist. Wir sterben also sowohl körperlich als auch geistlich. Geistlich sterben bedeutet Trennung von Gott. Aber es gibt ein Heilmittel: Christus, der an unserer Stelle starb.

Eine sehr beliebte Möglichkeit, dem physischen Tod zu entgehen, ist die Hoffnung auf eine Wiederverkörperung (Reinkarnation). Das Rad der Wiedergeburten, bei dem der Mensch jeweils im nächsten Leben das Karma seiner früheren Missetaten ausbadet, bis er es schließlich »richtig macht« und ins Nirwana eingeht, in die ewige, selige Ruhe, das Erlöschen der Persönlichkeit.

Welch eine Ironie: Wenn das Konzept der Reinkarnation stimmen würde, müßte die Welt immer besser werden und nicht ständig schlimmer. Wir würden weder Sicherheitsschlösser noch Alarmanlagen für unsere Häuser und Autos brauchen. Nach Katastrophen wäre es nicht nötig, daß Polizei und Militär die Bevölkerung vor Plünderung, Unruhen und Anarchie schützen müssen. Kriege würde es selten oder gar nicht geben.

Durch Reinkarnation müßte die Weltbevölkerung zudem immer unverändert bleiben. Schließlich gibt es für jeden Körper nur eine Seele, die von Körper zu Körper weitergeht und als »dritter Same« für die nächste Geburt in den Mutterleib eingeht. Wie ist es möglich, daß die Bevölkerungszahl bei einer 1:1-Rate überhaupt zunimmt? Wenn dann noch einige besonders verdienstvolle Seelen ins Nirwana eingehen dürfen, müßte diese Zahl eigentlich sogar *zurückgehen.* Statt dessen leben heute mehr Menschen auf dieser Erde, als je in der gesamten Menschheitsgeschichte zuvor; und ihre Zahl verdoppelt sich alle 20 Jahre.

Die Reinkarnation wirft etliche echte Probleme auf. Was ist beispielsweise, wenn ein Mensch von einem anderen, noch nicht verstorbenen, in Besitz genommen wird? Kann sich eine Seele in zwei Körper aufteilen? Der Reinkarnationsexperte Ian Stevenson gibt zu verstehen, daß die »Besitzergreifung« durch einen Geist bei der Reinkarnation mit eine Rolle spielen kann. Damit soll dieser Zwiespalt erklärt werden. Der Gedanke eröffnet jedoch gleichzeitig die Möglichkeit, daß ein Dämon den

Menschen besetzt – womit u. a. eine Erklärung für die Zurückrufung vergangener Leben gegeben wäre.

Weil das Karma manchmal so grausam, unbarmherzig und unversöhnlich ist, sind einige New-Age-Anhänger zu dem Entschluß gekommen, anstelle des Karmas und der Reinkarnation lieber den epochemachenden »Omega-Punkt« einzuführen, bei dem es keine Eintrittsgebühr für den Himmel mehr gibt, keine spezielle Religion oder Glaubensüberzeugung notwendig ist, sondern jeder es gleich beim ersten Mal »richtig macht«.

Viele berühmte Schriftsteller, Politiker und Geschäftsleute, die bereits verstorben sind, glaubten an die Wiederverkörperung. Wenn diese Leute jetzt in einem neuen Körper leben, warum wissen sie es nicht? Und wenn sie es nicht wissen, was nützt es ihnen dann? Wie können sie sich verbessern?

Zu den bereits verstorbenen Verfechtern der Reinkarnationstheorie zählen Carl Jung, Henry Ford, Thomas Jefferson, Henry Thoreau, Mark Twain, George Ripley und Henry Wadsworth Longfellow. Wer sind sie heute? Ein König oder ein Bettelmann?

Dieser Gedanke der Reinkarnation, des »Nicht-sterben-Müssens«, wurde angeblich gegen Ende des letzten Jahrhunderts bestätigt, als Madame Helena Blavatsky die »Theosophie« von einem Geistwesen am Fuß des Himalaja-Gebirges übermittelt bekam. Sie brachte die Idee im Jahr 1873 in die Neue Welt, wodurch die vielen spiritistischen Vereinigungen und die verschiedenen Gruppen der Christlichen Wissenschaft unserer Tage ins Leben gerufen wurden.

Den offiziellen Namen »Neue Weltordnung« hob allerdings eine Nachfolgerin von Frau Blavatsky, Alice Bailey, aus der Taufe. Sie ist vielleicht als die eigentliche Begründerin des New Age anzusehen. Der Name »Neue Weltordnung« wurde in der Folge von den Nazis benutzt und gehört heute zu den Paradigmen der »Verschwörung im Zeichen des Wassermanns« von Marilyn Ferguson. Weshalb Präsident Bush diese Bezeichnung benutzte, ist mir nicht bekannt.

2. Eure Augen werden aufgetan werden (Die Grundlage der Esoterik)

Eva wurde gesagt, sie würde nicht sterben, wenn sie vom Baum der Erkenntnis äße. In 1. Mose 3,6 heißt es:

> Und die Frau sah, daß der Baum gut zur Speise und daß er eine Lust für die Augen und daß der Baum begehrenswert war, Einsicht zu geben; und sie nahm von seiner Frucht und aß, und sie gab auch ihrem Mann bei ihr, und er aß.

Satan versprach Eva, die Frucht werde ihr Erleuchtung geben und »ihre Augen würden aufgetan werden«. Der Glaube der Esoteriker besagt: »Wenn du bei etwas ein gutes Gefühl hast, tu es ruhig!« Sie behaupten auch, die »verborgene Erkenntnis« zu besitzen (vom Baum der Erkenntnis?), die nur einigen wenigen Auserwählten vorbehalten ist.

Hundert Jahre vor Alexander dem Großen und einige Jahrzehnte nach Sokrates berichtete der griechische Geschichtsschreiber Herodot über gewisse »Geheimlehren«, u. a. das berühmte Orakel zu Delphi, das hauptsächlich der Heilung und Wahrsagerei diente. Zu einer dieser Geheimlehren gehörte der Tempelkult des Asklepius, des mythischen Gottes der Heilkunde. Präzise vorgeschriebene Räume oder Hallen wurden für die Einweihungsriten benutzt. Zu den Ritualen gehörte beispielsweise das Anlegen eines purpurroten Gewandes nach dem rituellen Bad. Anschließend begab sich der Initiand in eine zentral gelegene Halle, wo er vor einem heiligen Herd, auf dem kleine Tiere geopfert wurden, absolute Geheimhaltung gelobte.

Einige Jahrhunderte später änderten die Römer den Namen des Gottes in Äskulap ab und veränderten auch die Rituale. Die Apsis (halbkreisförmige Altarnische) des Tempels enthielt jetzt eine darunterliegende Krypta, und der Einweihungskandidat badete in dem Blut eines geopferten Stieres oder Ziegenbocks, das durch das Gitter in der Decke über ihm tropfte. Nach der Zeremonie verließ er das Gebäude, um eine warme Quelle zu finden, in der er sich waschen konnte. Auf den Feldern in der Umgebung gab es genügend Platz zum Schlafen, und die Nacht wurde gewöhnlich mit Meditieren zugebracht, wobei dem Eingeweihten angeblich durch Träume das höchste der Geheimnisse enthüllt wurde und »seine Augen aufgetan« wurden.

Die Geschichte geht weiter. Seit hellenistischen Zeiten haben ähnliche »Geheimlehren« das Interesse der Illuminaten, des Dritten Auges und vieler Freimaurerlogen und Geheimbünde erregt. Auch Dr. Raymond Moody wurde darauf aufmerksam und machte in der Folge aus seinem Altersruhesitz einen Äskulaptempel.

3. Ihr werdet sein wie Gott (Die Grundlage des Pantheismus)

Interessant ist, daß das New Age nicht lehrt: »Ihr werdet den Göttern ähnlich sein«, sondern: »Ihr werdet so sein wie Gott (Elohim).« Das bedeutet, daß Sie persönlich die Eigenschaften und Fähigkeiten Gottes besitzen. Und da Sie wirklich und wahrhaftig ein Gott sind, trifft der Spruch zu: »Sie können alles sein, was Sie sein wollen.« Vorstandsvorsitzender? Millionär? Oder lieber Präsident? »Menschliches« Potential wird somit zum »göttlichen« Potential.

Der Forscher Dave Hunt drückt es so aus: »Wenn ich Gott bin, warum weiß ich das nicht? Und wenn ich es weiß, warum verhalte ich mich nicht dementsprechend? Und wenn ich mich verhalte wie Gott, warum sollte ich Shirley MacLaine 300 Dollar für ein Wochenend-Seminar bezahlen, nur um etwas zu erfahren, was ich längst weiß?«

Ich für mein Teil weiß genau, daß ich nicht Gott bin, denn ich habe keine Ahnung, wie man einen Felsbrocken herstellt oder einen Grashalm produziert. Ganz zu schweigen von einem Planeten oder Stern. Weshalb ist der Mensch so dumm, daß er nicht einmal Chlorophyll herstellen kann, also Blattgrün, wie es im Gemüse und den Bäumen enthalten ist, die Grundlage aller lebensnotwendigen Nahrungsmittel? Man sagt, wenn es uns gelänge, Chlorophyll herzustellen, könnte eine Fabrikanlage, halb so groß wie ein Fußballplatz, genug Nahrungsmittel produzieren, um alle Menschen auf dieser Erde zu ernähren. Keiner brauchte je wieder zu hungern. Aber wir sind zu dumm, um Chlorophyll herzustellen!

Hiob stellte Gott die Frage: »Was ist der Mensch, daß du an ihn denkst?« Die Antwort Gottes finden wir in Psalm 19,1 und auch in Römer 1,19. Dort heißt es: »Dabei wissen sie ganz genau (oder: instinktiv), daß es Gott gibt, er selbst hat ihnen dieses Wissen gegeben« (Hoffnung für alle). Wir wissen also, daß wir nicht Gott sind, weil ein Größerer Gott ist. Deshalb ruft der Mensch auch in schwierigen Situationen instinktiv nach Gott. Das hat überhaupt nichts mit Religion zu tun.

Meines Erachtens sind solche Menschen, die sich für Gott halten, in Wirklichkeit nicht viel besser als ein Stein oder ein Baum, denn es ist ja »alles Gott, und Gott ist alles«. Der Pantheismus (was »viele Götter«, »Allgottlehre« bedeutet) erfüllt Satans Versprechen: »Ihr werdet sein wie Gott« – und somit laufen ca. 6 Milliarden Götter auf diesem Planeten herum.

4. Ihr werdet Gutes und Böses erkennen (Die Grundlage des Relativismus')

Durch das Essen der Frucht vom Baum der Erkenntnis haben wir angeblich das verborgene Wissen über Gut und Böse erhalten. Du kannst ruhig deine eigenen Entscheidungen bezüglich der Moral treffen, denn alles ist relativ: das bedeutet *Relativismus*. Nichts ist von sich aus richtig oder falsch, die Situation bestimmt die Sittlichkeit deiner Entscheidung. Es ist nicht notwendig, Gott zu konsultieren. Was immer du als richtig empfindest, tu es! Sogar Mord ist relativ. Moralische Grundsätze sind nicht von Belang.

Führt man den Gedanken logisch weiter, kommt man zu dem Schluß: Wenn alles Gott ist, muß das Böse auch Gott sein! Dieser Gedanke klatscht der Macht mit den zwei Gesichtern – einem dunklen und einem hellen, Satan und Luzifer – Beifall, im Gegensatz zu Jahwe, dem Alpha und Omega. Wenn es keinen Unterschied zwischen Gut und Böse gibt, gibt es folglich das Böse überhaupt nicht. Und wenn es das Böse nicht gibt, gibt es auch keine Sünde. Und wenn es keine Sünde gibt, ist auch keine Erlösung notwendig. Wenn aber keine Erlösung notwendig ist, wozu braucht man Gott überhaupt? Das ist die Logik des New Age.

Diese einfachen, aber tiefgreifenden Lügen Satans führen Scharen von Menschen für das Jahr 2000 ins Neue Zeitalter ein, auch als Zeitalter des Humanismus, Zeitalter der Weisheit, Wassermann-Zeitalter oder Zeitalter der Erfüllung bekannt. Egal, wie man es nennen will, Satan scheint für dieses Zeitalter die Oberhand zu gewinnen – beinahe eine biblische Vorhersage vor der Wiederkunft Christi. Das Ergebnis sind zwei einander entgegengesetzte Kräfte: das Evangelium der Bibel und das Evangelium der vier Lügen. Nur eines von beiden kann »die Wahrheit« sein. Nur eines zeigt uns, wer wir sind, warum wir hier auf der Erde sind und wo wir hingehen.

Babylon

Babylon, die Wiege der Zivilisation, war auch die erste »Neue Weltordnung«. Diese Weltordnung wurde zur großartigsten Macht auf der Erde, so selbstsicher, daß sie sich gegen Gott auflehnte. Babylon war nicht nur die Geburtsstätte der Menschheit (der Garten Eden lag in jener Gegend), sondern auch die Geburtsstätte von Astrologie und Zauberei. Auf dem Zenit ihrer Macht bauten die Bewohner Babylons einen Turm, um ihren gewaltigen Leistungen ein Denkmal zu setzen. Der Turm sollte mit seiner Spitze bis in den Himmel reichen.

Somit war Babylon das erste Utopia (Idealstaat, Traumland) mit der ersten humanistischen Religion – man glaubte nur an den Menschen. Der große »ICH BIN« war der Mensch, nicht Gott. So wie später Sodom und Gomorra, wurde auch Babylon von Gott zerstört wegen seiner Hemmungslosigkeit, seines Egoismus' und seiner Ablehnung Gottes. Gott hat gesagt, daß er keine anderen Götter neben sich duldet. Das schließt den Menschen, der sich für Gott hält, ein.

> Und nun höre dies, du Wollüstige,
> die in Sicherheit wohnt,
> die in ihrem Herzen sagt:
> Ich, und sonst gar nichts!
> Ich werde nicht als Witwe sitzen
> noch Kinderlosigkeit kennen!

Dies beides wird über dich kommen
in einem Augenblick, an einem einzigen Tag:
Kinderlosigkeit und Witwenschaft.
In vollem Maße werden sie über dich kommen
trotz der Menge deiner Zaubereien,
trotz der gewaltigen Fülle deiner Bannsprüche.
Aber du vertrautest auf deine Bosheit.
Du sagtest: Niemand sieht mich.
Deine Weisheit und dein Wissen, das hat dich irregeführt.
Und du sagtest in deinem Herzen:
Ich, und sonst gar nichts!
So kommt Unheil über dich,
gegen das du keinen Zauber kennst.
Und ein Verderben wird über dich herfallen,
das du nicht zudecken kannst.
Und plötzlicher Untergang wird über dich kommen,
den du nicht ahnst.

(Jesaja 47,8-11)

Gott warnte die Babylonier, daß »trotz der Menge deiner Zaubereien, trotz der gewaltigen Fülle deiner Bannsprüche« der Turm zerstört, die Bewohner zerstreut und die Stadt nie wieder bewohnt werden würde. Und genau so geschah es. Die Tatsache, daß Babylon seit Jahrtausenden in Trümmern liegt, zeigt uns, wer die größere Macht besitzt, Gott oder Satan, und wer am Ende Sieger bleibt. Wenn das aber so ist, weshalb entscheiden sich manche bewußt für die Seite des Verlierers?

Wenn Astrologie und Horoskope tatsächlich so mächtig und unfehlbar sind, weshalb haben sie Babylon, dessen Bewohner ja diese Dinge erfunden hatten, nicht vor seiner totalen Zerstörung bewahren können? Die Geburtsstätte der Astrologie war vollkommen machtlos, sich selbst zu helfen. Jesaja sagte ganz klar voraus, daß alle metaphysischen Kräfte zwecklos sein würden gegen die Macht Gottes und daß Babylon zerstört werden würde. Ja, Gott spottete geradezu über sie: »Hast du dich nicht stets bemüht, von den Sternen Rat zu holen? Ruf doch deine Himmelsdeuter, die dir Horoskope stellen! Ob sie dich wohl retten können? Wie den Stoppeln geht es ihnen, die im Nu das Feuer frißt: Keiner kann sein Leben retten, wenn der Feuersturm hereinbricht« (Jesaja 47,13-14, Die Gute Nachricht).

Die Zerstörung Babylons war absolut verheerend. Jahre vorher hatte der Prophet Daniel ebenfalls das kommende Verderben vorausgesagt und war dabei so weit gegangen, daß er sogar den Namen des persischen Königs nannte, der die Verwüstung bewerkstelligen würde. Er würde Kyrus heißen, so sagte Daniel, der seine Informationen von der himmlischen Macht hatte, die sich niemals irrt. Diese unfehlbare Macht Gottes wies Kyrus an, Babylon im Jahr 536 v. Chr. zu erobern.

Unabhängig vom Buch Daniel und zu einem völlig anderen Zeitpunkt geschrieben, sind die Prophezeiungen Jesajas, der bereits 150 Jahre bevor es geschah die Zerstörung Babylons im Detail vorhersagte (Kapitel 45-47). Das Ganze ging folgendermaßen vor sich: Zwei Stadttore von Babylon waren aus Gleichgültigkeit nicht geschlossen worden. Durch diese Tore drangen die persischen Späher in die Stadt ein und lenkten den Euphrat mittels des vorhandenen Wasserregulierungssystems in einen Bewässerungskanal um. So konnte ein Großteil der angreifenden persischen Truppen durch das trockene Flußbett marschieren und ungehindert in die Stadtmitte vordringen. Innerhalb von wenigen Stunden hatten die Perser, ohne auf nennenswerten Widerstand zu stoßen, Babylon erobert. Zum Vergleich: Diese Eroberung benötigte weniger Zeit als die 100 Stunden, die General H. Norman Schwarzkopfs Truppen brauchten, um die Streitkräfte von Sadam Hussein im Irak, der Stätte des alten Babylon, zu besiegen.

Es mag uns erschrecken, daß der Iran (das ehemalige Persien) nach den Worten der Bibel immer noch von dem »Fürsten von Persien« (Daniel 10,13) bewacht und beschützt wird – derselben Macht, die den Engeln Gottes Gabriel und Michael drei Wochen lang widerstand und sie aufhielt, ehe sie zu Daniel gelangen und ihm die Erhörung seiner Gebete zusagen konnten. Sie informierten ihn über die kommenden Weltereignisse und nahmen damit die Nachrichten von morgen vorweg.

Zu den Vorhersagen gehört auch, daß das Flußbett des Euphrat am Ende der Zeit nochmals austrocknen wird (Offenbarung 16,12), damit die »Könige aus dem Osten« nach Israel einmarschieren und zur Schlacht von Harmagedon aufziehen können. Einer meiner theologischen Berater hat mir gesagt, bei »Desert Storm« könne es sich um ein Vorgeplänkel für diese große Schlacht gehandelt haben. Wer weiß?

Auf die eine oder andere Weise wird Babylon wiedererstehen und Bedeutung erlangen. Die »alte Zeit« wird, zu neuem Leben erweckt, zur »letzten Zeit« werden. Diese letzte Zeit wird uns im Buch der Offenbarung als eine Frau beschrieben, bekleidet mit Purpur und Scharlach, die auf einem scharlachroten Tier sitzt und an ihrer Stirn einen geheimnisvollen Namen trägt: »BABYLON, DIE GROSSE, DIE MUTTER DER HUREN UND DER GREUEL DER ERDE« (Offenbarung 17,5).

Lutzer und DeVries fassen es wie folgt zusammen: »Während das Christentum behauptet, daß der Himmel im jenseitigen Leben liegt, besteht die New-Age-Bewegung darauf, daß der Himmel nicht mehr länger warten kann! Er drängt sich uns förmlich auf und wartet nur darauf, daß wir ihn erkennen und akzeptieren. Um uns herum sind die Zeichen nicht zu übersehen, daß wir dabei sind, in ein neues Zeitalter des Friedens einzutreten, wo der Tod nicht mehr existiert und geistliche Harmonie herrscht … Wir sind dabei, uns vom Zeitalter der Fische (dem christlichen Zeitalter) zu verabschieden, um das neue Zeitalter des Wassermanns zu begrüßen.«[11]

Das ist das Zeitalter Luzifers. Der Kampf tobt heiß. Im Gegensatz zu den vier Gesetzen des satanischen Evangeliums stehen die vier geistlichen Gesetze, die Bill Bright von Campus für Christus formuliert hat und die die gute Nachricht des biblischen Evangeliums wie folgt zusammenfassen:

1. Gott liebt dich und hat einen wunderbaren Plan für dein Leben.
2. Der Mensch ist ein Sünder und von Natur aus von Gott getrennt.
3. Jesus Christus ist der einzige Weg, um Vergebung unserer Sünde zu bekommen.
4. Jeder von uns muß Jesus Christus persönlich als seinen Retter und Herrn annehmen.[12]

Diese vier Schritte zur Bekehrung stehen in krassem Gegensatz zu Satans vier Gesetzen zur Selbstvergöttlichung des Menschen:

1. Ihr werdet nicht sterben.
2. Eure Augen werden aufgetan werden.
3. Ihr werdet sein wie Gott.
4. Ihr werdet Gut und Böse erkennen.

Ich fasse zusammen: Die Gesetze Satans geben vor, daß es keinen Tod, keine Sünde, keine Erlösung und keine moralischen Grundsätze gibt und daß weder Gott noch Jesus Christus notwendig sind. Gottes Gesetze besagen genau das Gegenteil.

Angenommen, der Tod bedeutet kein Ausgelöschtwerden: das würde bedeuten, daß jeder von uns eine persönliche Entscheidung treffen muß, um eine Antwort auf die lebenswichtige Frage zu bekommen: »Ist es wirklich sicher zu sterben?« und um zu wissen, welches Licht ihn am Ende des Tunnels erwartet.

Das Hexenfest

Was hat dies alles mit Braunauge, unserer Sprechstundenhilfe, zu tun? Nun, die Geschichten laufen parallel. Eigentlich lassen sich die Hexenfeste bis weit vor der babylonischen Zeit zurückverfolgen – bis in den Garten Eden, wo Satan zum ersten Mal seine vier Gesetze verkündete. Die Zauberei wurde das Mittel, um diese vier Gesetze praktisch anzuwenden und dabei echte satanische Kräfte freizusetzen. Im Fall von Braunauge hatte alles ganz harmlos begonnen. Es gibt Kräfte in uns, die bloß erweckt werden müssen, indem man den Kontakt mit Geistern aufnimmt.

Diese inneren Kräfte lassen sich in etwa mit der Elektrizität vergleichen. Für gewöhnlich schlummern sie und wissen nichts von Gut oder Böse, sind aber zu beidem fähig. Diese Kräfte lassen sich für persönliche Zwecke nutzbar machen. Natürlich hinkt der Vergleich zwischen der Elektrizität und den geistlichen Kräften. Die Elektrizität hat keine Seele. Sie kann weder denken, lenken, in Verbindung bringen noch in Besitz nehmen. Die geistlichen Kräfte können es.

Um diese Mächte für sich persönlich nutzbar zu machen, was ja das Ziel der Zauberei ist, muß man zunächst mit Hilfe der richtigen Techniken verborgene Erkenntnis erlangen, d. h. man muß die richtigen Worte und Zauberformeln anwenden. Belehrung über diese Techniken findet man heute überall: auf den Universitäten durch anerkannte Kurse oder in jeder Buchhandlung bzw. Videothek, die Literatur und Material über Zauberei anbietet.

Manche Menschen halten Zauberpraktiken sogar für etwas Gutes: Dinge wie das Vaterunser rückwärts aufsagen, das Kreuz verkehrt herum aufhängen oder sogar Tierblut trinken. Aber dämonische Besessenheit kann viel weiter gehen. Sie kann sogar rituellen Mord beinhalten. Man denke nur an die Menschen, die bei dem Film *Rosemaries Baby* beteiligt waren. Charles Manson und seine Hexen hatten die »Kraft« beschworen, als Sharon Tate (die Frau von Roman Polanski, dem Regisseur von *Rosemaries Baby*) und vier andere Personen von der Gruppe um Manson in Sharon Tates Villa rituell ermordet wurden. Es gibt noch mehr aktuelle Beispiele, über die man sich bei einer Tasse Kaffee unterhalten könnte.

Während ich mich näher mit der Zauberei beschäftigte, besuchte ich einige Satanskirchen. Die Namen waren ganz verschieden. Eine nannte sich »Kirche der Tarotkarten«, eine andere »Erste Satanskirche«, wieder eine andere »Kirche Luzifers«. Eine wurde von einem ehemaligen Priester geleitet, der sich in einen Zauberer verwandelt hatte. Merkwürdigerweise glaubten einige der Leiter weder an die Existenz Gottes noch an die Satans, sondern nur an gute Geister, die den Menschen helfen.

Anton La Vey sagt, er glaube an eine Macht, die er die »Gottheit« nennt, eine Kraft im Menschen, die als eine »formbare Quelle der Wirksamkeit« für den Zauberer oder die Hexe dient. Obwohl La Vey allen Namen Satans – Luzifer, Kali, Lilith, Pan, Schiwa usw. – die gleiche Ehrerbietung entgegenbringt, ist nach seinen Worten die »Kraft« das Wesentliche.

Die Techniken, mit denen Zauberei betrieben wird, unterscheiden sich von Gruppe zu Gruppe. Bei einer Veranstaltung wurden Mantras rezitiert und ein Pentagramm (fünfeckiger Stern) auf den Boden gezeichnet, in dessen Mittelpunkt eine einzelne Kerze stand. Eine Gemeinschaftsfeier mit Brot und Wein schloß sich an. Eine andere Gruppe, die sich von der Kirche Luzifers abgespalten hatte, wurde von einem abtrünnigen jüdischen Rabbi in schwarzen Gewändern geleitet. Er spendete den Segen mittels eines Räucherfasses, während ein junges Mädchen von 18 Jahren leise auf der Orgel spielte. Es gab dort nichts erkennbar »Böses«.

Ein Hexenfest sah ich nicht. Es scheint sich dabei um ein geheimes Treffen zu handeln, ähnlich einem Privatklub. Während die Hexen – oder was man dafür hielt – früher auf dem Scheiterhaufen verbrannt wurden, treten sie heute als Ehrengäste bei Fernseh-Talkshows auf. Sie sind der absolute »Hit«. Die Zuschauer sind überaus interessiert. Diese Hexen sagen die Zukunft voraus oder beschwören die Toten. Es gibt sogar Anleitungen im Fernsehen, wie man okkulte Quellen konsultiert und sich betreffs eines florierenden Geschäfts, sexueller Potenz, Scrying und Channeling beraten läßt. Der Ursprung dieser Mächte scheint nie zur Debatte zu stehen. Ein Moderator sagte einmal: »Wen kümmert's – Hauptsache, es funktioniert!«

Ankerberg und Weldon, die sich sehr stark mit mystischen und übersinnlichen Dingen beschäftigt haben, stellen fest, viele Hexen hätten »zum Ausdruck gebracht, daß sie die New-Age-Bewegung sehr begrüßen. Sie spiegele nicht nur ihre Ansichten über diese Welt wider, sondern erleichtere es auch den Menschen, die Zauberei zu akzeptieren und sogar selber zu Zauberern und Hexen zu werden.« Der bekannte Guru Bhagwan Shree Rajneesh bedient sich ebenfalls der Zauberei, denn sie stellt seiner Ansicht nach »eine der großartigsten Möglichkeiten des menschlichen Wachstums« dar.[13]

Abschließend noch folgendes: Offensichtlich hatte Braunauge, bevor sie starb, verzweifelt versucht, jemandem über das Hexenfest, die Zauberei, die Kundalini und die »Kraft« zu berichten. Aber keiner schien ihr wirklich zuhören zu wollen. Wir meinten, sie rede im Fieberwahn.

Eines Tages fragte ich eine Frau aus unserer Kirchengemeinde, ob sie je etwas von Hexen oder Zauberei in unserer Gegend gehört habe. Sie schien über meine Frage richtig erzürnt zu sein. »Sie glauben doch nicht etwa an diesen Quatsch?« fuhr sie mich an. »Das stammt doch direkt aus dem Mittelalter! Es ist etwas für Kinder und für Kobolde zu Halloween. Ich will mit diesem Unsinn nichts zu tun haben – und Sie sollten sich auch davon fernhalten!«

Später erfuhr ich, daß diese Frau Braunauges Mutter war.

9

DAS ERSCHEINEN DES NEW AGE

Die Kraft

»Spüre die Kraft, Luke! Du mußt die Kraft spüren, die um dich ist. Sie ist in dir, im Land und im Schiff. Das kommt, weil du nicht geglaubt hast, daß du versagt haben könntest«, sagte Yoda, während er Luke zeigte, wie sich die Kraft auf telepathischem Weg einsetzen ließ, um das Raumschiff aus dem unterirdischen Sumpf des Planeten emporzuheben. Luke Skywalker war sprachlos. Wie konnte er die Kraft beherrschen? Der Geist Obiwans, von den Toten auferstanden, hatte Luke bereits ermahnt zu warten, bis er die richtige Technik beherrschen würde, um die Kraft zu kontrollieren. Später betonte Darth Vader diesen Punkt nochmals, als er zu Luke sagte: »Du hast gerade erst begonnen, deine Macht zu entdecken. Wenn du doch bloß die Kraft der Dunklen Seite kennen würdest ... Schließ dich mir an, und gemeinsam werden wir über die Milchstraße herrschen.«

Ich hörte diese Sätze während einer TV-Talkshow in Los Angeles, bei der es um den Film *The Empire Strikes Back* ging. Mark Hamill (Luke Skywalker) schien davon überzeugt zu sein, daß man die »Kraft« bei allen Problemen zu Rate ziehen müsse. Schließlich hatte seine TM-Konzentration Luke in die Lage versetzt, Prinzessin Leia mitzuteilen, daß sie ihm zu Hilfe kommen solle, als er vom unteren Ende des Todessterns herabhing. Die Befreiung fand ziemlich am Ende des Films statt, worauf sich Leia und Luke, während sie das Raumschiff auf Hyperantrieb schalteten, mit dem inzwischen berühmt gewordenen Segensspruch: »Möge die Kraft mit dir sein!« verabschiedeten.

Dieser Spruch ist der Wunsch vieler, die sich zu *Star Wars* und seinen Fortsetzungen »bekehrt« haben. Dadurch, daß ich neben einer Berühmtheit wie Mark Hamill saß, hatten die Fernsehkameras mich vorübergehend ebenfalls zum Star gemacht. Bloß schien niemand an meinem Part der Talkshow besonders interessiert zu sein. Der Tod ist ja auch tatsächlich ein eher langweiliges Thema!

Bei diesem gemeinsamen Fernsehauftritt wurde mir klar, wie manche bekannte Persönlichkeiten über »die Kraft« und alles, was damit zusammenhängt, denken. Zwei der Gäste trugen glitzernde Kristalle bzw. Amulette um den Hals.

»Die Kristalle sind unsere Lehrer«, betonte eine von ihnen in der Künstlergarderobe vor Beginn der Show. »Die Steine sind ein einfaches Mittel, mit der Kraft in Berührung zu kommen, um übersinnliche Fähigkeiten zu erhalten. Sie sind auch gut zur Heilung. Kristalle sind wie Antennen; sie nehmen die positiven Schwingungen von den Astralschichten der Galaxien auf.«

Können Heilungswunder wirklich von irgendwelchen Schwingungen oder Kräften herrühren? Von welcher der beiden denkbaren Mächte dort oben kommen die Wunder? Diese Frage schien keine der Kristalle tragenden Expertinnen zu interessieren. »Wenn es funktioniert, sollte man es nicht schlecht machen«, sagte eine von ihnen. »Diese Jesus-Kraft unserer Großeltern ist ein völlig veraltetes Konzept.«

Um das Ganze noch attraktiver zu machen, erscheinen die in *Star Wars* dargestellten Mächte als »helle« und »dunkle« Seite ein und derselben Kraft. Meine theologischen Berater weisen darauf hin, daß Luzifer die helle und Satan die dunkle Seite ein und derselben Macht sind – jener Macht, die Gott feindlich gegenübersteht.

Es ist interessant zu sehen, was sich hinter der »Kraft« verbirgt, weil eine ganze Menge Leute mittlerweile daran glauben. George Lucas, der Erfinder von *Star Wars*, war ein Schüler von Joseph Campbell. Dieser erklärte, daß »Himmel und Hölle und alle Götter in jedem von uns sind«. Für ihn war der eine, allmächtige Gott des Universums schlicht ein Unding. Gott war lediglich eine alles durchdringende Kraft, eine Wirksamkeit. Joseph Campbell war zudem ein eifriger Verehrer von Carl Jung, der ja die große Wichtigkeit des Selbst hervorgehoben hatte. Sie erinnern sich: Das von Jung propagierte »kollektive Unbewußte« ist eine Erweiterung der Freud'schen Vorstellung von der individuellen Seele zu etwas, was Teil des Universums ist. Es ist Gott im Innern des Menschen, nicht außerhalb vom Menschen. Das »Selbst« bildet einen wesentlichen Bestandteil des Universums, es ist Teil der göttlichen Energien, die von der »Kraft« beherrscht werden. Diese Kraft sollte dem New Age den gebührenden Nachdruck verleihen.

Um in diesen Zustand grenzenloser Weite zu gelangen, gibt es verschiedene Möglichkeiten. Dazu gehören u. a. Yoga, Meditation, Drogen, Hypnose oder Geister. Kristalle und Scrying können ebenfalls benutzt werden, um die »Kraft« anzuzapfen. Ich erinnere mich, daß »Superman« seine fiktiven Kräfte aus der Kristallhöhle »im äußersten Norden« (vielleicht eine Anspielung auf den Satz aus Jesaja 14,13, um die Örtlichkeit des Himmels zu bezeichnen) herbeirief. Auf jeden Fall war »Superman« ohne Kristalle alles andere als »super«.

Kristalle können auch dazu benutzt werden, die geheimen Kräfte der Kundalini im Menschen zu erwecken. Allerdings weisen die Experten selbst warnend darauf hin, daß diese Kräfte alles andere als harmlos seien und es durchaus zu Komplikationen kommen könne. »Es kann sein, daß Sie eine Trennung zwischen Ihrem physischen und psychischen Selbst erleben sowie die Fähigkeit, das eine oder andere zu gebrauchen«, schreibt Uma Silbey in *The Complete Crystal Guidebook.* Sie stellt fest, daß diese Zustände von höherem Bewußtsein »sich mit Ihrem eigenen verflechten können«, und fährt warnend fort: »Manchmal, wenn das geschieht, mögen Sie durchaus das Gefühl haben, in Kürze ›durchzudrehen‹.« In günstigeren Augenblicken wiederum kann es sein, daß die eine Kraft der anderen hilft, ihre eigenen übersinnlichen Fähigkeiten zu entfalten:

> Während die Kundalini aufsteigt, entwickeln sich gewöhnlich verschiedene Kräfte. Diese können Ihnen bei Ihrer Arbeit mit den Kristallen helfen ... Diese Kräfte schließen

Hellsehen, übersinnliche Heilungsfähigkeiten und Astralprojektion ein.[1]

Bei der »Kraft« handelt es sich jedoch nicht immer um eine unsichtbare Energie. Geistführer bzw. spirituelle Ratgeber können auch persönlich erscheinen, wenn sie mit der richtigen Technik herbeigerufen werden, sei es das spezielle Mantra, Meditation, das entsprechende Ritual oder »Einstimmungsverfahren«. Zu letzteren gehören u. a. Schwingungen, Kristalle, Amulette oder auch bestimmte »Hölzer« wie Ouija-Bretter, I Ching oder Tarot-Symbole. Natürlich wird der gesamte Prozeß wesentlich vereinfacht, wenn man sich das Wissen des richtigen Gurus, der richtigen psychedelischen Droge oder des richtigen spirituellen Ratgebers zunutze machen kann.

Shirley MacLaines Geistführerin ist eine Indianerin namens »Maya«, die behauptet, von einem weit entfernten Sternensystem, Pleiaden genannt, zu kommen – ein mit Vorliebe von spiritistischen Medien beanspruchtes Gebiet. MacLaines Geistführerin ließ die folgende Botschaft für Shirley durch Kevin Ryerson und Shirleys Filmpartner David channeln: »Um die Frucht des Baumes zu erlangen, mußt du dich auf einen Ast hinauswagen (englisch: ... you have to go out on a limb).« Auf diese Weise erhielt ihr Buch seinen Titel *Out on a Limb*.

Die wiederholte Entstellung biblischer Texte durch okkultes Nachäffen läßt bezüglich des Buchtitels die Frage aufkommen: Mußte Eva sich auf einen Ast hinauswagen, um an die verbotene Frucht zu gelangen?

In den populären TV-Miniserien beginnen Shirley und David die Reihe am Strand von Malibu. Während sie ihre Gesichter dem Pazifischen Ozean zuwenden, macht David der schweigsamen Shirley mit den Worten Mut: »Nun mach schon – schrei' es laut heraus – sei kein Feigling! Sag es mit Überzeugung: ›Ich bin Gott!‹«

Die Arme dem Meer entgegengestreckt, schreit Shirley mit ständig sich steigernder Überzeugung: »Ich bin Gott, ich bin Gott, ich bin Gott!« Nachdem sie mit ihrem hypnotisierenden Geschrei fertig ist, fühlt sich Shirley »befreit« und »überglücklich«.

Dann folgt die nächste Szene. Diesmal steht ein Besuch der Anden in Peru auf dem Programm, dem Ursprungsort des mystischen Brauchtums der Maya-Indianer. Dort in den Bergen »finden« David und Shirley sich selbst – und sie finden sich auch in einem gemeinsamen Bad in der Einöde wieder, einem warmen Pool inmitten der Abendkühle, der von einer natürlichen Quelle aus dem Felsen gemeißelt wurde.

»Hast du schon einmal deinen Körper verlassen?« fragt David frei heraus, während er sich anschickt, mit Hilfe der »Kraft« eine Erfahrung außerhalb des Körpers auszulösen. »Ich persönlich habe das schon x-mal gemacht«, fährt er fort. »Es ist eigentlich gar keine große Sache. Du mußt dich nur entspannen. Der Sache ihren Lauf lassen. Innerlich loslassen.« Er nickt ihr aufmunternd zu. »Nun mach schon! Laß los!«

In diesem Moment, umgeben von dem sprudelnden Wasser, kommt ein unvorstellbares Gefühl über Shirley MacLaine. Sie verspürt ein wundersames »Einssein« mit allen Dingen. Es ist eine Erfahrung »allumfassender Wirklichkeit«. Ein Strom von Kraft erfüllt sie, in etwa mit der Kraft der Kundalini zu vergleichen, denn sie spricht von einem »elektrischen Strom«, der durch sie hindurchfließt. Dann trennt sich plötzlich der Geist vom Körper, und Shirley kann auf ihren Körper hinuntersehen, der im Pool liegt.

Aus dem Alltäglichen wird so in einem Nu das Großartige, womit erwiesen wäre, daß es auch ohne Todesnähe zu Erfahrungen außerhalb des Körpers kommen kann.

In der nächsten Szene besteigt Shirley den Landrover und verirrt sich in den Bergen, wo es sogar im Sommer nachts empfindlich kalt werden kann. »Maya« muß herbeigerufen werden, um kraft ihrer telepathischen Fähigkeiten Shirley zu finden. Mittels der Telepathie führt sie David in einer Rettungsaktion à la Harrison Ford zum Schauplatz des Geschehens.

Glücklich wieder vereint, jagen Shirley und David mit immer größerer Geschwindigkeit mit ihrem Landrover über eine enge, tückische Gebirgsstraße, die zu beiden Seiten jäh in die Tiefe abfällt. In diesem kritischen Moment beschließt David, Shirley die wirkliche Macht der »Kraft« zu offenbaren. Mitten in der rasenden Fahrt nimmt er plötzlich die Hände vom Steuerrad und läßt den unsichtbaren Maya-Geist den Wagen lenken. Wie durch ein Wunder fährt der Landrover ganz von allein dahin, und Shirley gerät total aus dem Häuschen, denn sie weiß nun, daß es tatsächlich eine nicht-körperliche Hierarchie gibt, die die Menschen mit viel Geduld dazu bringt, sich der »Kraft« auszuliefern.[2]

War es vielleicht eine »höhere Macht«, die Shirley MacLaine zur New-Age-Lehrerin erwählte – eine Lehrerin, die inzwischen Millionen von Menschen beeinflußt? Die »Schau« ging, von dem allzu toleranten Teil der Christenheit nahezu unbemerkt, vorüber. Eine für die Zukunft überaus bedeutsame Tendenz zeichnet sich direkt vor unserer Nase ab.

Der Gedanke, mit einer über das Bewußtsein hinausgehenden Macht in Kontakt zu treten, fesselte den Schriftsteller Tal Brooke so sehr, daß er eine große Menge LSD in Kapselform einnahm. Er war davon überzeugt, daß Bewußtseinserweiterung der kostbarste Schatz im Leben ist und wir eigentlich nur zu dem Zweck auf der Erde sind, diesen Schatz zu finden.

Brookes »Taufe«, die durch Drogen erlangte Erleuchtung, kombiniert mit einem Guru als Führer, hatte große Ähnlichkeit mit der New-Age-Taufe, die behauptet, alle bekannten Religionen in sich zu vereinen – außer dem biblischen Christentum natürlich.

Für Brooke war diese neue Kraft absolut nichts Schwaches oder nur Imaginäres. Sie war im Gegenteil äußerst real und half Tal und seinem Guru, Sai Baba, zahlreiche Wunder zu vollbringen. U.a. wurden angeblich auch Krebskranke geheilt, für die es nach Aussage westlicher Ärzte keine Heilungschancen gab.

Genau wie Tal, gebrauchte Johanna Michaelsen die »Kraft« in Mexiko. Sie tat Wunder und ließ Heilungen unter »Pachita« und den Geistführern geschehen, die durch sie gechannelt wurden. Beide, Tal wie auch Johanna, waren der festen Überzeugung, sie würden den Menschen helfen. Sie meinten, echten Propheten zu folgen, bis der Heilige Geist ihnen offenbarte, was Christus über die falschen Propheten gesagt hat:

> Wenn dann jemand zu euch sagt: Siehe, hier ist der Christus, oder dort! so glaubt es nicht. Denn es werden falsche Christi

> und falsche Propheten aufstehen und werden große Zeichen und Wunder tun, um so, wenn möglich, auch die Auserwählten zu verführen. Siehe, ich habe es euch vorhergesagt.
> (Matthäus 24,23-25)

Es scheint also keine Rolle zu spielen, wie jemand die »Kraft« ansehen will – als Luzifer, die helle, oder Satan, die dunkle Seite. Es ist und bleibt dieselbe Kraft, die gegen Gott streitet und ein Meister der Täuschung ist. Sie wird eine solche Macht bekommen, wenn die Zeit der Wiederkunft Christi herannaht, daß selbst einige der Treuesten der Täuschung erliegen werden, indem sie sich in Sicherheit wiegen und mit der Masse laufen:

> Wenn der Menschensohn kommt, wird es auf der Erde zugehen wie zur Zeit Noahs, als die große Flut hereinbrach. Auch damals lebten die Menschen so weiter, wie sie immer gelebt hatten: Essen, Trinken und Frauen waren ihr einziger Lebensinhalt. Selbst als Noah in die Arche stieg, glaubten die Leute nicht an das Unheil, bis die Flut sie alle mit sich riß. So wird es auch beim Kommen des Menschensohnes sein.
> (Matthäus 24,37-39, Hoffnung für alle)

Die Begründer des New Age

Die Mitglieder der New-Age-Bewegung sind sehr zahlreich und in allen sozialen Schichten vertreten. Sie scheuen sich nicht zu bekennen, wessen Fahne sie hochhalten. Viele prahlen ganz offen mit Luzifer, und einige folgen sogar bewußt Satan als der dunklen Seite.

Ein standhafter Verfechter Luzifers ist David Spangler. Nachdem er einige Zeit bei der Findhorn Foundation in Schottland zugebracht hat, gehört er heute dem Vorstand der »Planetary Citizens« (planetarische Bürger) an und lehrt an der Universität von Wisconsin Politologie. Außerdem gibt Spangler das »New Age Magazine« heraus, für das er auch selbst Artikel schreibt. In seinem Buch *Reflections on the Christ* schrieb Spangler mit glühenden Worten der Begeisterung über Luzifer:

> Luzifer wirkt in jedem von uns, um uns in einen Zustand der Vollkommenheit hineinzuführen. Wenn wir in ein neues Zeitalter eingehen, das Zeitalter der Vollkommenheit des Menschen, wird jeder von uns auf irgendeine Weise an den Punkt gelangen, den ich als *luziferische Initiation* bezeichne. Dies ist das besondere Eingangstor, das der einzelne durchschreiten muß, um völlig in die Gegenwart seines Lichtes und seiner Vollkommenheit zu gelangen.
>
> Luzifer kommt, um uns die endgültige Gabe der Vollkommenheit zu bringen. Wenn wir sie annehmen, ist er frei und sind wir frei. *Das ist die luziferische Initiation. Viele Menschen erleben dies jetzt, und viele werden es in den vor uns liegenden Tagen erleben, denn es ist eine Initiation in das neue Zeitalter.*[3] (Hervorhebungen von mir.)

Die Führer geben also offen zu, daß Luzifer die eigentliche Kraft ist, die hinter der New-Age-Bewegung steht und sie ins Leben gerufen hat. Diese Bewegung umfaßt inzwischen Tausende von Organisationen, die miteinander verknüpft sind und als Netzwerk auf dem gesamten Globus arbeiten – mit dem Ziel, eine »Neue Weltordnung« herbeizuführen. (Präsident Bush war sich dieser Bedeutung wahrscheinlich nicht bewußt, als er den Begriff gebrauchte.) Die neue Weltordnung soll angeblich Gutes bewirken, verkörpert jedoch einen geheimen Plan, den die Führer als beabsichtigte »Verschwörung« bezeichnen: eine komplette neue Weltordnung, die Politik, Religion, ganzheitliche Gesundheit und wirtschaftliche Veränderung einschließt und Gott vollständig abschreibt, um statt dessen Luzifer zum Gott zu erheben. Es ist ein anderes Licht, eine andere Herrlichkeit.

Einige wichtige Namen kommen an die Oberfläche dieser planetarischen Initiative des New Age, »Planetary Citizens« (planetarische Bürger) genannt. Laut Constance Cumbey, Schriftstellerin und Rechtsanwältin aus Detroit, gehören zu den Begründern dieser Organisation Brooke Newell (Vizepräsident der Chase Manhattan Bank), Gerhard Elston (früherer Exekutivdirektor von Amnesty International, USA), Helen Kramer (International Association of Machinists), Peter Caddy (Gründer der Findhorn Foundation), Norman Cousins (vom Weltrat der

Weisen), Aurelio Peccei (der inzwischen verstorbene Gründer des Club of Rome) und der Lucis Trust.[4]

Der Name »Lucis Trust« ist sehr interessant. Im Jahr 1922 unter dem Namen »Lucifer Publishing Company« gegründet, publiziert diese Gesellschaft die New-Age-Schriften vom Platz der Vereinten Nationen aus und genießt den Status der Gemeinnützigkeit und der Steuerfreiheit. Der Name »Lucis« scheint eine Kombination von »Lucifer« und »Isis« (die ägyptische Sonnengöttin) zu sein. Die wichtigsten Publikationen der Gesellschaft schließen die Bücher und Meditationen von Alice Bailey ein, einer der großen Vorkämpferinnen der New-Age-Bewegung.

Es ist interessant zu wissen, daß Alice in einer Fischkonservenfabrik in Kalifornien beschäftigt war. Sie gab ihre Arbeitsstelle auf, als sie anfing, aufsehenerregende Botschaften von den tibetanischen Meistern zu empfangen, die schon vorher Blavatskys »Theosophische Gesellschaft« inspiriert hatten. Diese wurde im Jahr 1875 von Helena Blavatsky gegründet, die – zwischen ihren verschiedenen Liebesaffären mit Männern der europäischen High-Society – Haschisch kaute, um ihre telepathischen Fähigkeiten zu vergrößern.

Alice Bailey war es, die offiziell den Begriff »Neue Weltordnung« prägte, um die New-Age-Bewegung zu beschreiben.[5] Mit diesem Begriff war nach ihrer Absicht ein planetarisches Kontrollsystem gemeint: eine Regierung, die den Zweck hatte, alle »halsstarrigen religiösen Gruppen« (Juden, Moslems, Christen) dem neuen System zu unterwerfen, zudem global alle Nahrungsmittel, Geld und Umweltbedingungen permanent zu kontrollieren. Diese Zielsetzung der neuen Weltordnung hat sich offensichtlich nicht geändert. Sie verfolgt den Zweck, weltweit sämtliche Nationen und Völker über alle politischen Grenzen hinweg für sich einzunehmen und zusammenzuschließen.

Marilyn Ferguson setzt die Tradition ihrer Vorgängerinnen Alice Bailey und Helena Blavatsky konsequent fort. Sie bezeichnet die Bewegung frank und frei als eine »Verschwörung«, die »das Bewußtsein verändern« soll. Es ist wichtig festzustellen, daß eines ihrer Hauptziele darin besteht, Ihre und meine religiöse Überzeugung zu durchbrechen:

> ... eine Veränderung der Art und Weise, wie die Menschen sich selbst in bezug auf das gegenseitige Verhältnis und auf das Göttliche sehen. Während »großer Erweckungen« findet gewöhnlich eine Verschiebung von einer indirekten, durch Autoritäten vermittelten Religion hin zu einer persönlichen geistlichen Erfahrung statt. Wie nicht anders zu erwarten, empfinden einige religiöse Gruppen die erwachende spirituelle Tradition als eine gefährliche Bedrohung der jüdisch-christlichen Überlieferung.[6]

»Es gibt unzählige Verschwörer«, schreibt Ferguson. »Sie befinden sich in Firmen, Universitäten und Krankenhäusern«, und diese gewaltige Vereinigung von Verschwörern schreibt den Aufstieg der New-Age-Spiritualität der übermäßigen Toleranz und »Klosterstille« der Christen im Amerika unserer Tage zu:

> Die östliche Metaphysik und das Neue Bewußtsein verdanken andererseits ihre Beliebtheit zum Teil der Tatsache, daß sie die grausamen Vortäuschungen der technokratischen Mentalität des Westens direkt hinterfragen. Sie scheuen sich nicht, unserer stark rationalistisch, materialistisch und von Profitgier geprägten Kultur vorzuhalten, daß sie das menschliche Leben seiner eigentlichen Qualität beraubt ... Führende Persönlichkeiten dieser Bewegungen sind in das durch das prophetische Schweigen der Kirche verursachte Vakuum hineingestoßen.[7]

Der Christ weiß, daß er die Quelle jeder Erleuchtung anhand der Bibel prüfen muß. Der Nicht-Christ jedoch versucht, sein »Bewußtsein zu verändern«, um Erleuchtung zu empfangen. Dies kann, wie gesagt, auf unterschiedliche Art und Weise geschehen. Der berühmte Aldous Huxley benutzte Drogen als seinen »permanenten Weg zur Erleuchtung«, während Ferguson andere spirituelle Disziplinen vorzieht, wie z. B. Zen-Buddhismus, Yoga, christlichen Mystizismus, transzendentale Meditation, Sufismus (ein moslemischer Mystizismus) und die Kabbala (eine esoterische und theosophische Bewegung im Judentum).

Ferguson erläutert den Weg zur Erleuchtung anhand eines Interviews mit Fritjof Capra, einem Physiker und überzeugten New-Age-Anhänger. Als Capra an einem Spätnachmittag im Sommer am Ufer des Meeres saß, die Wellen beobachtete und den gleichmäßigen Rhythmus seines Atems verspürte, erlebte er plötzlich seine gesamte Umgebung als einen »kosmischen Tanz«, eine »lebendige Erfahrung«:

> Ich »sah« Kaskaden von Energie aus dem Weltraum herabkommen, in der die Teilchen durch rhythmische Impulse erzeugt und wieder zerstört wurden; ich »sah« die Atome der Elemente und die meines Körpers an diesem kosmischen Tanz der Energie teilhaben; ich verspürte seinen Rhythmus und »hörte« seinen Klang, und in diesem Moment *wußte* ich, das hier war der Tanz Schiwas.[8]

In der Tat: der Tanz Schiwas, des »Gottes der Kräfte«, des »Gottes des Verderbens«. Das »spirituelle Erwachen« war ebenfalls vorhanden, und die »Taufe« des neuen Zeitalters stellte einen neuen Weg dar, einen Blick in die Herrlichkeit des Omegas erhaschen zu können.

Wie sieht der Gesamtplan aus? Welches Ziel verfolgt dieses unsichtbare und führerlose Netzwerk der Wissenschaft und Politik? Welchem Zweck dient das kosmische Bewußtsein, das der »Erleuchtete« erlangen soll? Es gibt einen wohlüberlegten Plan, den seine Erfinder ganz offen als »Verschwörung« bezeichnen. Im Anschluß an die luziferische Initiation für die Auserwählten sollen laut Plan die Neuverteilung der Rohstoffe der Welt, die Errichtung einer weltweiten Nahrungsmittelbehörde, die Einführung eines weltweiten Kreditkartensystems, die Erhebung einer universalen Steuer und natürlich die Einführung einer Welteinheitsregierung, an deren Spitze entweder eine Welteinheitsarmee oder eine globale Polizeitruppe steht, durchgesetzt werden. Ob die Bibel etwas über diese Dinge voraussagt? Meine theologischen Berater meinen, ja.

Der »Plan« läuft darauf hinaus, ein neues humanistisches Utopia zu schaffen. Die Leistungen des Menschen zu preisen, ist bekanntlich nichts Neues. Das hat es in der Geschichte immer wieder gegeben, wobei jedes Zeitalter sich seiner eigenen Terminologie bedient hat. Der rote Faden dieses Planes ist von den Großen Meistern gewissenhaft bewahrt worden, wobei sie verschiedene esoterische Gesellschaften benutzten wie z. B. die Illuminaten, das allsehende Auge (dieses befindet sich auch im obersten Stein der Pyramide auf der Rückseite der Ein-Dollar-Note) und die Theosophische Gesellschaft. Lange bevor die ökumenische Bewegung unserer Tage eine ähnliche Idee bezüglich der Vereinigung aller Religionen entwickelte, rief Madame Helena Blavatsky bereits zur »Einheit aller Religionen« auf. Sie nannte dies die große »esoterische Philosophie«:

> Die esoterische Philosophie versöhnt alle Staaten miteinander, entkleidet sie ihrer äußeren menschlichen Hülle und zeigt, daß ihre Wurzel mit der jeder anderen großen Religion identisch ist. Sie beweist die Notwendigkeit eines göttlichen, absoluten Prinzips in der Natur. Sie verleugnet die Gottheit ebensowenig, wie sie die Sonne verleugnet. Die esoterische Philosophie hat nie Gott in der Natur abgelehnt, noch die Gottheit als das absolute und abstrakte Sein. *Sie lehnt es lediglich ab, irgendeine der Gottheiten der sogenannten monotheistischen Religionen anzuerkennen – Gottheiten, die der Mensch nach seinem eigenen Bilde geschaffen hat; eine lästerliche, erbärmliche Karikatur des ewig Unbekannten.*[9] (Hervorhebungen von mir.)

Dieselbe Madame Blavatsky überzeugte Mahatma Gandhi von der Wichtigkeit und dem Wert seiner indischen Religion, dem Hinduismus, als er als junger Student in London weilte. Madame Blavatsky war es auch, die unter der Anleitung von »Meistern« die Werke »Die entschleierte Isis« und »Die Geheimlehre« verfaßte, wobei sie ihre Offenbarungen durch ein dämonisch manipuliertes Verfahren, genannt automatisches Schreiben, erhielt.

Die Geschichte der Ausbreitung des »Plans« und der damit zusammenhängenden Verschwörung für das neue Zeitalter geht weiter. Nach dem Tod von Helena Blavatsky führte Annie Besant (die zufällig auch die Mätresse von Bernard Shaw war) die

Organisation fort, bis sie den erfolglosen Versuch unternahm, den Antichristen in Gestalt eines Mannes namens Krishnamurti zu offenbaren. Der Versuch mißlang, woraufhin Alice Ann Bailey, die frühere Frau eines Pfarrers der Episkopalkirche, die Zügel der Theosophischen Gesellschaft in die Hand nahm.

Frau Bailey veröffentlichte ihre zahlreichen, ebenfalls unter Anleitung von Geistern geschriebenen Werke durch die bereits erwähnte Lucis Publishing Company (ehemals Lucifer Publishing Company), deren Mitbegründerin sie war. Sie half weiter mit, die grundsätzlichen Lehren der New-Age-Bewegung durch ihre heutigen Verteilstellen, die »Arkanschule«, »Triangles«, die »Gruppe der neuen Weltdiener« und »World Goodwill« (Weltweiter guter Wille) zu entwickeln.

Um den Gedanken der Bewegung antichristlicher Kräfte weiter zu verbreiten, erhielt Alice Bailey die Inspiration, das kommende Jahr 2000 zum »Wassermann-Zeitalter« zu ernennen. Ihre geheimen Gedanken und Anweisungen finden sich unverhüllt in ihren Lehraussagen wieder:

> Christus kam, um das jüdische Glaubenssystem zu einem Ende zu bringen. Es hätte seinen Höhepunkt erreichen und als Religion verlöschen sollen, als die Sonne vom Zeichen des Widders in das Zeichen der Fische wanderte. Er gab sich ihnen daher als ihr Messias zu erkennen, der durch die jüdische Rasse Gestalt annahm. Durch ihre Ablehnung des Messias blieben die Juden symbolisch und tatsächlich im Zeichen des Widders, des Sündenbocks; sie müssen – wiederum symbolisch gesprochen – in das Zeichen der Fische übergehen und ihren Messias anerkennen, wenn er im Zeichen des Wassermanns wiederkehrt.[10]

Und wer wird der gefeierte neue Messias für das nächste Jahrtausend sein? Einer der New-Age-Propheten, Benjamin Creme – ein einflußreicher Engländer, der von Politikern, Pfarrern, Ärzten, UNO-Beamten und Kongreßmitgliedern unterstützt wird –, ließ in den führenden Tageszeitungen verschiedener Länder im April 1982 verkünden: »Christus weilt jetzt unter uns.« Glücklicherweise trat der neue Christus nicht, wie angekündigt, im Sommer jenes Jahres weltweit in Radio und Fernsehen auf. Nun gehen die Hoffnungen dahin, daß er irgendwann um das Jahr 2000 erscheinen wird.

Laut Aussagen des »Plans« tritt durch astrologische Berechnungen alle 1000 Jahre ein neuer Christus auf. Für das kommende Jahrtausend könnte er sehr wohl »Lord Maitreya« heißen, von den Christen als Christus erwartet (zweites Kommen), von den Juden als Messias (erstes Kommen), von den Buddhisten als der Fünfte Buddha, von den Moslems als der Imam Mahdi und von den Hindus als Krischna. Alle werden ihn als ihren Gott anerkennen, und er wird alle Religionen in der Welteinheitsreligion miteinander verbinden.

Innerhalb des »Bibelgürtels«, in dem ich lebe, mag so etwas als absurd und sehr weit hergeholt angesehen werden. Doch außerhalb dieses Gürtels sind diese Lehren bereits erstaunlich weit verbreitet und allgemein akzeptiert. Vieles von diesem »neuen« System wird von den Medien begeistert unterstützt, von den Wissenschaftlern geglaubt und von den Intellektuellen gutgeheißen. Indem sie die traditionellen Glaubensinhalte verdreht, verwässert die neue Lehre erfolgreich die biblischen Grundsätze, auf die unser Land aufgebaut ist, und ersetzt sie durch andere Werte.

So eindrucksvoll wie ein Blitz (im Gegensatz zu irgendeinem Maitreya) wird der echte Christus am Himmel erscheinen und von allen gesehen werden. Ehe aber vorher der falsche Christus auftritt, sagt der Apostel Paulus den »großen Abfall« vieler Christen voraus, den wir heute möglicherweise schon miterleben:

> Wir bitten euch aber, Brüder, wegen der Ankunft unseres Herrn Jesus Christus und unserer Vereinigung mit ihm, daß ihr euch nicht schnell in eurem Sinn erschüttern laßt noch erschreckt werdet, weder durch Geist, noch durch Wort, noch durch Brief, als seien sie von uns, als ob der Tag des Herrn da wäre. Laßt euch von niemand auf irgendeine Weise verführen, denn dieser Tag kommt nicht, es sei denn, daß zuerst

> der Abfall gekommen und der Mensch der Gesetzlosigkeit geoffenbart worden ist, der Sohn des Verderbens.
>
> (2. Thessalonicher 2,1-3)

Wie dieser »Abfall« vom Glauben der Väter geschehen und der Antichrist auftreten wird, darüber gibt uns die Bibel ebenfalls Aufschluß:

> Wer ist der Lügner, wenn nicht der, der leugnet, daß Jesus der Christus ist? Der ist der Antichrist (der »Anstatt-Christus«), der den Vater und den Sohn leugnet.
>
> (1. Johannes 2,22)

> Und jeder Geist, der nicht Jesus Christus, im Fleisch gekommen, bekennt, ist nicht aus Gott; und dies ist der Geist des Antichrists, von dem ihr gehört habt, daß er komme, und jetzt ist er schon in der Welt.
>
> (1. Johannes 4,3)

Wer ist dieser Geist, der schon in der Welt ist, der diesen Christus für das neue Zeitalter senden wird? Die Antwort finden wir in den gesammelten Werken von Benjamin Creme, David Spangler, Alice Bailey und Helena Blavatsky. Sie sagen, daß »Gott«, genannt Sanat Kumara (offensichtlich eine verdrehte Form des Namens Satan) den neuen Christus für das neue Zeitalter senden wird. Sanat, Satan oder Luzifer. Luzifer, der wunderbare Lichtengel, der »Alte an Tagen«, der »eine Initiator«, der »Verderber«, der »Omega«. In der Rangliste folgen unter dem Sanat Kumara auch mehrere niedere »Kumaras« und noch weiter unten zahlreiche »Meister«. Ganz unten auf dieser Liste befindet sich »der Meister Jesus«.[11]

So wird, wenn die neue Welteinheitsreligion mit ihrem neuen Christus herrschen wird, der alte Christus – Jesus – auf die unterste Sprosse der Rangleiter verbannt, wo er denen, die über ihm stehen, lediglich Bericht zu erstatten hat.

Mit einer fast unheimlich anmutenden Voraussicht warnte Paulus die Korinther vor einem »anderen Jesus«, als habe er bereits gewußt, daß der falsche Christus kommen wird:

> Ich fürchte aber, daß, wie die Schlange Eva durch ihre List verführte, so vielleicht euer Sinn von der Einfalt Christus gegenüber abgewandt und verdorben wird.
>
> Denn wenn der, welcher kommt, einen anderen Jesus predigt, den wir nicht gepredigt haben, oder ihr einen anderen Geist empfangt, den ihr nicht empfangen habt, oder ein anderes Evangelium, das ihr nicht angenommen habt, so ertragt ihr das recht gut.
>
> (2. Korinther 11,3-4)

Laut Aussagen von Marilyn McGuire, Vorstandsvorsitzende der »New Age Publishing and Retailing Alliance«, gibt es allein in den USA etwa 2500 okkulte Buchhandlungen und mehr als 3000 Verlage, die okkulte Bücher und Zeitschriften herausgeben. Der Umsatz von New-Age-Büchern allein beläuft sich auf schätzungsweise 1 Milliarde Dollar pro Jahr. Die Unterhaltungsindustrie hat das New Age-Evangelium sehr schnell akzeptiert, einschließlich solcher Entertainer wie Helen Reddy, Marsha Mason, Lisa Bonet, Tina Turner sowie der Musiker Paul Horn.[12]

In ihrer Dankesrede bei der »Emmy«-Preisverleihung 1987 führte Sharon Gless, bekannt aus der Fernsehserie »Cagney and Lacey«, ihren Erfolg auf »Lazaris« zurück, während sowohl Linda Evans (»Dynastie«) als auch Joyce DeWitt (»Three's Company«) sich zu dem Geist »Mafu«, der durch eine andere Person gechannelt wurde, bekannten.[13]

Aber es bleibt nicht bei der Unterhaltungsindustrie. Die Verfechter des New Age wollen sämtliche Wissensgebiete neu interpretieren und so miteinander verschmelzen, daß sie mit den Anschauungen des neuen Zeitalters in Einklang sind. Darin eingeschlossen sind die Physik, Psychologie, Biologie, Religion, Politik und Soziologie. Durch eigene mystische Erlebnisse sind sie zu der Überzeugung gelangt, daß dies notwendig ist, um die »wahre« Interpretation dieser Wissenszweige aufzudecken. So sollen die Menschen durch ihre Erziehung zum New-Age-Gedankengut bekehrt werden.[14]

Vom Standpunkt des New Age aus betrachtet, muß die Erziehung der heutigen Generation allerdings als Verlust verbucht werden, da die »christliche Tradition« den gewöhnlichen Leuten, wie Sie und ich es sind, bereits als Kind »anerzogen« wurde. Um einen Übergang von kolossalem Ausmaß herbeizuführen, hat man die kommende Generation ins Auge gefaßt. Und der beste Platz, um damit zu beginnen, ist natürlich die Schule.

Das neue Erziehungssystem

Wir wissen viel besser darüber Bescheid, mit was sich unsere Kinder abends zu Hause beschäftigen, als darüber, mit was sie tagsüber in der Schule zu tun haben. Um es klar zu sagen: Wir wissen überhaupt nicht, was in den Schulen alles vor sich geht. Unglücklicherweise ist der »Plan« bereits etabliert und mag uns einen New-Age-Blick in die Hölle bescheren, bei dem eine starke Entwicklung zu Unmoral und Gewalttätigkeit zu verzeichnen ist.

Besonders in den Grundschulklassen läßt sich bereits eine gravierende Tendenz zur humanistischen Erziehung erkennen. Sie ersetzt ganz allmählich die traditionellen Werte, zumal die Bibel erfolgreich aus den Schulen verbannt wurde. Ohne daß die Eltern es merken, ist an die Stelle von moralischen Werten in den Schulen eine okkulte Indoktrination getreten, wie Eric Buehrer, Beamter im Erziehungswesen und Vizepräsident von »Citizens for Excellence in Education«, bemerkt.

»Globale Erziehung«, diese Bezeichnung verleiht Buehrer dem neuen System. Hinter dieser aufregenden Neuerung verbirgt sich eine ausgesprochen unheilvolle Absicht. Viele christliche Erzieher glauben, daß das endgültige Ziel des neuen Systems darin besteht, die moralischen Werte zu verändern und die Auffassungen von Recht und Unrecht zu unterminieren. Sie glauben, daß dadurch die Grundbegriffe Patriotismus, Nationalismus, Kapitalismus sowie die wesentlichen Gedanken über Gott, sowohl in der Familie als in der Gesellschaft, zerstört werden sollen.

Was ist das für eine Verschwörung, die diese radikale globale Erziehung ins Klassenzimmer Ihres Kindes hineingebracht hat? Sie begann lange bevor Marilyn Ferguson im Jahr 1980 ihr berühmtes Buch *Aquarian Conspiracy* (»Die sanfte Verschwörung«) herausbrachte. Die Erziehung ist ein wesentlicher Bestandteil des »Plans«, der bis zum Jahr 2000 vollständig in Kraft sein soll. Dieser Plan sieht vor, die alte Garde der heutigen Erwachsenengeneration ganz gezielt auszuschalten und nur die Jugend einzubeziehen, die nicht mit unseren »antiquierten« Ideen verseucht ist. Außerhalb ihres Zuhauses kann man die Kinder leichter in das Gedankengut der neuen Weltordnung hineinpressen.

»Der absichtliche Gebrauch von bewußtseinserweiternden Techniken ist etwas Neues in allgemeinbildenden Schulen«, bemerkt Marilyn Ferguson. Seit ihrer ersten Publikation sind mittlerweile mehr als zehn Jahre vergangen. In dieser Zeit hat eine grundlegende Veränderung im Schulwesen stattgefunden, die es dem neuen Gedankengut gestattet hat, an die Stelle der biblischen Überlieferung, von der die Begründer unseres Erziehungswesens geleitet wurden, zu treten. Diese Veränderung wird laut Marilyn Ferguson alle Klassen einschließen und das Erwachen des neuen Zeitalters kennzeichnen: »Wegen der ihr eigenen Kraft zur gesellschaftlichen Heilung und Bewußtwerdung wirken sie (die New-Age-Erzieher) gemeinsam darauf hin, die Philosophie (des neuen Zeitalters) in die Klassenzimmer aller Jahrgangsstufen hineinzubringen.«[15]

Weil diese Veränderungen im Erziehungswesen von derart entscheidender Bedeutung sind und es sich hier um eine direkte Verschwörung handelt, in die Tausende verwickelt sind, wurde eine Umfrage zur Feststellung ihres Umfangs durchgeführt. Von den befragten New-Age-Anhängern waren laut Marilyn Ferguson

> ... mehr im Erziehungswesen beschäftigt als auf irgendeinem sonstigen Arbeitsgebiet. Es handelte sich um Lehrer, Verwaltungsbeamte, Politiker, Erziehungspsychologen ... Insgeheim sind Kräfte an der Arbeit, Faktoren, die man kaum in den Schlagzeilen findet. So sind beispielsweise Zehntausende von Lehrern, Erziehungsberatern und Psychologen, Anwälte, Verwaltungsbeamte, Forscher und Fakultätsmitglieder in öffentlichen Bildungsanstalten unter den Millionen, die sich mit einer persönlichen Transformation befassen (wodurch der einzelne den Geheimnissen der aus dem Innern

des Menschen entspringenden Göttlichkeit ausgesetzt wird).[16]

Viele von uns wissen überhaupt nicht, was für ein Kampf um die Kontrolle der Köpfe und Seelen unserer Kinder tobt. In den Schulen von Seattle beispielsweise betrachteten manche Lehrer die »globale Erziehung« als gleichbedeutend mit einem »atheistischen, kommunistischen Humanismus«. Die Gesetzesvorlage zur Unterstützung des neuen Erziehungssystems wurde zwar abgelehnt, aber seitdem ist ein gut Teil der Eltern gleichgültig geworden, und die Haltung bei einer zukünftigen Abstimmung dürfte wesentlich weicher sein.

Inzwischen geht der versteckte Kampf weiter. Donald N. Morris von der UNICEF unterstützt das globale Konzept des atheistischen Philosophen Bertrand Russell, in allen Schulen der Welt »die Torheit der Trennung zwischen den einzelnen Rassen, Nationen und Religionen zu lehren«. Laut Russell dürfte es überhaupt keine rassische Vergangenheit, keinen Patriotismus und keine individuelle Glaubensüberzeugung mehr geben, damit der gegenwärtige Glaube der großen Masse von Erziehern des neuen Gedankenguts für das neue Zeitalter Unterstützung findet. Das Ziel ist ein weltweit einheitliches Erziehungssystem, eine Welteinheitswährung, Welteinheitsreligion und Welteinheitsregierung ohne nationale Grenzen. Das ist das zukünftige Utopia der Menschheit, durch das alles, was Gott damals in Babel getan hat, erfolgreich beseitigt und der Versuch unternommen werden soll, gerade jene Kultur, die Gott damals gerichtet und vernichtet hat, wiederherzustellen.[17]

So ist Robert Muller, ehemals Unterstaatssekretär bei den Vereinten Nationen, beispielsweise der Überzeugung, alle Kinder sollten speziell in der Karma-Lehre und im Hinduismus unterrichtet werden, bei dem es sich um »eine der zutreffendsten Religionen« hinsichtlich der modernen Astrophysik und Naturwissenschaft handele. Mit anderen Worten, Muller möchte das Christentum durch etwas ersetzen, was ihm persönlich lieber ist – den New-Age-Hinduismus. Dadurch, daß das Karma zur »Wissenschaft« erklärt wird, kann das Dogma irgendwelcher religiöser Begriffsinhalte verschwiegen werden – so ähnlich, wie Yoga als »Wissenschaft« das Gebet in öffentlichen Schulen abgelöst hat.

Anstatt abends zu Hause, wie es früher üblich war, innerhalb der Familie den Kindern moralische und religiöse Werte zu vermitteln, dürfen diese heute täglich im Durchschnitt zwischen vier und sechs Stunden fernsehen. Dabei werden Gewalt, Verbrechen, Pornographie und Drogenkonsum gezeigt und häufig sogar verherrlicht. Das Fernsehen hat die seit Generationen überlieferten moralischen Werte systematisch abbauen können, weil die Eltern ihrer Verpflichtung als »Erziehungsberechtigte« nicht nachgekommen sind, sondern die Einblicke in die Hölle gewissermaßen als Bagatellen abgetan haben.

Dr. Beverley Galyean war als Beraterin in den öffentlichen Schulen von Los Angeles beschäftigt, und zwar für ein Programm mit dem Titel »zusammenfließende Erziehung«. In ihrem Buch *Language from Within* (»Sprache aus dem Innern«) schlägt sie vor, alle Kinder in allen Jahrgangsstufen, einschließlich der Kindergartenzeit, zu »geführten Phantasien« anzuleiten. Mittlerweile hat diese Unterrichtsmethode in unseren allgemeinbildenden Schulen immer mehr Einfluß gewonnen. Es kann gut sein, daß Ihr Kind gerade heute in seiner Klasse eine derartige »geführte Phantasiereise« unternimmt, ohne daß Sie etwas davon wissen. Das Ganze mag folgendermaßen ablaufen:

> Mach die Augen zu und entspanne dich, ich werde dich auf eine Reise ins Land der Phantasie mitnehmen. Stell dir vor, du befindest dich in ... einem wunderschönen Tal ... Vor dir ragt ein Berg auf ... Du besitzt magische Kräfte, und so fällt es dir leicht, den Berg zu erklimmen ... oben angekommen ... mußt du in die Sonne schauen, und während du das tust, kommt langsam das Gesicht einer sehr weisen Person zum Vorschein. Du fragst sie: ... »Was muß ich tun, um in diesem Moment das Glück meines Lebens zu finden?« Die Person gibt Antwort ... Hör darauf, was die Person dir sagt ... Du kannst nun ... ein Gespräch mit ihr beginnen. Wenn du das Gefühl hast, daß das Gespräch zu Ende ist, komm wieder zurück zu uns in die Klasse. Schreibe jetzt auf, was zwischen dir und der weisen Person gesprochen wurde.[18]

Die »weise Person« entpuppt sich als ein Geistführer. Die Bibel ist »out«, aber die Massenhypnose »in«. In diesem Fall hat sich die Bezeichnung Hypnose in eine »geführte Phantasiereise« verwandelt, und aus den Geistführern sind »Phantasieführer« geworden. Den Kindern wird gesagt, sie sollten diese Wesen nicht »Geister« oder gar »Dämonen« nennen, weil es »freundliche« Führer seien.

»Obwohl viele Eltern gar nicht wissen, daß ihre Kinder mit so etwas zu tun haben, ist es doch eine Tatsache, daß viele Kinder auf die innerhalb der Gruppe gestellten Fragen nach irgendwelchen freundlichen Führern oder geistigen Helfern ihre Hand heben und dadurch bestätigen, daß sie derartige Spiele mitgemacht oder an Meditationen teilgenommen haben«, sagt Kathleen Hayes, Schriftstellerin, Journalistin und Grundschullehrerin in Denver.[19]

Angeblich sollen diese Spiele mit Phantasieführern dazu dienen, die schulischen Leistungen der Kinder zu fördern. Sie sollen das Selbstvertrauen und die Selbstachtung stärken. In Wirklichkeit werden die Kinder jedoch mit Mächten und Geistern konfrontiert, die Gott unmittelbar feindlich gegenüberstehen. Man bringt ihnen bei, ihr persönliches Geistwesen zu finden, das ihnen hilft. Oft werden dazu die Geister der Verstorbenen benutzt, »weil die Verstorbenen einen immensen Schatz an Wissen besitzen, den wir alle brauchen«.

Hier tut sich ein echtes Problem auf. »Es ist ein trauriges Zeichen für unsere Gesellschaft«, sagt der Erziehungswissenschaftler Eric Buehrer, »wenn wir meinen, den schlimmen Punkt erreicht zu haben, wo wir die Jugendlichen nur noch durch Hypnose zu einem vernünftigen Verhalten und gesunden Lebensauffassungen bringen können. Ich kann mir nicht vorstellen, daß Eltern ihre Kinder in die Schule schicken, damit man dort so mit ihnen umgeht.«[20]

In den höheren Klassen der Grundschule werden auch die hypnotischen Beeinflussungen stärker. So werden die Kinder beispielsweise instruiert, bei geöffneten Vorhängen und ausgeschaltetem Licht mit geschlossenen Augen aufrecht auf ihren Plätzen zu sitzen. Dann liest der Lehrer eine drei Seiten lange Schrift vor, in der eine Phantasiereise nach Hawaii (dies ist ein besonders beliebter Ort) beschrieben wird. Wenn die Kinder im Geist am Strand angekommen sind, müssen sie nach oben schauen, wo sie einen wunderschönen Regenbogen erblicken. Während sie sich auf den Regenbogen konzentrieren, kommen sie innerlich zur Ruhe und zum Frieden. Jede Farbe wird einzeln betrachtet, und jede dieser Farben ruft ein bestimmtes Gefühl bei ihnen hervor. Wenn das Kind mit dieser Gewohnheit aufwächst, wird es irgendwann merken, daß die Gefühle gar nicht mehr so friedlich sind, sondern direkt gefährlich werden können. Sie ähneln häufig den beunruhigenden Chakra-Energien, die zu emotionalen Erkrankungen führen können. Während sie sich in diesem tranceähnlichen Zustand befinden, müssen die Kinder sich selbst immer wieder vorsagen: »Ich mag mich. Ich bin glücklich. Ich bin vollkommen gesund. Ich kann mich total beherrschen.«

Nach dieser Übung mit dem Regenbogen kommt laut Aussagen des Erziehers William Hewitt eine weitere Lektion, in der die Kinder aufgefordert werden, in ihrer Vorstellung eine »Werkstatt« einzurichten. Dies ist ein ganz privater Ort, wohin sie sich jederzeit zurückziehen und in den sie bei Bedarf einen »Helfer« einladen können, egal, ob von den Toten oder Lebenden.

> Bei dieser Sitzung wirst du deine beiden Berater kennenlernen ... Drücke jetzt den Schaltknopf (am Stuhl deines Geistes), um die Tür zu deiner Werkstatt zu öffnen. Dann sage innerlich: »Ich heiße meinen Berater in meiner Werkstatt willkommen. Bitte, komm herein und nimm auf deinem Stuhl Platz.« ... Begrüße deinen Berater. Frage ihn, wie er heißt. Sieh ihn dir genau an. Danke ihm, daß er gekommen ist ... Und nun sage innerlich: »Ich heiße meine Beraterin in meiner Werkstatt willkommen.« [21]

Die Kinder sollen ihre Helfer dann fragen, was sie in diesem Leben tun und welche Ziele sie sich stecken sollen, wie sie selbst besser und mit ihren Problemen fertig werden können. Zur Steigerung der Lernfähigkeit gibt es in den meisten Städten professionelle Lernzentren, für die über Fernsehen oder in den

Lokalzeitungen geworben wird. Man verspricht Ihnen zwar, die Fähigkeiten und Begabungen Ihres Kindes zu fördern, aber man sagt Ihnen nicht, daß dabei Geistführer mit herangezogen werden. Viele Eltern ahnen nichts von dem verborgenen Plan.

»Stellen Sie sich eine ganze Generation von Kindern vor«, sagt Eric Buehrer, »die damit aufwachsen, bei jeder Entscheidungsfindung auf dämonische Beratung zu vertrauen. Diese Kinder werden einmal unsere Richter, Gesetzgeber, Bürgermeister, Gouverneure und Präsidenten sein. Es ist die Pflicht aller, einschließlich der Eltern, deren Kinder zu Hause unterrichtet werden oder eine Privatschule besuchen, daran zu arbeiten, daß dieser gefährliche Trend in den öffentlichen Schulen gestoppt wird.«[22]

»Staatliche Schulen sind kein sicherer Hafen«, sagt er und spricht damit aus, was auch andere Erzieher denken. »Und neuerdings stößt man in Privatschulen bereits auf ähnliche Tendenzen.« An die Stelle des Christentums treten vermehrt Yoga, Meditation, Einbildungskraft und Zustände von Bewußtseinsveränderung. Der menschliche Geist läßt sich leichter kontrollieren, wenn er durch Hypnose bzw. Bewußtseinsveränderung in Ruhestellung versetzt wurde. In dieser Stellung läßt sich die elektronische Schalttafel des Gehirns sehr leicht von »anderen« reprogrammieren. Es ist so, als wenn man absichtlich die Tür öffnet, damit der Dieb hereinkommen und den Geist stehlen kann. Und man kennt den Kerl nicht einmal!

Auch christliche Schulen sind heute nicht mehr gegen diese Dinge gefeit, nur weil sie sich »christlich« nennen. Viele traditionelle Kirchen nehmen neue Programme wie »Visualisierungstechniken« und »positives Denken« in ihren Lehrplan auf. Es gibt Kurse für Fortgeschrittene, in denen man lernt, für das eigene Ich Wunder zu tun. Wenn die Erwachsenen sich der spirituellen Vorstellungskraft bedienen, um besser zu werden, warum nicht auch die Kinder?

Das Herzstück der Hypnose und aller bewußtseinsverändernden Zustände ist die Einbildungskraft. In der Bibel wird sie speziell als gefährlich und böse dargestellt. Zum ersten Mal begegnet sie uns in 1. Mose 6,5. Dort heißt es: »Und Gott sah, daß die Bosheit des Menschen groß war auf Erden, und alles

Gebilde der Gedanken seines Herzens nur böse den ganzen Tag.« Im Propheten Jeremia lesen wir, daß das menschliche Herz »überaus arglistig (oder böse)« ist. Jeder Geist, der nicht von Gott ist, muß von Satan kommen. Und wenn er vom Teufel kommt, dann muß dieser Geist ein Dämon sein, auch wenn er sich noch so lieb und freundlich gibt. Viele der geistigen Wesen, die von den Kindern als »Helfer« herbeigerufen werden, sind Geister der Verstorbenen, entweder historische Gestalten oder berühmte Persönlichkeiten aus der eigenen Familie, die bereits tot sind. Saul mußte sterben, weil er Samuel aus dem Totenreich heraufgeholt hatte. So etwas ist für Gott ein »Greuel«.

> Es soll unter dir niemand gefunden werden ... der Wahrsagerei treibt (u. a. durch Handlinienlesen), kein Zauberer (Medium, Astrologe, Spezialist für vergangene Leben) oder Beschwörer (jemand, der Hypnose oder Zaubersprüche verwendet) oder Magier (ein Diener der Finsternis oder Satans) oder Bannsprecher (einer, der Ouija-Bretter, Tarotkarten, I Ching, Pendel, automatisches Schreiben, Glücksbringer, Kristalle, Talismane benutzt) oder Totenbeschwörer (einer, der sich mit Geistführern, Yoga, ESP, Bewußtseinskontrolle und übersinnlichen Phänomenen abgibt) oder Wahrsager (Zauberer, Magier, Okkultist) oder der die Toten befragt. Denn ein Greuel für den Herrn ist jeder, der diese Dinge tut.
>
> (5. Mose 18,10-12)

Sich Geister vorzustellen, so sagen mir meine Freunde aus dem theologischen Lager, ist gleichbedeutend mit mentalem Götzendienst. Und Götzendienst ist nicht nur »frevelhaft« (1. Petrus 4,3), sondern zählt zu den »Werken des Fleisches« (Galater 5,19), die den »Zorn Gottes« (Kolosser 3,6) nach sich ziehen.

Sich andere Götter vorzustellen oder sich selbst durch Visualisierung ein Götzenbild zu machen, ist an vielen Stellen der Heiligen Schrift streng verboten. »Du sollst dich vor ihren Göttern nicht niederwerfen und ihnen nicht dienen ... sondern du sollst sie ganz und gar niederreißen und ihre Gedenksteine völlig zertrümmern« (2. Mose 23,24). »Du sollst keine anderen

Götter haben neben mir« (2. Mose 20,3). »Und die Person, die sich zu den Totenbeschwörern und zu den Wahrsagern wendet ... gegen diese Person werde ich mein Angesicht richten und sie ausrotten aus der Mitte ihres Volkes« (3. Mose 20,6). »Daß ihr nicht zu eurem Verderben handelt und euch ein Götterbild macht in Gestalt irgendeines Götzenbildes« (5. Mose 4,16).

Neue Unterrichtsmethoden

Wir sollten allerdings auch nicht in das andere Extrem verfallen. Die Phantasie ist ein guter und normaler Faktor im Leben jedes Menschen, besonders bei Kindern. Gefährlich wird es erst, wenn die Geisterwelt bzw. Geistführer mit ins Spiel kommen. Problematisch ist auch, wenn Menschen erwachsen werden und sich immer noch eine Phantasiewelt in ihren Gedanken aufbauen. Fortgesetzte oder chronische Phantastereien sind der Stoff, aus denen Psychosen und ein kranker Geist gemacht sind. Das kann zu einer Situation führen, in der der Zauberer oder Schamane die Stelle von Christus bei den alltäglichen Problemen einnimmt. Die Möglichkeit zur Entwicklung von psychotischen Störungen wird durch die verkehrten Gedanken geschaffen, die durch Videos und Bücher in die Köpfe der Heranwachsenden eingepflanzt werden. Daß das zugrundeliegende Problem alles andere als harmlos ist, beschreibt Dave Hunt, ein Experte auf dem Gebiet des Okkulten, folgendermaßen:

> Unsere Blicke werden von Christus weg und auf uns selber gelenkt. Anstatt durch den Geist Gottes in Sein Bild verwandelt zu werden, versuchen wir nun, uns selbst durch die Kraft der Visualisierung in das neue Selbstbild zu verwandeln, das uns vorschwebt. Visualisierung und andere okkulte Techniken zur Aktivierung starker Kräfte werden seit Jahrtausenden durchweg im geheimen praktiziert. Doch heute sind sie als Teil der New-Age-Bewegung in die Öffentlichkeit gedrungen und werden sogar von aufrichtigen Christen, die sich der Ursprünge und der damit verbundenen Gefahren nicht bewußt sind, auf breiter Basis akzeptiert ...

> Auch hier liegt die große Gefahr darin, daß wir die Erfolgsträume, die wir selber heraufbeschworen haben, häufig mit dem Willen Gottes für unser Leben verwechseln, indem wir bestimmte Methoden entwickeln, um unsere Wünsche zu erfüllen, und einen eingebildeten Prozeß, den wir selbst initiiert haben, mit der *Inspiration*, die nur Gott allein geben kann, verwechseln.[23]

Begierde, Neid, Habgier und andere schlimme Dinge schließen ebenfalls eine geistige Visualisierung bzw. geistigen Götzendienst ein und sind allesamt verboten. Die Bibel gibt uns den Auftrag, über das *Wort* nachzusinnen und nicht über Bilder. Wir sollen uns so intensiv mit Gottes Wort beschäftigen, als würden wir es *essen* (Jeremia 15,16), und nicht versuchen, uns Gott *bildlich* vorzustellen oder die Dinge, die wir uns erhoffen, aus unserem Innern heraus zu realisieren. »Es gibt nicht einen einzigen Vers in der Bibel«, sagt Dave Hunt, »der bildhafte Vorstellung oder Visualisierung mit dem Nachsinnen über Gottes Wort verbindet.« Vielmehr sagt uns die Bibel, wir sollen »Vernünfteleien (oder: Vorstellungen) und jede Höhe (zerstören), die sich gegen die Erkenntnis Gottes erhebt« (2. Korinther 10,5).

Trotzdem verknüpfen viele Kirchen Psychologie und Christentum miteinander, um veränderte Methoden für Gebet und Heilung zu erzeugen, die nirgends in der Bibel zu finden sind. Zu diesen Methoden gehört auch die »innere Heilung«, die bereits kurz nach dem 2. Weltkrieg von Agnes Sanford »erfunden« wurde und sich auch in den Büchern und Schriften von christlichen Leitern wie Robert Wise, Paul Yonggi Cho und Dennis und Rita Bennett wiederfindet. Begriffe wie »christliche Visualisierung«, »die Rolle der Visualisierung und bildhaften Vorstellung beim Gebet«, »Beten unter Zuhilfenahme von Bildern« und »meditative Gebete, in denen Symbole, Bilder und Visualisierung verwendet werden«, finden sich in diesen Schriften. Von einem theologischen Seminar der Südlichen Baptisten empfiehlt Morton Kelsey den Gebrauch von ESP, Ouija-Brettern und Kommunikation mit den Toten.[24]

Die inzwischen verstorbene Agnes Sanford führte unter starker gedanklicher Beeinflussung durch den Schweizer Psychiater Carl Gustav Jung sowohl die »innere Heilung« als auch die neuartigen Methoden der »Visualisierung« in Kirchen und Gemeinden ein. Ihr guter Freund Morton Kelsey war es, der unter den Christen jene Theorien verbreitete, die Jung von seinem Geistführer Philemon, mit dessen mysteriöser Beschreibung wir uns in Kapitel 7 beschäftigt haben, empfangen hatte. Es waren Jungs »archetypische Urbilder« und »aktive Vorstellung«, deren sich Kelsey bediente, um Zugang zur Innenwelt der Seele zu finden.

> Es gibt viele Möglichkeiten, um das fremdartige, schöne und manchmal auch furchterregende Gebiet der Innenwelt zu betreten. Die hier angeführten Methoden sind bewährte Wege, die bildliche Vorstellung für religiöse Zwecke zu gebrauchen.
>
> Nur durch den Gebrauch von Bildern bei der Meditation können wir tatsächlich die Tür zur Innenwelt öffnen und hindurchgehen, um die Reichtümer zu erleben, die uns in der geistigen Realität zur Verfügung stehen.[25]

Während einer der bekanntesten Fernsehevangelisten glaubt, daß »positive Vorstellung der erste Schritt« zum angestrebten Ziel, dem Erfolg, ist (zur Beachtung: das wichtigste Ziel ist der Erfolg, nicht andere Werte!), konzentriert sich sein Landsmann Norman Vincent Peale, indem er die von Marilyn Helleberg empfohlene Meditationstechnik verwendet, mit Vorliebe auf einen glänzenden »weißen Nebel« bzw. eine »Lebenskraft«, um das schiere Gefühl lebenspendender Energie einzuatmen. »Gott ist Energie«, sagt Peale. »Während du Gott (den weißen Nebel) einatmest und dir im Geist Seine Kraft vorstellst, empfängst du selbst neue Kraft!«[26]

Es ist ein großer Unterschied, ob man Visionen und Träume von Gott *empfängt* oder sie aus sich selbst heraus entwickelt oder produziert. Die Propheten Gottes waren stets darauf bedacht zu betonen, daß die Worte Gottes sie erreichten, wenn der Herr es so geplant hatte. Sie benutzten niemals ein bestimmtes Ritual oder eine Methode, um Gott zu kontrollieren. Jeremia sagt wiederholt: »Das Wort des Herrn *geschah* zu mir«, aber einmal dauerte es ganze drei Wochen, bis das Wort »geschah«. Es kam nicht einfach so, wie der Mensch es gerade wollte. Wenn das Wort zu jemand »geschah«, dann gemäß *Gottes* Zeit, nicht der eines Menschen. Im Buch Hesekiel finden wir ebenfalls an die fünfzig Mal den Ausdruck »geschah zu ihm«. Die Propheten der Bibel wurden nicht durch selbstinitiierte Methoden, um mit Gott in Kontakt zu treten, zum Schreiben der Bibel inspiriert, sondern sie wurden »getrieben vom Heiligen Geist« (2. Petrus 1,21).

Das steht, wie Dave Hunt bemerkt, im Gegensatz zu den heute praktizierten Visualisierungs- und okkulten Techniken, die nach neuartigen Interpretationen von modernen, auf Erfolg ausgerichteten Propheten aus der Bibel »herausgequetscht« werden. Jeremia warnt ausdrücklich vor dem Auftreten derartiger Propheten:

> So spricht der Herr der Heerscharen: Hört nicht auf die Worte der Propheten ... das Gesicht ihres Herzens reden sie, nichts aber aus dem Mund des Herrn ... zu jedem, der in der Verstocktheit seines Herzens lebt, sagen sie: »Kein Unglück wird über euch kommen.« ... sie, die Lüge weissagen und Propheten des Truges ihres Herzens sind –, beabsichtigen sie (etwa), meinen Namen bei meinem Volk in Vergessenheit zu bringen durch ihre Träume ... denn ihr verdreht die Worte des lebendigen Gottes.
>
> (Jeremia 23,16,17,26-27,36)

Diese Praktiken, so sagen meine theologischen Berater, stehen in direktem Widerspruch zur Heiligen Schrift, die zwar ständig die Wichtigkeit des Nachsinnens über die göttlichen Wahrheiten betont, aber keinen Wert auf irgendwelche Gefühle, Phantasien oder selbsterdachte Bilder legt.

Manche dieser Warnungen erreichen die nachwachsende Generation u. U. gar nicht, da in den wenigsten Familien noch biblische Lehren weitergegeben werden und diese in den öffentlichen Schulen sowieso verboten sind. Unsere Kinder verkörpern die erste Generation, die mehr auf Bilder aus ist als aufs

Lesen. Sie sitzen lieber vor dem Fernseher, als daß sie sich mit Gedrucktem in irgendeiner Form beschäftigen. Der Erziehungswissenschaftler Jacques Ellul sieht die Sache so:

> Unsere Generation hat die Sprache als wichtigstes Mittel zur Verständigung größtenteils aufgegeben und bevorzugt statt dessen Bilder. Egal, ob Fernsehen, Computerspiele oder die psychologische Technik der Visualisierung – Bilder sind absolut wichtig, während Sprache und verbale Unterhaltung fast verschwunden sind.
>
> Die Sprache ist das Medium, mit dem wir Fragen stellen und Antworten erhalten betreffs der grundsätzlichen Wahrheiten. Mit der Sprache können wir unsere moralischen Eckwerte formulieren und Beurteilungen abgeben.
>
> Während das gesprochene Wort die Argumentationsfähigkeit, den gegenseitigen Austausch und das sorgfältige Überlegen fördert, leistet das Bild der Gleichschaltung und Massenmanipulation Vorschub.
>
> Wenn Bilder zur Hauptsache werden, ist unser Menschsein als solches bedroht.[27]

Eine weitere Ursache für den Niedergang in der Erziehung wurde von Andy Rooney im Fernsehen so auf den Punkt gebracht: »Wir brauchen weder bessere Methoden, noch bessere Schulen oder bessere Lehrer. Was wir brauchen, sind bessere Eltern.«

Ein Blick in die Hölle

Ohne elterliche Führung wird den Kindern heutzutage per Fernsehen und Zeitschriften so viel Unmoral und Grausamkeit vorgesetzt, daß sie oft einen regelrechten Blick in die Hölle tun. Hier ist ein Beispiel, das zeigt, was alles durch die Medien verbreitet wird:

> Er flehte sie an, sie nicht zu töten, während er, auf dem Boden liegend, zu seiner Frau hinaufschaute; dann traten sie ihm von neuem vor den Kopf. Der Stuhl wurde weggezogen, und

ihr Körper pendelte nun frei von dem Kronleuchter herunter. Dort hatten sie sie an ihren langen grauen Haaren aufgehängt, nachdem sie den großen Knoten, den sie nach der Art ihrer Mutter im Nacken trug, gelöst hatten. Er hörte noch die leise Musik, die aus dem Radio drang, als sie wieder und wieder, bei jedem Vor- und Zurückschwingen ihres Körpers, auf sie einstachen.[28]

In dem Bericht hieß es weiter: »Es fiel ihnen erst nachträglich ein, das Geld auch noch mitzunehmen, aber darum war es im Grunde gar nicht gegangen, und der alte Mann erlag wenige Tage später seinen schweren Verletzungen. Er war bereits über achtzig.«

Als einer der Männer später bei einem anderen Verbrechen festgenommen wurde, beklagte sich der Richter darüber, wie »schwierig es sei, den Gefangenen unterzubringen«, weil sich der Beginn des Gerichtsverfahrens wie gewohnt verzögern werde. Die Verhältnisse in den Haftanstalten seien »so beengt«, meinte er.

Während die geistigen Wurzeln Amerikas von der Voraussetzung der Existenz Gottes auf die Vorstellung, es gebe keinen Gott, übergehen und die moralischen Werte immer mehr pervertiert werden, so daß im Fernsehen bereits Orgien auf vorgetäuschten geronnenen Blutlachen stattfinden und Mut zum »safer Sex« gemacht wird, gehen die Meinungen bezüglich der Frage, wohin das verheißene »neue Zeitalter«, das sogenannte Zeitalter der Erkenntnis und der Vernunft führen und welche Resultate es zeitigen mag, sehr weit auseinander.

Eine Mitte März 1991 durchgeführte Gallup-Umfrage ergab, daß 40% der Ansicht sind, die in Film und Fernsehen gezeigte Gewalt sei eine »sehr große« Ursache der Gewaltverbrechen im wirklichen Leben. Weitere 28% halten sie für eine »erhebliche« Ursache. Nur 11% der Befragten vertreten die Meinung, daß das eine nur wenig mit dem anderen zu tun habe.[29]

In dem Film *Die Hard 2* verfolgen die Zuschauer gebannt, wie Bruce Willis sich ununterbrochen in Zeitlupe auf dem Boden wälzt und dabei einen Söldner nach dem anderen mit einer raschen Bewegung »wegpustet«. In dem Film *Terminator 2* setzt

Arnold Schwarzenegger zu einer noch massiveren Vernichtung unliebsamer Gegner an. Regisseur James Cameron spricht von einer »hauchdünnen Linie zwischen Action, die gut, und Gewalt, die schlecht ist. Im Grunde sind Action und Gewalt ein und dasselbe. Was zur Debatte steht, ist lediglich eine Stilfrage, eine Sache des Ausmaßes und der moralischen Haltung, die der Film vertritt.«[30]

Die helle Seite der Kraft und die dunkle Seite. Wer weiß noch den Unterschied? Das neue Zeitalter der Vernunft behauptet, es gebe gar keinen Unterschied, kein Gut und Böse. Man solle sich nicht darum kümmern, wer »umgelegt« wird, solange es nicht einen selbst oder einen guten Freund trifft, wer verstümmelt wird, solange es kein naher Verwandter ist, oder wer vergewaltigt wird, solange es nicht die eigene Tochter ist.

Diese Filme, Videos und Tonbänder, die die moralische Freizügigkeit propagieren, werden von Millionen konsumiert. Kaum einer kann es erwarten, die nächste Greueltat in einem Stephen-King-Buch zu lesen. Auf musikalischem Gebiet sind Hits wie der über ein Teenage-Mädchen, das von seinem Vater vergewaltigt wurde und ihm zur Strafe eine Kugel durch den Kopf jagt, der absolute Renner. Oder der von den Getto Boys gesungene Titel »Mind of a Lunatic« (Gedanken eines Wahnsinnigen) mit dem urheberrechtlich geschützten Text, in dem es heißt, daß, als das Mädchen flehte, sie am Leben zu lassen, der Mörder so rücksichtsvoll war, ihr eine Blume zu schenken, während er ihr sanft die Kehle durchschnitt und ihren blutenden Körper eng an sich drückte, bis sie aufhörte zu zittern. Nachdem das Mädchen verblutet war, verging er sich noch an der Leiche.

»Wie können wir uns nur so etwas antun?« fragte ein Vater völlig verstört, während er nach einer Ursache für den sinnlosen Mord an seiner Tochter vor einem Monat suchte. »Ist diese verrückte Welt etwa das Ergebnis der Politik des neuen Zeitalters, der neuen Kraft, die die Dinge bestimmt? Wie sollen wir noch zwischen Gut und Böse unterscheiden? Ohne Anleitung sieht ein Sonnenaufgang genauso aus wie ein Sonnenuntergang. Diese schlechten Menschen sehen anscheinend nicht mehr, wo alles hinläuft. Sie behaupten, der Tag sei Nacht und die Nacht Tag – das Böse sei gut und das Gute böse.«

Die fünfjährige Ashley Johnson befand sich auf einem Kindergeburtstag in Los Angeles. Sie spielte gerade fröhlich auf der Straße, als sie von einer Kugel in den Rücken getroffen wurde, die an der Brust wieder austrat. Ashley weinte eine Zeitlang, spuckte Blut und starb.

»Lieber Jesus, was ist bloß mit uns los?« fragt Calvin Shears, ein Straßenprediger, der sich besonders um die Familien dieser toten und verletzten Kinder kümmert. »Was lassen wir nur mit unseren Kindern geschehen?«

Richard Price, Reporter der Zeitschrift *USA Today*, schrieb am 6. November 1991 folgenden Bericht:

> Dies ist ein Alptraum. Man begreift gar nicht, wie viele Kinder hier bei uns ermordet werden. Dahinter verbirgt sich ein wahnwitziger, abscheulicher Zeitvertreib, der sich explosionsartig im ganzen Land ausgebreitet hat – Teenager, die mit Pistolen herumspielen. Allein im Großraum Los Angeles laufen an die 100000 Jugendliche herum, die sich gegenseitig totschießen.
>
> Kinder töten Kinder. Und sie glauben, daß das, was sie tun, richtig ist. Sie sind nicht mehr zu kontrollieren, und sie werden von Jahr zu Jahr schlimmer. Nie zuvor in der Geschichte der USA war die Gewaltbereitschaft so groß wie heute. Der traurige Rekord des Jahres 1990: über 600 Tote und 5000 Verletzte.
>
> Und dieser Rekord scheint sich im laufenden Jahr noch zu vergrößern. Jeden Tag kommen allein in dieser Stadt zwei Menschen bei gewalttätigen Auseinandersetzungen zwischen Jugendbanden ums Leben und 16 weitere werden verletzt.
>
> »Es ist schrecklich, einfach entsetzlich«, sagt Brenda Allmond, die für die Koordinierung der Erstversorgung von Verletzten am Martin Luther King-Krankenhaus verantwortlich ist. Dort wurden letztes Jahr 1300 Personen mit Schußverletzungen, 272 mit Stichwunden und 400 mit anderen Körperverletzungen behandelt – davon 85% im Zusammenhang mit Bandenkämpfen.[31]

Gewalt und Kriminalität haben sich bereits als prägend für den Beginn des kommenden Jahrtausends herauskristallisiert, trotz des leidenschaftlichen Glaubens der Humanisten, daß das menschliche Herz »im Grunde gut« sei. Mord ist seit 1985 um 25% angestiegen, wie der Justizausschuß des Senats berichtet. Allein im Jahr 1991 wurden 24000 Fälle registriert. Mehr Geld wird inzwischen für Alarmanlagen, Schutzzäune und Verteidigungswaffen ausgegeben, als in Wertpapieren angelegt wird.

Nach einem vom FBI herausgegebenen Bericht über die zu erwartende Kriminalität werden allein in den USA pro Tag folgende Verbrechen vorkommen: 59 Morde, 262 Vergewaltigungen, 1584 Raubüberfälle, 2607 Körperverletzungen, 4287 Autodiebstähle und 8680 Einbruchsdelikte.[32]

Ein grober Fehler unterlief den Behörden im Fall von Jeffrey Dahmer. Dahmer gab vor Gericht zu, 17 gräßliche Zerstückelungsmorde in Wisconsin und Ohio begangen zu haben. Zwei Monate vor seiner Festnahme hatten drei Polizisten seine Wohnung durchsucht, und am 27. Mai 1991 brachten sie einen 14jährigen Jungen, den sie nackt, blutend und unter Drogen stehend auf einer Straße in der Nähe aufgegriffen hatten, zurück in Dahmers Wohnung, weil er ihrer Meinung nach dorthin gehörte. Dieser Junge war unter den 11 zerstückelten Leichen, die später in der besagten Wohnung gefunden wurden.[33]

Einige Tage vorher wurde Richard Ramirez, genannt »Nacht-Schleicher«, wegen einer Serie von Sexualmorden im Süden Kaliforniens zum Tode verurteilt. Anscheinend hat er noch im Gefängnis seinen sexuellen Trieben weiter folgen können. Pro Woche erhielten acht bis zehn weibliche Verehrer, einige davon ihm völlig unbekannt, ein jeweils 30minütiges Besuchsrecht, um ihn zu erfreuen. Einige dieser Frauen bemerkten bei ihrem Besuch ein Pentagramm, das auf das Knie seiner roten Häftlingsuniform gekritzelt war. Es ist bekannt, daß Ramirez ähnliche satanische Symbole an den Schauplätzen der von ihm verübten Verbrechen zurückgelassen hatte. Manchmal hatte er seine Opfer auch gezwungen, sich Satan zu verschreiben, während er ihnen mit Mord, Vergewaltigung oder widernatürlicher Unzucht drohte.[34]

Im gleichen Monat, in dem der 34 Jahre alte Texaner Donald Leroy Evans, der 60 Menschen in 17 Bundesstaaten umgebracht hatte, sich selbst als den schlimmsten Serienmörder Amerikas bezeichnete, wurde bei Herrn und Frau Joe Hughes in Chattanooga eingebrochen. Auffällig daran war, daß ihr Haus das fünfte in ein und derselben Reihe war, das heimgesucht wurde. Auf der Titelseite der gleichen Zeitungsausgabe stand zu lesen, daß William Cotton, Stadtrat von Chattanooga, den Antrag gestellt habe, alle Oberschüler ab der 7. Klasse nach Waffen durchsuchen und in den Schulen Polizeibeamte patrouillieren zu lassen, um eine größere Sicherheit zu gewährleisten. Ebenfalls in dem besagten Monat berichtete die Zeitung Associated Press, daß die Gewalttätigkeit dermaßen zugenommen habe, daß sie mittlerweile auch Sportfunktionäre betreffe. »Tod dem Schiedsrichter!« sei mehr als ein bloßes Schlagwort. Einer der Schiedsrichter habe jetzt immer eine Pistole im Auto bei sich. Ein anderer arbeite unter falschem Namen und parke grundsätzlich rückwärts ein, um notfalls schnell verschwinden zu können.[35]

Soviel zu dem sich ständig höher entwickelnden menschlichen Potential und seinen New-Age-Verfechtern. Die Humanisten behaupten steif und fest, daß durch die Reinkarnation, ihr Lieblingsthema, die Menschheit immer besser werde und daß der Mensch von Natur aus gut sei. Damit stehen sie in krassem Widerspruch zu den Aussagen des Propheten Jeremia, der nachdrücklich betont, daß das menschliche Herz »überaus bösartig« ist. Diese Boshaftigkeit zeigt sich heute vermehrt auch im Umgang mit den Alten.

Die 70jährige Margaret Embrey wurde in die Notaufnahmestation des Ben Taub-Krankenhauses in Houston/Texas eingeliefert. Sie war total wundgelegen, und in den Wunden wimmelte es von Maden, während darunter die Knochen herausguckten. Sie sah aus wie eine Auschwitz-Überlebende. In nur sechs Monaten hatte sie 18 Kilogramm an Gewicht verloren, war total ausgetrocknet und stark unterernährt.

Genau wie die Kindesmißhandlung, ist die Vernachlässigung alter Menschen zu einem ständig wachsenden nationalen Problem geworden, unter dem 5% (1,5 Millionen) der alten Amerikaner zu leiden haben. Texas gehört jedoch zu den Bundesstaaten, die ziemlich früh ein Gesetz gegen die Vernachlässigung alter Menschen durchgebracht haben, bei dessen Übertretung eine Geldstrafe von 10000 Dollar und 5 Jahre Gefängnis drohen. Es handelt sich also um eine strafbare Handlung, deren Frau Embreys Enkelin und ihr Mann angeklagt wurden.[36]

Oft hat die Vernachlässigung alter Menschen auch damit zu tun, daß die Pflegeheime überfüllt sind oder unter Personalmangel leiden. JoAnn (Name geändert) brachte ihre 84jährige Großmutter in ein Pflegeheim, nachdem diese einen schweren Schlaganfall erlitten hatte. Trotzdem war die alte Dame geistig noch ganz klar. »Ihr Bett war ständig naß ... wenn sie ins Bett gemacht hatte, dauerte es oft Stunden, bis jemand kam ... Sie mußte mit den Händen essen. Einmal gab es zum Mittagessen Spaghetti. Als ich sie besuchte, hingen ihr die Spaghetti noch aus dem linken Mundwinkel ... dabei war das Essen schon fast eine Stunde vorbei.« Wegen dieser gravierenden Vernachlässigung nahm JoAnn die Großmutter wieder mit nach Hause.[37]

Schwierigkeiten gibt es oft auch bei der Aufnahme ins Krankenhaus. Während wir als Mitglieder des regionalen ärztlichen Notfallkomitees für den Südosten Tennessees den Einsatz von Krankenwagen überprüften, fragte ich Dr. Jim Creel, einen auf der dortigen Notfallstation beschäftigten Arzt, wie er sich die offensichtliche Zunahme des »Oma-Aussetzungs-Syndroms« erkläre. Damit ist gemeint, daß die Angehörigen sich oft nicht länger daheim mit Omas wundgelegenen Stellen und schmutzigen Windeln abplagen wollen, sondern die alte Frau einfach am Eingang eines Krankenhauses absetzen und sich aus dem Staub machen, ohne den geringsten Hinweis auf die Identität der Patientin zu hinterlassen.

Jim machte eine widerwillige Handbewegung. »Ich würde sagen, die Familien sind entweder bankrott oder nervlich fertig oder ganz einfach arbeitsmäßig überlastet. Keiner schafft es mehr, einen Kranken länger als ein paar Monate rund um die Uhr zu pflegen. Da die Krankenversicherung die Kosten für eine Unterbringung im Pflegeheim nicht übernimmt, kommen die Angehörigen irgendwann auf die glorreiche Idee, Oma einfach am Eingang der Krankenhausnotaufnahme abzusetzen. Sie hupen so lange, bis einer die Tür aufmacht, und machen sich dann schleunigst aus dem Staub. Man sieht meistens nur noch die Rücklichter. Dann stehen wir vor dem Dilemma, irgendwie herauszubekommen, wer der Patient ist, besonders, wenn er selber keine Angaben zu seiner Person machen kann. Wenn jemand erst im Krankenhaus ist, sind wir für ihn verantwortlich. Und wenn wir ihn dann wieder ›zusammengeflickt‹ haben, besteht die nächste Schwierigkeit darin, ein Pflegeheim zu finden, das bereit ist, ihn aufzunehmen.«

Warum sollte man in der New-Age-Medizin nicht mit den Alten experimentieren und so eventuell noch Nutzen aus ihnen ziehen? Warum nicht ihre Körper als »Ersatzteillager« für Menschen benutzen, die mehr leisten können als sie? Doch wann wird aus einem guten Experiment ein schlechtes? Und wer kontrolliert das Ganze? Patienten beispielsweise, die von der Alzheimer-Krankheit betroffen sind, haben zwar ein schlechtes Gehirn, aber oft noch einen recht guten Körper. Man könnte sie ohne weiteres benutzen, um dringend benötigte Immunkomplexe zu produzieren. Das würde dem Experimentierenden beachtliche Gewinne einbringen, und um den Verrückten wäre es ja im Grunde nicht schade. Man könnte diesen menschlichen Versuchskaninchen beispielsweise resistente Viren oder Krebszellen einspritzen, damit sie in ihrem Serum Antikörper bilden, die dann wiederum serienmäßig dem ursprünglichen Virenspender injiziert werden, um die tödliche Krankheit, an der er leidet, zum Stillstand zu bringen. Somit wäre letzterem geholfen, während der Alzheimer-Patient weiter im Pflegeheim bleiben und auf das nächste einträgliche Experiment warten könnte. Er fiele dann niemandem mehr finanziell zur Last, und das Krankenversicherungssystem würde entlastet.

Was die alten Menschen, die für die Verschwörung des neuen Zeitalters ohnehin nicht brauchbar sind, betrifft, so könnte ein reinkarnierter Joseph Mengele gewiß Abhilfe in bezug auf das Problem der staatlichen Rentenversicherung schaffen, für die 25 Millionen Amerikaner, die bereits über 65 Jahre alt sind (das entspricht 12% der Gesamtbevölkerung), sorgen zu müssen. Diese Zahl wird sich erwartungsgemäß in den nächsten zehn Jahren vervierfachen. Das bedeutet, daß die pensionierten »unnützen Esser« (wie Mengele und Hitler sie nannten) die arbeitende Bevölkerung, die sie ernähren muß, an Zahl bald übertreffen werden.

Um die Last der staatlichen Rentenversicherung zu erleichtern, gibt es noch einen weiteren makabren Vorschlag: Man könnte eine Geburtstagsfeier für die über Siebzigjährigen veranstalten mit vielen Überraschungen, wozu u. a. ein leckeres Gift in der Geburtstagstorte gehört! Aber damit hätte man gleichzeitig auch ein paar wirklich gute Leute weniger. Mit 70 sind manche noch jung, während andere mit 40 schon alt sind. Tatsache ist, daß die kreativen Kräfte bei einigen Menschen, die die 70 überschritten haben, besser sind als vorher; denken wir nur an Winston Churchill, Bertrand Russell, George Bernard Shaw, Sophokles, Leo Tolstoi oder Benjamin Franklin. Kurz vor seinem Tod sagte Franklin einmal: »Wenn ich mit 70 gestorben wäre, hätte das den Verlust von 12 der effektivsten Jahre meines Lebens bedeutet.« In diesen Jahren repräsentierte er u. a. die Vereinigten Staaten in Frankreich und half mit beim Entwurf der amerikanischen Verfassung.

Diese Tendenz, sich gewisser Menschen entledigen zu wollen, beschränkt sich indessen nicht mehr nur auf die Alten. Um die Menschheit zu »läutern«, wird es als nächstes den Lahmen, Krüppeln und Blinden an den Kragen gehen. Die Darwin'sche Hypothese, daß nur der Stärkste überlebt, wird dann von den Menschen selbst durchgesetzt.

In der Zwischenzeit könnte man die Geisteskranken vielleicht schon mal als Spender von Körperteilen benutzen. Damit würde sonst unnützen Personen die Möglichkeit geboten, wohlhabenden Empfängern Erleichterung für die bedauerliche Degeneration bestimmter Körperteile zu verschaffen. Vielleicht haben Sie gehört, was damals in der Nervenheilanstalt »Montes de Oca« in Lujan, nicht weit von Buenos Aires entfernt, passiert ist. Einige der verschwundenen 1400 Patienten, die angeblich »weggelaufen« waren, wurden später als Leichen entdeckt, denen bestimmte Körperteile fehlten. Die Leiche eines 16jährigen Jungen, der keine Augen mehr hatte, wurde in einem Brunnen gefunden. Bei anderen Toten stellte man fest, daß das Blut abgezapft und in irgendwelchen Labors von Blutbanken zum späteren Gebrauch gelagert worden war. Der Direktor des Krankenhauses, Dr. Florencio Sanchez, und elf weitere Verdächtige wurden festgenommen. »Wir rechnen damit, im Zuge der Ermittlungen noch weitere Vergehen festzustellen«, sagte Ricardo Sarmigento, ein Sprecher des argentinischen Gesundheitsministeriums.[38]

Gibt es eine Antwort auf die Zunahme von Gewalt, Drogen und Grausamkeiten aller Art, die von dem neuen Erziehungssystem, von den Medien und ganz besonders vom Fernsehen begünstigt und gefördert werden? Glauben Sie, daß eine strengere Zensur etwas nützen würde? Ich persönlich bin davon überzeugt. Es gibt aber auch noch andere Möglichkeiten.

»Es ist der Jesus-Faktor«, sagt Keith Beckworth, ein großer, hagerer, sportlich wirkender junger Mann, der in einer Teen-Callenge-Einrichtung lebt. »Der Jesus-Faktor ist die Kraft, die den Unterschied ausmacht. Ohne diese Kraft würde es keiner von uns hier schaffen. Aber mit Jesus schaffen wir es alle. Wenn man diesen Unterschied einmal erkannt hat und die wirkliche Kraft erlebt, kann man nicht genug davon bekommen. Es ist nicht nur ein Fünkchen Herrlichkeit, wie es beispielsweise Drogen oder Sex vermitteln. Es ist etwas, was bleibt. Man fühlt sich wie neu geboren. Man will immer mehr.«

Keith hatte aufgrund der Einnahme von »Angel Dust« die ersten zwei Monate seines sechsmonatigen Aufenthalts in der Psychiatrischen Klinik »Bellevue« in New York in einer Zwangsjacke verbringen müssen.

»Eines Tages war ich dabei, Crack zu verkaufen«, erzählte Keith mir. »Ich befand mich außerhalb unseres Bandengebiets auf der anderen Seite der Bronx.«

»Ohne dich um die anderen Gangs zu kümmern?« sagte ich.

»Geld ist Geld.«

»Und was passierte dann?«

»Ich ließ meinen jüngeren Bruder im Auto zurück, während ich in einen Laden ging, um Zigaretten zu kaufen. Plötzlich hörte ich einen schrecklichen Knall, aber als ich beim Auto ankam, war der, der ihn abgefeuert hatte, natürlich längst verschwunden. Das Gesicht meines Bruders war auch verschwunden, und sein Gehirn war über das ganze Steuerrad gespritzt.«

»Das tut mir aufrichtig leid«, sagte ich mitfühlend. »Hast du deswegen mit den Drogen Schluß gemacht?«

Er schüttelte den Kopf. »Verstehen Sie nicht? Mein Bruder hat sein Leben an meiner Stelle gelassen. Dieser Schuß hatte eigentlich mir gegolten. Aber er hat ihn für mich abbekommen.«

»Und das hat zu deiner Bekehrung geführt?«

Er nickte bejahend. »Ich habe dadurch erkannt, daß das, was die Teen-Challenge-Leute sagen, wahr ist. Jesus hat meine Stelle eingenommen, als eigentlich ich hätte sterben sollen. Genau wie mein kleiner Bruder, verstehen Sie?«

10

DIE WOHNSTÄTTE DER HERRLICHKEIT

»Ach, was macht das schon – wenn man tot ist, ist man tot!« sagte Pete, während er sich rasch ein weiteres Plätzchen in den Mund schob. »Jetzt sind wir hier, lebendig und gesund.« Er unterbrach sich und wies dann mit seinem Plätzchen auf den Toten. »Und weißt du was? Mit dem da ist's aus und vorbei!«

Ich blickte auf, während ich die Elektrodengriffe des Defibrillators auf den Brustkorb des Toten drückte, in der Hoffnung, die Null-Linie auf dem Monitor würde in wundersamer Weise reagieren. Das blutige Hemd des Mannes war mit Plätzchenkrümeln übersät, und ich krempelte es hoch, damit es aus dem Weg war. Pete schien das absolut nicht zu stören.

»Mach Schluß, alter Freund – ich tu's auch«, sagte Pete, warf den Beatmungsbeutel aufs Bett und drehte die Sauerstoffzufuhr ab. Er legte die Plätzchenschachtel weg und wählte die Nummer der Zentrale, um sich den nächsten Notfall-Patienten durchgeben zu lassen. Den Hörer mit beiden Händen umfassend, bemerkte er mit einem spöttischen Lächeln: »Man kann förmlich sehen, wie seine unsterbliche Seele in diesem Moment über unseren Köpfen schwebt und nur darauf wartet, durch den berühmten Lichttunnel zu schwirren und in die ewigen Jagdgründe einzugehen.« Ich spürte deutlich, daß Pete sich über mich lustig machte. »Es könnte aber auch sein«, fuhr er fort, »daß er schon auf dem Weg in die Hölle ist, von der du andauernd redest. Wie dem auch sei – du brauchst dir wirklich keine Mühe mehr mit ihm zu geben. Sein Herz schlägt schon seit fünf Minuten nicht mehr. Wenn du ihn jetzt aufweckst, ist er sowieso auf Dauer schwachsinnig.«

Mary, die Krankenschwester, die nur ganz selten etwas sagte, entfernte die blutgetränkten Bettlaken und schnitt dem Toten mit einer Schere das Hemd vom Leib. »Haben Sie denn überhaupt keinen Respekt, Herr Doktor?« fragte sie und schrubbte den Leichnam so energisch, daß er fast lebendig aussah. »Der Mann schläft jetzt den Todesschlaf. Es ist wirklich nicht die richtige Zeit, dumme Witze zu machen!«

Plätzchenkrümel spuckend, meinte Pete aufgebracht: »Was soll das heißen, er schläft den Todesschlaf?« Er wies von neuem mit dem Plätzchen auf den Toten und fuhr fort: »Dem ist das doch ganz egal, wie lange er geschlafen hat – zwei Sekunden oder zweitausend Jahre –, wenn er überhaupt je wieder aufwacht. Tot ist tot! Also, wen kümmert's?«

Während Mary den Toten fertigmachte, gingen Pete und ich zusammen den Korridor hinunter, um mit den Angehörigen zu sprechen. Ich sagte zu Pete: »Mary empfindet einen besonderen Respekt für die Seele des Toten – weshalb also diese Konfrontation?«

Petes Miene zeigte keinen Funken von Besorgnis. Er war ein Freidenker, ein Agnostiker, das sah man, aber dann veränderte sich sein Gesichtsausdruck und spiegelte plötzliches Erstaunen wider.

»Also gut, falls er nicht schläft, bestehen, das gebe ich zu, verschiedene Möglichkeiten in bezug auf die Seele des Verstorbenen – vorausgesetzt, so etwas gibt es wirklich. Vielleicht irrt sie ja irgendwo im Weltraum herum.« Er wischte seine Hände am Hemd ab und gestikulierte wild. »Andererseits könnte es natürlich auch sein, daß er sich noch irgendwo hier im Gebäude befindet und seine Seele total zusammenschrumpft, bis nur noch eine einzige Zelle übrig ist – wie die Verfechter der Reinkarnationslehre sagen –, die umherschwebt und darauf wartet, sich in irgendeine Gebärmutter einzunisten und so die nächste Verkörperung einzuleiten. Oder aber«, fuhr er fort, »es könnte auch so sein, wie du es dir vorstellst. Es könnte sein, daß er sich in diesem Moment schon toll amüsiert – im Himmel oder in der Hölle.«

Er warf die leere Plätzchenschachtel in den Abfallbehälter vor dem Wartezimmer für Angehörige. »Was mich betrifft, alter Freund, ich mag es so, wie es ist. Ich glaube, wenn man tot ist, ist man tot. Aus, Schluß. Erledigt. Der Atheismus gibt mir nicht nur sehr viel Freiheit, sondern auch jede Menge Zeit, um darüber nachzudenken.«

Nach Petes Auffassung gab es also zwei Möglichkeiten eines Weiterlebens nach dem Tod, und zwar in zwei verschiedenen Welten: entweder dem Mikrokosmos der Zelle, der Welt des »dritten Samens«, oder dem Makrokosmos des Universums, wo sich möglicherweise die Astralebenen befanden. Weil diese Auffassungen heute in der Welt weit verbreitet sind – obwohl von den Christen oft völlig unbemerkt –, brachte ich viele Stunden damit zu, Bücher durchzublättern und mich mit Fachleuten zu beraten. Nachfolgend einige Entdeckungen, die ich dabei gemacht habe.

Der Makrokosmos

Eines Abends, während ich durch das Teleskop des zur Universität gehörenden Nachtobservatoriums schaute, erzählte der Professor für Astrophysik den Studenten, daß es so viele Sonnen allein in unserer Galaxis – das ist das Sternsystem, das sich auf unsere Milchstraße beschränkt – gibt, daß mindestens dreißig Sonnen auf jeden z. Zt. lebenden Erdbewohner kommen. Des weiteren wies er darauf hin, daß es Milliarden anderer Galaxien gibt, viele von ihnen größer als unsere eigene Milchstraße. Eine schier unendliche Zahl.

»Falls Sie Schwierigkeiten haben, das zu glauben«, sagte er und schob seine Brille auf der Nase ein wenig höher, während seine Glatze einen schwachen Schein widerspiegelte, »dann wissen Sie ganz einfach nicht Bescheid. Diese Fakten sind alle durch die verschiedenen Spektrograph-, Radar-, Funk- und Raumsonden-Untersuchungen bestätigt worden.«

»In der Wissenschaft geht es nicht ohne Glauben«, fuhr er fort. »Und um zu glauben, muß man über sich selbst hinaus denken. Es gibt zumindest ein ›schwarzes Loch‹ in unserer Milchstraße und noch weitere in anderen Milchstraßen. Das sind schwarze Sterne, die eine solch ungeheure Anziehungskraft besitzen, daß sie ihr eigenes Licht absorbieren. Dadurch lassen sie sich nur schwer entdecken. Diese Anziehungskraft ist so groß, daß sie nach und nach auch andere Sterne in sich hineinsaugen wie ein Staubsauger. Dadurch nehmen sie an Größe und Masse ständig zu, bis sie eines Tages explodieren und unsere Himmel erschüttern werden. Glauben Sie das?«

Während er in dem dunklen Gang vor dem Teleskop auf und ab schritt, gab er sich selbst die Antwort. »Jawohl«, sagte er, »wir brauchen wirklich großen Glauben. Den gleichen Glauben, mit dem die meisten Astronomen an die ›Urknall‹-Theorie glauben, wobei bekanntlich der Grund, weshalb es zur Explosion der ursprünglichen Masse kommen konnte, nach wie vor unbekannt ist. Wenn man es recht bedenkt: Falls irgend etwas geschaffen worden ist, wer hat den Schöpfer geschaffen? Falls es aber nicht geschaffen worden ist, woher ist die Masse dann überhaupt am Anfang gekommen?«

Zufrieden über seine herausfordernden Worte, lächelte der mit einem weißen Kittel bekleidete Gelehrte vor sich hin und breitete vielsagend die Hände aus. »Man braucht nicht mehr und nicht weniger Glauben, um an die Evolution oder an die Schöpfung zu glauben, denn beide Theorien scheinen absolut lächerlich zu sein. Wie kann aus nichts etwas werden, sei es durch Intelligenz oder durch Zufall?«

Das war für mich der springende Punkt. Es ging um die Frage: Gott, ja oder nein? Es ging darum, ob der Mensch nach dem Tod weiterlebt oder ob mit dem Tod alles aus ist. Ob man zu einem bestimmten Zweck erschaffen worden oder durch einen sinnlosen Zufall »entstanden« ist. Konsequenterweise entscheidet die Frage, ob Schöpfung oder Evolution, darüber, was mit einem geschieht, wenn man stirbt. Entweder hat Gott uns Menschen gemacht oder wir selber. Beide Theorien erfordern Glauben, entweder durch eine Philosophie oder eine Religion.

In der darauffolgenden Woche forderte der Professor uns auf, uns vorzustellen, wir befänden uns in einem Raumschiff, das ein »schwarzes Loch« umkreise. »Das Raumschiff«, so sagte er, »wird schneller und immer schneller, je näher es dem schwarzen Stern kommt. Parallel zu der wachsenden Geschwindigkeit wird die Zeit langsamer und immer langsamer, bis sie beim Überschreiten der Lichtgeschwindigkeit gänzlich stillsteht. Kein Ticken des Uhrzeigers mehr. Unmöglich, alt zu werden. Ein echter Jungbrunnen. Weder die Zeit noch die Insassen des Raumschiffs werden älter. Sie sind in die Ewigkeit eingetreten, ohne den Tod zu schmecken, und haben permanent Einblick in die Herrlichkeit, ohne zu sterben.«

Dieses Reich der Unendlichkeit, die von der Wissenschaft vermutete Ewigkeit, ist auch das Gebiet des spirituellen Daseins. Es könnte die Ewigkeit sein, von der alle heiligen Bücher aller Religionen sprechen. Die Stätte von Himmel und Hölle. Nicht nur ein flüchtiger Blick in die Herrlichkeit oder in die Hölle, sondern ein ewiger Aufenthaltsort.

Es mag noch andere Brücken zur Ewigkeit geben außerhalb von Tod, Geschwindigkeit und Zeit. Seit »Ewigkeit« und »Unendlichkeit« zu Grundbegriffen der Wissenschaft geworden sind, ist Einsteins Relativitätstheorie gültiger denn je. Mehr Wissenschaftler glauben heute an Geist und Geister, aber viele von ihnen erhalten ihre Informationen lieber durch die Geheimlehre der Geistführer als durch die religiösen Überlieferungen. Als vorrangiges Forschungsinstrument ist das Übersinnliche im Begriff, an die Stelle des Teleskops zu treten.

Unser Professor für Astrophysik sprach auch von der Möglichkeit, daß irgendeine Art von Himmel in der Krümmung des Weltraums existieren könne. Jesaja 14,13 deutet auf eine Gegend irgendwo im Norden hin. Aber wenn es wahr ist, was in Johannes 14,2 geschrieben steht – daß Christus dabei ist, den Gläubigen eine Wohnstätte zu bereiten –, wie können wir jemals dorthin gelangen? Um nur die uns am nächsten gelegene Galaxis Andromeda zu erreichen, würden wir mehr als zwei Millionen Jahre benötigen. Und das bei Einsatz der Lichtgeschwindigkeit, die annähernd zehn Billionen Kilometer pro Jahr bzw. rund 300000 Kilometer pro Sekunde beträgt. Bei dieser Geschwindigkeit würde man auf der zwei Millionen Jahre dauernden Reise nach Andromeda natürlich kaum etwas davon merken, daß Zeit vergeht – aber wieviel weiter wäre es dann noch bis zum besagten Himmel im »äußersten Norden«?

Eine solche Reise scheint unmöglich zu sein, selbst bei Lichtgeschwindigkeit. Wie aber, wenn man Gedankengeschwindigkeit benutzen würde? Das ist die Instant-Geschwindigkeit, von der Menschen berichten, die aus dem klinischen Tod zurückgekehrt sind – Menschen, die die Todeslinie überschritten haben und wiedergekommen sind, um darüber zu sprechen.

Es könnte sein, daß die Bibel bereits von einer derartigen Gedankengeschwindigkeit berichtet. Nachdem Philippus den Kämmerer aus Äthiopien getauft hatte, fand er sich plötzlich in Asdod wieder, einer Stadt, viel weiter nördlich an der Küste gelegen (Apostelgeschichte 8,40). Ein Transfer per Gedanken? Ist bei Gott wirklich nichts unmöglich?

Dieser Gedanke ist vielleicht nicht unmöglicher als die Schöpfung des Universums selbst, das mit seiner ungeheuren Größe die abenteuerlichste Vorstellungskraft weit übersteigt. Eine Größe, die absolut unbegreiflich ist. Das Universum, grenzenlos und ständig in Bewegung, stellt fortwährend Ereignisse von furchteinflößender Gewalttätigkeit zur Schau. Sterne explodieren mit unvorstellbarer Heftigkeit, und ganze Galaxien werden auseinandergerissen. Wirbelnde Magnetfelder peitschen Masseteilchen mit größerer Geschwindigkeit durch den Weltraum, als sie von unseren stärksten Akzeleratoren erreicht wird. Gewaltige Kräfte, die nur durch physikalische Gesetzmäßigkeiten zwangsweise gebändigt werden. Doch diese Kontrollgesetze gibt es. Gesetze und geheimnisvolle Formeln, die bestimmte Leute beharrlich zu enträtseln versuchen.

Denken wir nur an die Formel, die die Sterne für unendlich lange Zeit brennen läßt, indem sie Wasserstoff in thermonuklearer Form, den gewöhnlichsten Einzelbestandteil der Milliarden von Sternen wie unsere Sonne, verbrennen. Die Schmelzöfen aller Sonnen im gesamten Universum werden seit jeher auf die gleiche Art und Weise geschürt und am Brennen gehalten, wobei eine gewaltige Anziehungskraft dafür sorgt, daß die Verschmelzung anhält und die ständige Implosion den Ofen vor dem Zerspringen bewahrt. Zumindest klappt das die meiste Zeit. Wenn sie diese Formel nach einer Seite hin überschreiten, explodieren oder implodieren auch manche Sterne.

Im Jahr 1905 erläuterte Albert Einstein anhand der verblüffend einfachen Gleichung $E = MC^2$ die Relativitätstheorie. Dabei steht E für Energie, M für Masse und C für den Wert der Lichtgeschwindigkeit im leeren Raum. Der Schlüssel liegt darin, daß die Lichtgeschwindigkeit, mit sich selbst multipliziert, eine derart große Summe ergibt, daß selbst die winzigste Menge an Masse in eine phantastisch anmutende Energiemenge umgewandelt wird. Weil der Verlust an Materie und Umfang so unendlich gering ist, kann die Sonne durch unzählige Äonen hindurch solch riesige Mengen Energie verbrennen, ohne daß sie dadurch erkennbar an Größe oder Wärmeentwicklung verliert.

Unterdessen bewegt sich unser kleines Sonnensystem mit einer Geschwindigkeit von 240 Metern pro Sekunde vorwärts. Aber von wo nach wo? Weg von irgendeiner ursprünglichen explodierenden Masse? Doch wo kommt dann diese ursprüngliche Masse her?

Auf der Suche nach den entsprechenden Antworten hat die NASA im Jahr 1989 ihren *Cosmic Background Explorer*-Satelliten ins All geschickt. Dieser erstellte eine Höchstfrequenz-Landkarte, auf der die Experten riesige Wolkenschichten von winzigen Materieteilchen im interstellaren Raum (d. h. zwischen den Fixsternen befindlich) entdeckten. Nach ihrer Meinung handelt es sich dabei um Überreste vom »Urknall«, der sich vor 15 Milliarden Jahren ereignet haben soll. »Hier haben wir ein Bild von der Schöpfung vor uns«, sagt der Physiker Alan Kogut vom NASA-Raumfahrtzentrum in Greenbelt/Maryland. »Sie haben den heiligen Gral der Kosmologie gefunden«, meint Michael Turner, Physikprofessor an der Universität von Chikago. »Für Menschen, die religiös sind, ist es, als würden sie Gott schauen«, sagt der Astrophysiker George Smoot vom Forschungszentrum in Berkeley und der Universität von Kalifornien (*USA Today*, 24. April 1992).

Die Bibel verrät uns nicht, wie Gott das Universum gemacht hat – ob er die Sterne einzeln geschaffen oder sie von einem zentralen Punkt aus verteilt hat, von wo aus sich die Galaxien in Richtung einer unendlichen Grenze bewegen und dabei interstellaren Staub zurücklassen. Die spektrographischen Farben im

Hintergrund dieses Staubes waren, als sie von dem Forschungssatelliten fotografiert wurden, bereits so alt, daß der Doppler-Effekt sich von dem herkömmlichen Farbspektrum weg verschoben hatte. Das machte den Einsatz von flüssigem Helium erforderlich, um diesen Teil des Spektrums überhaupt erkennen zu können, bevor die Raumsonde ein zufriedenstellendes Bild liefern konnte.

Auch wenn die jüdisch-christliche Bibel uns keine speziellen Einzelheiten in bezug auf die Frage nennt, wie das Universum geschaffen wurde, spricht sie doch sehr präzise davon, daß Gott die Welt so sehr geliebt hat, daß er sie mit großer Sorgfalt geformt und gestaltet hat mit allem, was zum Leben notwendig ist, und daß er persönlich den Menschen aus dem Staub des Erdbodens gebildet hat.

Doch manche Wissenschaftler haben eine solche Angst davor, daß es sich wirklich um einen Schöpfungsakt handeln könnte – d. h. daß der Mensch seinem Schöpfer gegenüber verantwortlich sein könnte –, daß sie sich Hilfe von Ufos erhoffen oder nach einer Form von außerirdischem Leben fahnden, durch das die Argumente bibeltreuer Christen in Frage gestellt und entkräftet werden können. Durch den Versuch, auf intelligente Lebewesen auf anderen Planeten zu stoßen, wollen sie eins von zwei Dingen beweisen: entweder daß Gott viele andere Welten neben der unsrigen geliebt hat, oder daß die Evolution richtig und Gott falsch ist.

1984 überredete Carl Sagan Steven Spielberg, den Schöpfer von *E.T.* (der imaginäre Außerirdische, der als realistisch dargestellt wurde), ein SETI-Projekt (*Search for Extraterrestrial Intelligence* = Suche nach außerirdischer Intelligenz) von sage und schreibe 100000 Dollar an der Harvard-Universität zu sponsern. Seitdem hat die NASA dieses Programm durch weitere 100 Millionen Dollar gesichert (*Newsweek*, 12. Oktober 1992).

Am Beispiel von »Herkules«, einer verhältnismäßig nahe gelegenen Galaxis, machte *Newsweek*-Korrespondentin Sharon Begley deutlich, daß es 50000 Jahre erfordern würde, um eine verständliche Reaktion auf einen von der Erde ausgesandten Funkspruch zu erhalten. Da jedoch keiner so lange warten kann, wurde beschlossen, irgendwelche Funksignale, die bereits existieren und vor langer Zeit von intelligenten Lebewesen irgendwo im Weltraum ausgesandt worden sind, aufzufangen. Um alle kosmischen Störungen und stellaren Geräusche auszuschließen, wurde der klarere Höchstfrequenz-Bereich des Funkspektrums als Abhörinstrument ausgewählt.

Am 12. Oktober 1992, dem 500. Jahrestag der Entdeckung Amerikas, startete die NASA ihr eigenes Zeitalter der Entdekkung, indem die Experten das über einer Schlucht im Urwald von Puerto Rico hängende Radioteleskop mit einem Durchmesser von 300 Metern und ein weiteres in der Mojave-Wüste in Betrieb setzten.[1]

Von den 400 Milliarden Sternen in unserem Milchstraßensystem sind annähernd zehn Prozent – also 40 Milliarden – an Alter und Zusammensetzung mit unserer Sonne zu vergleichen. Sie könnten also, wie aus Interviews, die Sharon Begley mit den Experten geführt hat, hervorgeht, durchaus für Leben auf irgendwelchen Planeten, die sie umkreisen, sorgen.

»Bei den Milliarden von Möglichkeiten, daß es irgendwo in unserer Galaxis Leben gibt, wäre es wirklich erstaunlich, wenn wir auf der Erde das einzige Beispiel von intelligentem Leben bilden würden«, sagte der Astronom Paul Horowitz von der Harvard-Universität bei einem Interview mit der Zeitung *Newsweek*. »Die Galaxis wimmelt möglicherweise von Leben und Technologie.« Dabei ist unsere Milchstraße nur eine von schätzungsweise 100 Milliarden im Universum.

Kann es sein, daß Gott auch noch andere Welten geliebt hat? Erhoffen sich die Wissenschaftler vielleicht einen vorzeitigen Blick in die Herrlichkeit, bevor der Tod ihnen die endgültige Antwort gibt? Und wie würden die Theologen reagieren, wenn man irgendwo noch weiteres intelligentes Leben entdecken würde?

Im Jahr 1859 mußte sich Charles Darwin sehr beeilen, seine wissenschaftliche Arbeit *Origin of Species* (»Über den Ursprung der Arten durch natürliche Zuchtwahl«) zu publizieren, als er erfuhr, daß sein Konkurrent Alfred Russell Wallace im Begriff stand, eine ähnliche Theorie zu verbreiten. Seitdem sie Darwins Theorie vorschnell als Tatsache akzeptiert haben, geben sich die Wissenschaftler die größte Mühe, glaubhafte Beweise dafür zu finden – ganz besonders die »fehlenden Zwischenstufen« bei den Fossilien. Wahrscheinlich haben sie große Angst davor, die These der bibeltreuen Christen anzuerkennen und dadurch ihre staatlichen Zuschüsse zu verlieren.

Weil die Theorie von einer gemeinsamen Abstammung allen Lebens eine nicht zu beweisende Hypothese ist, hat die Wissenschaft den Darwinismus zu ihrer persönlichen Religion gemacht. Er ist für sie zur unentbehrlichen Ideologie zum Schutz gegen den »religiösen Fundamentalismus« geworden, den sie als Bedrohung für die Freiheit der Wissenschaft, für die in öffentlichen Schulen allgemein akzeptierte »Wissenschaft« Evolution und auch für die weitere Unterstützung durch finanzielle Forschungsbeihilfen betrachten.

Da der Darwinismus eine auf Folgerungen basierende Hypothese ist und sich nicht auf empirische Beweisführung stützen kann, mußten die riesigen Zwischenräume bei den einzelnen Ordnungen, Arten und Gruppen von Lebewesen durch die neue, erst vor kurzem von den Wissenschaftlern Gould und Eldridge vorgetragene Hypothese des »unterbrochenen Gleichgewichts« erklärt werden, um die Evolutionslehre vor dem Untergang zu bewahren. Dies ist der Zauberstab, mit dem die vereinzelt auftretende, unregelmäßige Entwicklung von nicht miteinander verwandten neuen Arten erklärt werden soll, wie der an der Universität von Berkeley lehrende Phillip Johnson anmerkt.[2]

Darwin selbst war anscheinend ebenfalls über seine Theorie beunruhigt. Man sagt, daß er auf dem Sterbebett die Evolutionslehre in Frage gestellt und statt dessen danach getrachtet habe, den Schöpfergott der Bibel zu erkennen (siehe Kapitel 6).

In Gedanken noch mit dieser Streitfrage beschäftigt, machte ich mich auf die Reise zu den ca. 1000 Kilometer vor der Küste Ecuadors gelegenen Galapagosinseln, für die sich Darwin besonders interessiert hatte, und sah mir dort die berühmten blaufüßigen Seeraben, die Riesenschildkröten, die Beuteltiere und andere wildlebende Tiere an. Als Laie entdeckte ich natürlich keinerlei sichtbare Zeichen von irgendwelchen Übergangsformen, die die eine Tierart mit der anderen verbanden. Ich entdeckte auch keine wirklich fremdartigen Kreaturen, wie zuweilen in der Fachliteratur angedeutet.

Dennoch lernen unsere Kinder bereits in der Grundschule anhand von bebilderten Texten, daß die Seetiere sich plötzlich Federn zugelegt und gelernt hätten zu fliegen. Was nicht erwähnt wird, ist die Tatsache, daß während der vermeintlichen Übergangsperiode, in der sich bei den Tieren die Flügel entwickelten, diese ja absolut wehrlos gewesen wären, da sie weder Beine zum Weglaufen noch Flügel zum Wegfliegen hatten, weshalb sie gemäß der von Darwin vertretenen Lehre, daß nur der Stärkste überlebt, allesamt hilflos umgekommen wären.

Weiter bringt man den Kindern bei, daß der Mensch vom Affen abstammt. Vielleicht war das, als der Affe lernte, sich zu rasieren! Dies ist natürlich nur ein Scherz; doch das, was von den Schulleitungen als »Wissenschaft« oder »Tatsache« anerkannt wird, ist auch nicht viel besser, handelt es sich doch lediglich um eine Vermutung, eine Glaubensüberzeugung oder, anders ausgedrückt, um eine Religion. Wer an die Evolution glaubt, braucht genausoviel Glauben wie jemand, der an die Schöpfung glaubt. Bei beiden handelt es sich um eine Philosophie bzw. eine Religion und nicht um eine Wissenschaft.

Wenn Gott kleine grüne Äpfel machen konnte, ganz zu schweigen vom Menschen mit seiner Komplexität, dann sollte die Erschaffung des Universums mit seiner ganzen komplizierten Struktur für uns ebenfalls kein Problem bedeuten. Wer das eine anerkennt, kann auch das andere glauben, denn sogar der Mikrokosmos des Menschen ist so unglaublich vielschichtig, daß er es durchaus mit dem Makrokosmos des Universums aufnehmen kann. Obwohl das Universum so groß und die menschliche Zelle so klein ist, sind beide derart erstaunlich kompliziert und dabei absolut präzise, daß der Gedanke, all das könnte sich aus dem Nichts heraus entwickelt haben, lächerlicher erscheint als der Glaube an die Schöpfung. Beide Theorien wirken, wie gesagt, auf den ersten Blick lächerlich, aber es gibt keine andere Möglichkeit.

Der Mikrokosmos

Da die Logik der meisten Menschen, die an die Reinkarnation glauben, besagt, daß ein Mensch durch seinen verbleibenden

»dritten Samen« in einem anderen Menschen wiedergeboren wird – wobei dieser Same durch den Geburtskanal in die Gebärmutter hinaufsteigt, sich dort einnistet und zu einer neuen Geburt führt –, sollten wir den Mikrokosmos, in dem dieser »dritte Same« angeblich existiert und funktioniert, sorgfältig untersuchen.

Wenn Sie meinen, der Makrokosmos des Universums würde bereits Ihre Vorstellungskraft sprengen, dann kommen Sie doch einmal mit mir in die unendlich kleine Welt der menschlichen Zelle, den Mikrokosmos. Wir wollen hier nicht die gesamte Zelle erforschen, sondern nur den winzigen Mittelteil, Zellkern genannt, ein Gebilde, das unter dem gewöhnlichen Mikroskop kaum sichtbar ist. Es handelt sich um eine Fläche, nicht größer als ein Bleistiftpunkt.

In diesem Zellkern verbirgt sich ein weiterer »Blick in die Herrlichkeit«: eine Welt, die die entscheidenden Informationen des Lebens selbst beinhaltet. Diese ungeheure Menge an Information ist, in 23 winzigen Chromosomenpaaren zusammengedrängt, gespeichert. Bei letzteren handelt es sich um Fäden von Proteinen, die, bildlich gesprochen, einfach dasitzen und einander ansehen, wobei sie durch viele kleine Erbeinheiten, Gene genannt, miteinander kommunizieren. Die Gene stehen ständig miteinander in Verbindung und geben wie auf einem Fließband erstaunliche Botschaften zur Fortpflanzung und Erneuerung weiter. Eine unglaubliche Anzahl von Genen – insgesamt 100000 – sind auf jedem einzelnen Chromosom angeordnet. Alle Zellen zusammen enthalten drei Milliarden Untereinheiten mit Informationen, die in speziellen DNS-Molekülen des Chromosoms verankert sind.

Das »menschliche Genom« stellt die gesamte Erbinformation dar, die einen Menschen ausmacht. Während es in jeder Zelle 23 Chromosomenpaare gibt, beträgt die Gesamtheit der Zellen in einem menschlichen Körper die schwindelerregende Zahl von 10^{14}. All diese Erbinformation kontrolliert und reguliert im Grunde die Entwicklung des gesamten Menschen von einer einzelnen Zelle aus.

Das Ganze ist großartig und dabei unvorstellbar kompliziert. Allein zur Entschlüsselung der 100000 möglichen genetischen

Kombinationen wäre eine phantastische Computeranalyse erforderlich. So würde beispielsweise der größte Cray-Supercomputer fast ein ganzes Jahr brauchen, um die verschiedenen Möglichkeiten dieser genetischen Verbindungen auszurechnen.

Um jedoch diese technischen Schwierigkeiten wesentlich zu erleichtern, hat Dr. med. Dr. phil. Leroy Hood, Professor für Biologie und Direktor des Krebsforschungszentrums am California Institute of Technology, mitgeholfen, einen revolutionären »Superchip« zu entwickeln, mit dem ein dreidimensionaler Computer betrieben werden kann. Dieser spezielle Superchip schafft in 3 1/2 Sekunden das, wofür ein Standardcomputer ganze elf Tage benötigt!

Somit wäre es denkbar, daß sich irgendwann eine Computerberechnung des menschlichen Genoms durchführen läßt. Allerdings wird es wohl noch etliche Jahre dauern, bis diese Arbeit abgeschlossen ist, denn die Menge der Erbinformationen, die in einem einzigen Menschen verschlüsselt sind, ist absolut schwindelerregend. So würde beispielsweise die Identifizierung aller Erbfaktoren eines Menschen eine 500bändige Enzyklopädie erforderlich machen, wobei jeder Band 1000 Seiten und jede Seite 1000 Worte umfassen würde. Ein solches »Lexikon des Lebens« wäre so groß, daß es sich über zwei Drittel der Länge eines Fußballfeldes erstrecken würde.[3] Ein Blick in die Herrlichkeit des Schöpfers? Oder bloßer Zufall?

Wenn ich Jurist wäre, was ich aber nicht bin, würde ich den Beweisvortrag an diesem Punkt abschließen, denn es gibt, logisch betrachtet, keine Möglichkeit, daß sich eine derart präzise und überwältigende Fülle von Daten von allein aus dem Chaos des Zufalls heraus entwickelt haben könnte.

Als ob das nicht genug wäre, gibt es noch andere Welten innerhalb der Zelle: Botensysteme der Hormone, Enzyme und Synapsen. Die Nervenfasern, die von einem einzigen menschlichen Gehirn ausgehen, sind z. B. so lang, daß sie, zusammengenommen, bis zum Mond und wieder zurück reichen würden. Dabei haben wir noch nicht einmal ansatzweise begriffen, wie vielschichtig alle diese Fasern sind, wie sie funktionieren oder auch nur, was sie bedeuten.

Die Wissenschaft hat in den letzten zehn Jahren unglaubliche Fortschritte gemacht. Denken wir beispielsweise an die Genforschung. Anfang der 70er Jahre benötigten ein Wissenschaftler, der dafür den Nobelpreis erhielt, und 25 Kollegen ganze fünf Jahre, um nur ein einziges Gen herzustellen. Heute läßt sich das an einem Nachmittag erledigen. Wofür man sonst ein ganzes Jahr brauchte, das schafft man heute an einem Tag, und zwar aufgrund einer neuartigen Methode der farbverschlüsselten automatischen Herstellung von DNS-Proteinsequenzen. 12000 dieser Proteinbasenpaare können jetzt an einem Tag sequenziert werden.

Indem sie sich in die Geheimnisse des Lebens selbst vertiefen, versuchen die Wissenschaftler, die richtige molekulare Melodie zu orchestrieren, die notwendig ist, um die speziellen Batterien der Gene einzuschalten, damit sie differenziert Dinge wie eine Haarzelle oder eine Muskelzelle oder eine Gehirnzelle produzieren. Wie weit wir Menschen diesbezüglich gehen dürfen, muß sich erst noch zeigen. Ökologisch gesehen, vernichten wir uns selbst, indem wir permanent potentiell todbringende Dinge (wie Genmanipulation und Atombombe) erfinden. Dabei fordern wir vielleicht die Geduld Gottes allzusehr heraus, der schon Völker wie das babylonische vernichtet hat, weil sie zu weit gegangen waren.

Indem der Mensch sich über die Jahre intensiv mit den Chromosomen befaßt und beobachtet hat, wie sie sich paaren, sich umarmen und lieben, eins werden im Tanz des Lebens, sich drehen und wenden, zusammenkommen, sich neuordnen und miteinander verbinden, hat er gleichzeitig seine eigene Methode des Imitierens und Intervenierens in diesem präzisen und erlesenen Schauspiel von göttlich inspirierter Chromosomen-Choreographie entdeckt. Werden wir, während wir uns der Geburt und Wiedergeburt unserer Zellen nähern, zwangsläufig in unser eigenes Verderben laufen? Oder wird Gott eingreifen, ehe es zu spät ist?

Es ist faszinierend, was der Mensch auf diesem interessanten Gebiet bereits alles manipulieren kann. Auf einer Fläche, so groß wie Fliegendreck, haben wir geniale Untersuchungen und Analysen entwickelt, indem wir die neuen Techniken des Auseinanderschneidens und Zusammensetzens von Enzymen benutzen und die intranuklearen Chromosomen-Stoffe neuordnen, um Enzyme, genannt Antinukleasen und Ligasen, herzustellen. Mit diesen neuartigen Enzymwerkzeugen hat die Gentechnologie ein riesiges, neues Feld für die chemische Industrie eröffnet, wobei rekombinante DNS-Techniken verwandt werden. Das Ganze ist so ähnlich, wie wenn man Papierpuppen ausschneidet und ihnen verschiedene Kleider anzieht, die man nach Belieben wechseln kann.

Es gibt bereits synthetisch hergestellte Proteine, die dem Patienten injiziert werden und dann die Produktion von roten Blutkörperchen anregen, um eine vorhandene Anämie zu beheben. Andere Proteine injiziert man zu dem Zweck, die Produktion der weißen Blutkörperchen anzuregen, um Infektionen zu bekämpfen. Weiter gibt es Proteine, die eingespritzt werden, um Blutgerinnsel aufzulösen und so bereits bei den ersten Anzeichen einem drohenden Herzinfarkt vorzubeugen. Viele von uns haben mittlerweile derartige Spritzen erhalten. Synthetisch hergestellte Proteine haben sich in vielen Fällen als lebensrettend erwiesen.

Augenblicklich ist man dabei, ganz spezielle Proteine herzustellen, die in der Lage sind, besondere Krebsarten zu erkennen. Sie sollen jede einzelne Krebszelle, die die entsprechende Struktur aufweist, erkennen und vernichten können. Diese Spezifizierung würde die wilde Zerstörung von normalem Gewebe verhindern, was bei den gegenwärtigen Bestrahlungstechniken und Chemotherapien oft leider nicht möglich ist. Diese unvermeidliche Zerstörung von gesundem Zellgewebe ist es, die die gefürchteten Nebenwirkungen bei der Behandlung von Krebskrankheiten hervorruft – Dinge wie Übelkeit, Erbrechen und Haarausfall. Manchmal ist die Behandlung beinahe schlimmer als die eigentliche Krankheit.

Neben der Aussicht, den Krebs zu besiegen, tun sich bei der Genmanipulation noch andere phantastische Möglichkeiten auf. Dazu gehört vor allem die Entwicklung von Antikörpern, die das Aids-Virus bekämpfen oder bei anderen ansteckenden Krankheiten erfolgreich eingesetzt werden können.

Denken wir außerdem an das ungeheuer große Gebiet der Landwirtschaft. Durch Genmanipulation wäre es möglich, besonders große, gegen Krankheiten resistente Gemüsesorten zu züchten. Eine ganz neue Generation von Rassetieren könnte entstehen; schnellere Rennpferde, kolossale Rinder und riesige Schweine könnten das Ergebnis neuer Wachstumshormone und Enzyme sein.

Die Verwendungsmöglichkeiten im industriellen und biologischen Bereich sind ebenfalls unbegrenzt. Beispielsweise könnte man dem Problem von ausgelaufenem Öl dadurch beikommen, daß man simple Bakterien ein Enzym herstellen läßt, das Erdöl abbaut. Infiziert man dann große Heuballen mit diesen Bakterien und wirft sie in die von der Ölpest verschmutzten Meeresgebiete, würden die Bakterien das Öl rapide verzehren und, nachdem sie ihre Aufgabe erledigt haben, schlicht und einfach verhungern. Das ist nur ein Beispiel für jene Multimillionengeschäfte, die sich durch die Gentechnik verwirklichen lassen. Der Phantasie sind hier wirklich keine Grenzen gesetzt!

Zahlreiche Geburtsfehler würden sich ebenfalls vermeiden lassen. Ein offensichtlicher Defekt im Erbgut der betroffenen Familie ließe sich auf diese Weise ausmerzen. Man könnte den Zellaufbau des Neugeborenen untersuchen und die dabei festgestellten Mängel möglicherweise korrigieren oder umgehen – sie vielleicht sogar verhindern, falls sie bereits vor der Geburt diagnostiziert würden.

Die Erbanlagen könnten in Zukunft ziemlich genau in Lehrbüchern kartographisch erfaßt werden. Stellen Sie sich Ihren Arzt vor, wie er diese Enzyklopädie konsultiert, um irgendwelche genetischen Fehler zu klassifizieren. Angenommen, er schlägt Band 12, Kapitel 8, Absatz 45 auf und findet dort die genetische Zusammensetzung, die für einen bestimmten Defekt im kardiovaskulären System (Herz und Gefäße betreffend) – beispielsweise ein Loch im Herzen – verantwortlich ist. Aufgrund dieser Information kann er nun feststellen, welche anderen Beeinträchtigungen vielleicht sonst noch zu erwarten sind, wie man sie herausfinden und behandeln kann.

Falls die Diagnose vor der Geburt gestellt wird, hat die Mutter aufgrund der besagten Information natürlich auch die

Möglichkeit, das unerwünschte Kind abzutreiben. Es handelt sich hierbei um einen fakultativen Schwangerschaftsabbruch aufgrund eines speziellen, bereits bekannten Defekts, was wiederum die Frage von Moral und Ethik im innersten Kern berührt und einem eine Kostprobe dafür gibt, wer letztendlich die Verantwortung trägt – die Familie, der Arzt, der Rechtsanwalt oder der Astrologe.

Somit beinhaltet der Mikrokosmos im Innern des Menschen, dieser Blick in die Herrlichkeit des inwendigen Raumes, nicht nur die Frage: »Ist es ungefährlich zu sterben?«, sondern auch: »Ist es ungefährlich zu leben?«

Auch der Verbrecher steht in der Gefahr der genetischen Enthüllung. Er mag feststellen, daß es keineswegs ungefährlich ist zu leben oder auch nur, seinen Lebensunterhalt zu verdienen, denn der Arm der Genetik reicht viel weiter als der Arm des Gesetzes. Z. B. kann ein Mörder durch DNS-»Fingerabdrücke« sehr genau identifiziert werden, viel genauer als durch herkömmliche Fingerabdrücke. Blutspuren, Sperma, einzelne Haare oder irgendwelche am Tatort zurückgelassenen Körperzellen können zur Identifizierung des Missetäters führen. Die Wissenschaftler sind in der Lage, die Verdachtsperson mit solch unheimlicher Treffsicherheit aus einer ganzen Menschenmenge herauszufinden, daß die Chancen 1 Million zu 1 zu ihren Gunsten stehen.

Die DNS-Fingerabdruckmethode wurde 1985 von dem britischen Biologen Alec Jeffreys entwickelt. Der ca. 30jährige lehrte damals an der Universität von Leicester. Bereits zwei Jahre später wurde diese Methode großflächig in Kriminallabors rund um die Welt eingeführt.

Damals blieb ein Fall von Mord und Vergewaltigung an zwei 15jährigen Mädchen längere Zeit unaufgeklärt. Die Kriminologen kamen dem Täter schließlich auf die Spur, indem sie von allen Männern aus der Nachbarschaft Blutproben nehmen ließen. Einer der Männer, Colin Pitchfork, erregte die Aufmerksamkeit der Beamten, als er einen Freund bat, sich an seiner Stelle Blut abnehmen zu lassen. Pitchfork wurde verhaftet, und seine Blutprobe stimmte haargenau mit den Spermaspuren überein, die man an den Opfern gefunden hatte.[4]

Da wir unsere Erbinformation je zur Hälfte von Vater und Mutter erhalten, läßt sich anhand dieses Verfahrens auch sehr leicht eine Vaterschaft feststellen. Ein einziger Tropfen Blut von einem Mann und einem Jungen läßt mit 99,999 %iger Sicherheit darauf schließen, ob der Mann der tatsächliche Vater des Jungen ist.

Und bei der immer weiter fortschreitenden Entwicklung des Genom-Lexikons wird es den Gelehrten bald möglich sein, die Gene für Dinge wie z. B. die Farbe der Augen festzulegen und somit nicht nur über die Augenfarbe des Verbrechers, sondern auch über andere charakteristische Merkmale Auskunft zu geben.

Die Genetik kann also zum Guten wie auch zum Bösen eingesetzt werden, genau wie die Atomkraft entweder zum Bau einer Atombombe oder aber für die Elektrizität, die Ihre Wohnung hell macht, benutzt werden kann. Damit wären wir wieder bei der kritischen Kardinalfrage angelangt: Wird hier die böse Seite des Guten oder die gute Seite des Bösen verkörpert?

Es ist also längst nicht alles gut, was durch die Gentechnik machbar ist. Zum Beispiel wäre es durchaus vorstellbar, eine bestimmte Menschenrasse vollständig auszulöschen. Man brauchte nur ein Virus zu manipulieren und mit den rassisch identifizierten Zellen zu verbinden, um auf genetischem Wege das Sperma dieser Rasse herauszufinden, zu infizieren und schließlich zu zerstören. Das besagte Virus könnte heimlich in die örtliche Wasser- oder Nahrungsmittelversorgung eingeschleust werden und die Angehörigen der betreffenden Rasse auf Dauer unfruchtbar machen, so daß diese sich nicht weiter fortpflanzen kann.

Von der negativen Seite her betrachtet, hätten die Möglichkeiten, die sich uns heute aufgrund der Gentechnik auftun, einem Adolf Hitler oder Dr. Joseph Mengele, dem für Experimente zuständigen Nazi-Arzt, eine Traumwelt verschafft, in der sich phantastische Spielchen mit Asiaten, Afrikanern und anderen bestimmten Rassen durchführen ließen – höchstwahrscheinlich aber nicht mit den Juden, den Zigeunern und anderen, die keine besonderen rassischen Merkmale aufweisen. Andere genetische Spiele hätten aber durchaus die »Unannehmlichkeiten« von Kugeln, Gas, Verhungernlassen u. dgl. ersetzen können.

Die Komplexität der menschlichen Zelle, diese Welt innerhalb eines Bleistiftpunktes, ist so phantastisch, daß eine durch Zufall bedingte Evolution des menschlichen Lebens, wenn man es recht bedenkt, schlichtweg nicht vorstellbar ist. Genausowenig, wie man sich eine moderne Großstadt ohne einen Architekten oder ein erhabenes Meisterwerk der Malkunst ohne einen Maler vorstellen kann.

Einen ähnlich großen Glauben braucht man, um sich das Universum als Zufallsprodukt vorzustellen. Diese Gedanken sind natürlich zentral mit der Frage verbunden: »Ist es ungefährlich zu sterben?« Es sei denn, man weiß bereits, wohin man geht, woher man kommt und wer der Herr seines Lebens ist.

Was ist die »Wahrheit«, nach der die Weisen aller Zeiten unaufhörlich gesucht haben und noch suchen? Gott hat die Erkenntnis der »Wahrheit« – das Rätsel von der Existenz aller Dinge – in ihre Herzen gelegt. Jesus, der alles geschaffen hat, sagt: »Ich bin die Wahrheit«, und Gott hat uns die Wahrheit ins Herz gelegt:

> Zwar kann niemand Gott sehen; aber er zeigt sich den Menschen in seinen Werken. Weil er die Welt geschaffen hat, können sie seine ewige Macht und sein göttliches Wesen erkennen, wenn sie sich nicht dafür verschließen. Sie haben also keine Entschuldigung.
>
> (Römer 1,20, Die Gute Nachricht)

> Der Himmel verkündet: Gott ist groß! Seine Schöpfermacht bezeugen die Gestirne. Ein Tag sagt es dem anderen, jede Nacht ruft es der nächsten zu. Kein Wort wird gesprochen, kein Laut ist zu hören, und doch geht ihr Ruf weit über die Erde bis hin zu ihren äußersten Grenzen.
>
> (Psalm 19,2-5, Die Gute Nachricht)

Ein Blick voraus in den Himmel beim klinischen Tod mag vielleicht einen Hinweis darauf geben, was richtig ist, die Evolution oder die Schöpfung. Aber nur der biologische Tod hält die endgültige Antwort bereit.

»Nennen Sie mir *einen* unwiderlegbaren Beweis für Gott«, verlangte Friedrich der Große von seinem Minister, dem Herzog von Argens.

»Die Juden«, erwiderte der Minister schlicht. »Der Beweis, Eure Majestät, sind die Juden.«

Für morgen planen

Was Pete angeht, den am Anfang des Kapitels erwähnten Arzt, war es wieder das alte Problem, die Bibel benutzen zu müssen, um die Bibel zu beweisen. Dabei wäre eigentlich eine separate Quelle nötig gewesen, um den Beweis zu schaffen. Aber kurz bevor er starb, war es Pete vergönnt, etwas zu sehen. Irgend etwas war da. Bei seinen Nachforschungen über das Leben nach dem Tod hatte ihn etwas tief im Innern bewegt. Ein Finger hatte seine Seele berührt, als er auf die beiden erwähnten jenseitigen Welten stieß, und ihn im tiefsten Herzen unruhig gemacht.

Der Makrokosmos des Universums mit seinen vermeintlichen Astralebenen ließ Pete nicht zur Ruhe kommen. Nicht weniger Unbehagen flößte ihm der Gedanke des Mikrokosmos ein, bei dem eine verborgene »dritte Keimzelle« die Wiederverkörperung von einem Leben ins nächste bewirken soll.

Pete war ärgerlich über diese beiden, dem »neuen Gedankengut« entspringenden Vorstellungen über das zukünftige Leben. Die »Astralebenen des Nirwanas« waren seiner Ansicht nach nichts anderes als ein Abfalleimer, in den alles kam, was über das menschliche Begriffsvermögen hinausging.

Und eine angebliche Wiedergeburt durch eine verbleibende Keimzelle war für Pete genauso lächerlich. Er konnte sich nicht vorstellen, daß die Seele eines Verstorbenen auf einen einzelnen Zellkern zusammenschrumpfen und dann vom Wind fortgetragen werden könne, um einen Mutterleib zu befruchten. In seinen Augen erinnerte das Ganze stark an Löwenzahnsamen – eine an den Haaren herbeigezogene Idee des verwestlichten Hinduismus'.

Bei unter dem Mikroskop durchgeführten Befruchtungen waren, wie Pete richtig bemerkte, immer zwei menschliche Keimzellen beteiligt, niemals drei. Wie sollte die sogenannte

»dritte Zelle« ihren Weg ausgerechnet in die Gebärmutter und nicht in die Nase oder ins Ohr finden? Pete wußte, daß keine menschliche Keimzelle an der Luft überleben kann. Ohne Feuchtigkeit sterben diese Zellen sofort ab – es sei denn, sie würden aus irgendeinem Grund nur in regnerischen Nächten fliegen. Aber nicht einmal Blütenstaub kann in regnerischen Nächten fliegen!

Pete war in Gedanken noch immer mit diesem Problem beschäftigt. »Die meisten Wissenschaftler gehen davon aus, daß wir in den nächsten 20 Jahren mehr über Biologie und Medizin erfahren werden, als wir in den letzten 2000 Jahren gelernt haben.«

»Phantastisch«, erwiderte ich, während ich mit ihm den Korridor entlangging.

»Gar nicht so phantastisch!« meinte er. Auf Petes Gesicht spiegelte sich tiefe Ratlosigkeit wider. »Der Makrokosmos draußen und der Mikrokosmos drinnen – wenn es einen Gott gibt, wieviel weiter läßt er uns noch gehen? Sind unserer Erkenntnis irgendwann Grenzen gesetzt? Wie nah können wir an die Wahrheit herankommen – an Gott herankommen?«

»Wer weiß«, entgegnete ich achselzuckend. »Daniel erhielt die Anweisung, sein Buch verschlossen zu halten. Es würde erst in der Zeit des Endes verstanden werden – ›Wenn Reisen und Bildung in hohem Maße zugenommen haben.‹«

Ich wurde von einer bösen Ahnung erfaßt, als Pete an diesem Nachmittag, mitten in einem schweren Unwetter mit Schnee und Regen, sein Auto bestieg, um die 160 Kilometer nach Atlanta ins Emory-Universitätskrankenhaus zu fahren.

Wie ich später erfuhr, war er ein paar Kilometer südlich von Marietta in eine Radarkontrolle geraten. Er war lediglich 15 km zu schnell gefahren, so sagte man mir. Ärgerlich über diese geringfügige Gesetzesübertretung, hatte Pete darauf bestanden, mit dem Polizeichef persönlich zu sprechen. Auf der Wache erklärte man ihm, er müsse ganz bis nach Marietta zurückfahren, um dort vor Gericht zu erscheinen. Pete wurde wütend, griff plötzlich nach seinem Herzen und sank tot zu Boden. Die sofort eingeleiteten Wiederbelebungsversuche blieben ohne Erfolg.

Als Todesursache wurde ein schwerer Herzinfarkt diagnostiziert.

Rückblickend muß ich sagen: Petes Ziel im Leben bestand darin, Geld zu verdienen, sich gut zu kleiden und viel »Spaß zu haben«. Sein Argument war stets: »Gott hat ja nicht vor zu verreisen, also kann ich mich getrost später um ihn kümmern.«

Wir wollten beide das Beste von beiden Welten haben. In diesem Punkt waren wir uns einig. Doch eines Tages spürte ich, wie mich innerlich eine sanfte Brise streifte, während ich das Matthäusevangelium las. Es war Jesus, der da sprach:

> Deshalb sage ich euch: Seid nicht besorgt für euer Leben, was ihr essen und was ihr trinken sollt, noch für euren Leib, was ihr anziehen sollt. Ist nicht das Leben mehr wert als die Speise und der Leib mehr als die Kleidung? Seht hin auf die Vögel des Himmels, daß sie nicht säen noch ernten, noch in Scheunen sammeln, und euer himmlischer Vater ernährt sie doch. Seid *ihr* nicht viel vorzüglicher als sie? Wer aber unter euch kann mit Sorgen seiner Lebenslänge *eine* Elle zusetzen? Und warum seid ihr um Kleidung besorgt? Betrachtet die Lilien des Feldes, wie sie wachsen: sie mühen sich nicht, auch spinnen sie nicht. Ich sage euch aber, daß selbst nicht Salomo in all seiner Herrlichkeit bekleidet war wie eine von diesen. Wenn aber Gott das Gras des Feldes, das heute steht und morgen in den Ofen geworfen wird, so kleidet, wird er das nicht vielmehr euch tun, ihr Kleingläubigen? So seid nun nicht besorgt, indem ihr sagt: Was sollen wir essen? Oder: Was sollen wir trinken? Oder: Was sollen wir anziehen? Denn nach diesem allen trachten die Heiden; denn euer himmlischer Vater weiß, daß ihr dies alles benötigt. Trachtet aber zuerst nach dem Reich Gottes und nach seiner Gerechtigkeit, und dies alles wird euch hinzugefügt werden.
>
> (Matthäus 6,25-33)

Er sprach direkt zu mir. Genau wie Pete, hatte auch ich bisher nach irgendwelchen »Dingen« getrachtet. Unwillkürlich fragte ich mich, was Pete wohl im Augenblick tun mochte.

11

DIE SUCHE NACH DEM SINN

Die Hölle kommt zu Besuch

Bevor ich schließe, möchte ich noch auf eine weitere Quelle für geheime Begegnungen mit Geistwesen zu sprechen kommen, die eine gewisse Ähnlichkeit mit Todesnähe-Erlebnissen und Erfahrungen außerhalb des Körpers aufweisen. Und zwar handelt es sich um »Unidentified Flying Objects«, kurz Ufos genannt. Es liegen Berichte sowohl über himmlische als auch höllische Begegnungen dieser Art vor.

Hat diese zusätzliche Dimension, am Schluß des Buches aufgeführt, überhaupt einen Platz in unseren Untersuchungen? Darüber dürfen Sie selbst entscheiden.

Bisher sind wir in diesem Buch einen weiten Weg gegangen: von Meditationen in Indien bis zum Hinduismus von Hollywood; von Visionen auf dem Sterbebett bis zu bewußtseinsverändernden Techniken; von Drogen bis zur Astralreise; vom positiven Denken bis zu schöpferischen Phantasiebildern; vom Schamanismus bis zur jüdisch-christlichen Bibel; von Todesnähe-Erlebnissen bis zu Erfahrungen außerhalb des Körpers; von der Suche nach dem Himmel im Makrokosmos bis zum Mikrokosmos. Wir haben uns mit Kristallen, Hypnose, Séancen, Scrying, Totenbeschwörung und Geistführern auseinandergesetzt und versucht herauszufinden, ob sie echt oder falsch sind.

Nun kommen wir, wie gesagt, zu den Ufos. Wir wollen uns überlegen, was sie bedeuten, woher sie kommen und ob sie Teil unserer Untersuchung sein sollten. Was sind überhaupt Ufos? Die meisten Menschen glauben, daß sie unvorstellbar fortschrittliche Zivilisationen aus dem Weltraum verkörpern, die darauf aus sind, uns Menschen zu studieren, zu beeinflussen und schlußendlich Kontakt mit uns aufzunehmen. Es gibt mittlerweile einige Millionen Menschen, die fest davon überzeugt sind, daß Ufos nicht, wie früher angenommen, mißverstandene natürliche Phänomene oder bewußte Fälschungen sind, sondern Realität.

Manche Beobachter sind sogar von den Außerirdischen »gekidnappt« worden. Auf dem Militärflughafen von Woodbridge in England mußte die 15köpfige Mannschaft stundenlang mit ansehen, wie Ufos Strahlenbündel auf sie herabschossen und auf elektronischem Wege Waffen, Autoradios und Maschinen verformten.[1] Mehrere Ufos wurden auf Radarschirmen erfaßt und verfolgt bzw. aus der Entfernung fotografiert.[2]

Gewöhnlich werden die Besatzungen von Ufos als durchaus freundlich gesonnene Geistwesen aus dem Weltraum geschildert. Dennoch: Ob sie von anderen Planeten stammen oder aus der Geisterwelt – es geht um die Frage, ob ihr Auftrag gut oder böse ist. Da die Forscher gewöhnlich bei allen mystischen Untersuchungen auf durchgängig gute oder positive Berichte gestoßen sind, stellt sich die Frage: Sind diese geheimnisvollen Ufos wirklich so gut, wie sie zu sein scheinen? Oder könnte es sich auch bei ihnen, genau wie bei den von uns betrachteten Todesnähe-Erlebnissen und Erfahrungen außerhalb des Körpers, um Abgesandte einer bösen Macht handeln?

Unter Verwendung exakt der gleichen Phänomene, die von anderen Autoren gesammelt worden sind, habe ich in den vorherigen Kapiteln versucht, die versteckten, negativen Erfahrungen, bei denen höllische Zusammenhänge nicht länger verborgen bleiben konnten, ans Licht zu bringen. Meine Absicht ist es, klar herauszustellen, daß es tatsächlich auf allen Gebieten des Übersinnlichen solche Höllenerlebnisse gibt. Dadurch soll die Behauptung, daß diese Kraftfelder ausschließlich angenehm und gut seien, gründlich widerlegt werden. Ich glaube, daß auch die Ufo-Geschichten genau in diese Kategorie hineinpassen.

Der Grund, weshalb ich das Thema »Ufos« hier mit anspreche, ist die Tatsache, daß diese von einigen bekannten Sterbeforschern in letzter Zeit zu spirituellen »Highlights« aufgewertet worden sind. Sie haben Ufos und Todesnähe-Erlebnisse miteinander verknüpft und ihnen den Sammelnamen »außergewöhnliche Begegnungen« verliehen. Beide Gruppen »sehen das Licht« (der Ufo-Beobachter sieht das Licht auf sich zukommen, während derjenige mit einem Todeserlebnis auf das Licht zuschwebt). Bei beiden Gruppen läßt sich die Möglichkeit von unangenehmen seelischen Nachwirkungen nicht ausschließen.

In der neuen Offenbarung dieser »außergewöhnlichen Begegnungen« verkündet Kenneth Ring, einer ihrer geistigen Väter, stolz: »Wir erleben hier die ersten Aufbrüche einer neuen, selbsterneuernden Kraft zur Heilung der Erde, mit ihren seit Jahrtausenden bestehenden Energien, die durch den direkten Kontakt mit der transzendentalen Ordnung freigesetzt worden sind.«[3]

Die neue Gedankenrichtung geht jedoch viel tiefer. Hinter der »transzendentalen Ordnung« steht ein »planetarisches Supergehirn« bzw. ein »allumfassender Geist«, der die psychospirituelle Vorbereitung und Entwicklung der Menschheit in die Richtung des Omega lenkt. Ring nennt dieses »Supergehirn« zwar nicht ausdrücklich Gott, aber ich bezweifle, daß er dieses Wesen jemals als Satan angesehen hat. Der Gedanke ist eine Überlegung wert.

Der Wissenschaftler Carl Sagan beschäftigt sich ebenfalls mit Ufos und hat Berichte über Fälle von sexueller Belästigung gesammelt. Er vergleicht diese Fälle mit den Entführungen durch Außerirdische, die im Jahr 1484 als von Dämonen ausgehende Aktivitäten erkannt wurden, woraufhin Papst Innozenz VIII. eine Inquisition anordnete. Die Inquisitoren glaubten, daß die aus solchen dämonischen Verbindungen hervorgegangenen Nachkommen schließlich von Teufeln heimgesucht und zu Hexen würden. Sagan kommt zu dem Schluß: »Die wesentlichen Elemente der berichteten Entführung durch Außerirdische sind vorhanden.« Trotzdem vermeidet er es sorgfältig, eine dämonische Wirksamkeit als auslösenden Faktor zu benennen. Er folgert lediglich, daß Ufos »deutlich außerirdischen Ursprungs« seien.[4]

Professor Ring seinerseits ist überzeugt, daß Begegnungen dieser Art ein »Zeichen für die *Schamanisierung des modernen Menschen* sind« (Hervorhebung von mir). (Der »Schamane« ist laut Duden ein »Zauberpriester«.) Ring behauptet, diese spirituellen Kontakte mit einer höheren transzendentalen Ordnung durch Todeserlebnisse bzw. Begegnungen mit Ufos würden uns zum Umdenken zwingen. Er führt weiter aus, daß »Ufos Teil eines *Kontrollsystems* sind, die mithelfen, religiöse Lehrgebäude, Kultur und sogar menschliche Evolution zu regulieren« (Hervorhebung von mir). Soll das heißen, daß das Christentum ausgedient hat? Vielleicht schon, denn Ring betrachtet die Außerirdischen als Werkzeuge eines sogenannten »Abbaus«, den er als »ganz allmähliche, aber unaufhaltsame Demontage der allgemein vertretenen Gedanken- und Wertestrukturen« definiert. Er geht davon aus, daß die Verbindung von Todeserlebnissen und Begegnungen mit Ufos gravierende Veränderungen sowohl im Körper als an der Seele hervorrufen und zur Entwicklung des neuen Menschen, dem *Homo noeticus*, führen werden (vielleicht mit Nietzsches arischer Rasse zu vergleichen?).[5]

Wer ist diese »leitende Intelligenz«, dieser »allumfassende Geist«, der in die irdischen Belange, in die Dinge dieser Welt eingreifen kann? Die Bibel sagt, daß Satan diese Erde beherrscht, immer bestrebt, auch die Seelen der Menschen zu beherrschen. Satan wird als »der Gott dieser Welt« (2. Korinther 4,4) bezeichnet, »der Fürst dieser Welt« (Johannes 16,11), der »die Nationen verführt« (Offenbarung 20,3). »Und die ganze Welt liegt in dem Bösen« (1. Johannes 5,19).

Ich kann mich ehrlichen Herzens für die Wahrhaftigkeit von Kenneth Ring verbürgen. Obwohl er und ich uns bei früheren Diskussionen schon heftig gestritten haben, weiß ich persönlich, daß er ein hochbegabter, ehrlicher und aufrichtiger Mann ist. Trotzdem irrt er sich gewaltig. Negative, höllische Erfahrungen gibt es tatsächlich, und zwar überall. Sie sind sogar in seinen eigenen Untersuchungen zu erkennen. Sein neuestes, riskantes Unternehmen sind die Ufos. Seine Gedanken dazu werden in seinem zuletzt erschienenen Buch mit dem Titel *The Omega*

Project (»Das Omega-Projekt«) präsentiert, das von solch angesehenen Persönlichkeiten wie den Ärzten Raymond Moody, Melvin Morse und Larry Dossey sowie von Dr. phil. Fred Wolf und Dr. phil. Andrew Greeley unterstützt wird.

Im Einklang mit der Freud'schen Vorstellung von Verletzungen aus der Kindheit sowie dem Jung'schen Archetyp von Außerirdischen als kleinen, 90 bis 120 cm großen Kreaturen mit großen Augen und riesigen Köpfen, die in einem strahlenden Licht ohne irgendeinen Tunnel erscheinen, weist Kenneth Ring warnend darauf hin, daß Ufos manchmal »furchterregend« sein können. Gelegentlich würden sie sogar »extreme Emotionen auslösen und dem Menschen entweder eine tranceähnliche Faszination entlocken oder ihn vor Schreck wie gelähmt sein lassen.«

»Manche dieser Gefühle scheinen mit dem Kundalini-Syndrom verwandt zu sein«, schreibt Ring weiter, »dessen Manifestationen der Kraft bereits mit Todeserlebnissen, wenn auch noch nicht mit Ufo-Begegnungen, in Verbindung gebracht worden sind ... sie können außerordentlich destabilisierend wirken, sowohl physisch als psychisch ... und zu Befürchtungen des Betreffenden führen, in Kürze ›durchzudrehen‹.«[6]

Ein weiteres schockierendes Problem mit negativen Auswirkungen ist die sexuelle Verbindung zwischen Menschen und Außerirdischen mit dem erklärten Ziel, durch derartige Kreuzungen und anschließende Geburten die Rasse der Außerirdischen entscheidend zu verbessern. Es liegen bereits Berichte vor, die auf eine derartige gotteslästerliche Perversion hinweisen.

Eine Frau erinnert sich z. B. lebhaft daran, im Alter von 5 Jahren von einem Raumschiff mit Außerirdischen entführt worden zu sein. Diese hätten sie auf einen Tisch gelegt, um sie genauestens zu untersuchen, »wobei sie besonders meinen Genitalien sehr viel Zeit widmeten«. Eine andere Frau, ebenfalls als 5jähriges Mädchen entführt, weiß noch, daß ihr irgendwelche Geräte in die Scheide und den Mastdarm eingeführt wurden, bevor sie sich »laut schreiend« in ihrem eigenen Bett zu Hause wiederfand und für die nächsten 15 Jahre mit schweren Schlafstörungen zu kämpfen hatte. Ein Mann, der sich an seine Ufo-

Entführung als 10jähriger erinnert, beschreibt eine der Außerirdischen als »dunkelgrüne Frau«, die es geschafft habe, bei ihm einen sexuellen Orgasmus auszulösen.

Auch Erwachsene scheinen mit solchen Dingen zu tun gehabt zu haben. Eine 31jährige College-Absolventin berichtete, ihre Entführer aus dem Weltraum hätten »kein Erbarmen« mit ihr gezeigt, sondern Experimente mit ihr gemacht, die »entsetzlich« und »furchtbar« gewesen seien. Ein 36jähriger Mann gab an, die Außerirdischen hätten zwei Hände gehabt, mit denen sie seine Geschlechtsteile untersucht hätten.[7]

Hört sich das alles etwa nach guten, göttlichen Erfahrungen an? Oder hat man nicht vielmehr den Eindruck, bei den fremden Geistwesen könnte es sich um Dämonen aus der Hölle handeln?

Es gab zwar auch eine positive Seite bei einigen mit Ufos gemachten Erlebnissen, aber manches davon mag durchaus Täuschung gewesen sein. Vielleicht ist es einigen, die Begegnungen mit Ufos hatten, ähnlich ergangen wie Menschen mit Todeserlebnissen, die »angenehm überrascht« waren über ihre Erfahrung. Einer der Betroffenen hatte z. B. das Gefühl, mit einem ganz neuen Erbarmen beschenkt worden zu sein: »Mein Erbarmen mit anderen Menschen … hat zu einem größeren Frieden in mir selber geführt.« Wieder andere verspürten einen ökologischen Auftrag, die »mißhandelte« Erde zu retten, indem sie den Ruf zur »kosmischen Transformation« erhielten.[8] Eine Transformation von was zu was? Weg vom biblischen Glauben und hin zu dem »neuen Bewußtsein«, bei dem es keinen Gott gibt?

Viele prominente Ufo-Forscher sind jedoch völlig anderer Meinung. Sie stellen fest, daß Begegnungen mit Ufos »alles andere als gute Erfahrungen« sind. Die gleichen Gefahren sind damit verbunden wie mit allen okkulten Praktiken: körperliche Verletzungen, schwere seelische Schäden und vielleicht sogar dämonische Besessenheit. Wir wollen hier einige dieser negativen Ufo-Erlebnisse untersuchen, die gewöhnlich geleugnet werden – so wie wir es auch von den entsprechenden Todeserlebnissen her kennen.

Dr. Jacques Vallee hat persönlich ca. 50 Fälle von visuellen Ufo-Kontakten aus erster Hand untersucht. »Viele davon haben negative physische und krankheitserregende Nebeneffekte zur Folge; darunter sind beispielsweise zwölf Fälle von tödlichen Verletzungen, wobei die Opfer bezeichnenderweise weniger als 24 Stunden überlebt haben.«[9]

Der Psychologe Dr. David Jacobs bemerkt: »In körperlicher Hinsicht kann eine solche Entführung bei den Opfern eine Vielzahl von Nachwirkungen hinterlassen: Narben, Augenprobleme, Muskelschmerzen, Blutergüsse, ungewöhnliche eitrige Absonderungen aus Scheide und Bauchnabel, Geschlechtskrankheiten, neurologische Probleme ... und so weiter.«[10] Andere von Psychologen festgestellte Folgen sind beispielsweise Schlafstörungen, Angstzustände, Phobien, panische Unruhe, Zwangsvorstellungen, bizarre »Verblutungs«-Erinnerungen, Kontakte außerhalb des Körpers mit »Toten« sowie Schäden in der psychosexuellen Entwicklung von Kindern.

John Keel warnt eindringlich: »Die leichtsinnige Beschäftigung mit Ufos kann genauso gefährlich sein wie das Spielen mit Schwarzer Magie ... paranoide Schizophrenie, Dämonomanie bis hin zum Selbstmord kann die Folge sein.«[11]

Der Psychiater Dr. Berthold Schwartz hat durch Ufos ausgelöste Probleme wie »unerklärliche Angst und panische Reaktionen, Verwirrung, gravierende Stimmungsschwankungen und Persönlichkeitsveränderungen ... Muskelschwund und Brandwunden« beobachtet.[12]

Dr. Bernard Finch bemerkt, daß relativ enge Ufo-Begegnungen zu Kopfschmerzen, Schwindel, Halluzinationen, Wahnvorstellungen und Gedächtnisschwund führen können.[13]

Der Ufo-Forscher Charles Bowen stellt fest, daß »die Chancen 50:50 stehen, daß dabei irgend etwas Schlimmes passiert«.[14]

Brad Steiger warnt: »Ufos sind für Morde, Überfälle, Brandanschläge ... Entführungen ... Attacken auf Familien ... und mysteriöse Kremationen verantwortlich.«[15]

Jerome Clark nimmt Bezug auf eine Reihe von feindlichen Ufo-Begegnungen: »Sie kommen gewöhnlich in abgelegenen Gegenden vor, und zwar bei Dunkelheit. Die Augenzeugen werden häufig gelähmt, wie z. B. Maris de Wilde, verletzt wie Flynn oder Jesus Paz, umgebracht wie Miguel Jose Viana und

Manuel Pereria de Cruz oder entführt wie Rivlino Mafra da Silva.«[16]

Der namhafte Experte Jacques Vallee stellte nach seiner Brasilienreise, auf der er eine große Zahl von Beobachtungen und Kontakten mit Ufos aus erster Hand untersucht hatte, fest, daß »das Ufo-Problem viel gefährlicher ist … als in der entsprechenden Fachliteratur angegeben … Die medizinischen Verletzungen als Folge von Begegnungen mit Ufos stellen vielleicht das wichtigste Forschungsgebiet für die Zukunft dar.«[17]

In einem anderen Zusammenhang gibt selbst Professor Ring zu, daß eine Art »Besessenheit« durch Außerirdische stattfinden kann:

> Meines Erachtens sollten viele der von »geistesgestörten Patienten« aufgestellten Behauptungen, sie seien von außerirdischen Geistwesen besessen, als eine völlig richtige Einschätzung dessen, was mit ihnen geschehen ist, verstanden werden. *Es ist höchste Zeit, den Gedanken der Besessenheit ernst zu nehmen und ihn nicht länger als Aberglauben oder bloße Halluzination abzutun.*[18] (Hervorhebung von mir.)

John Ankerberg und John Weldon kommen zu dem Schluß: »Nachdem wir dieses Gebiet 20 Jahre lang erforscht und dabei zigtausend Seiten mit Berichten und Informationen von mehreren hundert Autoren studiert haben, ist uns bis jetzt nicht der kleinste Hinweis begegnet, daß Ufos oder Ufo-Besatzungen göttlichen Ursprungs sein könnten.«[19]

Somit lähmen und destabilisieren die negativen Ufos das Omega-Konzept ganz und gar. Die Bibel sagt deutlich, daß Satan in der Endzeit »mit aller Macht und mit Zeichen und Wundern der Lüge und mit jedem Betrug der Ungerechtigkeit« über diese Erde herfallen (2. Thessalonicher 2,9) und daß es »große Zeichen vom Himmel« geben wird (Lukas 21,11). Wir brauchen uns also gar nicht zu wundern, daß jetzt, da unser Zeitalter sich dem Ende zuneigt, immer mehr Ufos gesichtet werden. Schließlich beherrscht Satan als der »Fürst des Machtbereichs der Luft« (Epheser 2,2) auch diese Dinge.

Die Suche nach Wahrheit

Auf der Suche nach »der Wahrheit« reisen Filmstars nach Indien, schwarze Sportler treten zum Islam über, und Leute wie der Pathologe Fred Nichols werden Buddhisten. Andere sind sich noch nicht sicher, was die Wahrheit sein könnte oder ob es überhaupt eine Wahrheit gibt, die man kennen kann. Diese Gruppe von Menschen beteuert besonders gern, daß »Wahrheit relativ ist«.

In der von Phil Donahue moderierten Fernsehsendung – so wie in fast allen anderen Talkshows auch – geht es in erster Linie um »Meinungen«. Man geht davon aus, daß jeder Mensch seine eigene Meinung hat, und weil das bekanntlich sein gutes Recht ist, muß diese Meinung auch zwangsläufig für ihn persönlich richtig sein. Nimmt man nun noch an, daß die Meinung des einen genauso gut ist wie die des anderen, sind eben alle Meinungen richtig.

Warum gibt es denn so viele verschiedene Meinungen? Weil es keine absolute Wahrheit gibt. Weil Wahrheit relativ ist. Es gibt keinen festen Maßstab für Recht und Unrecht. »Wahrheit ist für Sie das, was Sie dafür halten«, sagt Donahue. In der speziellen Sendung, in der dieser Ausspruch fiel, ging es um die moralischen Werte, die Eltern ihren Kindern vermitteln sollen. »Keiner weiß, was richtig ist«, meinte eine Mutter aus der Diskussionsrunde zustimmend. »Weshalb soll ich also meinen Kindern meine Ansichten aufzwingen? Genausowenig habe ich das Recht, ihnen irgendein bestimmtes religiöses System zu diktieren. Meine Kinder müssen selbst herausfinden, was für sie Realität ist.«

»Mit anderen Worten, was für Sie wahr ist, mag für Ihre Kinder vielleicht nicht wahr sein?« fragte Donahue.

»Genauso ist es«, entgegnete die Mutter.

Schlimm, sagte ich zu mir selbst. *Was diese Mutter in Wirklichkeit sagt, ist: »Ich habe meinen Kindern überhaupt nichts weiterzugeben – ich kann ihnen kein Vermächtnis, kein Erbe, keine Prinzipien und keine Lebensregeln hinterlassen. Es gibt nichts, was ich in meinem Leben wirklich gelernt hätte.«* Die Frau blieb für einen Augenblick still. Dann fuhr sie fort: »Aber im Grunde spielt das ja auch keine Rolle, denn nichts ist absolut wahr.« Die logische Konsequenz ist, daß wir nie etwas über irgend etwas wissen werden. Erziehung ist im Grunde nichts wert, denn es gibt überhaupt nichts, was man wissen müßte.

Der Autor Frank Peretti bringt das Problem auf den Punkt, wenn er schreibt: »Es gibt für Sie keine Möglichkeit zu wissen, ob das, was ich Ihnen sage, wahr ist, solange Sie nicht wissen, was Wahrheit ist. Und es gibt für Sie keine Möglichkeit zu wissen, was Wahrheit ist, wenn es keine Wahrheit gibt, die Sie kennen können.« Peretti vertritt also eine völlig gegenteilige Meinung zu der jener Mutter – die Meinung, daß es eine lebendige, absolute Wahrheit gibt, die man kennen kann.[20]

Wo ist die Schatzkammer der Wahrheit? Der Humanist behauptet, daß sie in Ihnen selbst zu finden ist. Die Bibel sagt: »Wenn jemand von euch Weisheit mangelt, so bitte er Gott … und sie wird ihm gegeben werden« (Jakobus 1,5). Einer von beiden Standpunkten muß verkehrt sein, aber welcher?

Es gibt bestimmte Wahrheiten, die absolut zu sein scheinen. Die Mathematik gehört zu diesen Wahrheiten. Ebenso die Physik. Und die Wissenschaft versucht ihr Bestes, um wahr zu sein. Diejenigen, die darauf bestehen, daß es »keinerlei Wahrheit gibt«, tun damit nur dem Bösen einen Gefallen, in dem »keine Wahrheit ist … denn er ist ein Lügner und der Vater der Lüge« (Johannes 8,44). Es ist jedoch die »geistliche« Wahrheit, die die meisten Menschen suchen, denn das, was man sieht, ist zeitlich, während das, was man nicht sieht, gewöhnlich ewig ist. Manche der biblischen Definitionen von Wahrheit sind eindeutig; es gibt an ihnen nichts zu rütteln. Jesus hat gesagt: »Ich bin der Weg und die Wahrheit und das Leben. Niemand kommt zum Vater als nur durch mich« (Johannes 14,6). Diese Wahrheit besagt, daß es »keinen anderen Weg gibt, wie der Mensch gerettet werden kann«. Wie bereits erwähnt, klingt das für mich nicht unbedingt fair, aber Jesus hat mich eben nicht gefragt, wie ich über diese Sache denke. »Weil ich euch die Wahrheit sage, glaubt ihr mir nicht«, sagte Jesus einmal. Ich muß deshalb diese Aussagen entweder vollständig annehmen oder vollständig ablehnen. Mir bleibt keine andere Wahl. Falls ich sie ablehne, könnte es sehr wohl sein, daß ich auf Lehren von Dämonen achte, von denen in 1. Timotheus 4,1 die Rede ist: »Der Geist aber sagt ausdrücklich, daß in der letzten Zeit manche vom Glauben abfallen werden, indem sie auf betrügerische Geister und Lehren von Dämonen achten.«

Genau wie Pilatus, der einst Christus zum Tode verurteilte, stehen heute Donahue und andere Fernsehmoderatoren auf, die immer noch die gleiche Frage stellen wie Pilatus damals: »Was ist Wahrheit?« Dabei kennen sie instinktiv die Antwort:

> Sie wissen ganz genau, daß es Gott gibt, er selbst hat ihnen dieses Wissen gegeben.
>
> Gott ist zwar unsichtbar, doch an seinen Werken, der Schöpfung, haben die Menschen seit jeher seine göttliche Macht und Größe sehen und erfahren können. Deshalb kann sich niemand damit entschuldigen, daß er von Gott nichts gewußt hat. Obwohl die Menschen Gott schon immer kannten, wollten sie ihn nicht anerkennen und ihm nicht danken. Statt dessen beschäftigten sie sich mit belanglosen Dingen und konnten schließlich in ihrer Unvernunft Gottes Willen nicht mehr erkennen.
>
> Sie meinten, besonders klug zu sein, und waren in Wirklichkeit die größten Narren. Statt den ewigen Gott zu ehren, begeisterten sie sich für vergängliche Idole; abgöttisch verehrten sie sterbliche Menschen, ja sogar alle möglichen Tiere. Deshalb hat Gott sie auch all ihren Trieben und Leidenschaften überlassen, so daß sie sogar ihre eigenen Körper schändeten.
>
> Indem sie die Schöpfung anbeteten und nicht den Schöpfer, haben sie Gottes Wahrheit verdreht und ihrer eigenen Lüge geglaubt. Aber dem Schöpfer allein gehören doch Lob und Ehre bis in alle Ewigkeit – das ist gewiß.
>
> Weil die Menschen Gottes Wahrheit mit Füßen traten, ließ Gott sie … fallen.
>
> (Römer 1,19-26, Hoffnung für alle)

Unsere Vorfahren waren so sehr davon überzeugt, »die Wahrheit« zu wissen, daß sie diese als Grundsatzerklärung in die Verfassung unseres Landes und in die ersten zehn Zusatzartikel zur Verfassung aufnahmen. Die Wahrheit war das Fundament, der Felsen, auf den unser Land und unser ganzes Erziehungswesen aufgebaut wurden. Diese Wahrheit gründete sich auf die christlichen Prinzipien unserer Vorväter – was das Volk heute anscheinend leider nicht mehr wahrhaben will.

Wie John Ankerberg durch seine peinlich genauen Nachforschungen festgestellt hat, waren die Absichten unserer Gründerväter absolut unmißverständlich.

George Washington sagte in seiner Antrittsrede als erster Präsident: »Wir sollten nicht weniger überzeugt sein, daß das Angesicht des Himmels sich niemals gnädig über eine Nation neigen kann, die die ewigen Gesetze von Recht und Ordnung, die der Himmel selbst eingesetzt hat, mißachtet.« Am Schluß seiner Rede zum Erntedankfest sagte er: »Bei aller Planung, die zu politischer Prosperität führt, sind Religion und Moral die Stützen, auf die nicht verzichtet werden kann.«[21]

John Adams, der Nachfolger von George Washington, schrieb im Jahr 1775: »Nur Religion und Moral allein sind in der Lage, die Grundpfeiler zu bilden, auf denen die Freiheit sicher stehen kann. Ein Patriot muß ein religiöser Mensch sein.«[22]

Thomas Jefferson, unser dritter Präsident, schrieb die folgenden Worte nieder, die noch heute auf seinem Denkmal in Washington/D.C. zu lesen sind: »Gott, der uns das Leben gab, gab uns die Freiheit. Können die Freiheiten eines Volkes sicher sein, wenn wir die Überzeugung, daß diese Freiheiten eine Gabe Gottes sind, fallenlassen? Wahrhaftig, ich zittere für mein Land, wenn ich mir überlege, daß Gott gerecht ist und Seine Gerechtigkeit nicht für immer schweigen kann.«[23]

Während des Bürgerkrieges rief Abraham Lincoln alle Amerikaner auf, sich an einem nationalen Gebetstag zu beteiligen: »Wir haben all diese vielen Jahre hindurch Frieden und Glück genießen dürfen … wir haben an Wohlstand und Macht zugenommen wie kein anderes Volk je zuvor. Aber wir haben Gott vergessen. Wir haben die gnädige Hand, die uns im Frieden bewahrt hat, vergessen … und haben statt dessen so getan, als wären alle diese Segnungen unserer eigenen überragenden Klugheit und Tugend zu verdanken. Berauscht von jahrelangem ungebrochenen Erfolg, sind wir mittlerweile zu dünkelhaft, um die Notwendigkeit der erlösenden und bewahrenden Gnade noch zu verspüren. Wir sind zu stolz, um zu dem Gott zu beten, der uns gemacht hat. Es geziemt uns deshalb, uns vor dem Allmächtigen, den wir so sehr beleidigt haben, zu demütigen, die Sünden unseres Volkes zu bekennen und um Gnade und Vergebung zu flehen.«[24]

Das oberste Bundesgericht hat bei seiner 1963 getroffenen Entscheidung, Gebet und Bibellese in den öffentlichen Schulen abzuschaffen, offensichtlich die Mahnung seines Vorgängers aus dem Jahr 1892 total vergessen: »Alle unsere staatlichen Institutionen müssen sich unbedingt auf die konkreten Lehren des Erlösers der Menschheit stützen. Etwas anderes ist nicht denkbar. In diesem Sinne sind unsere Kultur und unsere Institutionen ausdrücklich christlich.«[25]

Auch andere Präsidenten standen für christliche Prinzipien ein. Woodrow Wilson sagte: »Die Bibel ist die eine überragende Quelle der Offenbarung, die uns über den Sinn des Lebens und die geistliche Natur des Menschen Auskunft gibt.« Roosevelt bemerkte: »Es könnte unserem Land heute nichts Größeres passieren als ein religiöses Erwachen ... eine Erweckung, die durch alle Häuser unseres Landes geht ... und die Menschen neu zum Glauben an Gott ruft. Ich bezweifle, daß es irgendein Problem auf sozialem, politischem oder wirtschaftlichem Gebiet gibt, das nicht vor dem Feuer einer solchen geistlichen Erweckung dahinschmelzen würde.«

Was hat zur Selbstzerstörung unseres Volkes geführt? Es war und ist eine fortschreitende Entwicklung, die in den 60er Jahren oder so begonnen hat, als wir anfingen, unsere Gottesfurcht zu verlieren. Und mit dem Verfall von Sitte und Moral schien gleichzeitig ein Zerfall unserer nationalen Stärke einherzugehen, der große Ähnlichkeit mit den Faktoren aufweist, die einst für den Niedergang und Verfall des Römischen Reiches verantwortlich waren. Diese Faktoren sind von Edward Gibbon im Jahr 1787 wie folgt schriftlich niedergelegt worden:

1. Der Verlust der Würde und Unverletzlichkeit von Ehe und Familie bei steigenden Scheidungsziffern (die alte leidige Dis-

kussion, damals ausgetragen zwischen dem amtierenden Vizepräsidenten Quayle und Murphy Brown);

2. Steuererhöhungen und Verschwendung von öffentlichen Geldern (der Wohlfahrtsstaat);

3. Die Sucht nach Vergnügen und brutalen Sportarten (heute die Spezialität des Fernsehens schlechthin);

4. Eine Aufrüstung von gigantischen Ausmaßen, obwohl der eigentliche Feind sich im Innern befand (die Staatsverschuldung);

5. Der Verfall der Religion und die Hilflosigkeit der religiösen Führer (Unmoral und Abfall vom Glauben).

Unser Volk hat nur 200 Jahre gebraucht, um an den Punkt der endgültigen Zerrüttung zu gelangen. Das Römische Reich benötigte dazu doppelt so lange. Wer ist imstande, uns vor uns selbst zu retten? Wir selbst?

Viele Psychologen behaupten mit Bestimmtheit: »Ihr Problem ist, daß Sie nicht hoch genug von sich denken. Sie müssen eine größere Selbstachtung, ein stärkeres Selbstwertgefühl entwickeln, müssen sich selbst für wichtig halten, um Ihre Minderwertigkeitsgefühle zu überwinden.« Da das Wort »Selbstachtung« in der Bibel nicht vorkommt, läuft das Ganze häufig darauf hinaus, daß man sich in sein »höheres Selbst« vertieft oder vielleicht sogar nach einem inwendigen Geistführer Ausschau hält, der einem zur Selbstachtung verhilft.

Große Firmen geben Unsummen für Mitarbeiterseminare aus, in denen die Angestellten lernen sollen, wie sie Erfolg haben, sich selbst motivieren, ihre innere Unsicherheit überwinden und sich gegen die Konkurrenz durchsetzen können. »Sie können alles erreichen, was Sie sich in Ihrem Herzen vornehmen«, wird dort gelehrt. »Sie brauchen sich nur in sich selbst zu vertiefen, um die Kraft des kosmischen Bewußtseins anzuzapfen.«

Was ist damit gemeint, die Kraft im Innern anzuzapfen, Selbstachtung zu entwickeln? Solche Lehren stellen das menschlich Machbare heraus und verbannen Gott in die Zeit der Antike. Gott ist nicht notwendig. Der Mensch macht sich seinen eigenen Gott zurecht. »Man muß das menschliche Potential im Innern anzapfen, dann erreicht man alles«, heißt es. Damit leugnet man in Wirklichkeit, was in Kolosser 2,3 geschrieben steht, nämlich daß »in ihm (Christus) ... alle Schätze der Weisheit und Erkenntnis verborgen sind« – und nicht in einem selbst.

Selbstwertgefühl? Selbstvertrauen? Selbstbewußtsein? Wo stehen diese Dinge in der Bibel? Nirgends. Paulus bringt die Sache in 1. Korinther 4,7 treffend auf den Punkt: »Wer gibt dir denn das Recht, dir etwas einzubilden? Kommt nicht alles, was du hast, von Gott? Wie kannst du dann damit auftrumpfen, als hättest du es von dir selbst?« (Die Gute Nachricht). Und Jakobus schreibt in seinem Brief, Kapitel 3,15, daß es eine vermeintliche Weisheit gibt, die »niemals von Gott kommen« kann. »Sie ist irdisch, ungeistlich, ja teuflisch.« Deshalb, so fährt er fort: »Erkennt eure Unwürdigkeit, und beugt euch vor dem Herrn! Erst dann wird Gott euch helfen und aufrichten« (Jakobus 4,10). Wenn wir uns weigern, das zu tun, trifft Vers 16 desselben Kapitels auf uns zu, wo es heißt: »Ihr aber seid stolz auf eure Pläne und gebt damit an. Doch eine solche Überheblichkeit (oder: Selbstvertrauen) ist durch und durch verwerflich.«

An vielen Stellen in der Bibel wird vor der Gefahr gewarnt, sich selbst zu hoch einzuschätzen und zu viel zuzutrauen. Das steht in direktem Widerspruch zu den Thesen des positiven Denkens, die Selbstsicherheit und Selbstvertrauen betonen, als kämen sie direkt aus der Heiligen Schrift. Man tut so, als könne man Berge versetzen – notfalls auch ohne den Gott, der Berge versetzt.

»Denn alle Weisheit dieser Welt ist in den Augen Gottes nichts als Torheit. So heißt es schon in der Heiligen Schrift: ›Er fängt die Klugen mit ihrer eigenen Klugheit‹« (1. Korinther 3,19, Hoffnung für alle). Und im vorhergehenden Vers lesen wir, daß es besser ist, seine eigene Klugheit beiseite zu legen und den Mut aufzubringen, »als töricht zu gelten. Nur dann wird (man) wirklich weise« (Hoffnung für alle).

In Philipper 2,3 heißt es: »Weder Neid (oder Selbstsucht) noch blinder Ehrgeiz sollen euer Handeln bestimmen. Im Gegenteil, denkt von euch selbst gering, und achtet den anderen mehr als euch selbst« (Hoffnung für alle). Wir sollen also demütig sein, so wie Christus es auch war: »Und der äußeren Erscheinung nach wie ein Mensch erfunden, erniedrigte er sich selbst und wurde gehorsam bis zum Tod« (Philipper 2,8). Alles, was wir ersehnen und benötigen, soll durch Christus kommen. Wir sollen uns total auf ihn verlassen, denn, so sagt er, »ich bin sanftmütig und von Herzen demütig, und ihr werdet Ruhe finden für eure Seelen« (Matthäus 11,29).

Wie sollen wir uns nach den Worten Jesu verhalten, und wie sollen wir uns selbst einschätzen? Im Gegensatz zu dem heute so beliebten positiven Denken und der »Was-bringt-*mir*-das«-Mentalität des neuen Zeitalters, hat Christus uns gelehrt, nicht hoch von uns zu denken, sondern uns vielmehr selbst zu verleugnen:

> Wenn jemand mir nachkommen will, verleugne er sich selbst und nehme sein Kreuz auf und folge mir nach. Denn wer sein Leben erretten will, der wird es verlieren; wer aber sein Leben verliert um meinetwillen und um des Evangeliums willen, der wird es erretten. Denn was nützt es einem Menschen, die ganze Welt zu gewinnen und seine Seele einzubüßen? Denn was könnte ein Mensch als Lösegeld für seine Seele geben? Denn wer sich meiner und meiner Worte schämt unter diesem ehebrecherischen und sündigen Geschlecht, dessen wird sich auch der Sohn des Menschen schämen, wenn er kommen wird in der Herrlichkeit seines Vaters mit den heiligen Engeln.
>
> (Markus 8,34-38)

Das für mich überaus tröstliche Paradoxon ist, daß ich trotzdem wichtig bin – aber durch Christus und nicht durch mich selbst. »Alles vermag ich in dem, der mich kräftigt, Christus« (Philipper 4,13). Wenn wir unsere Kraft von Christus bekommen und nicht von uns selbst, ergeben sich daraus gewaltige und umfassende Möglichkeiten: »Wer an mich glaubt, der wird auch die Werke tun, die ich tue, und wird größere als diese tun ...« (Johannes 14,12). Der Heilige Geist in uns ist es, der uns die unbegrenzten Kraftreserven schenkt, gewaltige Dinge für Gott zu tun. Aber, wie gesagt, das geschieht nicht aus unserem eigenen menschlichen Können heraus, sondern es kommt von Gott. Ich versetze keine Berge, sondern Christus (durch den

Glauben). Sind wir etwas wert? Und ob! In Christus sind wir äußerst wertvoll. In der Tat könnte Jesus es folgendermaßen ausgedrückt haben: »Du als Person warst für mich so wertvoll, daß ich mein Leben für dich gegeben habe!«

Die Furcht vor dem Tod

Jeder Mensch fürchtet sich vor dem Unbekannten. Alles, was für uns neu ist, was wir noch nicht ausprobiert haben, jagt uns Angst ein. Wir haben unsere berechtigten Zweifel. Doch Gläubige, die klinisch tot waren, fürchten sich nicht mehr. Sie haben bereits einen flüchtigen Blick in die Herrlichkeit des Himmels tun dürfen. Paulus, der persönlich so etwas wie einen klinischen Tod erlebt hatte, als er in Lystra gesteinigt wurde, schrieb:

> Deshalb sind wir jederzeit zuversichtlich, auch wenn wir Gott in unserem irdischen Leib noch nicht unmittelbar nahe sein können. Jetzt glauben wir an ihn, auch wenn wir ihn noch nicht sehen können. Aber wir rechnen fest damit und würden am liebsten diesen Leib verlassen, um endlich ganz beim Herrn zu sein. Aber ganz gleich, ob wir nun bei ihm sind oder noch auf dieser Erde leben, es kommt nur darauf an, alles zu tun, was Gott gefällt. Denn einmal werden wir uns alle vor Jesus Christus als unserem Richter verantworten müssen. Dann wird jeder das bekommen, was er für sein Tun auf dieser Erde verdient hat, mag es nun gut oder schlecht gewesen sein.
>
> (2. Korinther 5,6-10, Hoffnung für alle)

Was die Bibel uns hier sagen will, ist, daß der Tod ein ganz normales Ereignis ist, bei dem der Mensch lediglich seinen irdischen Körper verläßt. Er ist nun nicht mehr durch Zeit und Raum begrenzt, sondern endlich ganz frei:

> Unser vergänglicher Körper, der dem Tod verfallen ist, muß in einen unvergänglichen Körper verwandelt werden, über den der Tod keine Macht hat. Wenn das geschieht, wird das Prophetenwort wahr: »Der Tod ist vernichtet! Der Sieg ist

vollkommen! Tod, wo ist dein Sieg? Tod, wo ist deine Macht?« Die Macht des Todes kommt von der Sünde. Die Sünde aber hat ihre Kraft aus dem Gesetz. Dank sei Gott, daß er uns durch Jesus Christus, unseren Herrn, den Sieg schenkt!
(1. Korinther 15,53-57, Die Gute Nachricht)

Wie verzweifelt können doch Menschen aussehen, die nicht an Gott glauben und sich deshalb ihrer Sache nicht sicher sind. In ihren Augen spiegeln sich zahllose Fragen: Tut Sterben weh? Ist es wirklich das Ende? Oder gibt es ein Leben nach dem Tod? Wartet im Jenseits vielleicht etwas Schlimmes auf mich? Oder kann ich ruhig sterben? Was kommt auf mich zu, Himmel oder Hölle?

Und was ist mit denen, die ganz langsam und unter großen Qualen sterben? Was empfindet ein Mensch, der sehnlichst darauf wartet, endlich sterben zu können? Der sich am liebsten selbst das Leben nehmen würde, es aber nicht wagt, weil er weiß, daß er das nicht darf?

Wer ist bereit, diesen Menschen zu helfen? Es sind die Patienten, um die sich niemand kümmert. Keiner will sie haben. Keiner weiß, wie er mit ihnen umgehen soll. Überall auf den Stationen der Krankenhäuser gibt es solche unglücklichen, bedauernswerten, einsamen und verzweifelten Menschen. Menschen, die von hilflosen Ärzten und ebenso hilflosen Angehörigen abgeschrieben worden sind. Manche müssen aus tiefster Depression herausgeholt werden.

»Sagen Sie dem Arzt, er soll mich gefälligst in Ruhe lassen«, forderte der Patient die Krankenschwester auf. »Was weiß er schon von Krebs? Er hat ja keine Ahnung, wie man sich dabei fühlt! Sagt, daß er mir helfen will, daß er mich versteht! Weiß er denn, daß mein Körper durch Strahlen verbrannt und mit Chemotherapie vergiftet ist? Was redet er so klug daher?«

»Vielleicht kann er Ihnen wirklich helfen«, entgegnete die Schwester ruhig.

»Was weiß *der* schon davon, wie ich mich fühle?« fragte der Patient aufgebracht.

»Fragen Sie ihn doch selbst! Er hat die gleiche Art von Krebs wie Sie. Er hat genau das gleiche durchgemacht wie Sie. Er weiß, wie man sich dabei fühlt.«

Es ist oft nicht leicht, sich mit den Sterbenden zu beschäftigen. Aber wenn man sich mit ihnen identifizieren kann, dann können die Kranken sich auch mit einem identifizieren. Am folgenden Tag machte der Patient seinem Herzen einmal so richtig Luft und schien anschließend in der Lage und bereit zu sein, auf das wunderbare, alte Heilmittel zu reagieren, das vor 2000 Jahren erfunden wurde, das Evangelium von Jesus.

Sie müssen damit rechnen, daß irgend etwas nicht stimmt, wenn ein guter Freund für lange Zeit nichts von sich hören läßt. Es mag sein, daß er sich bewußt zurückgezogen hat, weil er sich fühlt wie ein Aussätziger oder ein aus der Gesellschaft Ausgestoßener; ein total Verzweifelter, der sich nicht mehr unter Menschen traut. Warten Sie nicht, bis Sie die Todesanzeige in der Zeitung lesen. Besuchen Sie ihn persönlich. Hören Sie zu, lassen Sie ihn seine Fragen, seine Wut und seine Enttäuschung ruhig laut aussprechen.

Verschließen Sie Ihre Ohren nicht vor dem Schrei der Verzweiflung, so wie ich es einmal getan habe. Ich hatte die Symptome total übersehen, hatte einfach nicht richtig zugehört.

Bei ihrer dritten oder vierten Einlieferung ins Krankenhaus aufgrund von chronischem Lungenemphysem sah die Frau von Feuerwehrhauptmann Quinn extrem abgehärmt aus. »Ich bin es wirklich leid, so zu leben«, klagte sie. »Jeder Atemzug ist eine einzige Qual. Der Sauerstoff hilft überhaupt nicht mehr, und der Schlauch zieht mir die Haut von der Nase ab.«

Der Lungenspezialist warf mir einen vielsagenden Blick zu und schüttelte unmerklich den Kopf. »Es gibt kein Heilmittel für Raucheremphysem«, hieß das. Mike Quinn wußte das auch. In seinen Augen spiegelte sich tiefe Niedergeschlagenheit wider.

»Erlauben Sie mir, sie mit nach Hause zu nehmen«, sagte Mike und drückte seine Frau an sich.

»Hat sie Sauerstoff zu Hause?« fragte der Spezialist. Ich nickte bejahend.

An diesem Abend suchte Mike Quinn zu Hause so lange, bis er seinen alten Revolver gefunden hatte. Fünf Kugeln jagte er seiner Frau in den Kopf, den letzten Schuß feuerte er auf sich selber ab. Die ersten fünf Kugeln erwiesen sich aufgrund des Alters als Blindgänger. Sie prallten am Schädelknochen ab und blieben dicht unter der Kopfhaut stecken. Obwohl geistesgestört, lebte Frau Quinn danach noch etliche Monate in einem Pflegeheim, bevor sie starb.

Aus unerklärlichen Gründen war die sechste Kugel noch scharf, und Mike Quinn war auf der Stelle tot, ohne zu wissen, daß seine Frau noch lebte.

Zwischen den beiden hatte es einen Selbstmordpakt gegeben, den ich total übersehen hatte. Ich hatte die Symptome einfach nicht genügend beachtet. Bedingt durch ähnliche Erfahrungen, erkennen inzwischen mehr und mehr Ärzte diese Art von Problemen, ehe es zu spät ist. Wir hätten durch entsprechend starke Medikamente ohne weiteres dafür sorgen können, daß Frau Quinn nicht so sehr leiden mußte.

Suchen Sie nach einer speziellen Aufgabe? Hier ist sie. Eine Aufgabe, die Ihnen so schnell keiner streitig macht. Weder die Angehörigen noch der Arzt haben gelernt, wie man mit Sterbenden umgeht. Sie brauchen keinen, der ihnen gute Ratschläge gibt. Was sie brauchen, ist jemand, der ihnen zuhört, ihnen behilflich ist und sie tröstet. Mit guten Ratschlägen und irgendwelchen Philosophien sollte man sich tunlichst zurückhalten, es sei denn, man wird ausdrücklich darum gebeten. Stellen Sie dem Kranken, wenn Sie mit ihm allein im Zimmer sind, ruhig Fragen. Geben Sie ihm die Möglichkeit, sein Herz auszuschütten und über seine Sorgen und Nöte zu sprechen, wenn er will. Irgendwann fragt er Sie dann vielleicht sogar nach Ihrer Meinung.

Oft sind die Angehörigen und Freunde so nervös, daß sie den Kranken im entscheidenden Augenblick allein lassen. Eine junge Frau sagte: »Ich kann es nicht ertragen, Mama in diesem Zustand zu sehen.« Und weil sie sich nicht überwinden konnte, ließ sie sich nur sehr selten bei ihrer Mutter blicken. So war niemand da, der ihre Hand gehalten hätte, als sie starb. Dabei ist es oft ein denkwürdiger Augenblick, wenn ein Mensch stirbt. Wer wirklich den Mut hat, bei seiner Mutter auszuharren, bis es soweit ist, vergißt dieses Erlebnis nie mehr. Außerdem bewahrt es ihn auch vor nachfolgenden Gewissensbissen. Wer diesen

Augenblick verpaßt hat, macht sich oft hinterher Vorwürfe. Er fühlt sich schuldig.

Sie meinen, Sie hätten keine Genehmigung und auch nicht die entsprechende Ausbildung, um so etwas zu tun? Das spielt keine Rolle. Wichtig ist, daß Sie da sind. Ihre Einstellung, Ihr Mitgefühl sind es, die zählen. Falls der Patient Sie fragt, können Sie mit ihm ruhig auch über geistliche Dinge sprechen. Sie können ihn auf das ewige Leben hinweisen, das nicht mit dem Tod endet, sondern seine Fortsetzung im Paradies findet.

Wenn wir uns um diese Dienste am Krankenbett drücken, werden andere unseren Platz einnehmen. Es mögen Besucher oder Freunde von Mitpatienten sein. Vielleicht versuchen sie, Ihren Angehörigen von einem Todeserlebnis zu erzählen, das sie selbst gemacht haben. Dadurch bringen sie automatisch eine neue Religion ins Spiel, das »Omega«-Evangelium, das besagt, daß die Tore des Himmels jedem Sterbenden offenstehen. Glaube ist dazu nicht nötig. »Halten Sie einfach meine Hand«, sagen diese Leute. »Bald werden wir das Licht am Ende des Tunnels sehen. Das Licht bedingungsloser Liebe. Nur Mut! Ich bleibe bei Ihnen, bis das Licht kommt.«

Alles nur Phantasie? Nein, das gibt es wirklich! Die New-Age-Religion der Todeserlebnisse existiert tatsächlich. Achten Sie darauf, ob vielleicht einige dieser »Verkündiger« auch Ihr Krankenhaus besuchen. Sie sind überzeugt, Gutes damit zu tun. Sie wollen Menschen helfen.

Nichts ist so geeignet, die Seele wachzurütteln, wie eine bevorstehende Operation. Plötzlich denkt man ganz anders über das Leben nach. Die meisten Patienten versuchen zwar, ihre Angst, u. U. sterben zu müssen, nach Möglichkeit zu verdrängen, aber wenn sie dann kurz vor der Operation stehen, schlägt für jeden die Stunde der Wahrheit. Befinden Sie sich vielleicht gerade jetzt im Krankenhaus? Stehen Sie vor einer Operation und wissen nicht, ob Sie überhaupt aus der Narkose wieder aufwachen werden? Fürchten Sie sich vor eventuellen Komplikationen? Haben Sie das Gefühl, nicht zum Sterben bereit zu sein, und dieses Risiko ist Ihnen zu groß? Vielleicht möchten Sie eigentlich nicht darüber sprechen, weil Sie zu stolz sind, Ihre Ängste und Zweifel zuzugeben. Aber Sie fühlen sich unsicher.

Sie brauchen Gott. Sie brauchen eine Erneuerung Ihres Glaubens. Sie sehnen sich nach Gewißheit. Aber keiner ist da, der mit Ihnen spricht. Wenn das der Fall ist, rufen Sie einfach zu Gott. Er hört Sie.

Fürchten Sie sich vor dem Tod? Vielleicht, weil Sie ganz tief in Ihrem Innern wissen, wo Sie hingehen? Hören Sie auf die Stimme Ihres Gewissens! Schließlich möchte keiner von uns, daß aus dem vermeintlichen Licht der Herrlichkeit plötzlich die Flammen des Höllenfeuers lodern. Es geht um den Einsatz unseres Lebens, deshalb dürfen wir auf keinen Fall etwas falsch machen. Wir dürfen uns keinen Schnitzer erlauben. Doch warum bis zum Augenblick des Todes warten? Vielleicht haben wir dann keine Gelegenheit mehr, uns zu entscheiden.

Den Tod besiegen

Fred Lupton, von Beruf Ingenieur, hatte bereits ein halbes Dutzend Herzinfarkte überlebt. Einmal wurde er von einer jungen Frau, die zufällig an der gleichen Bushaltestelle wie er in Washington/D.C. stand, wieder zum Leben erweckt. Fred war erstaunt darüber, wie schnell eine solche kurze Berührung mit dem Tod den Sinn des Lebens ans Licht bringt. Er hatte großen Fleiß und Ehrgeiz darangesetzt, Erfolg zu haben und viel Geld zu verdienen. Doch als die Katastrophe über ihn hereinbrach, veränderten sich seine Ziele schlagartig.

Fred fragte mich: »Weißt du, woran man denkt, wenn der nächste Atemzug der letzte sein kann? Wenn man weiß, daß man vielleicht keine Stunde mehr zu leben hat?« Als ich nicht sofort antwortete, fuhr er fort: »Wenn man mit dem Rücken zur Wand steht, ist das Ziel des Lebens nicht mehr Geld, sondern, so erstaunlich das auch klingen mag, es ist *Zeit*. Die Frage lautet plötzlich nicht mehr: ›Wieviel *Geld* habe ich noch?‹ sondern: ›Wieviel *Zeit* habe ich noch?‹ Jeder Augenblick ist einem kostbar, denn man möchte noch so viel tun.« Um seine Worte zu verdeutlichen, zitierte Fred folgende Bibelstelle:

> Nun aber zu euch, die ihr sagt: »Heute oder morgen werden wir in die und die Stadt reisen! Dort werden wir ein Jahr lang

Geschäfte machen und viel Geld verdienen.« Woher wißt ihr denn, was morgen sein wird? Was ist euer Leben? Es gleicht einem leichten Nebel, der vom Boden aufsteigt und sich sogleich wieder auflöst. Sagt lieber: »Wenn der Herr es will, werden wir noch leben und dies oder jenes tun.« Ihr seid jetzt stolz und überheblich; aber ein solcher Stolz ist verwerflich. Wer weiß, was er zu tun hat, und tut es nicht, der macht sich schuldig.

(Jakobus 4,13-17, Die Gute Nachricht)

Fred Lupton hat mittlerweile eine totale Herztransplantation überlebt. Er ist nicht nur Ingenieur, sondern auch Pastor der presbyterianischen Kirche und legt großen Wert darauf zu betonen, daß man seinem Leben die richtige Richtung geben muß, ehe das Unglück einen ereilt und man dann vielleicht keine Möglichkeit mehr hat, sich zu entscheiden. Aufgrund seiner eigenen Erfahrung empfindet Fred tiefes Mitleid mit den Kranken und Sterbenden, denen er begegnet.

Eine Begegnung mit Gott

Es war lausig kalt und frostig, als ich an jenem Abend den Vortragssaal in Milwaukee betreten wollte. Plötzlich rutschte ich aus und landete vor den Augen der Menge, die sich am Eingang versammelt hatte, auf dem Rücken. Zuerst lachte niemand; erst als ich mich aufrappelte, meinen Anzug abklopfte und von neuem hinsegelte. Ich rang mir ein gequältes Lächeln ab und betrat vorsichtig die Eingangshalle, wobei ich so tat, als sei nichts geschehen.

Drinnen suchte ich schleunigst die Herrentoilette auf, um meinen verletzten Stolz und meinen neuen Anzug wieder in Fasson zu bringen. Ich hoffte nur, daß mich niemand erkennen würde, wenn ich wieder herauskam. Als alles ruhig geworden war, schlüpfte ich an den Leuten, die zum Teil noch nach einem Sitzplatz suchten, vorbei auf die Bühne hinter den Vorhang.

Ich war der Gastredner des Abends, den man extra von außerhalb eingeladen hatte. Durch einen Spalt zwischen den Vorhängen sah ich, daß der Saal gut gefüllt war. Sechs freiwillige

Ordner eilten hin und her, einer von ihnen ein katholischer Priester in einem abgetragenen braunen Tweed-Anzug, über dem ein weißer Kragen prangte, wie ihn die Geistlichen tragen. Als ich aufgerufen wurde, trat ich hoch aufgerichtet und erhobenen Hauptes vor die Menge, krampfhaft bemüht, mir nichts von meinen Schmerzen anmerken zu lassen. Bald war ich mittendrin in meinem Vortrag, wobei ich auf einer großen Leinwand Lichtbilder zeigte, die alles behandelten, was das Thema betraf – vom Herzinfarkt über erhöhte Blutfettwerte und Todeserlebnisse bis hin zu Wiederbelebungsmethoden.

Während die Zuhörer sich immer mehr für das Thema erwärmten, vergaß ich meinen Ausrutscher auf dem Eis. Ich merkte, ich kam an. Ich war der Star des Abends. Meine Rede war tadellos. Sogar die New-Age-Leute wären stolz auf mich gewesen. Und ich war stolz auf mich selbst. Noch ein wenig weiter, und ich wäre ein kleiner Gott.

Nachdem viele mir die Hand geschüttelt und mich zu dem gelungenen Vortrag beglückwünscht hatten, kam, während die Menge sich langsam verlief, der katholische Priester zu mir nach vorne. »Eine kolossale Leistung«, meinte Pater Richard Korzenik. »In der Tat, ein überaus interessanter und aufschlußreicher Vortrag.« Nach etlichen weiteren Komplimenten lud er mich zu sich nach Hause ein.

Es war gegen Mitternacht, als wir in seiner Wohnung ankamen. Diese bestand aus einem einzigen kleinen Raum mit ein paar Stühlen und einem gemütlichen Kamin, umgeben von Bücherregalen. An der gegenüberliegenden Wand befand sich eine kleine Einbauküche. Die winzige Wohnung lag auf der Rückseite eines Pflegeheimes, das vom Camellus-Priesterorden, dem Pater Korzenik angehörte, geleitet wurde.

Während er sich die Hände am Kaminfeuer wärmte, überraschte mich der weise alte Priester mit der Frage: »Schon mal in der Gegenwart Gottes gewesen?« Plötzlich war alles still. Einen alten Becher in der Hand haltend, aus dem er kochendheißen Kaffee schlürfte, blinzelte der Priester über seine halbmondförmige Brille und wartete auf eine Antwort.

Ich dachte bei mir selbst: *Das ist ja wohl eine blöde Frage. Wozu sollte ich eine Begegnung mit Gott haben müssen? Ich bin doch längst Christ, und noch dazu ein recht guter. Das hätte man eigentlich an meinem Vortrag merken müssen.* Schließlich sagte ich kurz: »Ich weiß nicht.«

Nachdem er eine frische Kanne Kaffee aufgebrüht hatte, verbrachte der Priester eine geschlagene Stunde damit, Schriftworte vor sich hin zu murmeln und mit offenen Augen zu beten, so, als blicke er direkt in die Ewigkeit hinein. Langsam ging mir auf, daß er mich dabei, ohne daß ich es merkte, in eine Art Selbstprüfung hineingeführt hatte, bei der er ein Stethoskop und einen Spiegel benutzte. Merkwürdigerweise nahm ich ihm diese Behandlung nicht einmal übel, denn ich merkte, daß da etwas Gewaltiges geschah. Je mehr ich kooperierte, um so mehr spürte ich, wie ich kleiner und immer kleiner wurde, so als hätte eine überwältigende Macht den Raum betreten, die mich zur Bedeutungslosigkeit reduzierte. Diese Macht war so groß, daß ich das Gefühl hatte, mich nicht bewegen zu können. Ich war wie festgefroren, auf der Stelle erstarrt. Diese ehrfurchtgebietende göttliche Gegenwart hüllte mich vollständig ein. Ich brachte kein Wort über die Lippen und starrte nur immer auf die aufgeschlagene Bibel auf meinem Schoß. Vor Aufregung und Furcht fing ich an zu zittern. Ich brachte es nicht fertig, woanders hinzuschauen. Der Heilige Geist war beinahe mit Händen zu greifen. In diesem Moment wußte ich, daß ich mich in der Gegenwart Gottes befand. Es war ein heiliger Augenblick. Ich wagte mich nicht zu rühren, aus Furcht, sonst sterben zu müssen.

Dieses Wesen bzw. diese Macht reagierte auf die Schrift. Sie wies auf den eingeborenen Sohn Gottes hin. Während sie um mich und über mir lagerte, merkte ich, daß sie absolut heilig und ich absolut nichts war. Nichts. Und die Selbstwertgefühle? Der Stolz, den ich eben noch empfunden hatte, war wie weggeblasen. Er konnte sich einfach nicht halten.

Und dann fing ich plötzlich an, unbändig zu weinen. Ich konnte gar nicht wieder aufhören. In mir blieb kein Raum für das eigene Ich. Ich wußte, daß ich unrein war, armselig und schmutzig. Ich schämte mich furchtbar. Es war das genaue Gegenteil von Selbstverwirklichung, wie sie uns von Mächten, die Gott feindlich gegenüberstehen, angeboten wird. Ich war mir meiner Unzulänglichkeit schmerzlich bewußt. Als der Lack der

Eitelkeit und Selbstgerechtigkeit ab war, blieb nichts mehr von dem Gefühl des Stolzes übrig, von meiner Selbstsicherheit, meiner Selbstbeweihräucherung. In der Gegenwart des Geistes Gottes wußte ich auf einmal, daß ich weniger wert war als die chemischen Elemente, aus denen mein Körper bestand. Und trotzdem hatte er mich lieb. Ich wußte ganz gewiß, daß er mich liebhatte.

Es war die demütigendste Erfahrung meines gesamten Lebens. Sie zeigte mir *nicht, wer ich bin, sondern wer er ist*. Dieser Gedanke zog mich auf die Knie. Ich wußte, hier hatte ich es mit Jesus Christus persönlich zu tun. Ich spürte, daß ich nun endgültig in ihm und er in mir war.

Ich wußte mit absoluter Sicherheit, daß dies keine bösartige Täuschung war. Im Gegenteil. Dieses Erlebnis offenbarte mir zum ersten Mal die absolute Falschheit aller humanistischen Religionen. Ich erkannte den Betrug, der den durch Drogen ausgelösten Trips der Mystiker, der durch Yoga erlangten Erleuchtung aus dem Fernen Osten und dem »dicken Ich« der Selbstverwirklichung zugrunde liegt. Zwei Tatsachen lagen klar auf der Hand: zum einen, daß *ich nicht Gott bin*, und zum anderen, daß ich im Sarg nicht mehr wert bin als fünf Dollar von Grundbestandteilen.

Doch gerade hier liegt das wunderbare, großartige Paradoxon, von dem ich ebenfalls überzeugt bin. In den Augen Gottes (nicht meinen eigenen) *bin ich außerordentlich wichtig und von überaus großem Wert*. Die ganze Welt ist für Gott nicht so viel wert wie meine Seele. Ich bin für ihn so wertvoll, daß sein Sohn speziell für mich gestorben ist. Dieser Gedanke begeistert mich total – zu wissen, daß ich für Gott wirklich etwas ganz Besonderes bin. So besonders, daß er sogar die Zahl der Haare auf meinem Kopf kennt (Matthäus 10,30). Und weil er mich geschaffen hat, muß die Familienähnlichkeit einfach durchschlagen; dem himmlischen Vater wie aus dem Gesicht geschnitten. Als Kind Gottes darf und muß ich tatsächlich als solches zu erkennen sein. Die Menschen müssen die Familienähnlichkeit sehen. Gott sieht mich als sein Kind. Er sieht mich als Individuum, getrennt von allen anderen. Und diese Identität werde ich nie verlieren. Das steht in direktem Gegensatz zu dem neuen Nirwana des Hollywood-Hinduismus'.

Was ist denn mit der »Kraft« und all jenen Geistern, die der Gerechtigkeit zu trotzen wagen? Was ist mit dem vielzitierten »menschlichen Potential«, den verborgenen Zielen der »neuen Weltordnung«, bei der Luzifer unter dem Decknamen des sogenannten »allumfassenden Geistes« angepriesen wird? Die Bibel spricht davon, daß alle diese bösen Mächte in der Endzeit für eine gewisse Zeit herrschen dürfen, bis Christus wiederkommt und ihnen den Garaus macht. Warum dürfen sie das? Ich weiß es nicht. Ich habe mir oft darüber den Kopf zerbrochen. Es gibt so viele Dinge, die ich nicht weiß. So viele Dinge, die mir Kopfzerbrechen bereiten.

Irgendeine Art von neuer Weltordnung wurde von Satan ersonnen, als er aus dem Himmel geworfen worden war. Sie wird von den neuen Glaubensrichtungen unserer Tage fortgeführt, möglicherweise als Auftakt der prophezeiten Wiedererstehung Babylons, und benutzt immer noch die gleichen vier Versprechen wie damals: Ihr werdet nicht sterben, ihr werdet sein wie Gott, ihr werdet alle Erkenntnis haben, und ihr werdet wissen, was gut und böse ist. Auf der Suche nach dem Traumland eines neuen Babylon fallen wir Menschen zurück in die Religion der Steinzeit, indem wir einerseits »Mutter Erde« in heidnischer Weise verehren und sie andererseits ökologisch zerstören.

Die Geister prüfen

Von den 8 bis 11 Millionen Menschen, die mittlerweile Todesnähe-Erlebnisse hatten, nehmen die meisten an, daß das herrliche Licht, das sie am Ende des Tunnels gesehen haben, sowohl heilig als auch gut ist. Dabei haben sie weder den Geist dahinter geprüft noch die Quelle identifiziert. So merkwürdig es klingt, der normale Mensch macht sich einfach nicht die Mühe, Fälschungen auf geistlichem Gebiet nachzuspüren. Die meisten akzeptieren unbesehen falsche Geister, wären aber äußerst erbost, wenn jemand versuchen würde, ihnen falsches Geld anzudrehen. Wahrscheinlich ist diese Leichtgläubigkeit auf geistlichem Gebiet mit ein Grund, warum Gott uns Menschen jeden

Kontakt mit Geistern, Geistführern, Medien, Zauberern und Wahrsagern ausdrücklich verboten hat (siehe 5. Mose 18,10-12).

Die Popularität von Geistern ist zurückgekehrt. Die meisten der ursprünglichen Sterbeforscher beschwören mittlerweile routinemäßig die Toten und machen Geschäfte mit irgendwelchen Geistwesen. Dabei wissen sie nicht einmal, wer diese Geister sind. Wie leicht kann man bei solchen Kontakten mit der Geisterwelt getäuscht werden, es sei denn, man hat ihre Herkunft definitiv festgestellt oder getestet.

Der Test ist einfach genug. Auch wenn sie sich noch so freundlich und rücksichtsvoll darstellen, werden die bösen Geister ohne Ausnahme leugnen bzw. die Aussage meiden, daß Jesus Christus der eingeborene Sohn Gottes ist. Doch dieser Test wird allzu selten angewandt, da der Betroffene von der Herrlichkeit seiner Umgebung schier überwältigt ist.

Warum ist es überhaupt notwendig, ein geistliches Leitsystem zu haben? Bei der großen Leichtgläubigkeit auf geistlichem Gebiet, mit der wir es heute allgemein zu tun haben, müssen wir uns nochmals mit dieser Frage befassen. Ohne entsprechende Vorschriften und Gebote würden wir, wenn wir ehrlich sind, sehr bald in der Klemme stecken. Wir wären wie ein Auto ohne Steuerrad, ein Schiff ohne Ruder oder ein Pilot ohne Kompaß. Wenn wir alle nach unseren eigenen Regeln und Gesetzen leben könnten, hätten wir bald die totale Anarchie. Feste Regeln sind nötig, um uns auf unserer Lebensreise zu leiten, damit wir sicher gehen können, auch wenn wir nichts sehen. Sie sagen, Sie glauben nicht an unsichtbare Dinge? Sie glauben nicht an Gott? Vielleicht doch. Lassen Sie mich das anhand einer Geschichte verdeutlichen.

Es war stockfinster an jenem Abend, an dem wir beschlossen, mit einigen jungen Männern aus dem Basketballteam nach einem Spiel in Oxford zurück nach Chattanooga zu fliegen. Meine Frau Martha und mein Sohn Buddy waren eifrig damit beschäftigt, ein paar Schweine, die sich verlaufen hatten, von dem schmalen Rollfeld zu vertreiben, damit wir starten konnten. Es war ein mondloser Abend, der Himmel mit Wolken bedeckt, so daß man nichts sehen konnte. Scherzend fragte ich die Jungs, ob irgendeiner wüßte, wo es nach Chattanooga ginge. Ich hätte es besser wissen sollen. Es war ein dummer Scherz, denn anschließend wollte keiner mehr mit mir fliegen, egal wohin! Ich mußte mir große Mühe geben, ihnen die Funktion der elektronischen Steuerung und anderer Geräte, die ein sicheres Fliegen ermöglichen, auch wenn man nichts sieht, zu erklären.

Weil immer noch Zweifel blieben, mußte ich die Sache vertiefen. Ich wies auf den Höhenmesser, der die Flughöhe anzeigt, das DME, das die Entfernung mißt, den künstlichen Horizont, der die Horizontale anzeigt, und den VOR, der die Richtung per Funkstrahl kontrolliert. Ich erklärte der Gruppe, daß uns zudem ein unsichtbarer Flugbeobachter überwachen und durch Radar korrigieren würde, um uns auf Kurs zu halten. Kompaß und Landkarten wären unsere Mutter, die Instrumente unser Vater. Zum Schluß würde unsere gezielte Landung in Chattanooga durch das Fadenkreuz eines ILS-Systems koordiniert werden.

Wenn es um die geistliche Welt geht, dann ist die Bibel das Leitsystem des Christen und der Heilige Geist sein Flugbeobachter. Dieses Leitsystem versorgt uns mit allen notwendigen Informationen und Korrekturen, bis wir am Ziel sind, und der Flugbeobachter leitet uns durch die richtige Tür, wo wir sicher sind, wo die Herrlichkeit länger als nur einen flüchtigen Augenblick andauert und aus dem richtigen Weg die richtige Landebahn wird.

Um das Leitsystem erfolgreich anzuwenden, können wir natürlich nicht das tun, was wir wollen, und auch nicht unsere eigenen Wege gehen. Sonst sind wir Dummköpfe. Die Leitlinien, die uns die Bibel gibt, sind absolut sicher und zuverlässig; sie haben seit nunmehr 2000 Jahren keine Veränderung oder Modifikation nötig gehabt. Weder eine Neuausgabe noch ein Up-date waren erforderlich.

Warum müssen wir die Geister prüfen? Weshalb ist es so wichtig, die richtige Landebahn zu erwischen? Weil Gott verheißen hat, daß alle diese falschen Götter und alle falschen Leitsysteme eines Tages vernichtet werden (Jeremia 10,11). Zu diesen Leitsystemen gehören u. a. Horoskope, Spiegel, Kristallkugeln, Tarotkarten, I Ching, Wahrsager, Schamanen und Medien. Der Prophet Jeremia warnt speziell vor Horoskopen:

»Macht es nicht wie die Leute, die Horoskope erstellen und ihr Schicksal sowie die Zukunft in den Sternen zu lesen versuchen! ... Ihre Wege sind nutzlos und töricht« (Jeremia 10,2, The Living Bible). Sie werden abgehauen wie ein Baum.

»Wir steuern auf das Omega zu«, sagen die Führer eines moderneren Leitsystems. Das hört sich gut an. Es stützt sich auf Dinge wie Todesnähe-Erlebnisse, Erfahrungen außerhalb des Körpers und Begegnungen mit Ufos. Und die Botschaft ist erhebend: »Alle Menschen sollen in Liebe und Harmonie zusammenleben.« Was für ein tolles Zeug, nie negativ! Da jeder einen Blick in die Herrlichkeit getan hat, dienen die Todeserlebnisse lediglich als »Beweis für die Höherentwicklung des Menschen und seine planetarische Transformation«. Jeder kommt in den Himmel. Und sollte einer zurückgeschickt werden, dann ist es seine Aufgabe, die Welt neu zu machen, sie zu einem neuen Babylon ohne Gott werden zu lassen.

Omega heißt dieses herrliche Lichtwesen am Ende des Tunnels, wo es keine Verantwortlichkeit und nicht einmal ein Karma gibt.

Doch wenn man richtig darüber nachdenkt, ist Jahwe, der Gott der Bibel, viel mehr als Omega. Er ist das Alpha und das Omega. Jedoch mit einer völlig anderen Definition. An vier verschiedenen Stellen im Buch der Offenbarung sagt der Herr: »Ich bin das Alpha und das Omega, der Anfang und das Ende.« Nicht »entweder« Alpha oder Omega, sondern »sowohl« Alpha als auch Omega, beides zur gleichen Zeit. Diese Aussage umfaßt erstaunliche Dimensionen: Sie bedeutet, daß Gott die Zeit in beide Richtungen gleichzeitig durchschreiten kann.

Fassen wir zusammen: Wenn jede der beiden Kräfte von sich behauptet, das »Licht« zu sein, muß eine von ihnen falsch sein. Und wenn beide behaupten, das »Omega« zu sein, können unmöglich beide recht haben. Egal, wie attraktiv sie erscheinen, eine von beiden muß falsch sein.

Im Wettstreit mit so vielen namhaften Autoren komme ich mir vor wie eine schwache Stimme auf der Spitze eines weit entfernten Berges, eine Stimme, die in dem Riesentumult der opponierenden Propheten in der Nähe praktisch untergeht. Ach, könnte ich doch Feuer vom Himmel herunterbeten, so wie Elia es einst auf dem Berg Karmel tat und damit den 450 Baalspriestern bewies, wer der wahre Gott ist. Könnte ich doch nur sagen, was Elia zu dem Volk Israel sagte: »Wie lange hinkt ihr auf beiden Seiten? Wenn der Herr der wahre Gott ist, dann folgt ihm nach; wenn aber der Baal, dann folgt ihm nach!« (1. Könige 18,21). Weil ich aber kein Prophet bin, kann ich nur hoffen und beten, daß Gott auf irgendeine Weise sein Feuer herabsendet, das Ihr Herz berührt und Ihre Augen für die Wahrheit öffnet.

»Erwählt euch heute, wem ihr dienen wollt«, sagte Josua (Kapitel 24,15). Im Matthäusevangelium lesen wir: »Niemand kann zwei Herren dienen; denn entweder wird er den einen hassen und den anderen lieben, oder er wird einem anhangen und den anderen verachten. Ihr könnt nicht Gott dienen und dem Mammon« (Matthäus 6,24). Nochmals: Diejenigen, die mit der Masse auf dem »breiten« Weg gehen, werden schlußendlich feststellen, daß ihre Götter zunichte werden. Sie werden »von der Erde verschwinden«, heißt es in Jeremia 10,11.

Natürlich werden wir alle früher oder später die Wahrheit erkennen. Gott hat gesagt, daß sich »jedes Knie beugen und jede Zunge ... bekennen« wird (Römer 14,11). Die Botschaft Gottes lautet schlicht und einfach: »Du wirst mich anerkennen – wenn nicht jetzt, dann später.« Wenn das wahr ist, warum ihn dann nicht jetzt als Herrn bekennen. solange das Evangelium noch die »gute Nachricht« ist? Irgendwann wird es zur »schlechten Nachricht«, nämlich dann, wenn die Gelegenheit, sich für Gott zu entscheiden. beim Eintritt des Todes ein für allemal vorbei ist. Wer wirklich in den Himmel kommen will, muß sich jetzt dort einen Platz reservieren lassen.

Die Tür zum Leben und die Tür zum Tod

Wir alle befinden uns im Landeanflug auf den Tod. Was kommt danach – Herrlichkeit oder Hölle? Sie sind sich nicht sicher?

Beinahe hätten wir uns beim Start vom Internationalen Flughafen in Atlanta überschlagen, als sich der Tower meldete: *»Azteke Triple-one Yankee, warum haben Sie den Start nicht abgebrochen?«*

Ich nahm das Mikrofon in die Hand. »Hier spricht *Triple-one Yankee*. Wir waren bereits vom Boden weg, als Sie uns riefen; vor uns der Sog der *Eastern* und die *Delta* dicht auf unseren Fersen. Wenn wir den Start abgebrochen hätten, wäre der ganze Flughafen lahmgelegt gewesen, bis Sie uns abgeschleppt hätten.«

»Wann haben Sie gemerkt, daß das Bugrad gebrochen war?«

»Kurz vor dem Abheben, als die Maschine anfing, sich heftig zu schütteln. Als wir mit der Nase vom Boden weg waren, ging alles reibungslos. Dann habe ich Sie angerufen. Da waren wir aber bereits in der Luft.«

»Sechs Personen an Bord? Wir werden über Funk in Chattanooga Bescheid geben, daß man einige Feuerwehrautos bereithält, wenn Sie landen. Falls Sie sich überschlagen sollten. Seien Sie äußerst vorsichtig. Gehen Sie jetzt direkt auf Kurs, *Triple-one Yankee*. Sie haben freien Flug von Hartsfield direkt nach Lovell Field.«

Einmal in der Luft, gab es keinerlei Probleme mit der Steuerung, aber als bei der Landung die Seitensteuerung von der Heckflosse zum Bugrad wechselte, war mir klar, daß die Azteke seitlich ausbrechen und sich überschlagen konnte. Ein Leitsystem war nicht vorhanden. *Wieder dieser Ausdruck »Leitsystem«,* schoß es mir durch den Kopf. *Das ganze Leben scheint davon voll zu sein.*

»Meinst du, wir schaffen es, Doc?« Es war mein Freund Glen Michaels auf dem Kopilotensitz, der so fragte und dabei nervös an seinem Hemdkragen nestelte.

Ich nickte kaum merklich. »Die letzte Anweisung von Chattanooga lautete, wir sollen auf Startbahn 14 landen. Die wird nur selten benutzt. Also gibt es weniger Durcheinander. So bleibt die Hauptbahn offen. Laß uns nach Feuerwehrautos Ausschau halten, die neben uns herfahren. Lage und Richtung in letzter Minute sind entscheidend. Wir müssen mit hochgezogener Nase und voll ausgefahrenen Landeklappen landen. Unsere Geschwindigkeit muß möglichst gering sein, wenn die Hinterräder aufkommen. Ich werde den Steuerknüppel zurückziehen, so weit ich kann, damit das Bugrad nicht den Boden berührt. Laß uns beten, daß die Maschine sich nicht überschlägt und in Brand gerät, falls sie von der Landebahn abkommt und verrückt spielt. Und jetzt sag den anderen, daß sie sich anschnallen sollen. Es dauert nicht mehr lange.«

Ich glaube, wir hatten alle den gleichen Gedanken. Dies hier konnte das Ende bedeuten, aber ich persönlich konnte es mir nicht leisten, nervös zu werden. Doch sonderbar, in diesen Augenblicken, vielleicht mit der Situation auf dem Sterbebett zu vergleichen, glitten meine Gedanken durch die Brandung meiner Vergangenheit, und ich mußte plötzlich an den alten Priester in Milwaukee, Richard Korzenik, denken. Vielleicht würde ich Gott bald wieder begegnen. Doch ich wußte mit Sicherheit, wo ich sein würde.

»Kannst du das Gas nicht vorher wegnehmen?« fragte Glen und schneuzte sich nervös die Nase in ein nicht mehr ganz frisches Taschentuch.

»Auf keinen Fall. Nicht mit dieser Maschine. Schau, da unten taucht gerade Landebahn 14 auf, direkt hinter Missionary Ridge.«

So ähnlich wie am Lebensende, würden auch wir jetzt durch einen unsichtbaren Tunnel nach unten schweben. Es kam mir vor wie eine umgekehrte Eistüte, an deren Spitze die Zeit auslief. Das Ende unserer Reise konnte der Eingang zum Himmel oder zur Hölle sein – die Tür, an der die Wahrheit herauskommen würde.

Als wir ganz langsam anflogen, wurde die Maschine plötzlich ungestüm von einer unsichtbaren Hand gepackt und die Nase hart nach Steuerbord herumgerissen. Das linke Seitenruder voll ausgefahren, die rechte Tragfläche nach unten gedrückt und den rechten Motor aufgedreht; mehr konnte ich nicht tun, um zu verhindern, daß das Flugzeug von der Landebahn geweht wurde. Ich zog die Nase hoch, hoch, hoch und würgte die Motoren ab. Das Haupttriebwerk heulte laut auf, während die Maschine sank. Endlich berührte das nutzlose Bugrad den Boden, und wir segelten über den Rasen. Die Feuerwehrleute standen mit ihren Schläuchen in der Hand bereit und waren anscheinend enttäuscht, als wir uns nicht überschlugen und in Flammen aufgingen. Ich entschuldigte mich dafür bei ihnen. Und sie nahmen uns ins Schlepptau.

Ein Blick in die Herrlichkeit? Wahrscheinlich recht nahe daran. In mir weckte es die Frage, wie es wohl im Himmel wirklich aussehen mochte. Manche wiederbelebte Patienten hatten eine Stadt mit goldenen Straßen gesehen und andere so etwas wie den Garten Eden mit einer wunderschönen Umgebung. Manche hatte auch beides gesehen. Der Grund, weshalb ich mir die Frage stellte, war vielleicht der Umstand, daß, wie man interessanterweise aus den Versen 1. Mose 3,22-24 entnehmen kann, der Garten Eden nie zerstört, sondern lediglich vor den Augen der unwürdigen Menschen verborgen worden ist:

> Und Gott, der Herr, sprach: Siehe, der Mensch ist geworden wie einer von uns, zu erkennen Gutes und Böses. Und nun, daß er nicht etwa seine Hand ausstrecke und auch noch von dem Baum des Lebens nehme und esse und ewig lebe! Und Gott, der Herr … trieb den Menschen aus und ließ östlich vom Garten Eden die Cherubim sich lagern und die Flamme des zuckenden Schwertes, den Weg zum Baum des Lebens zu bewachen.

Die Cherubim hatten also den Weg zum Baum des Lebens verborgen, so daß der Mensch ihn nicht mehr finden konnte. War es möglich, daß dieser Baum noch da war? Konnte es sein, daß wir irgendwann doch den Weg dorthin finden würden? Oder war das nur eine verrückte Idee? Für mich bietet die Geschichte vom verlorenen Sohn einen gewissen Anhaltspunkt.

Sie erinnern sich an dieses Gleichnis Jesu von dem rebellischen Sohn, der sich sein Erbe vorzeitig auszahlen ließ und wegzog, um das Leben zu genießen. Als er das ganze Geld mit Gelagen und einem üppigen Lebensstil verpraßt hatte, kam eine Hungersnot über das Land, und der junge Man fing an, schrecklichen Hunger zu leiden. Die einzige Arbeit, die er finden konnte, war die eines Schweinehirten. Es gab so wenig zu essen, daß er sich wünschte, das Futter mit den Schweinen teilen zu können. Langsam dämmerte ihm, daß er selbst nicht besser daran war als die Schweine. Sein Geld, seine Selbstachtung, sein Selbstwertgefühl – alles war fort.

Schließlich sah der Sohn seinen schweren Irrtum ein und war bereit, die Konsequenzen zu ziehen und sein Kreuz auf sich zu nehmen. Er tat aufrichtig Buße. Er gab zu, im Unrecht zu sein. An die Stelle seines Selbstbewußtseins und seiner früheren Überheblichkeit traten Reue und Scham. Er ging in sich und beschloß, zu seinem Vater zurückzukehren und ihn um Vergebung zu bitten. Er sagte zu sich selbst: »Ich will mich aufmachen und zu meinem Vater gehen und will zu ihm sagen: Vater, ich habe gesündigt gegen den Himmel und vor dir, ich bin nicht mehr würdig, dein Sohn zu heißen, mach mich wie einen deiner Tagelöhner.«

»Als er aber noch fern war«, so erzählte Jesus weiter, »sah ihn sein Vater und wurde innerlich bewegt und lief hin und fiel ihm um seinen Hals und küßte ihn zärtlich.«

Es ist eine wunderschöne Geschichte. Der Vater ließ dann seinen Sohn baden, neu einkleiden, einen Ring an seinen Finger stecken und eine große Willkommensfeier vorbereiten, um seinen wiedergefundenen Sohn in ein völlig neues Leben einzuführen. »Denn dieser mein Sohn war tot und ist wieder lebendig geworden, war verloren und ist gefunden worden. Und sie fingen an, fröhlich zu sein« (Lukas 15,24).

»Genau so«, sagte Jesus, »ist Freude vor den Engeln Gottes über *einen* Sünder, der Buße tut« (Vers 10). Diese einfache Geschichte ist die gute Nachricht, und die gute Nachricht bedeutet einfach, den Baum des Lebens wiederzufinden. Er war immer da. Jesus Christus ist der Weg. Er ist der Eingang zum Paradies. Er ist das ewige Leben, und auch der Baum des Lebens. So einfach ist das.

»Siehe, ich stehe an der Tür und klopfe an«, sagt Jesus auch heute. »Wenn jemand meine Stimme hört und die Tür öffnet, werde ich hineingehen und mit ihm essen, und er mit mir« (Offenbarung 3,20). Er sagt ausdrücklich, daß er hereinkommen will, wenn Sie die Tür öffnen und ihn hereinbitten, damit er Ihnen sagen kann, was Sie mit Ihrem Leben machen sollen. Nehmen Sie Jesus beim Wort! Er kann nicht lügen, und Sie haben nichts zu verlieren.

Noch ein letzter Gedanke. Der Mensch ist das einzige Geschöpf, das genau weiß, daß es sterben muß. Trotzdem weigert er sich bis zum letzten Moment, dies zu glauben, und steht dann gewöhnlich unvorbereitet da. Heute ist der Tag, an dem Sie sich auf das Sterben vorbereiten können. Wenn Sie Jesus gerade jetzt die Tür Ihres Herzens öffnen und ihn bitten möchten hereinzukommen, können Sie dieses einfache Gebet sprechen:

> Herr Jesus, ich weiß, daß du der eingeborene Sohn Gottes bist, vor dem ich mich bisher versteckt habe. Doch jetzt komme ich zu dir, so wie ich bin, sündig, unrein und schmutzig. Ich sehe meine Schuld ein und wende mich bewußt davon ab. Du sagst in deinem Wort, wenn ich dir meine Sünden bekenne, bist du treu und gerecht, daß du mir die Sünden vergibst und mich reinigst von jeder Ungerechtigkeit.
>
> Herr Jesus, ich habe heute gehört, wie du an die Tür meines Herzens geklopft hast. Du hast versprochen, in mein Leben zu kommen, wenn ich die Tür öffne. Das tue ich jetzt ganz bewußt. Ich öffne dir die Tür und übergebe dir mein Leben. Zeig mir bitte, was ich tun soll. In Jesu Namen. Amen.

Wenn Sie dieses Gebet aufrichtig gebetet haben, haben Sie soeben die wichtigste Entscheidung Ihres Lebens getroffen. Ob lebendig oder tot, Ihnen kann nichts mehr passieren. Endlich haben Sie die Antwort auf die verwirrende Frage, ob es ungefährlich ist zu sterben, gefunden. Wenn Sie Jesus Christus gehören, können Sie absolut sicher sein!

ANHANG

Standardmethode der Herz-Lungen-Wiederbelebung

Erstens sollten Sie sich für einen kompletten Lehrgang bei einer entsprechenden Institution wie Rotes Kreuz oder Arbeiter-Samariter-Bund u. a. anmelden. Die Telefonnummern finden Sie in Ihrem örtlichen Telefonbuch. Zweitens sollten Sie Ihre Handgriffe ständig üben, so wie den Schlag beim Tennis oder Golf, damit Sie jederzeit einsatzbereit sind.

1. Schritt: Rufen Sie Hilfe herbei (Notruf 112 o. ä.).

2. Schritt: Schütteln Sie den Patienten und sprechen Sie ihn an, um zu sehen, ob er bei Bewußtsein ist oder nicht. Der Patient sollte auf einer harten Unterlage liegen. Stellen Sie fest, ob er noch atmet.

3. Schritt: Falls der Patient nicht mehr atmet, überstrecken Sie seinen Kopf (mit dem Kinn zur Decke), um die Atemwege freizumachen. Halten Sie seine Nasenlöcher mit den Fingern zu (um Ihren Atem in seine Lungen zu lenken), und spenden Sie ihm zwei volle Atemzüge von Mund zu Mund. Sein Brustkorb wird sich heben, wenn die Atemwege nicht blockiert sind.

4. Schritt: Tasten Sie den Puls an der Halsschlagader neben dem Adamsapfel. Ist kein Pulsschlag vorhanden, simulieren Sie umgehend den Herzschlag, indem Sie mit übereinandergelegten Händen und durchgedrückten Ellbogen im regelmäßigen Rhythmus auf das untere Brustbein drücken, und zwar ca. 5 cm senkrecht nach unten mit mindestens 80 Druckbewegungen pro Minute.

5. Schritt: Führen Sie diesen Zyklus fort, bis Hilfe kommt, wobei Sie jeweils nach 15 Druckbewegungen zwei volle Atemzüge spenden.

Das herbeigerufene qualifizierte Hilfspersonal wird den Patienten, falls er nicht atmet, umgehend intubieren (Einführen des Tubus in die Luftröhre), intravenösen Zugang legen (für Infusionen und Medikamente), falls nötig, durch Elektroschock defibrillieren und weitere lebensrettende Maßnahmen einleiten.

ANMERKUNGEN

Vorwort

1. George Gallup schätzte im Jahr 1982 ursprünglich 8 Millionen Todesnähe-Erlebnisse, als er *Adventures in Immortality* durch McGraw-Hill in New York publizierte.

Kapitel 2

1. Vgl. 5. Mose 18,20-22, 3. Mose 20,27, Jeremia 28,15-17.

Kapitel 3

1. *Life Magazine*, März 1992, 65.
2. *Life Magazine*, März 1992, 66.
3. *Beyond the Line*, Barton-Prinz Productions, Vancouver, B.C., 1992.
4. *Maclean's Newsmagazine*, 20. April 1992, 38.
5. *Life Magazine*, März 1992, 71.
6. *Life Magazine*, März 1992, 68. Auszug von Diane Komp aus dem Buch *A Window to Heaven* von Diane M. Komp, Ph.D., Copyright 1992. Mit freundlicher Genehmigung des Zondervan Publishing House, 28.
7. *Life Magazine*, März 1992.
8. *Maclean's Newsmagazine*, 20. April 1992, 37.
9. James Johnson und David Balsiger: *Beyond Defeat* (New York: Doubleday, 1978), zitiert in *Life Magazine*, März 1992, 70.

Kapitel 4

1. *U.S. News and World Report*, November 1990.
2. *Newsweek*, 6. Januar 1992, 39.
3. *U.S. News and World Report*, 25. März 1991, 60.
4. *U.S. News and World Report,* 25. März 1991, 57.
5. Carl G. Johnson, *Hell, You Say?* (Newton: Timothy Books, 1974), IX.

6. Demetria Kalodimos, »A Glimpse of Glory«, NBC-TV Nashville, Tennessee, September/Oktober 1992.
7. Raymond A. Moody, *The Light Beyond: New Explorations by the Author of Life After Life* (New York: Bantam, 1989), 27.
8. Robert Kastenbaum, *Is There Life After Death?* (New York: Prentice Hall, 1984), 25. Zitat von G.A. Garfield in Kastenbaum, ed., *Between Life and Death* (New York: Spring Publishers, 1979), 54-55.
9. S.B. Shaw, *The Dying Testimonies* (Noblesville: Newby Book Room, 1969), 49, 66, 119, 143, 214.
10. Marvin Ford, *On the Other Side* (Plainfield: Logos International, 1989), 93-94.
11. Jean-Baptiste Delacour, *Glimpses of the Beyond,* Übers. E.B. Garside (New York: Delacorte Press, 1974), 22-25.
12. Stephen Board, »Light at the End of the Tunnel«, *Eternity*, Juli 1977, 13-17.
13. Maurice Rawlings, *Beyond Death's Door* (Nashville: Thomas Nelson, 1978), 91-93.
14. Karlis Osis und E. Haraldsson, *At the Hour of Death* (New York: Avon Books, 1977), 90-91.

Kapitel 5
1. John Ankerberg und John Weldon, *The Facts on Life after Death* (Eugene: Harvest House Publishers, 1992), 34-35.
2. Gary R. Habermas und J.P. Moreland, *Immortality: The Other Side of Death* (Nashville: Thomas Nelson Publishers, 1992), 157.
3. Habermas und Moreland, *Immortality*, 41.
4. John White, »What the Dying See«, *Psychic*, September/Oktober 1976, 40.
5. Karlis Osis, *Deathbed Observations by Physicians and Nurses* (Parapsychology Foundation, 1961), 30.
6. Basil Tyson, *UFOs: Satanic Terror* (Alberta: Horizon House Publishers, 1977), 101.
7. Robert Monroe, *Journeys Out of the Body* (Garden City: Doubleday, Anchor Books), 138-39.
8. Lennie Kronisch, »Elisabeth Kubler-Ross: Messenger of Love«, *Yoga Journal*, November/Dezember 1976, 20.

9. Raymond Moody Jr., *Life After Life* (New York: Bantam, 1975), 140.
10. Raymond Moody Jr., *Reflections on Life After Life* (New York: Bantam, 1977), 18-19.
11. John Dart, »Heaven or Hell – Not the Burning Question It Used to Be«, *Dallas Times Herald*, 2. September 1978, 17.
12. F.W.H. Myers, *Human Personality and Its Survival of Bodily Death* (Hyde Park: University Books, 1961), 212-217.
13. Nach Auskunft ihrer Tochter erlitt Rebecca Love einen schweren Schock aufgrund von Kortison, das sie zur Behandlung einer Allergie bekommen hatte. Als das Bewußtsein sie verließ, »wurde alles schwarz, und dann schwebte ich auf ein wunderbares, himmlisches Licht zu«. Die Beschreibung erinnerte Rebecca an das Sterbebett ihrer eigenen Mutter, deren Gesicht, wie man sagte, geleuchtet und deren Augen ein strahlendes Licht verbreitet hatten. Die Szene war für Jack, ihren verirrten Sohn, so lebendig, daß er eine lebensverändernde Bekehrung erlebte.

Kapitel 6

1. Dina Ingber, »Visions of an Afterlife«, *Science Digest*, Band 89, No. 1, Januar/Februar 1981, 142.
2. Morse, *Closer to the Light*, 191-192.
3. Habermas und Moreland, *Immortality: The Other Side of Death*, 75.
4. Habermas und Moreland, *Immortality*, 94.
5. *U.S. News and World Report*, 25. März 1991, 57.
6. Albert Heim, »Über den Tod durch Absturz«, *Jb. Schweiz. Alpenclub*, zitiert in General Psychopathology, Übers. Karl Jaspers (Manchester: University Press, 1963).
7. Kerby Anderson, *Life, Death and Beyond* (Grand Rapids: Zondervan, 1980), 88.
8. K. Osis und E. Haraldsson, *At the Hour of Death* (New York: Avon Books, 1977), 78.
9. Osis und Haraldsson, *At the Hour of Death*, 36-37.
10. S.B. Shaw, *The Dying Testimonies* (Noblesville: Newby Book Room, 1969), 204-205.

11. M.C. Pritchard, *Pebbles from the Brink* (Ottawa: Holiness Movement Print, 1913), 17.
12. Pritchard, *Pebbles*, 137.
13. Pritchard, *Pebbles*, 111.
14. Pritchard, *Pebbles*, 133.
15. John Myers, *Voices from the Edge of Eternity* (Old Tappan: Fleming Revell, 1968), 247-248.
16. Myers, *Voices*, 249.
17. Kenneth Ring, *Heading Toward Omega* (New York: William Morrow, 1984), 44.
18. Ring, *Heading Toward Omega*, 48.
19. Shaw, *Dying Testimonies* (Noblesville: Newby Book Room, 1969), 16.
20. Shaw, *Dying Testimonies*, 35-36.
21. Shaw, *Dying Testimonies*, 202.
22. Pritchard, *Pebbles*, 27.
23. Shaw, *Dying Testimonies*, 47-48.
24. Ring, *Heading Toward Omega*, 44-45.
25. Moody, *Reflections*, 46.
26. Moody, *Reflections*, 44.
27. P.M.H. Atwater, *Coming Back to Life* (New York: Dodd, Mead & Company, 1988), 13.
28. Atwater, *Coming Back to Life*, 18-19.
29. Atwater, *Coming Back to Life*, 18.
30. Atwater, *Coming Back to Life*, 19.
31. Ring, *Heading Toward Omega*, 19.
32. *Los Angeles Times*, 4. Oktober 1977.
33. *Los Angeles Times*, 28. September 1974.

Kapitel 7
1. Tal Brooke, *When the World Will Be as One* (Eugene: Harvest House, 1989), 35.
2. Brooke, *When the World*, 33.
3. Brooke, *When the World*, 44-47.
4. Brooke, *When the World*, 48.
5. Michael Sabom, *Recollections of Death* (New York: Harper and Row, 1982), 196-200.
6. Habermas und Moreland, *Immortality*, 124.

7. Brooke, *When the World*, 51.
8. Morse, *Closer to the Light*, 191.
9. Sacks, *M.D. Magazine*, Februar 1991.
10. Johanna Michaelsen, *The Beautiful Side of Evil* (Eugene: Harvest House, 1982), 74-75.
11. Michaelsen, *The Beautiful Side of Evil* , 77.
12. Carl G. Jung, *Memories, Dreams, Reflections* (New York: Vintage Books, 1965), 315.
13. Nandor Fodor, *Freud, Jung, and Occultism* (New Hyde Park: University Books, 1971), 105.
14. Jung, *Memories*, 190-193.
15. Carl G. Jung, *Psychology and the Occult*, Übers. R.F.C. Hull (Princeton: Princeton University Press, 1977), IX.
16. Paul J. Stern, *C.G. Jung, The Haunted Prophet* (New York: Dell, 1976), 122-123.

Kapitel 8
1. Fodor, *Freud, Jung, and Occultism*, 183-184.
2. John Ankerberg und John Weldon, *Cult Watch* (Eugene: Harvest House, 1991), 195-198.
3. Pierre Teilhard de Chardin, *The Phenomenon of Man* (New York: Harper and Brothers, 1959), 294, 306, 308.
4. Phillip Johnson, *Darwin on Trial* (Washington: Regnery Gateway, 1991), 129, 175.
5. Ring, *Heading Toward Omega*, 229, 231.
6. Ring, *Heading Toward Omega*, 226.
7. R.D. Scott, *Transcendental Misconceptions* (San Diego: Beta Books, 1978), 127-129.
8. Helena P. Blavatsky, *The Secret Doctrine*, Band 3 (Los Angeles: Theosophy Co., 1925), 246.
9. Brooke, *When the World*, 175-177.
10. David Spangler, *Reflections on the Christ* (Scotland: Findhorn Community Press, 1978), 74.
11. Erwin Lutzer und John DeVries, *New Age* (Wheaton: Victor Books, 1989), 14-15.
12. Bill Bright, Traktat von Campus Crusade for Christ International, 1965.
13. Ankerberg und Weldon, *Cult Watch*, 155.

Kapitel 9

1. Uma Silbey, *The Complete Crystal Guidebook: A Practical Path to Personal Power, Self-Development and Healing Using Quartz Crystals* (New York: Bantam, 1987), 74.
2. Shirley MacLaine, »Out on a Limb«, ABC-TV miniseries, Januar 1987.
3. David Spangler, *Reflections on the Christ*, 40, 44.
4. Constance Cumbey, *The Hidden Dangers of the Rainbow* (Shreveport: Huntington House, 1983), 139-141.
5. Alice A. Bailey, *The Externalization of the Hierarchy* (New York: Lucis Publishing Company, 1957), 190-191.
6. Marilyn Ferguson, *The Aquarian Conspiracy: Personal and Social Transformation in the 1980s* (Los Angeles: J.P. Tarcher, 1980), 369-370.
7. Ferguson, *The Aquarian Conspiracy*, 370.
8. Ferguson, *The Aquarian Conspiracy*, 374.
9. *The Golden Book of the Theosophical Society* (1925), 63-64.
10. Alice Bailey, *The Reappearance of the Christ* (New York: Lucis Publishing Company, 1948, 1976, 9. Auflage 1979), 81.
11. Cumbey, *Hidden Dangers*, 65-66.
12. Nina Easton, »Shirley MacLaine's Mysticism for the Masses«, *The Los Angeles Times Magazine*, 6. September 1987, 8, 33.
13. Brooks Alexander, »Theology From the Twilight Zone«, *Christianity Today*, 18. September 1987, 22.
14. Ankerberg und Weldon, *Cult Watch*, 135-136.
15. Ferguson, *The Aquarian Conspiracy*, 295, 288.
16. Ferguson, *The Aquarian Conspiracy*, 280-281.
17. Robert Muller, *New Genesis: Shaping A Global Spirituality* (Garden City: Image Books, 1984), 152.
18. Beverly Galyean, *Language from Within* (Longbeach:1976), 91, nacherzählt von Dave Hunt in *Peace, Prosperity, and the Coming Holocaust* (Eugene: Harvest House, 1983), 78.
19. »New Age Plan for the 1990's«, Audiotape by the Kathleen Hayes Ministries.
20. Eric Buehrer, *The New Age Masquerade* (Brentwood: Wolgemuth and Hyatt, 1990), 96-97.

21. William Hewitt, *Beyond Hypnosis: A Program for Developing Your Psychic and Healing Power* (St. Paul: Llewellyn Publication, 1990), 154.
22. Buehrer, *New Age Masquerade*, 101.
23. Hunt, *Seduction of Christianity*, 200-201.
24. Hunt, *Seduction of Christianity*, 203, 205.
25. Morton Kelsey, *Transcend: A Guide to the Spiritual Quest* (New York: Crossroad, 1985), 23-32, 81, 136.
26. Norman Vincent Peale, »No More Stress or Tension«, *Plus: The Magazine of Positive Thinking*, Mai 1986, 22-23.
27. Reed Jolley, »Language is the Medium«, *Eternity Magazine*, Mai 1986, 43.
28. *Newsweek*, 11. April 1990.
29. *Newsweek*, 11. April 1990, 48.
30. *Newsweek*, 11. April 1990, 52.
31. *USA Today*, 6. November 1991.
32. *USA Today*, August 1991.
33. *USA Today*, 5. August 1991.
34. *USA Today*, 31. Juli 1991, 2A.
35. *Chattanooga News-Free Press*, 22. September 1991.
36. *Medical Economics*, 24. Dezember 1990.
37. *Chattanooga News-Free Press*, 14. Oktober 1991.
38. *Chattanooga News-Free Press*, 25. April 1992, 1073-1074.

Kapitel 10
1. *Newsweek*, 12. Oktober 1992.
2. Phillip Johnson, *Darwin on Trial* (Washington: Regnery Gateway Publishers, 1991), 52 ff.
3. Leroy Hood, »The Human Genome Initiative«. Eröffnungsrede vor dem Plenum anläßlich des 40. Jahrestages des »American College of Cardiology«, Atlanta, 4. März 1991.
4. Earl Ubell, *Parade Magazine*, 31. März 1991.

Kapitel 11
1. John Ankerberg und John Weldon, *The Facts on UFO's* (Eugene: Harvest House, 1992), 5, 36.
2. Richard Haines, *Journal of Scientific Exploration*, Band 1, No. 2, 1987.

3. Kenneth Ring, *The Omega Project* (New York: William Morrow and Company, 1992), 236.
4. Carl Sagan, »What's Really Going On?« *Parade Magazine*, 7. März 1993, 6.
5. Ring, *Omega Project*, 239, 242-244, 236-237.
6. Ring, *Omega Project*, 51, 164.
7. Ring, *Omega Project*, 68, 72, 79, 84.
8. Ring, *Omega Project*, 177.
9. Jacques Vallee, *Confrontations: A Scientist's Search for Alien Contact* (New York: Ballantine, 1991), 15.
10. David M. Jacobs, »Abductions and the ET Hypothesis«, MUFON, 1988 *International Symposium Proceedings: Abductions and the E.T. Hypothesis*, 87.
11. John A. Keel, *UFOs: Operation Trojan Horse* (New York: Putnam's, 1970), 220.
12. Berthold Schwartz, *Canadian UFO Report*, Band 1, No. 8, Herbst 1970.
13. Bernard Finch, »Beware the Saucers«, *Flying Saucer Review*, Band 12, No. 1, 5.
14. Charles Bowen, »Mail Bag«, *Flying Saucer Review*, Band 19, No. 5, 27.
15. Brad Steiger, *Flying Saucers Are Hostile* (New York: Award, 1976), 8.
16. Jerome Clark, »Why UFOs Are Hostile«, *Flying Saucer Review*, Band 13, No. 6, 19.
17. Vallee, *Confrontations*, 216-218.
18. Kenneth Ring, »A Transpersonal View of Consciousness: A Mapping of Farther Regions of Inner Space«, *Journal of Transpersonal Psychology*, 1974, No. 2, 142-143, 150.
19. Ankerberg und Weldon, *UFOs*, 43.
20. Frank Peretti, *Focus on the Family* Audiotapes by James Dobson.
21. John Ankerberg video tapes, »The Founding Fathers«, Chattanooga, Tennessee, and Barton Wallbuilders, Inc., Aledo, Texas, September 1992.
22. John Ankerberg video tapes.
23. John Ankerberg video tapes.
24. John Ankerberg video tapes.

25. John Ankerberg video tapes.

ÜBER DEN AUTOR

Dr. Maurice Rawlings, Spezialist für kardiovaskuläre Krankheiten (Herz und Gefäße betreffend) im Diagnosezentrum von Chattanooga und den Krankenhäusern des Bezirks, schloß sein Medizinstudium an der George-Washington-Universität mit Auszeichnung ab. Er diente in der U.S.-Armee und in der Marine, bevor er als Chef-Kardiologe an das 97. General Hospital in Frankfurt/Main berufen wurde. Später wurde er zum Leibarzt des Generalstabs des Pentagon befördert und behandelte u. a. die Generäle Marshall, Bradley, Patton und Dwight Eisenhower, bevor dieser Präsident der Vereinigten Staaten wurde.

Im bürgerlichen Leben gehört Dr. Rawlings dem nationalen Lehrkörper der »American Heart Association« an. Er hat sich besonders auf die verschiedenen Unterrichtsmethoden zur Wiederbelebung von Patienten bei plötzlichem Herzstillstand spezialisiert. Dr. Rawlings hat an verschiedenen medizinischen Hochschulen und Krankenhäusern gelehrt und Lehrgänge für Ärzte und Krankenschwestern in zahlreichen Ländern durchgeführt. Er ist stellvertretender Professor der Medizin für die Universität von Tennessee in Chattanooga, Mitglied des internationalen Komitees für kardiovaskuläre Krankheiten, ehemaliger Leiter des »American College of Cardiology« für den Staat Tennessee, Gründer des »Regionalkomitees Notärztlicher Dienst« in seinem Bezirk, Dozent für weiterführende Programme in lebensrettenden Maßnahmen sowie »Fellow« (ein mit Rechten und Pflichten ausgestattetes Mitglied) des »American College of Physicians«, des »College of Cardiology« und des »College of Chest Physicians«. Außerdem hat er bereits drei Bücher verfaßt und verschiedene Artikel über Herzkrankheiten für die nationalen medizinischen Fachzeitschriften geschrieben.

Dr. Rawlings und seine Frau Martha haben fünf Kinder und elf Enkelkinder. Dr. Rawlings ist ein für Instrumente geschulter

Pilot für mehrmotorige Maschinen. Er hält sich zeitweise auf seiner an einem kleinen See im Norden Georgias gelegenen Farm auf, fährt begeistert Wasserski und doziert immer noch Medizin, obwohl er vor kurzem halbwegs in den Ruhestand getreten ist, »um den Rosenduft zu genießen«. Enttäuscht darüber, daß »manche Rosen gar nicht so gut duften«, hat Dr. Rawlings nach einem Weg gesucht, um die Rosen des Lebens sehr viel besser riechen zu lassen, und möchte nun seine Entdeckungen mit seinen Lesern teilen.

Weitere Titel aus dem Verlag C. M. Fliß:

Prof. Dr. mult. A. E. Wilder-Smith / Dr. O. H. G. Wilder-Smith:
Ursache und Behandlung der Drogenepidemie
ISBN 3-922349-90-0 · Best.-Nr. 326.990

Vor unserer Gesellschaft tun sich die Abgründe des intensiven Drogenkonsums auf. Dieses Buch deckt die Ursachen des Drogenmißbrauchs und dessen Wirkungsmechanismen auf und zeigt, wie Therapiemöglichkeiten entwickelt werden.

Dave Hunt:
Verteidigt den Glauben
ISBN 3-931188-41-8 · Best.-Nr. 326.841

Es gibt viele Fragen, mit denen der Christ im Gespräch mit Nichtchristen oder im eigenen Glaubensalltag konfrontiert wird. Dave Hunt geht diesen Fragen nach und gibt Antworten, die den Leser in ein tieferes Verständnis Gottes und der Bibel hineinführen.

Dr. Ernst Lutz:
Ohne Schöpfung kein Leben
ISBN 3-931188-03-5 · Best.-Nr. 326.803

Die kritische Analyse der Evolutionstheorie und die Konfrontation mit wissenschaftlichen Fakten führen zu zwingenden Schlußfolgerungen über den Stellenwert von Evolution und Schöpfung.

Dave Hunt:
Globaler Friede und Aufstieg des Antichristen
ISBN 3-922349-81-1 · Best.-Nr. 326.981

Dave Hunt zeigt die dramatischen Entwicklungstendenzen und Haupttrends der Gegenwart auf und deutet sie auf der Grundlage fundierter Bibelkenntnis und aktueller zeitgeschichtlicher Analyse.
